AI 의료의 미래

튜링을 만난 히포크라테스

AI 의료의 미래

권순용, 강시철 지음

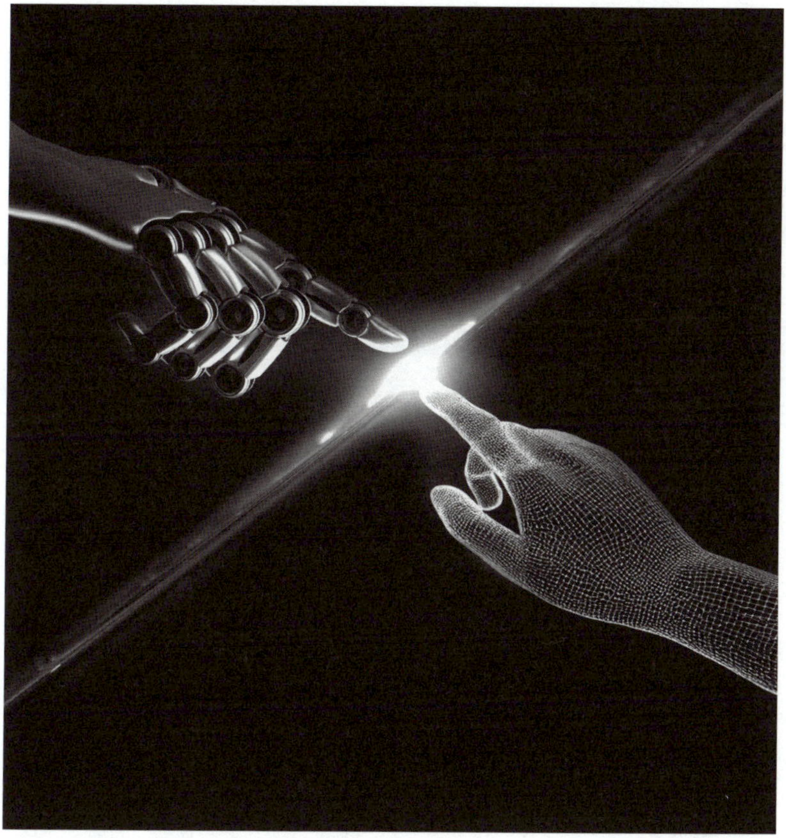

쌤앤파커스

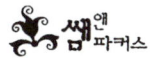

차례

프롤로그　　　　　　　　　　　　　　　　　　　　　　9

1장 의료 혁신, AI와 의학의 만남
AI 의료의 정의와 범위　　　　　　　　　　　　　　　31
AI 의료가 가져온 변화　　　　　　　　　　　　　　　38
의료 대란의 역설　　　　　　　　　　　　　　　　　　41
AI 의료의 미래　　　　　　　　　　　　　　　　　　　49

2장 AI 의료의 역사, 의학이 탄생시킨 생각하는 기계
'러닝'의 등장　　　　　　　　　　　　　　　　　　　67
영상인식과 분석　　　　　　　　　　　　　　　　　　76
엑스퍼트 시스템　　　　　　　　　　　　　　　　　　84
생성형 AI로 발전하는 의료　　　　　　　　　　　　　86

3장 생성형 AI, 새로운 생태계의 출현
LLM, 대형언어모델　　　　　　　　　　　　　　　　94
LAM, 대형액션모델　　　　　　　　　　　　　　　　102
LMM, 대형다중모달모델　　　　　　　　　　　　　　111
온디바이스 AI　　　　　　　　　　　　　　　　　　118
임베디드 AI　　　　　　　　　　　　　　　　　　　127
AI 에이전트　　　　　　　　　　　　　　　　　　　136
생성형 의료 AI 생태계　　　　　　　　　　　　　　146
생성형 의료 AI 활용 방법　　　　　　　　　　　　　152

4장 영상의학 AI, 아폴로의 눈에 프로메테우스의 불을 더하다

흉부 X-ray 판독, AI 전문가 시대	163
머신러닝과 수술 시뮬레이션의 결합	167
유방암 진단	172
뇌종양 진단	177
AI 영상의료의 어벤져스	180
영상의학 AI 분야의 한국 기업	198
AI가 영상의학과의사를 위협할까?	209
슈퍼 닥터로 진화하는 영상의학과의사	212
영상의학과의사 생존 가이드	217

5장 병리학 AI, 병리학이 르네상스를 맞이하다

디지털 병리 플랫폼과 암 전문 AI 분석 솔루션	228
딥러닝 기반 분석 알고리즘	232
내시경 영상 분석 시스템	239
병리과 AI 기기의 강자	242
한국 AI 병리학	254
병리과의사의 운명	263
AI를 병리과 비서로 두기 위한 모든 것	266
병리학의사의 미래	269

6장 안과 AI, 시력을 지키는 파수꾼

3차원 스캔 OCT 영상 분석	276
녹내장 진단 및 예측	278
정밀도수 계산 혁명	280
주요 안과 AI 기업	285
한국의 안과 AI 기업	292
안과 AI가 의사의 자리를 넘볼까?	297
기적을 만들 미래의 안과의사	300
안과의사 생존 전략	302

7장 내과 AI, 만성질환 관리의 동반자

개인 맞춤형 치료를 가능케 하는 AI	310
AI 임상 시험 설계	322
의료 서비스 접근성 향상	324
내과 AI의 강자	330
직업을 잃는 내과의사가 나올까?	338
2034년의 내과 진료실	340

8장 정신건강의학과 AI, 마음을 치유하는 따뜻한 손길

퀀텀 스칼펠, 두개골 너머의 디지털 혁명	346
침묵 속의 외침을 듣다	352
데이터로 마음을 읽다	362
디지털 발자국	371
AI 정신건강 플랫폼	381
AI 정신건강의학 솔루션의 강자	384
한국 정신건강의학 AI 솔루션	390
AI가 마음을 치유할 수 있을까?	396
정신건강의학과의사는 어떻게 진화할 것인가?	398
정신건강의학과의사들의 필수 학습	400

9장 재활 AI, 회복의 마법사

재활 치료	409
재활 로봇	429
재활 평가	435
재활 예측과 재활 훈련	439
AI 재활의학기기 글로벌 기업	449
AI는 친구일까 적일까?	463
엑소스켈레톤 시대와 인간 플랫폼	465
AI 학습 가이드	468

10장 치과 AI, 치의학의 재정의

빅데이터 치과 혁명	474
치과 영상 분석의 달인	478
스마트 교정	482
의사의 조력자, 치과 AI 기업	486
AI와 치과의사는 대척점에 서는가?	495
한국의 치과 AI 교육	498

11장 외과 AI, 메스를 든 낯선 존재

패러다임을 전환시킨 외과 AI	508
수술실의 혁신	519
예후 예측과 맞춤형 치료	529
AI 로봇 수술	533
외과 AI 솔루션의 춘추전국	550
한국의 외과 수술용 AI 로봇 시장	559
외과의사의 미래	568

12장 한의학 AI, 심연에 빛을 비추다

1980년대의 도전과 극복	578
한의학의 지혜를 과학의 언어로	582
한약 상호작용 예측	593
침 치료	599
한의학 교육의 새로운 맥	605
한의학 AI의 미래	613

에필로그	617
참고문헌	626

| 프롤로그 |

2024년, 노벨상은 마치 한국의 해처럼 빛났다. 한강이 노벨문학상의 영예를 안았고 노벨 화학상은 AI$^{Artificial\ Intelligence}$ 의료 분야의 혁신적 연구로 딥마인드의 데미스 하사비스$^{Demis\ Hassabis}$에게 돌아갔다. 그가 만든 알파고가 2016년 한국의 이세돌 9단을 꺾어 세계를 놀라게 한 지 8년 만의 쾌거였다. 물리학상 역시 AI 의료기술의 획기적 발전에 기여한 연구자에게 수여되었다.

이 날의 수상식은 한국과 AI, 그리고 의료기술의 놀라운 만남을 상징하는 순간이었다. 마치 고대 그리스의 아테네에서 의술의 신 아스클레피오스와 지혜의 여신 아테나가 만난 것처럼 한국에서 AI의 선구자와 문학의 거장이 세계를 향해 동시에 날갯짓한 셈이다. 이 역사적인 순간은 AI 의료 시대의 본격적인 도래를 알리는 신호탄이자, 인류 문명의 새로운 장을 여는 서막이었다.

판도라의 상자에서 발견한
희망의 아스클레피오스

하사비스의 AI 의료 연구는 신약 개발 과정을 혁명적으로 변화시켰다. 그의 AI 시스템은 수백만 개의 화합물을 분석하여 잠재적 치료제를 찾아내는 데 걸리는 시간을 수년에서 수개월로 단축시켰다. 헤파이스토스가 신들을 위해 마법의 도구를 만들어낸 것처럼 현대 의학을 위한 강력한 도구를 창조해낸 셈이다.

　의료계에 불어닥친 AI 혁명은 재앙이 아닌 축복이다. AI는 의사의 든든한 동반자가 되어 방대한 의학 정보를 실시간으로 분석하고 제공한다. 더불어 AI의 초인적인 패턴 인식 능력은 미세한 이상 징후도 놓치지 않고 진단의 정확도를 높인다. 의사들은 환자와의 소통, 공감, 그리고 창의적인 치료 방법 개발에 더욱 집중할 수 있게 되었다.

의료 르네상스,
AI와 함께 피어나다

우리는 지금 의료의 르네상스 시대를 맞이하고 있다. 15세기 르네상스 시대의 예술가들이 인간의 몸과 정신을 새롭게 탐구하고 표현했듯이 우리는 이제 AI 기술을 통해 인간의 본질을 재정의하고 확장하는 시대를 살고 있다.

2024년 9월, 오픈AI의 CEO 샘 알트만이 암시한 'AI 의료상담사 AI Medical Advisor'의 출현은 이미 현실이 되었다. 이 AI 의료조언자는 개인의 유전정보, 생활습관, 환경요인을 종합적으로 분석하여 질병 예방과 건강 증진을 위한 맞춤형 조언을 제공한다. 이는 의료 서비스의 패러다임을 '치료' 중심에서 '예방과 최적화' 중심으로 전환시키고 있다.

우리는 지금 인류 역사상 가장 흥미진진한 시대의 문턱에 서 있다. AI와 인간 플랫폼의 혁명은 의료의 미래를 완전히 새로운 차원으로 끌어올릴 것이다. AI와의 협력을 통해 의사는 인간적인 면모를 더욱 강화하고 환자에게 더 나은 의료 서비스를 제공하며 더 많은 생명을 구하는 진정한 과학자로 거듭날 것이다.

한강의 펜, AI 시대의 인간성을 그리다

노벨문학상 수상자 한강은 AI 시대의 인간성에 대한 깊이 있는 성찰을 제공했다. 그녀가 《소년이 온다》에서 보여준 인간의 고통과 연민에 대한 섬세한 탐구는 AI 의료 시대에 더욱 중요해진 '돌봄'의 가치를 재확인하는 계기가 되었다. 《채식주의자》에서 드러난 인간의 내면 세계와 욕망에 대한 탐구는 AI가 인간의 복잡한 심리를 이해하고 치료하는 데 있어 중요한 통찰을 제공했다. 그리고 《작별하지 않는다》에서 그려진 생명과 죽음에 대한 깊은 고찰은 AI 의료기술이 지향해야 할 궁극적인 목표를 상기시킨다.

한강의 작품은 AI가 발전할수록 오히려 인간만이 가진 공감 능력, 직관, 창의성의 가치가 더욱 빛을 발한다는 점을 상기시킨다. 이는 의료 현장에서도 마찬가지다. AI가 데이터를 분석하고 진단을 보조하는 동안 의사는 환자의 감정을 이해하고 삶의 맥락을 고려한 총체적인 치료 방식을 결정할 수 있을 것이다.

5차 산업혁명, 인간 진화의 새로운 장을 열다

우리는 지금 5차 산업혁명의 문턱에 서 있다. 이는 단순한 기술의 진보를 넘어 '인간 플랫폼의 혁명'을 의미한다. 인간의 신체와 정신이 기술과 융합되어 능력이 극대화되는 시대가 다가오고 있다.

의료 분야에서 이러한 변화는 더욱 두드러진다. '뇌-컴퓨터 인터페이스'BCI 기술은 의사와 환자 사이의 소통을 혁신적으로 변화시킨다. 나노 기술은 체내에서 실시간으로 건강 상태를 모니터링하고 치료하는 '내부 의사'의 역할을 하고, 유전자 편집 기술은 유전병의 근본적인 치료와 인간 수명의 비약적인 연장을 가능케 한다.

그러나 이러한 발전은 새로운 윤리적 질문을 제기한다. 인간의 능력을 인위적으로 향상시키는 것의 윤리성, 기술 접근성의 격차가 발생시키는 불평등, 인간의 정체성과 존엄성 보호 등이 그것이다. 미래의 의사들은 '의료 철학자'이자 '기술 윤리학자'로서 이러한 문제에 대한 해답을 찾아야 할 것이다.

1장에서는 AI 의료의 과거, 현재, 그리고 미래를 탐험하며, AI가 의료 분야에 가져온 혁신적인 변화와 앞으로의 가능성을 제시한다.

2장에서는 AI 의료의 역사를 거슬러올라가 AI의 뿌리가 의학에서 시작되었음을 밝힌다. 뇌 연구를 통해 탄생한 인공 신경망은 AI 개발의 토대가 되었으며, 엑스퍼트 시스템과 머신러닝Machine Learning, ML의 발전은 의료 분야에 AI를 적용하는 데 중요한 역할을 했다.

3장에서는 대형언어모델Large Language Model, 대형액션모델Large Action Model, 대형멀티모달모델Large Multi Model 등 최신 AI 기술이 의료 분야에 어떻게 적용되고 있는지 살펴본다. 온디바이스 AIOn Device AI, 임베디드 AIEmbedded AI, AI 에이전트AI Agent 등의 개념을 소개하고, 이들이 만들어내는 새로운 의료 AI 생태계에 대해 논한다.

4장에서는 AI가 영상의학 분야에 가져온 혁신적인 변화를 소개한다. 딥러닝 기반 영상 분석 기술은 흉부 X-ray 판독, 뇌종양 진단, 유방암 진단 등 다양한 분야에서 활용되며 의사의 진단을 보조하고 정확도를 높이는 데 기여하고 있다.

5장에서는 이미지 분석 기술을 통해 AI가 병리학 분야에 가져온 혁신적인 변화를 살펴본다. AI 기반 병리 이미지 분석 기술은 암 진단, 예후 예측, 치료 반응 예측 등 다양한 분야에서 활용되며 병리학자의 업무 효율성을 높이고 진단 정확도를 향상시키는 데 기여하고 있다.

6장에서는 안과 AI의 시력을 지키는 파수꾼 역할을 조명한다. AI는 망막질환, 녹내장, 백내장 등 다양한 안과질환 진단에 활용되며 조기 진단 및 치료를 가능하게 하여 실명 예방에 기여하고 있다.

7장에서는 내과 AI의 만성질환 관리 동반자 역할을 살펴본다. AI는 개인 맞춤형 치료 계획 수립, 질병 예측 및 조기 진단, 원격 모니터링 등을 통해 만성질환자의 건강관리를 돕고, 의료 서비스 접근성을 높이는 데 기여하고 있다.

8장에서는 AI가 정신건강의학 분야에 새로운 희망을 제시하는 내용을 다룬다. AI는 음성과 텍스트 분석, 생체 데이터, 뇌 영상 분석, 디지털 표현형 등을 활용하여 정신질환을 진단하고 치료하는 데 활용되고 있다. AI 챗봇과 가상 치료사는 심리 상담을 제공하며 디지털 치료제는 게임처럼 즐거운 방식으로 치료 효과를 높인다.

9장에서는 AI가 재활의학 분야에 가져온 혁신을 다룬다. AI 기반 재활 치료, 재활 로봇, 재활 평가 등 다양한 분야에서 AI가 활용되고 있음을 보여준다. 특히 개인 맞춤형 재활 프로그램 설계, 재활 효과 예측, 원격 재활 치료 등에서 AI의 역할이 두드러지고 있다.

10장에서는 치과 분야에서의 AI 활용을 탐구한다. 치과 영상 분석, 스마트 교정, 개인 맞춤형 치료 계획 수립 등에서 AI가 어떻게 활용되고 있는지 살펴보고, 치과 의사와 AI의 협력 방안에 대해 논한다.

11장에서는 외과 분야에서의 AI 활용을 다룬다. 수술 계획 및 시뮬레이션, 실시간 모니터링 및 지원, 로봇 수술 등에서 AI가 어떻게 활용되고 있는지 살펴보고, 외과의사와 AI의 협력이 가져올 미래에 대해 논한다.

12장에서는 한의학 분야에서의 AI 활용을 탐구한다. 설진 및 맥진 자동화, 체질 판별, 한약 처방, 침 치료 등에서 AI가 어떻게 활용되고 있는지 살펴보고, 전통 의학과 현대 기술의 융합이 가져올 가능성에 대해 논한다.

AI 의료의 시대는 이제 막 시작되었다. 우리는 기술의 힘으로 질병을 정복하고 인간의 한계를 뛰어넘는 놀라운 가능성을 마주하고 있다. 동시에 우리는 이 기술을 어떻게 윤리적이고 인간적으로 활용할 것인지에 대한 중요한 과제를 안고 있다.

AI는 의사를 대체하기보다 의사의 능력을 증폭시키고 보완하는 도구가 될 것이다. 한강의 작품이 인간의 본질을 탐구하듯 AI와 의사의 협력은 인간의 건강과 삶의 질을 더욱 깊이 이해하고 개선하는 데 기여할 것이다.

데미스 하사비스와 노벨 화학상을 공동으로 수상한 데이비드 베커의 연구는 AI와 단백질 디자인 분야에 새로운 지평을 열었다. 그의 로제타폴드RoseTTAFold AI 시스템은 아미노산 서열만으로 단백질의 3차원 구조를 정확히 예측하게 해주었다. 이는 단순한 구조 예측을 넘어 새로운 단백질을 설계하고 합성할 수 있는 능력을 의미한다. 이 기술은 의료 AI 분야에 혁명적인 변화를 가져올 잠재력을 지니고 있다. 특정 질병을 표적으로 하는 맞춤형 단백질 약물의 설계나, 노화를 억제하는 새로운 단백질의 개발을 가능하게 한다.

한편, 하사비스의 딥마인드는 AI를 활용한 단백질 구조 예측으로 의학계에 큰 반향을 일으켰다. 알파폴드AlphaFold 시스템은 복잡한 단백질 구조를 놀라운 정확도로 예측하여 신약 개발과 질병 이해에 혁명적인 도구가 되고 있다.

프롤로그

베커의 단백질 디자인 기술과 하사비스의 단백질 구조 예측 기술이 결합되면서 의료 AI는 더욱 강력해지고 있다. 새로운 단백질을 설계하고 그 구조와 기능을 정확히 예측하는 AI 시스템은 유전자 편집 기술의 정확성과 효율성을 크게 향상시킬 수 있기 때문이다.

이 두 기술의 시너지는 노화 연구에도 혁명을 일으키고 있다. AI는 방대한 유전체 데이터를 분석하여 노화와 관련된 핵심 단백질을 식별하고, 단백질 디자인 기술은 이를 바탕으로 노화를 억제하거나 역전시키는 새로운 단백질을 설계할 수 있다. 텔로미어 길이를 유지하는 단백질, 세포 노화를 억제하는 단백질, 미토콘드리아 기능을 개선하는 단백질 등을 설계하고 합성할 수 있게 된다.

더 나아가 AI는 개인의 유전적 특성, 단백질 프로필, 생활습관, 환경요인 등을 종합적으로 분석하여 맞춤형 '노화 방지' 전략을 수립한다. 이는 단순한 수명의 연장을 넘어 건강하고 활력 있는 상태의 삶인 '건강수명'의 연장을 의미한다.

우리는 이제 인간이 젊음을 유지하며 오래 사는 시대의 문턱에 서 있다. 이는 단순한 과학적 성과를 넘어 사회, 경제, 윤리 등 다양한 측면에서 깊은 고민이 필요한 변화다. 수명 연장이 가져올 인구 구조의 변화, 의료 자원의 분배, 세대 간 갈등 등의 문제에 대해 우리는 어떻게 대비해야 할까?

한강이 그린 생명의 존엄성, 육체에 대한 성찰, 삶과 죽음에 대한 고찰은 이 새로운 시대를 맞이하는 우리에게 중요한 화두를 던진다. 기술의 발전이 인간의 본질적 가치와 어떻게 조화를 이룰 수 있을지 깊이 고민해야 한다.

AI와 단백질 디자인 기술의 발전은 인류에게 전에 없던 기회를 제공하고 있다. 하지만 이는 동시에 우리에게 큰 책임을 부여한다. 우리는 이 기술을 어떻게 활용할 것인가? 누구나 공평하게 혜택을 받도록 할 수 있을까? 수명 연장이 가져올 사회적, 윤리적 문제들에 우리는 어떻게 대처할 것인가?

이 책은 이러한 질문들에 대한 답을 찾아가는 여정이 될 것이다. AI 의료와 단백질 디자인 기술의 현재와 미래를 탐험하며 우리가 함께 만들어갈 미래의 청사진을 제시한다. 불멸을 향한 인류의 오랜 꿈이 현실이 되어가는 이 흥미진진한 시대에 우리는 어떤 선택을 해야 할까? 이 책을 통해 함께 고민하고 토론해보자.

AI 의료의 시대는 이미 우리 곁에 와 있다. 한국은 이 새로운 시대의 선두에 서 있다. 알파고로 시작된 AI 혁명은 이제 의료 분야에서 꽃을 피우고 있으며, 한강의 문학이 보여주는 인간에 대한 깊은 통찰은 이 기술의 발전 방향에 중요한 지침이 되고 있다. 이제 우리가 할 일은 이 기술을 현명하게 활용하여 모든 이에게 혜택이 돌아가는 미래를 만드는 것이다. 함께 AI 의료의 미래를 그려 나가며 새로운 시대의 주인공이 되어보자.

이 책을 통해 우리는 그 미래를 어떻게 만들어갈지 고민해볼 것이다. 튜링과 히포크라테스의 만남, 그리고 한강의 문학이 보여주는 인간에 대한 깊은 이해가 어우러진 이 새로운 시대의 의료는 어떤 모습일까? 흥미진진한 여정에 여러분을 초대한다.

1장

의료 혁신,
AI와 의학의 만남

✦ ✦ ✦

 우리는 현재 의학과 첨단기술이 서로 교차하는 새로운 시대를 맞이하고 있다. 특히 AI는 의학 분야에서 놀라운 가능성을 보여준다. 이는 우리 사회와 의료 시스템에 중대한 영향을 미치고 있다. AI와 의학의 결합은 단순한 기술 발전을 넘어 의료 서비스의 질을 향상시키고 환자 치료에 혁신을 가져오는 새로운 의료 혁신의 시작점이 되고 있다.

 AI는 인간의 지능을 모방하여 문제를 해결하고 학습하는 컴퓨터 시스템이다. 방대한 데이터를 처리하고 분석하는 능력, 복잡한 패턴을 인식하는 능력, 그리고 스스로 학습하고 발전하는 능력을 갖췄다. 이러한 특성은 의료 분야에서 혁신적인 변화를 가져올 잠재력을 지니고 있다.

 AI는 이미 의료 현장 곳곳에서 놀라운 성과를 보여준다. 영상 판독, 질병 진단, 치료 계획 수립, 심지어 수술까지 활용 범위는 빠르게 확장되고 있다. IBM 왓슨 헬스IBM Watson Health, 구글 딥마인드 헬스 Google DeepMind Health 등 글로벌 IT 기업들은 앞다투어 AI 의료기술 개발에 뛰어들었으며, 그 결과물들은 의료 서비스의 질을 향상시키는 데 크게 기여하고 있다.

딥러닝 기술의 발전은 인간 의사의 숙련된 경험과 직관을 뛰어넘는 성과를 만들어냈다. 2017년, 스탠퍼드대학교 연구팀이 개발한 AI 모델은 피부암 진단에서 피부과 전문의보다 더 높은 정확도를 보였으며[1], 2020년, 구글 딥마인드의 알파폴드2는 단백질 구조 예측 분야에서 혁신적인 성과를 거두며 AI가 의학의 전통적인 경계를 넘어설 수 있음을 강력히 시사했다. 이러한 흐름은 시간이 지나며 더욱 가속화되었고, 2024년 5월 8일 알파폴드3가 공식 출시되면서 그 가능성이 한층 더 확장되었다. 알파폴드3는 단일 단백질 구조 예측을 넘어 단백질-단백질, 단백질-핵산, 단백질-리간드 등 거의 모든 유형의 단백질 기반 생체 분자 복합체의 3차원 구조를 놀라운 정확도로 예측하는 능력을 갖추며 이전 버전들을 뛰어넘는 진화를 이루어냈다.

구글 딥마인드의 CEO 데미스 허사비스는 노벨상 수상 소감에서 "알파폴드가 AI를 활용한 과학적 발견을 가속화할 수 있는 잠재력을 보여준 첫 번째 증거로 기억되길 바란다."고 밝히며, 이 기술의 지속적인 발전과 영향력에 대한 기대를 강조했다.[2] 알파폴드3의 출시는 이러한 비전을 더욱 확고히 다지는 계기가 되었으며 AI가 과학과 의학의 미래를 새롭게 정의할 수 있는 강력한 도구로 자리 잡았음을 보여준다.

의료 AI를 논의하기 위해 우리는 AI가 정확히 무엇이며 어떻게 작동하는지 먼저 알아야 한다. 간단히 말해 AI는 컴퓨터 모델과 프로그램으로, 복잡한 문제 해결이나 경험 습득과 같은 인지 기능을 수행하기 위해 인간 수준의 지능을 모방하는 기계이다. 현재 의료에 사용되는 대부분의 AI는 '좁은 AI$^{Narrow\,AI}$'다. 이는 AI가 한정된 작업에서만 인간보다 뛰어날 수 있다는 것을 의미한다. 의료에 사용되는 AI는 대개 머신러닝 알고리즘을 기반으로 한다. 머신러닝은 인간의 개입 없이 컴퓨터가 스스로 학습하고 작업을 수행하는 기능을 말한다.

AI는 진단, 치료, 환자 관리 등 다양한 영역에서 빠르게 발전하고 있으며, 다양한 방식으로 의료 분야에 통합되고 있다. AI 기술은 질병의 조기 진단, 치료 계획의 최적화, 환자 모니터링 및 관리 등에서 중요한 역할을 하고 있다. 실제로 AI는 방대한 양의 의료 데이터를 분석하여 인간의 눈으로는 놓칠 수 있는 질병의 징후를 발견하고, 환자의 개인별 특성을 고려하여 최적의 치료 계획을 수립하도록 도움을 주고 있다.

AI는 의료 접근성을 확대한다. 그리고 원격 진료, 가상 병원 등 새로운 의료 서비스의 개발을 가능하게 한다. 앞으로 환자들은 시간과 장소의 구애 없이 의료 서비스를 받게 될 것이다.

의료와 AI의 결합은 'AI 플러스 X^{AI+X}'라는 개념이 잘 설명한다. AI 플러스 X는 AI 기술을 다양한 분야의 기술 및 지식과 융합하여 새로운 가치를 창출하는 개념이다. 여기서 'X'는 의료, 금융, 제조,

교육, 예술 등 AI와 결합할 수 있는 모든 분야를 의미한다. AI 플러스 X는 AI 기술의 잠재력을 극대화하고, 다양한 산업 분야에서 혁신적인 변화를 이끌어내는 핵심 동력으로 주목받고 있다. 의료 분야에서 AI 플러스 X는 AI 기술을 의료영상, 유전체 정보, 생체데이터 등 다양한 의료 데이터와 결합하여 질병 진단, 치료, 예방 등 의료 서비스 전반을 혁신하고 있다.

- AI+의료영상: AI는 X-ray, CT, MRI 등 의료영상에서 질병의 징후를 빠르고 정확하게 탐지하여 의사의 진단을 보조한다. 딥러닝 기반 AI 모델은 육안으로 식별하기 어려운 미세한 병변까지 찾아내어 조기 진단을 가능하게 한다.
- AI+유전체 정보: AI는 개인의 유전체 정보를 분석하여 질병 발생 위험을 예측하고, 개인 맞춤형 예방 및 치료 전략을 수립하는 데 활용된다. 암, 심혈관질환 등 유전적 요인이 큰 질병의 치료에 특히 효과적이다.
- AI+생체 데이터: AI는 웨어러블 기기, 스마트폰 등을 통해 수집된 환자의 생체 데이터(심박수, 혈압, 혈당 등)를 분석하여 건강 상태를 모니터링하고, 질병 발생 가능성을 예측한다. 이를 통해 개인 맞춤형 건강관리 서비스를 제공하고, 만성질환 관리에 도움을 준다.
- AI+로봇: AI 기반 수술 로봇은 의사의 손 움직임을 정밀하게 재현하여 수술 정확도를 높이고, 합병증 발생 가능성을 줄인다. 또한 AI 기반 재활 로봇은 환자의 재활 치료를 돕고, 운동

기능 회복을 촉진한다.
- AI+신약 개발: AI는 신약 후보 물질 발굴, 약물 효능 예측, 임상 시험 설계 등 신약 개발 과정을 가속화하여 신약 개발 비용을 절감하고 개발 기간을 단축한다.

AI 플러스 X는 의료 분야에 다음과 같은 긍정적인 영향을 미치고 있다.

- 진단 정확도 향상: AI는 의료영상, 병리 슬라이드 등 다양한 의료 데이터를 분석하여 질병을 조기에 발견하고, 정확하게 진단할 수 있도록 돕는다.
- 치료 효과 극대화: AI는 환자 개인의 특성에 맞는 맞춤형 치료 계획을 수립하고, 치료 효과를 예측하여 최적의 치료법을 선택하는 데 도움을 준다.
- 의료 접근성 향상: AI 기반 원격 진료, 챗봇 상담 등은 시간과 공간의 제약 없이 의료 서비스를 제공하여 의료 접근성을 높인다.
- 의료 비용 절감: AI는 반복적인 업무 자동화, 질병 조기 진단 및 예방 등을 통해 의료 비용을 절감하고, 의료 자원의 효율적인 배분을 가능하게 한다.
- 환자 맞춤형 의료 서비스 제공: AI는 개인의 유전체 정보, 생활습관, 건강 데이터 등을 분석하여 개인 맞춤형 건강관리 서비스를 제공한다.

- 신약 개발 가속화: AI는 신약 개발 과정을 효율화하여 신약 개발 비용을 절감하고 개발 기간을 단축하여 환자에게 더 빠르게 새로운 치료 옵션을 제공한다.

AI 플러스 X는 앞으로 더욱 발전하여 의료 분야에서 다음과 같은 변화를 가져올 것으로 예상된다.

- 정밀 의료 시대 도래: 개인의 유전체 정보, 생체 데이터 등을 분석하여 개인 맞춤형 예방 및 치료 서비스를 제공하는 정밀 의료 시대가 본격화될 것이다.
- 의료 서비스의 디지털 전환 가속화: AI 기반 원격 진료, 챗봇 상담, 디지털 치료제 등 디지털 기술을 활용한 의료 서비스가 확대될 것이다.
- 의료 데이터 활용 극대화: AI는 방대한 의료 데이터를 분석하여 질병 예측, 치료 효과 예측, 신약 개발 등 다양한 분야에서 활용될 것이다.
- 의료 인력 부족 문제 해결: AI는 의료진의 업무 부담을 줄이고, 의료 서비스의 효율성을 높여 의료 인력 부족 문제 해결에 기여할 것이다.

AI 플러스 X는 의료 분야의 혁신을 이끌고 있으며, 앞으로 더욱 발전하여 인류의 건강 증진에 크게 기여할 것이다.

AI의 의료 분야 적용은 분명히 긍정적인 측면이 많다. 하지만 AI

가 의료의 모든 문제를 해결할 수 있는 것은 아니다. AI의 도입 과정에서는 여러 윤리적, 법적 문제점들을 고려해야 한다. 우선 데이터 보안과 개인정보 보호는 의료 AI를 항상 따라다니는 중요 이슈이다. 의료 데이터는 매우 민감한 정보이기 때문에, 이를 안전하게 관리하고 보호하는 것은 필수적이다.

AI의 편향성 또한 의료 AI가 지니고 있는 큰 위협 요소다. AI 편향성은 AI 알고리즘이 특정 집단에 대해 차별적인 결과를 도출하는 현상을 말한다. AI는 인간이 만든 데이터를 기반으로 기계학습하기 때문에, AI가 학습한 데이터에 편견이나 불균형 등의 편향이 있다면 AI의 결과도 편향될 수 있다. 따라서 AI를 개발하고 사용하는 과정에서 편향성을 최소화하기 위한 노력이 필요하다. 의료 분야에서 AI 편향성은 환자의 건강과 생명에 직결되는 문제이므로 더욱 심각하게 받아들여야 한다.

AI 편향성은 다양한 형태로 나타난다. 특정 인종, 성별, 연령, 사회경제적 지위 등에 따라서도 질병 진단 결과나 치료 권고가 달라진다. 만약 AI가 주로 백인 남성 환자 데이터를 학습했다면, 다른 인종이나 여성 환자에 대한 진단 정확도가 떨어질 수 있다.[3] AI가 고소득층 환자의 데이터를 주로 학습했다면, 저소득층 환자의 건강 상태나 치료 필요성을 과소평가할 수 있다.[4]

이와 같이 AI 편향성은 질병 진단의 정확도를 떨어뜨리고, 환자에게 부적절한 치료를 유발한다. 이는 환자의 건강 악화, 치료 지연, 심지어 사망까지 초래하는 심각한 문제이다. AI 편향성은 특정 집단에 대한 차별적인 의료 서비스의 제공으로 이어진다.[5] 이는 건강 불평등을 심화시키고, 사회적 약자의 건강권을 침해한다. 그 결과 AI 편향성은 환자와 의료진 간의 신뢰를 무너뜨리고, 의료 시스템에 대한 불신을 초래한다. 이는 의료 서비스 이용률 저하, 치료 순응도 감소 등으로 이어져 의료 시스템 전체의 효율성을 저해할 수 있다.

AI 편향성 문제를 해결하기 위해서는 다양하고 대표성 있는 데이터의 확보가 필요하다. AI 알고리즘 학습에 사용되는 데이터가 다양한 인종, 성별, 연령, 사회경제적 지위 등을 포괄하고, 실제 환자 집단을 대표하도록 해야 한다. 그리고 AI 알고리즘의 편향성 감지 및 완화 기술의 개발을 통해 AI 모델의 공정성을 확보해야 한다.

이와 더불어 AI 알고리즘의 의사결정 과정을 투명하게 공개하고, 의사결정의 근거가 설명 가능해야 한다. 인간 의사의 역할이 더욱 강화되어야 한다. AI는 의사의 판단을 보조하는 도구로 활용되는 것이 바람직하다. 의사는 AI의 결과를 비판적으로 검토하고 환자의 개별적인 상황을 고려하여 최종 의사결정을 내려야 한다.

AI 편향성 문제는 기술적인 문제일 뿐 아니라 사회적, 윤리적인 문제이기도 하다. 따라서 다양한 이해관계자들이 참여하는 사회적 논의를 통해 AI 편향성 문제에 대한 해결 방안을 모색하고 사회적 합의를 이루어야 한다.

AI 시대가 도래하면서 의료계가 직면한 가장 큰 화두는 'AI가 의사를 대체할 수 있을까?'라는 질문이다. 이러한 말은 AI가 의료계에서 보여주는 놀라운 능력 때문이다. AI는 방대한 양의 의료 데이터를 빠르고 정확하게 분석하여 질병을 진단하고 치료 계획을 수립한다. 인간 의사는 제한된 시간과 정보 처리 능력으로 인해 AI와의 경쟁에 불리하다.

객관적이고 일관된 판단 또한 AI의 강점이다. AI는 감정이나 편견에 휘둘리지 않고 객관적이고 일관된 판단을 내린다. 이는 오진율을 낮추고 의료 서비스의 질을 향상시키는 데 기여한다. 인간 의사가 AI 의사를 도저히 이길 수 없는 것은 노동강도다. AI는 24시간 365일 진료가 가능하다. AI는 피로도, 휴식도 없이 24시간 환자를 진료할 수 있다. 이는 응급 상황 발생 시 신속한 대응을 가능하게 하고 의료 접근성을 높인다.

이 밖에도 AI는 끊임없이 새로운 의료 지식과 기술을 학습하여 스스로 발전한다. 이는 인간 의사가 따라잡기 어려운 속도로 의료기술을 발전시키는 원동력이 된다. 결정적인 것은 비용 효율성이다. AI는 진료 효율성 향상 등을 통해 인건비 등 의료 비용을 절감한다. 이는 의료 서비스의 접근성을 높이고, 더 많은 사람들에게 양질의 의료 서비스를 제공한다.

이와 같이 AI는 인간의 의사결정을 대체하는 수준으로 발전하고 있다. 그렇다 하더라도 AI가 인간 의료진을 대체해서 단독으로 진료하는 일은 있을 수 없다. 의료는 인간의 생명을 다루는 일이고, 기계에는 늘 오류나 고장의 위험이 있기 때문이다. AI 의료기기가 잘못된 판단으로 인명을 해치더라도 기계는 책임을 지지 않기 때문에 AI가 단독으로 진료하는 일은 일어나기 힘들 것이다.

의료진의 통제하에 AI를 운용하는 경우에도 AI의 자율적인 분석이나 판단에 대해선 의사결정이 인간의 것과 동일한 윤리적 기준을 준수해야 하는지 살펴보아야 한다. AI가 중대한 의료적 판단이나 결정에 참여하는 경우 최종 결정에 대한 책임 소재와 같은 문제도 해결해야 한다. 이러한 도전에도 불구하고 AI와 의학의 결합은 의료 분야에서 거스를 수 없는 큰 물결이다. 이에 대비하기 위해서는 인간 의사도 변화에 적응하고 AI를 도구화할 준비를 해야 한다.

하버드 비즈니스 리뷰Harvard Business Review 칼럼 'AI 보조의사: 의학의 새로운 최전선AI-Assisted Doctors: The New Frontier of Medicine'에서는 AI와 의사의 협력 모델을 제시하며, AI가 의사의 업무 부담을 줄이고, 더 많은 시간을 환자와의 소통에 할애할 수 있도록 돕는다고 강조한다.[6]

AI 기술은 빠르게 발전하고 있으며 의사는 변화하는 의료 환경에 적응하기 위해 끊임없이 배우고 성장해야 한다. AI 관련 교육 프로그램에 참여하거나, AI 기술을 활용한 새로운 진단 및 치료 방법을 습득할 수도 있다. 의사는 의료 분야 외에도 다양한 분야의 지식을 쌓아 융합적인 사고를 통해 새로운 가치를 창출할 역량을 키워야 한다. 이는 AI 시대에 의사가 경쟁력을 유지하고 발전하는 데 필수적인 요소다.

AI 시대에 의사는 단순 진료 업무에서 벗어나 AI와 협력하여 환자 중심의 맞춤형 의료 서비스를 제공하고 의료 시스템의 효율성을 높이는 데 기여해야 한다. AI가 대체할 수 없는 인간적인 가치를 바탕으로 환자와의 신뢰 관계를 구축하고 의료 윤리 문제에 대한 사회적 논의에 적극적으로 참여할 필요가 있다.

AI 시대는 의사에게 위기이자 기회다. 의사는 변화하는 의료 환경에 적응하고 새로운 역할을 수행하기 위한 준비를 해야 한다. 끊임없이 배우고 성장하며 인간적인 가치를 바탕으로 환자에게 최상의 의료 서비스를 제공하는 것이 AI 시대에 의사가 생존하고 발전하는 길이다.

AI 의료의
정의와 범위

AI 의료는 질병의 예방, 진단, 치료, 예후 관리 등 전반적인 의료 서비스를 혁신하는 분야다. AI 의료는 단순히 의료 데이터를 분석하는 것을 넘어 의료영상 판독, 질병 예측, 개인 맞춤형 치료, 신약 개발, 원격 진료 등 다양한 영역에서 활용되며 의료 패러다임을 변화시키고 있다.

AI 의료에 대한 공식적인 정의와 범위는 아직 통일되어 있지 않지만, 여러 기관 및 정부에서 AI 의료의 개념을 설명하고 활용 범위를 제시하고 있다.

한국지능정보사회진흥원 NIA

지능정보원은 '의료 분야에 AI 기술을 적용하여 의료 서비스를 개선하고, 국민 건강 증진에 기여하는 활동'으로 정의한다. 그리고 AI

의료의 범위를 '질병 진단 및 예측, 치료 및 수술 지원, 건강관리 및 예방, 의료 정보 분석 및 활용, 의료 행정 자동화 등'으로 제시한다.[7]

식품의약품안전처 MFDS

식약처는 'AI 기술을 활용하여 질병의 진단, 치료, 예방 등 의료 행위를 지원하는 소프트웨어 의료기기'로 정의한다. AI 의료기기의 범위를 '영상 진단 보조, 질병 위험도 예측, 치료 효과 예측, 의료 정보 분석 등'으로 제시한다.

미국 식품의약국 FDA

FDA는 'AI 기술을 사용하여 학습하고 의료 행위를 개선하는 의료기기'로 정의한다. AI 의료기기의 범위를 '영상 진단 보조, 질병 위험도 예측, 치료 효과 예측, 의료 정보 분석 등'으로 제시한다.

유럽연합 집행위원회 EC

EC는 'AI 기술을 활용하여 의료 데이터를 분석하고, 의료진의 의사결정을 지원하는 시스템'으로 정의한다. AI 의료의 범위를 '질병 진단 및 예측, 치료 및 수술 지원, 건강관리 및 예방, 의료 정보 분석 및 활용 등'으로 제시한다.[8]

세계보건기구 WHO

WHO는 'AI 기술을 활용하여 의료 서비스의 질을 향상시키고, 의료 접근성을 높이는 것'을 목표로 한다. AI 의료의 범위를 '질병 진단 및 예측, 치료 및 수술 지원, 건강관리 및 예방, 의료 정보 분석 및 활용, 공중 보건 감시 등'으로 제시한다.

위에서 언급한 정의들은 각 기관의 관점에 따라 조금씩 차이가 있지만 공통적으로 AI 기술을 활용하여 의료 서비스를 개선하고, 국민 건강 증진에 기여하는 것을 목표로 한다는 점을 강조하고 있다.

AI 의료는 크게 다음과 같은 세 가지 측면으로 정의할 수 있다.

- 데이터 기반 의료: AI 의료는 방대한 양의 의료 데이터(전자의무기록Electronic Medical Record, EMR, 의료영상, 유전체 정보, 생체 데이터 등)를 분석하여 질병의 패턴, 위험요인, 치료 효과 등을 파악하고 이를 기반으로 의료 서비스를 제공한다.
- AI 기술 활용: AI 의료는 머신러닝, 딥러닝, 자연어처리 등 다양한 AI 기술을 활용하여 의료 데이터를 분석하고, 의료진의 의사결정을 지원한다.
- 의료 서비스 혁신: AI 의료는 질병 진단 정확도 향상, 개인 맞춤형 치료 제공, 의료 접근성 향상, 의료 비용 절감 등 의료 서비스 전반을 혁신하는 것을 목표로 한다.

AI 의료를 이해하기 위해선 AI와 관련된 주요 용어에 대한 이해가 필요하다. AI는 처음에는 간단한 if-then 규칙(조건과 결과를 연결한 AI 규칙)을 원리로 삼아 시작하여 수십 년 동안 발전하면서 인간 뇌와 유사하게 작동하는 더 복잡한 알고리즘으로 진화했다. AI에는 머신러닝, 심층학습Deep Learning, DL, 자연어처리Natural Language Processing, NLP, 컴퓨터 비전Computer Vision, CV과 같이 많은 하위 분야가 있다.

- 머신러닝: 컴퓨터가 데이터를 통해 학습하고, 이를 기반으로 예측이나 판단을 수행하는 기술이다. 의료 분야에서는 질병 진단, 예후 예측, 치료 반응 예측 등에 활용된다.
- 심층학습: 인공 신경망을 이용하여 데이터를 학습하고, 복잡한 패턴을 인식하는 기술이다. 의료영상 분석, 자연어처리, 음성인식 등에 활용된다.
- 자연어처리: 인간의 언어를 이해하고 처리하는 기술이다. 의료 분야에서는 전자의무기록 분석, 챗봇 상담, 의료 정보 검색 등에 활용된다.
- 컴퓨터 비전: 이미지 및 영상 데이터를 분석하고 이해하는 기술이다. 의료 분야에서는 의료영상 분석, 병리 슬라이드 분석 등에 활용된다.

머신러닝은 특정 특징을 사용하여 특정 상황을 분석하는 데 사용되는 패턴을 식별하는 것이다. 그러면 컴퓨터는 이 정보를 '학습'하여 유사한 미래 시나리오에 적용한다. 이 예측 도구는 정적 알고리즘을 따르는 것이 아니라 환자 치료를 개인화하기 위해 임상적 의사결정에 동적으로 적용된다.

머신러닝은 일반적으로 심층학습으로 알려져 있으며, 인공 신경망Artificial Neural Network, ANN을 만들어 인간 뇌와 유사하게 스스로 학습하고 결정을 내릴 알고리즘으로 구성된다. 의료영상 AI에서 사용하는 컴퓨터 비전도 컴퓨터가 일련의 이미지 또는 비디오에서 정보와 이해를 얻는 솔루션이다.

심층학습은 인간 뇌의 신경망 구조를 모방한 인공 신경망을 이용하여 데이터를 학습한다. 심층학습 모델은 스스로 데이터에서 특징을 추출하고, 이를 통해 복잡한 패턴을 인식하고 예측하는 능력을 갖추고 있다. 의료영상 분석에서 심층 학습 모델은 수많은 영상 데이터를 학습하여 육안으로 식별하기 어려운 미세한 병변까지 찾아낼 수 있다. 이는 암, 심혈관질환 등 조기 진단이 중요한 질병의 발견율을 높이는 데 획기적인 기여를 한다.

머신러닝은 비교적 적은 양의 데이터로도 학습이 가능하며, 단순한 문제 해결에 효과적이다. 반면 심층학습은 대량의 데이터를 필요로 하지만, 복잡한 패턴 인식과 예측 능력이 뛰어나 의료영상 분석, 질병 예측, 개인 맞춤형 치료 등 다양한 분야에서 활용되고 있다. 특히 최근에는 의료 데이터의 양이 기하급수적으로 증가하면서 심층학습의 중요성이 더욱 커지고 있다.

NLP라 불리는 자연어처리는 인간의 언어를 컴퓨터가 이해하고 처리하는 기술로, 의료 분야에서는 방대한 양의 비정형 텍스트 데이터를 분석하고 활용하는 데 핵심적인 역할을 수행한다. NLP는 단어, 문장, 문서 등 텍스트 데이터를 분석하여 의미를 파악하고, 이를 기반으로 다양한 작업을 수행한다. 의료 분야에서는 전자의무기록, 진료 기록, 연구 논문 등 방대한 양의 비정형 텍스트 데이터가 생성되는데, NLP는 이러한 데이터에서 유용한 정보를 추출하고 활용하는 데 필수적인 기술이다.

NLP 기반 챗봇은 환자의 질문에 24시간 답변하고 필요한 정보를 제공하며, 예약 변경 등 간단한 업무를 처리하여 의료진의 업무 부담을 줄이고 환자의 편의성을 높인다. 뿐만 아니라 NLP는 방대한 양의 의학 논문을 빠르게 분석하고 요약하여 의료진에게 최신 의료 지식을 제공하고, 임상 시험 관련 문서에서 환자 정보, 약물 정보, 부작용 정보 등을 추출하여 임상 시험 설계 및 분석에 활용된다. 소셜 미디어, 뉴스 기사 등 다양한 텍스트 데이터를 분석하여 약물 부작용, 의료 사고 등 환자 안전 관련 정보를 수집하고, 이를 바탕으로 환자 안전 관리 시스템을 구축하는 데에도 기여한다.

컴퓨터 비전은 AI의 한 분야로, 컴퓨터가 이미지나 영상을 분석하고 이해하는 기술이다. 의료 분야에서는 X-ray, CT, MRI, 초음파 등 다양한 의료영상에서 질병의 징후를 탐지하고 진단을 보조하며 치료 계획 수립에 활용되는 등 핵심적인 역할을 수행한다. 컴퓨터 비전은 이미지 처리, 특징 추출, 객체 인식, 영상 분할 등 다양한 하위 기술로 구성되어 있으며, 각 기술은 의료영상 분석 과정에서 특정 역할을 수행한다. 예를 들어 이미지 처리는 의료영상의 품질을 개선하고 노이즈를 제거하는 전 처리 과정을 담당하며, 특징 추출은 질병과 관련된 특징적인 패턴이나 정보를 추출한다. 객체 인식은 의료영상에서 특정 객체를 식별하고 위치를 파악하는 기술이며, 영상 분할은 의료영상을 의미 있는 영역으로 나누는 기술이다. 이러한 기술들이 유기적으로 결합하여 질병 진단의 정확성과 효율성을 높인다.

컴퓨터 비전은 의료 분야에서 다양한 방식으로 활용되고 있다. 의사의 영상 판독을 보조하여 업무 부담을 줄이고 진단 정확도를 높이는 데 기여하며, 암, 심혈관질환, 뇌질환 등 다양한 질병 진단에 활용된다. 또 환자의 의료영상을 분석하여 수술 계획을 수립하고, 수술 중 발생하는 위험 요소를 예측하여 수술의 안전성을 높이는 데에도 활용된다. 방사선 치료 계획 수립에도 활용되어 정상 조직 손상을 최소화하면서 암세포를 효과적으로 제거하는 데 도움을 준다. 뿐만 아니라 환자의 얼굴 표정, 움직임 등을 분석하여 통증, 감정 상태 등을 파악하고, 환자의 건강 상태를 실시간으로 모니터링하는 데에도 활용된다.

AI 의료가
가져온 변화

AI는 머신러닝과 딥러닝 알고리즘을 사용하여 의료 데이터를 분석한다. 이러한 알고리즘은 환자의 건강 기록, 유전체 정보, 의료 이미지 등을 결합하여 패턴을 인식하고, 이를 바탕으로 질병의 징후를 조기에 발견하게 돕는다. AI는 의료 이미지(X-ray, MRI, CT 스캔 등)를 분석하여 종양, 골절, 심장질환 등을 감지할 수도 있다. 또한, 유전자 변이를 분석하여 특정 질병의 발생 가능성을 예측하고, 환자의 과거 병력, 치료 기록, 약물 복용 내역 등을 분석하여 건강 상태를 평가할 수 있다.[9]

 AI는 질병의 초기 징후를 빠르게 감지하고 조기 치료를 가능하게 하여 환자의 생존율을 높이고 치료 비용을 절감한다. AI는 수천 개의 의료 이미지를 학습하여 정상 조직과 병변을 구분한다. 폐암의 경우 AI는 흉부 CT 스캔을 분석하여 매우 작은 결절도 감지할 수 있다. 환자의 다양한 데이터를 통합하여 질병의 초기 징후를 포착하기도 한다. AI는 환자의 혈액검사 결과, 유전체 데이터, 생활습관 데이터를 결합하여 심혈관질환의 위험을 조기에 평가할 수 있다.[10]

AI는 질병의 진단 정확도를 높인다. 이는 특히 희귀질환이나 복잡한 증상의 경우에 유용하다. AI는 의료 이미지를 정밀하게 분석하여 종양의 크기, 위치, 형태 등을 정확하게 파악한다. AI는 맘모그램(유방암 엑스선 촬영)을 분석하여 종양의 크기와 위치를 정확히 식별할 수 있다. 유전자 변이를 분석하여 특정 질병의 발생 가능성을 예측하는 것이다. 또 BRCA1 또는 BRCA2 유전자 변이를 가진 여성의 경우, AI는 유방암 발생 가능성을 평가하고 예방적 조치를 추천할 수 있다. AI는 환자의 임상 데이터를 분석하여 진단의 정확성을 높인다. 당뇨병 환자의 경우 AI는 혈당 수치, HbA1c 수치, 생활습관 데이터를 종합하여 당뇨병의 진행 상태를 정확히 평가한다.[11]

하버드 의과대학 연구팀과의 협력을 통해 AI를 활용한 폐암 조기 발견한 사례를 살펴보자. 폐암은 초기 증상이 거의 없어 조기 발견이 어렵다. 조기에 발견되지 않으면 치료가 어렵고 생존율이 낮다. 연구팀은 AI 알고리즘을 개발하여 흉부 CT 스캔을 분석했다. 이 AI 알고리즘은 수천 개의 CT 스캔 이미지를 학습하여 정상 폐 조직과 병변을 구분했다. 결과적으로 AI 알고리즘은 인간 방사선과 의사보다 더 높은 정확도로 폐암의 초기 결절을 감지했다. 이를 통해 환자는 조기 치료를 받았고, 생존율이 크게 향상되었다.

구글의 딥마인드가 개발한 AI인 딥마인드 헬스는 눈의 스캔 이미지를 분석하여 당뇨병성 망막병증[DR]과 황반변성[wAMD] 같은 안과질환을 조기에 발견한다. 런던의 무어필드 안과 병원Moorfield Eye Hospital 과의 협력을 통해 AI로 수백만 개의 안과 이미지를 학습하고 이를 통해 질병을 조기에 감지하는 데 성공했다. 이 AI는 안과 전문의와 비슷한 수준의 정확도로 진단하여 조기 치료를 가능하게 한다.[12]

마찬가지로 IBM의 왓슨 포 온콜로지Watson for Oncology는 암 환자의 의료 기록을 분석하고 최신 연구 결과를 참고하여 치료 계획을 추천한다. 이 AI는 전세계의 수많은 연구 논문과 임상 데이터를 분석하여 암 환자에게 최적의 치료 방법을 제안한다. 특히 복잡한 암의 경우 AI는 환자의 유전자 정보를 분석하여 개인 맞춤형 치료 계획을 수립한다.[13]

AI는 앞으로도 의료 서비스의 질을 높이고, 환자 치료에 큰 기여를 할 것으로 기대된다. 방대한 양의 의료 데이터를 빠르고 정확하게 분석하는 AI의 능력은 질병의 조기 발견과 정확한 진단을 가능하게 하여, 더 나은 의료 서비스를 제공하는 데 중요한 역할을 할 것이다. 이러한 혁신적인 기술이 의료 분야에 도입됨으로써 많은 환자들이 더 빠르고 정확한 진단과 치료를 받을 것이다.

의료 대란의 역설

2024년 3월, 서울성모병원 정형외과 외래 진료실은 침묵으로 뒤덮였다. 권순용 교수는 외래 환자들을 홀로 상대해야 한다는 사실에 머리가 아파왔다. 의대생 증원으로 야기된 의료대란으로 인해 전공의들이 떠나버린 후, 외래 진료의 문진, 시진, 촉진 및 각종 이학적 검사 그리고 처치 및 치료를 혼자 도맡게 되었다. 가장 큰 문제점은 이 수많은 환자의 외래 차트 의무기록 작성이 권 교수 혼자의 몫이 되어버린 것이다.

몇 년 전 은평성모병원 병원장으로 재직하던 시절, 권 교수는 영상의학과에서 사용하는 보이스 EMR 시스템을 접하게 된다. X-ray의 판독 내용을 음성으로 기록하는 이 시스템은 홀로 남겨진 권 교수에게 희망의 불씨와 같았다.

권 교수는 병원 정보팀과 상의하여 상황이 상황인 만큼 퍼즐에이아이PuzzleAI의 보이스 EMR 시스템을 외래 환자 진료에 도입했다. 은평성모병원에서 이미 퍼즐에이아이의 뛰어난 서비스 품질은 검증된 터였다. 보이스 EMR 시스템은 성공적인 외래 환자 의무기록 작성을 가능하게 했다.

보이스 EMR이 외래에 처음으로 도입되던 날, 권 교수는 역사적인 순간을 맞이했다. 세계 최초로 AI 보이스 의무기록을 외래진료에 적용한 것이다. 작은 시도이자 실험이었지만 결과론적으로 이는 의료현장의 패러다임을 바꿀 획기적인 사건이었다.

퍼즐에이아이의 보이스 EMR은 음성인식, 음성명령, 차트생성 기술과 진료지원 기능이 융합된 AI 솔루션이다. 권 교수는 보이스 EMR을 활용하여 혼자 외래 진료를 진행하면서도 의료차트를 더욱 자세하고 정확하게 기록할 수 있었다. 특히 환자와의 대화가 그대로 차트에 자동으로 입력되는 기능은 키보드로부터 권교수를 해방시켜 환자와의 소통을 증진하고 의료 서비스의 질을 향상시키는 데 큰 도움이 되었다.

"저는 교수님 뵙고자 6개월을 기다렸어요. 그런데 막상 교수님은 제가 안중에도 없는 듯 자판만 치고, 저를 보지 않으셔서 실망했어요. 그런데 오늘은 이렇게 얼굴을 마주하고 대화하니 너무 좋네요." 한 환자의 감동적인 소회는 보이스 EMR 도입의 효과를 잘 보여주었다. 이 새로운 기기가 과거에는 불가능했던 환자와의 진솔한 소통을 가능해준 것이다.

"척추에서 골반, 무릎까지 다 아파요."라는 환자의 말을 있는 그대로 차트에 입력하는 것은 의료 정보의 정확성을 높이고 풍부한 데이

| 보이스 EMR을 이용해 상담 내용을 녹화하는 권 교수.

터를 확보하는 데 기여한다. 이는 빅데이터를 생성하여 더 나은 의료 서비스를 제공하는 데 중요한 역할을 할 것이다.

보이스 EMR 시스템 도입 이후 권 교수는 더 이상 홀로 힘겨운 외래 진료를 수행하고 버거운 의료차트 작성에 시달릴 필요가 없었다. 시스템은 권 교수의 진찰 내용을 정확하게 기록하고 분석하여 보다 효율적인 의료 서비스를 가능케 했다.

권 교수의 경험은 2024년 의료대란이 가져온 역설을 보여준다. 혁신적인 기술은 의료 서비스의 질을 향상시킬 수 있지만, 동시에 의료 현장의 변화를 가속화하고 의료 전문가들에게 새로운 어려움을 안겨줄 수도 있다. 진료실에 홀로 남겨진 권 교수의 모습은 의료대란이 가져온 현실이었지만, 동시에 새로운 미래를 향한 가능성을 열어준 것이다.

다음은 권 교수가 보이스 EMR을 이용한 혁신적인 진료 접근법을 시도한 사례다. 고령 환자와의 상담 과정에서 권 교수는 환자가 복잡한 의학 정보를 완전히 이해하기 어려워한다는 사실을 인지했다. 이에 대한 해결책으로, 그는 상담 내용을 동영상으로 기록하여 환자의 가족과 보호자에게 제공하는 방법을 고안했다.

상담 중 권 교수는 다음과 같이 말했다.

"오늘 설명 드리는 내용을 요약하고 차트로 정리해드리겠습니다. 이 동영상을 가족 분들께 보여주시면서 진단 내용을 공유해주세요. 제 설명은 모두 AI 기반 시스템을 통해 차트로 기록됩니다. 우측 고관절의 퇴행성관절염과 대퇴 골절 무혈성 괴사가 콤바인드 된 환자로서 (중략) 시술은 필요치 않을 것으로 사료됩니다."

그는 보이스 EMR을 열고 환자의 상태에 대해 상세히 설명했고, 마지막에 이렇게 덧붙였다.

"가족 분들께 이 녹화 영상을 보여주세요. 귀하의 진단 결과와 향후 치료 계획을 이해하는 데 도움이 될 것입니다. 가족들도 안심할 수 있을 겁니다."

권 교수는 이러한 AI 기반 음성인식 전자의무기록 시스템이 환자와 가족에게 제공됨으로써 의료의 신뢰도를 높인다고 강조한다. 특히 고령화 사회에서 노인 환자들에게 생생한 상담 내용을 영상으로 제공함으로써 회복과 돌봄의 효과를 극대화한다고 말이다. 이 혁신적인 접근법은 의료 정보의 투명성과 공정성을 높이고 환자와 가족 간의 의사소통을 개선하며, 궁극적으로 더 나은 환자 케어를 달성할 잠재력을 보여준다.

권 교수가 개발 중인 스마트 차트는 의료 현장의 디지털 전환을 이끌 혁신적인 시스템으로 주목받고 있다. 음성이나 영상으로 의료 기록을 작성하여 의료진의 업무 효율성을 높이고 환자 중심의 의료 서비스를 제공한다는 점에서 기대를 모은다.

그러나 스마트 차트가 상용화되기 위해서는 넘어야 할 산이 많다. 가장 중요한 과제는 보안이다. 민감한 개인정보를 다루는 만큼 해킹이나 유출 위험을 완벽하게 차단할 강력한 보안 시스템 구축이 필수적이다. 환자나 보호자가 언제 어디서든 안전하게 의료 기록을 확인할 수 있도록 암호화된 저장 및 열람 서비스를 제공해야 한다.

스마트 차트는 의료 서비스의 패러다임을 바꿀 잠재력을 지닌 기술이다. 하지만 혁신에는 항상 책임이 따른다. 개발 단계부터 보안과 개인정보 보호에 대한 철저한 대비가 이루어져야 할 것이다. 스마트 차트가 의료 혁신의 주역으로 자리매김하기 위해서는 기술적 완성도는 물론 사회적 신뢰를 확보하는 것이 무엇보다 중요하다.

과거 일부 의료 현장에서 나타났던 간략하고 불완전한 차트 작성은 빅데이터 시대에 큰 맹점으로 작용했다. 증상과 처방만 간단하게 기록하는 방식은 데이터의 깊이와 넓이를 제한하고, 빅데이터 분석의 가치를 떨어뜨리는 무의미한 정보의 늪을 만들었다.

반면 퍼즐에이아이의 보이스 EMR은 환자와의 대화를 가감 없이 기록하여 깊이와 넓이를 갖춘 데이터를 구축한다. 이는 단순한 정보의 나열을 넘어 환자의 진정한 목소리를 담아낸 값진 데이터 자산으로 승화된다.

퍼즐에이아이는 보이스 EMR에 디지털 이미지의 워터마크 기술과 유사한 첨단 보안 기술을 접목하여 데이터 보안을 철저하게 강화했다. 마치 귀중한 보석을 보호하는 금고처럼 환자의 민감한 정보는 퍼즐 AI의 견고한 보안 시스템 아래 안전하게 보호되고 그 금고는 목소리의 주인공만 열 수 있도록 해주었다.

퍼즐에이아이는 세계 최초로 AI 기반 음성인식 기술을 통해 의료차트를 자동으로 작성하는 혁신적인 솔루션이다. 단순한 녹음 방식을 넘어 의료 전문가의 말을 실시간으로 정확하게 입력하여 진정한 보이스 의료차트 시대를 열었다. 뉘앙스Nuance와 같은 세계적인 헬스케어 솔루션도 아직은 의료차트 작성을 위한 녹음과 음성인식 기능만 제공한다. 녹음된 내용을 정리하고 차트에 적용하는 과정은 여전히 수동으로 이루어져야 하기 때문에 시간과 노력이 많이 필요하다.

반면, 퍼즐에이아이는 첨단 음성인식 기술과 자연어처리 기술을 통해 의료 전문가의 말을 실시간으로 분석하고 정확하게 입력한다. 특히 2024년 3월에 국제특허를 받은 기술은 의료 전문가가 의료차트를 구성하는 SOAP Subjective Objective Assessment Plan, 처방, 처치 등에 커서만 갖다 대면 원하는 내용을 바로 차트에 담아준다. 퍼즐에이아이 보이스 EMR의 또 하나의 장점은 유저 인터페이스UI다.[14]

퍼즐에이아이는 세계 3대 디자인 어워드인 독일 'IF 디자인 어워드 2024'에서 수상했다. 두유비DOUB와 함께 개발한 음성인식 간호의무기록 솔루션 '보이스이엔알VoiceENR'이 서비스 디자인 부문 수상작으로 선정됐다. AI 스타트업의 첫 수상이라고 한다.[15]

퍼즐에이아이의 보이스 EMR 및 보이스 ENR Electronic Nursing Record은 AI 기술을 활용하여 의료 기록 작성 시간을 단축하고 환자와의 소통 시간을 늘려 의료 서비스의 질을 향상시키는 혁신적인 기술이다. 현재 보이스 EMR·ENR은 2, 3차 대형병원을 중심으로 선제적으로 도입되고 있으며, 은평성모병원에서는 간호사들이 환자 활력징후 기록을 음성으로 대체하는 등 성공적인 사례를 보여주고 있다.

보이스 EMR·ENR은 국내외 언어를 혼용하는 임상 현장 특성을 고려하여 개발되었다. 개발 과정에서 가장 어려웠던 점은 사투리로 영어를 말하는 경우의 발음 변화였다. 이를 해결하기 위해 퍼즐에이아이는 전공의와 의대생을 대상으로, 1,000시간의 음성 데이터를 확보했고 현재는 수십배의 데이터를 쌓았다. 이는 다양한 언어 환경에서도 정확한 음성인식을 가능하게 하는 핵심 기술이다.[16]

보이스 EMR은 AI 음성인식 기술을 통해 98%의 놀라운 정확도를 자랑한다. 이는 의료 분야에서 발생하는 오류를 최소화하여 안전하고 정확한 의료 기록 작성을 가능하게 한다. 보이스 EMR은 한국어와 영어를 모두 인식할 수 있는 국제 발음 표준[IPA] 기반 기술을 사용한다. 이는 글로벌 시장 진출을 위한 필수적인 요소이며, 다양한 언어 환경에서도 정확한 음성인식을 가능하게 한다.

보이스 EMR은 하루 종일 타이핑해야 하는 영상의학과의사들의 고통을 해소하기 위해 개발되었다. 영상의학과의사들은 방대한 양의 판독문을 직접 작성해야 하기 때문에 손목과 목에 큰 부담을 받는다. 특히 여성 의사들은 퇴행성관절염으로 고통받는 경우가 많다. 보이스 EMR은 AI 기술을 활용하여 의사들이 타이핑 없이 손쉽게 의료 기록을 작성할 수 있도록 하여 손목과 목에 가해지는 부담을 크게 줄여준다. 그뿐 아니라 의무기록 작성시간이 절반으로 줄어들고 정확한 작성이 가능해져서 업무에 대한 스트레스가 감소되고 업무의 효율성이 증대된다.

보이스 EMR은 영상의학과의사들의 퇴행성관절염 예방에도 효과적이다. 영상의학과의사들은 타이핑으로 인한 손목과 목의 통증을 줄이고 건강을 유지할 수 있다. 이는 의료 전문가들의 건강을 보호하고 더 나은 의료 환경을 조성하는 데 기여한다.

보이스 EMR은 의료 전문가가 환자와의 소통에 집중하도록 시간을 확보해준다. 이는 환자와의 관계 형성 및 의료 서비스의 질 향상에 기여한다. 보이스 EMR은 데스크톱과 모바일 환경에서 모두 사용이 가능하다. 어디서든 편리하게 의료 전문가의 업무 효율성을 높여준다.[17]

AI 의료의 미래

AI 의료는 아직 초기 단계에 있지만, 빠르게 발전하고 있으며 미래 의료 시스템의 핵심적인 역할을 담당할 것으로 예상된다. AI는 의료진의 파트너로 협력하여 환자에게 더 나은 의료 서비스를 제공하고, 궁극적으로 인류의 건강 증진에 기여할 것이다. 미래엔 AI가 의료를 어떻게 변화시킬지 예상해보았다.

AI는 단순히 질병을 진단하고 치료하는 것을 넘어 인간의 생물학적 한계를 뛰어넘는 '초개인화 맞춤 의료 시대'를 열 것이다. 미래에는 개인의 유전체 정보가 완벽하게 해독되고 분석되어 태어날 때부터 질병 발생 가능성을 예측하고 예방하는 'DNA 맞춤형 의료'가 실현될 것이다. 〈MIT 테크놀로지 리뷰MIT Technology Review〉는 2023년 기사에서 유전체 분석 기술의 발전과 AI의 결합으로 개인 맞춤형 의료 시대가 도래할 것이라고 예측했다.[18] 유전적 취약점을 보완하는 유전자 편집 기술 CRISPR-Cas9과 같은 혁신적인 기술과 AI의 결합은 질병 없는 삶을 향한 인류의 오랜 꿈에 한 발짝 더 다가가게 할 것이다.

혈관 속을 누비며 질병을 치료하는 나노봇은 더 이상 공상 과학 영화 속 이야기가 아니다. 미래학자 레이 커즈와일Ray Kurzweil(1948~)은 그의 저서 《특이점이 온다》에서 2045년경에는 나노봇이 의료 분야에 혁명을 가져올 것이라고 예측했다.[19] AI로 제어되는 나노봇은 암세포를 찾아 제거하고, 손상된 장기를 복구하며 심지어 노화를 늦추는 역할까지 수행하게 될 것이다.

AI는 개인의 생체 데이터를 기반으로 가상 인체 모델을 생성하여 질병 진행 과정을 시뮬레이션하고 최적의 치료법을 찾아낼 것이다. 이는 환자에게 불필요한 시술이나 약물 투여를 줄이고, 치료 효과를 극대화하는 데 기여한다. 심장질환자의 경우 AI는 환자의 심장 모델을 생성하고 다양한 치료 시나리오를 시뮬레이션하여 가장 효과적인 치료법을 예측한다.

AI는 뇌파를 분석하고 뇌와 컴퓨터를 연결하는 인터페이스 기술을 발전시켜, 생각만으로 기계를 조작하거나 타인과의 소통을 가능하게 할 것이다. 2019년 일론 머스크가 설립한 뉴럴링크Neuralink는 뇌-컴퓨터 인터페이스 기술 개발에 박차를 가하고 있다.[20] 이 기술은 척수 손상, 뇌졸중 등으로 신체 기능을 잃은 환자들에게 새로운 삶의 가능성을 열어줄 것이다.

AI는 인류의 우주 진출에 발맞춰 우주 공간에서 발생할 수 있는 건강 문제를 해결하고, 우주 환경에 최적화된 의료 시스템을 구축하는 데 중요한 역할을 할 것이다. AI는 우주 방사선, 무중력 상태 등 극한 환경에서 발생하는 질병을 예측하고 예방하며, 원격 의료기술을 통해 지구에 있는 의료진이 우주인의 건강을 실시간으로 관리하도록 돕는다.

　AI는 의료 분야에서 무한한 가능성을 제시하며, 인류의 건강과 삶의 질을 획기적으로 향상시킬 것이다. 하지만 이러한 기술 발전은 윤리적, 사회적 문제를 야기할 수 있다. 개인정보 보호, 의료 불평등 심화, 인간 존엄성 훼손 등 다양한 문제에 대한 심도 있는 논의와 사회적 합의가 필요하다.

2장

AI 의료의 역사, 의학이 탄생시킨 생각하는 기계

✦ ✦ ✦

AI 의료의 역사를 논하기 전에 놀랍게도 AI의 개념 자체가 의학에서 출발했다는 사실을 짚고 넘어가야 한다. 인류는 오래전부터 인간을 닮은 존재를 만들고자 하는 열망을 품어왔다. 그 결과 인체의 모방은 다양하게 이루어졌다. 컴퓨터 과학 및 수학에 근거하여 자동으로 작동하는 기계인 초기의 오토마타^{Automata}부터 인체의 순환 시스템을 모방한 자동 장치까지, 인간의 역설계는 끊임없이 이어져왔다.

이러한 노력의 최종 목표는 인간의 사고 구조를 역설계하는 것이었다. 즉 뇌를 모방하여 생각하는 기계를 만드는 것이다. 뇌 연구를 통해 밝혀진 신경망의 존재는 AI 개발에 새로운 가능성을 열었다. 인간의 신경망을 모방한 머신러닝 알고리즘을 개발하면 '생각하는 기계', 즉 AI를 만들 수 있겠다는 결론에 이르렀던 것이다.

인공 신경망을 최초로 생각해낸 사람은 신경 생리학자 워런 맥컬럭

Warren McCulloch(1898~1969)과 인문학자 월터 피츠Walter Pitts(1923~1969)다. 이들은 1943년 '맥컬럭 피츠 뉴런' 모델을 탄생시킨 논문 〈신경 작용에 내재한 개념에 대한 논리적 해석A Logical Calculus of Ideas Immanent in Nervous Activity〉에서 신경망에 대한 수학적 모형을 처음으로 제시했다.[21] 그들은 이 논문에서 인간의 두뇌를 이진법 원소들의 집합으로 설명하고 인간의 두뇌가 정보를 처리하는 방식을 설명하는 수학적 모델을 만들었다. 지금의 AI를 탄생시킨 학문적 토대를 마련한 것이다.

우리의 뇌를 구성하고 있는 것은 전기적인 신호를 전달하는 뉴런이란 특이한 세포이다. 이 뉴런의 수상돌기dendrite는 신호를 수신하는 역할을, 축색돌기axon는 신호를 송신하는 역할을 한다. 뉴런은 정보를 처리하고 다른 세포로 정보를 전달하여 우리 몸의 모든 활동이나 사고를 가능하게 한다. 이런 처리 과정을 역설계해서 기계에 적용하도록 만든 알고리즘이 바로 인공 신경망이다. AI란 인간 두뇌의 신경망의 원리에 근거해서 구현된 컴퓨팅 시스템의 총칭이다.

맥컬럭과 피츠의 뉴런 이론이 발견한 것은 뉴런의 작용이 0과 1의 정보 전달로 이루어지는 이진법 논리 회로라는 사실이었다. 따라서 맥컬럭과 피츠는 당시 전신에서 사용하던 '릴레이relay'라는 장치로 논리 회로를 만들 수 있다고 생각했다. 이들의 이론에 큰 영향을 받았던 수학자 존 폰 노이만John von Neumann(1903~1957)은 이 릴레이를 진공관으로 대체해서 프로그램을 내장한 컴퓨터를 생각하게 되었다. 결국 이런 이론을 토대로 진공관을 사용하여 만든 전자식 계산기, 에니악Electronic Numerical Integrator And Computer, ENIAC이 탄생했다.

인공 신경망 이론이 최초의 컴퓨터를 탄생시키는 산파 역을 한 셈이다.

"학습이나 지능의 특징을 살펴보면, 근본적으로 기계로 구현할 수 있게 설계되어 있다. 기계가 추상화된 언어를 사용하고, 인류의 현안을 해결하고 스스로 향상시키는 방법을 찾기 위한 시도가 이루어질 것이다. 엄선된 과학자들이 여름 동안 함께 연구한다면 이런 문제들 중 하나 이상에서 큰 발전이 있을 것으로 생각한다."[22]

위의 글은 다트머스 대학교의 존 매카시John McCarthy(1927~2011) 교수, 하버드 대학교의 마빈 민스키Marvin Minsky(1927~2016) 교수, IBM의 나다니엘 로체스터Nathaniel Rochester(1919~2001), 벨 연구소의 클로드 셰넌Claude Shannon(1916~2001) 등 초기 AI 4대 거장이 록펠러 재단에 제출한 워크숍 제안서의 요지다.

이 제안이 수락되고, 1956년 여름 미국 다트머스 대학교에서 8주간 개최된 워크숍에는 컴퓨터 및 인지과학 분야의 스타 과학자 10명이 미래를 예측하는 워크숍을 개최했다. 이 워크숍을 우리가 기억해야 하는 이유는 여기서 바로 'Artificial Intelligence', AI란 단어가 탄생했기 때문이다. 이 용어는 매카시가 워크숍을 진행하던 중에 만든 것이다. 그는 인간처럼 생각하고 행동하는 컴퓨터 시스템을 만들 수 있다고 믿었다.

매카시가 AI라는 용어를 선택한 이유는 이 용어가 간결하고 기억하기 쉽기 때문이다. 이 용어는 컴퓨터가 인간과 같은 방식으로 생각할 수 있는지 여부에 관계없이 인간처럼 행동하는 컴퓨터 시스템을 포함한다. AI라는 용어는 처음에는 논란의 여지가 있었지만 빠르

게 보편화되었다. 오늘날 이 용어는 세계에서 가장 인기 있고 영향력 있는 용어가 되었다.[23]

이후 AI를 의료에 사용하고자 하는 시도가 꾸준하게 있었지만 컴퓨팅 능력과 초기 모델의 한계로 인해 널리 사용되지 못했다. 하지만 2000년대 초반 딥러닝이 등장하면서 많은 한계가 극복되었고 슈퍼컴퓨터라고 불리는 초 고성능 컴퓨터들이 계속 컴퓨팅 능력치를 갱신해 나가면서 AI는 의료와 함께하게 되었다. AI 시스템이 복잡한 알고리즘을 분석하고, 미세 이미지를 인식하고, 스스로 학습하게 되면서 위험 평가 모델을 통해 진단 정확도와 업무 효율을 높였다.

60년이 넘은 AI의 발전 과정과 최근 의료 분야에 도입 및 개발된 AI에 대한 간략한 역사적 시각은 스마트 의료를 이해하는데 큰 도움을 준다. 위장관과 내시경 분야에서 AI의 주요 활용 사례를 살펴보면서 이미 의료인의 파트너가 된 AI가 의료계와 함께하게 된 초기 스토리를 알아보자.

의료 분야에 AI가 사용된 최초의 사례는 1959년으로 거슬러올라간다. 미국의 의학 연구소인 MITRE는 컴퓨터를 사용하여 암 진단을 시도했다. 그 때 MITRE의 연구팀은 컴퓨터를 사용하여 흉부 X-ray를 분석하여 암을 진단하는 방법을 연구했던 것이다.[24]

연구팀은 컴퓨터에 암이 있는 환자의 X-ray 이미지와 정상인의 X-ray 이미지를 학습시켰다. 그런 다음 컴퓨터에게 새로운 환자의 X-ray 이미지를 분석하도록 했다. 연구팀은 컴퓨터가 암이 있는 환자의 X-ray 이미지를 정상인의 X-ray 이미지보다 정확하게 구별할 수 있다는 것을 발견했다. 그러나 그 당시 연구팀은 컴퓨터의 진단 정확도는 90% 수준이었는데도 기술적 한계로 연구가 실패했다고 주장했다. 당시 컴퓨터는 통계적 계산이나 단순한 논리 연산을 수행하는 수준이었고, 이미지 기반 진단에서 90%의 정확도를 달성했다는 주장은 과장된 것으로 보인다. 1950년대 기술로는 이미지 데이터를 디지털화하고 분석하는 데 필요한 컴퓨터 기술이 아직 초기 단계였기 때문에 이 연구를 실패로 결론지었던 것이다. 그러나 MITRE의 연구는 컴퓨터를 이용한 암 진단의 가능성을 보여준 중요한 연구였다.

1966년, MIT 교수였던 조지프 와이젠바움 Joseph Weizenbaum (1923~2008)이 엘리자 Eliza를 소개했다. 자연어처리를 사용하는 엘리자는 패턴 매칭 및 대체 방법론을 사용하여 인간 대화(표면적인 의사소통)를 모방했다. 이는 오늘날 챗GPT ChatGPT나 바드 Bard와 같은 초기 LLM의 기반이 되었다.[25]

자연어를 인식하여 응대함으로써 심리학자와 같은 역할을 하게 만든 엘리자는 정신과 의사처럼 대화하게 프로그램 되었다. 엘리자는 실험 참여자들과 정신과 치료 요법에서 활용되는 질문을 통해 치료와 유사한 대화를 만들어내는 실험용 AI였다. 엘리자와 대화해본 참가 환자들은 대화를 주고받은 지 얼마 지나지 않아 엘리자를 실제 정신과 의사처럼 느꼈다고 한다. 그 당시에는 컴퓨팅 능력이 매우 낮았기 때문에 와이젠바움은 엘리자가 환자들로부터 심도 있는 답변을 이끌어낼 수 있을지에 대해서 의구심을 품었다고 한다.[26]

그러나 실험결과는 놀라웠다. 실험에 참가한 환자들 사이에는 "훌륭한 선생님이 나타나셨다."라는 소문이 돌았고, 환자들은 그 '훌륭한 선생님'과 대화하느라 시간 가는 줄을 몰랐다. 대화 중 감동해서 눈물을 흘리는 환자들도 있었다. 와이젠바움이 엘리제가 AI라고 밝혀도 소용이 없었다고 한다. 엘리자가 판단하거나 함부로 조언하지 않는 것만으로도 환자들은 엘리자와의 대화를 편하게 느꼈고 경청만으로도 치유받았던 것이었다.

엘리자는 완벽하지 않았고 때로는 모순되거나 무의미한 답변을 했지만, 와이젠바움은 이 실험결과를 보고 기쁨이나 자부심보다는 두려움을 느꼈다. 그는 이후에 AI 비판론자로 돌아섰고 컴퓨터와 기계문명이 만들지도 모르는 암울한 미래를 경고하는 일에 앞장섰다. 어쨌든 엘리자는 의료 AI의 첫 번째 상품이었으며 인간과 컴퓨터 간의 상호 작용에 대한 새로운 가능성을 열었다. 그리고 무엇보다도 오늘날 상용화된 챗GPT 개발의 길을 열어주었다.

1970년대에는 컴퓨터 기술이 발전하면서 AI를 이용한 의료 진단 및 치료 연구가 활발하게 진행되었다. 1971년 미국 국립 보건원National Institutes of Health, NIH은 보다 효과적으로 암을 치료하기 위해 국가적인 노력을 수행하는 국립암연구소National Cancer Institute, NCI의 역할을 강화했다. '보건 서비스 법'을 개정하는 '국립 암 법National Cancer Act'을 제정하고, 컴퓨터를 이용한 암 조기진단을 위한 데이터베이스 구축을 시작하여 오늘날 AI 암 진단의 서막을 올렸다.[27]

1973년에는 '스탠퍼드 대학교 의료 실험-의료 AIStanford University Medical Experimental-Artificial Intelligence in Medicine'라는 타임셰어링 컴퓨터 시스템으로 여러 기관의 임상 및 생의학 연구원들의 연구 네트워킹 기능을 강화하려는 시도가 있었다. 그리고 1975년에는 NIH가 후

원하는 최초의 AIM$^{Artificial\ Intelligence\ in\ Medicine}$ 워크숍이 럿거스 대학교에서 열렸다.[28] 이 워크숍의 산물은 1986년 카스넷^{CASNET} 모델로 이어졌다. 럿거스 대학교에서 개발한 카스넷은 의료 분야에 AI 적용 가능성을 보여준 최초 프로토타입으로, 녹내장 진단 프로그램으로 활용되었다.[29]

70년대 의료 AI 개발의 또 다른 큰 성과는 70년대 초반 스탠퍼드 대학교가 6년에 걸쳐 개발한 마이신^{MYCIN}이다. 마이신은 초기 역추론 기반 엑스퍼트 시스템이다. AI를 활용하여 혈류 감염과 뇌막염과 같은 심각한 감염을 유발하는 박테리아를 식별하고, 환자 체중에 맞게 조정된 항생제를 권장하기 위해 개발되었다. 명칭은 많은 항생제 끝에 '-mycin'이라는 접미사가 붙은 점을 반영했다. 마이신 시스템은 혈액응고질환 진단에도 사용되었다.[30]

엑스퍼트 시스템은 1965년, 에드워드 파이겐바움$^{Edward\ Feigenbaum(1936~)}$이 덴드럴^{Dendral}이라는 프로그램을 개발하며 창안되었다. 덴드럴은 분자의 구조를 추정하는 시스템으로 화학 분자식과 질량 스펙트럼을 넣으면 가장 그럴듯한 구조식을 추정하여 찾아주는 방식이었다.[31]

엑스퍼트 시스템은 특정 분야에서 전문적인 지식을 지닌 컴퓨터 프로그램이다. 오랜 경험을 지닌 전문가의 역할을 대신해서 문제를 해결한다. 이는 기존의 컴퓨터 프로그램이 정확한 알고리즘이나 일방적인 탐색법을 사용하는 데 비해 전문적이고 체계적인 지식의 사용을 강조한다. 엑스퍼트 시스템은 문제분야의 지식을 시스템 운영 및 문제 풀이 부분으로부터 명확히 구분 짓는다. 그래서 시스템이 사용하고 있는 지식을 검토하거나 수정하는데 용이하며, 시스템이 도달한 결론 등을 설명할 수 있게 된다.

1980년대는 의료 분야에서 AI의 연구와 개발이 급증한 시기였다. 이 때도 엑스퍼트 시스템은 진단 및 치료 결정에서 인간의 전문성을 모방하는 것을 목표로 하며 각광받았다. 기계학습, 특히 인공 신경망의 초기 개발은 의료 분야에서 잠재력을 보여주기 시작했다. 의료 영상 분석 기술이 발전하자 컴퓨터 과학자, 의료 전문가, 연구자 간의 협력이 AIM 발전을 촉진했다.

1980년 미국 AI 학회American Association for Artificial Intelligence, AAAI가 설립되면서 의료 응용 분야에 특화된 특별 분과회AAAI-M가 함께 만들어졌다.[32] 리우 연구팀은 이전의 AIM의 태동기를 여러 가능성을 탐사한 시기라고 정의하며, 1980년대 이후 AIM의 발전을 네 단계로 구분했다.[33]

- 유아기(1980년대): 결정 트리Decision Tree 알고리즘이 제안되었고, 엑스퍼트 시스템이 주목받기 시작했다. 인공 신경망도 계속 발전했다.
- 청소년기(1990년대): 엑스퍼트 시스템은 '서포트 벡터 머신Support Vector Machine, SVM'의 등장으로 인해 더욱 성숙해졌다.
- 성년기(2000년대): 딥러닝 개념이 제안되었고, 머신러닝은 AIM의 주요 주제가 되었다.

현재 우리는 성숙기(2010년대 이후)에 있다. 인간과의 소통 능력은 챗GPT와 같은 LLM의 등장으로 크게 향상되고 있다. 그러나 AIM은 여전히 '약한 AI' 단계에 있다.

1982년, 흉부 X-ray 판독을 돕는 최초의 방사선학 엑스퍼트 시스템인 'PUCME'이 피츠버그 대학교에서 개발되었다. 컴퓨터 과학자와 방사선 전문의들이 공동으로 개발했다. 흉부 X-ray 판독을 돕는 최초의 방사선학 엑스퍼트 시스템이다. 이미지를 입력받아 폐렴, 폐결핵, 심장병, 폐암, 기흉 등에 대한 진단을 돕는다.

PUCME는 인공 신경망을 기반으로 개발되었다. 흉부 X-ray 이미지의 특징을 학습하여 진단을 수행한다. 이미지의 100여 가지 특징을 고려하여 진단을 내리며, 정확도는 90% 이상으로 보고되었다. 당시 이미지의 판독은 주로 방사선 전문의에 의해 이루어졌으나 PUCME의 도입으로 비전문가도 흉부 X-ray 이미지를 판독할 수 있게 되었다. PUCME는 방사선 전문의의 판독을 보조함으로써 진단의 정확성과 신속성을 높이는 데 도움을 주었다.

1983년 미국 캘리포니아대학교 버클리의 컴퓨터 과학자와 생물학자들이 심전도 분석에 인공 신경망을 성공적으로 적용한 연구 결과를 발표했다.[34] 이 연구는 인공 신경망이 심전도 신호에서 나타나는 특징을 학습하여 심장질환을 진단할 수 있음을 보여주었다.

연구팀은 1,000명 이상의 환자의 심전도 데이터를 사용하여 인공 신경망을 학습시켰다. 이는 심전도 신호를 입력 받아 심근경색, 심부전, 부정맥, 심전도 이상을 진단했다. 연구 결과에 따르면 인공 신경망의 진단 정확도는 90% 이상으로 나타났다. 이는 당시 심전도 판독을 담당하는 의사들의 정확도와 비슷한 수준이었다.

이 연구는 인공 신경망이 의료 분야에서 활용될 가능성을 보여주는 중요한 성과로 평가된다. 인공 신경망은 심전도 분석뿐 아니라, 다른 의료영상 분석, 질병 진단, 치료 계획 수립 등 다양한 분야에서 활용될 수 있을 것으로 기대된다.

1985년 9월 이탈리아 파비아대학교에서 주최한 2일간의 의료 AI 학술대회, AIME Aritificial Intelligence in Medicine가 열렸다.[35] 이 학회는 1970년대 초반부터 개최되어 AI, 컴퓨터 과학, 의학, 생물학이 만나는 교차로로서 연구자들을 한 자리에 모았다. 그래서 이 학회는 AI 의료 발전에 중요한 이정표로 간주된다. 1985년 AIME에는 전세계에서 온 200명 이상의 연구자와 임상 의사들이 참석했다. 참석자들은 AI를 사용하여 질병 진단, 치료 계획 수립, 의료 정보 관리, 의료 교육 등 다양한 분야에서 이루어진 연구의 결과를 발표했다.

학회가 끝날 무렵, 참가자들은 공통적인 관심사를 가지고 있고 앞으로도 이와 유사한 모임을 조직하는 것이 가치 있다는 데 의견을 같이 했다. 이후 2년마다 유럽의 다른 도시에서 후속 회의가 열렸다. 이 대회의 명칭인 AIME는 AI in Medicine Europe의 약칭이었으나 후에 AI in Medicine으로 재정의했다.

1986년 미국 럿거스대학교의 컴퓨터 과학자와 안과의사들은 공동으로 카스넷 모델을 개발했다. 녹내장 진단을 위한 인과-연관 네트워크 모델인 카스넷은 녹내장의 원인과 증상 사이의 인과 관계를 모델링하여 녹내장을 진단한다. 카스넷 모델에 환자의 병력, 환자의 안과 검사 결과, 환자의 망막 사진 등을 입력하면 녹내장 유무, 녹내장의 진행 정도, 녹내장 치료의 필요성을 진단할 수 있는 것이다.

카스넷 모델은 1986년 미국 안과학회Academy of Ophthalmology에서 공식적으로 시연되었다. 시연 결과, 진단 정확도는 90% 이상으로 나타났다. 이는 당시 녹내장 진단을 담당하는 안과의사들의 정확도와 비슷한 수준이다.

카스넷 모델은 녹내장 진단의 정확성과 효율성을 향상시키는 데 기여했다. 비전문가도 녹내장을 진단할 수 있게 되었으며, 안과의사들의 진단 시간을 단축할 수 있게 되었다. 카스넷 모델은 1980년대 AI 의료 발전에 중요한 역할을 한 것으로 평가된다. 이 모델의 성공은 AI가 의료 분야에서 활용될 수 있는 가능성을 보여주었다. 이후 다양한 질병의 진단과 치료에 AI가 활용되기 시작했다.[36]

1990년대에는 AI를 이용한 의료영상 분석에 대한 연구는 존재했지만, 수십 건에 그친 데이터의 규모, AI 모델의 구조의 단순성, 그리고 부족한 연산 자원으로 인해 성능이 기대에 미치지 못했다. 하지만 이 시기에는 머신러닝 알고리즘인 SVM이 널리 사용되었으며, 인터넷의 발전으로 대량의 데이터를 활용할 수 있게 되었다.

1998년에는 FDA에서 의료용 AI 기술을 최초 승인한 사례가 있다.[37] 이는 심장질환의 위험성을 예측하는 프로그램으로, 이후 의료용 AI 기술의 승인은 더욱 활성화되었다. 하지만 AI 연구에 대한 과도한 기대와 미흡한 기술 발전으로 인해 1990년대에 들어서자 AI 분야는 암흑기를 겪게 되었다. 이 시기에는 연구자들이 AI의 복잡한 문제를 해결하는 데 어려움을 겪었고, 이에 따라 연구 자금도 급격히 줄어들었다

2000년대 이후 의료 AI 기술은 머신러닝과 딥러닝의 발전으로

새로운 활력을 얻게 되었다. 특히 딥러닝은 이미지 인식, 음성인식, 자연어처리 등 다양한 분야에서 높은 성능을 보여주었다. 2007년, IBM은 왓슨이라는 개방형 질문-답변 시스템을 개발했으며, 이 시스템은 2011년 텔레비전 퀴스쇼 '제퍼디!Jeopardy!'에서 인간 참가자와 경쟁하여 1위를 차지했다. 전통적인 시스템은 데이터에서 결론으로 이끄는 순방향 추론, 결론에서 데이터로 이끄는 역방향 추론, 또는 수작업된 if-then 규칙을 사용했지만, DeepQA라는 기술은 자연어처리와 다양한 검색을 통해 구조화되지 않은 콘텐츠에서 데이터를 분석하여 가능성 있는 답변을 생성했다.[38]

이 시스템은 사용이 쉽고 유지 보수가 간편하며 비용 효율적이었다. 환자의 전자 의료 기록 및 기타 전자 리소스에서 정보를 가져옴으로써 DeepQA 기술을 적용하여 근거 기반 의학 응답을 제공하기에 근거 기반 임상 의사결정에서 새로운 가능성을 열었다.[39] 바카르의 연구팀은 IBM 왓슨을 사용하여 근위축성 경화증에서 변형된 새로운 RNA 결합 단백질을 성공적으로 식별했다.[40]

이러한 추세와 함께 향상된 컴퓨터 하드웨어 및 소프트웨어 프로그램으로 인해 디지털 의료가 더 쉽게 이용 가능해졌다. AIM은 빠르게 발전하기 시작했다. 자연어처리 기술은 엘리자가 보여주는 피상적 의사소통에서 의미 있는 대화 기반 인터페이스로 챗봇으로 진화했다. 이 기술은 2011년 애플의 가상 비서 시리Siri, 2014년 아마존의 가상 비서 알렉사Alexa를 거쳐, 2015년 소아 환자와 부모를 위한 약물 교육을 돕기 위해 개발된 챗봇 파마봇Pharmabot, 2017년에는 1차 의료 진료를 위한 자동 환자 접수 프로세스인 맨디Mandy로 진화했다.

 딥러닝은 AIM에서 중요한 발전을 가져왔다. 인간의 입력을 필요로 하는 고정된 수의 특성을 사용하는 머신러닝과 달리 딥러닝은 데이터를 자체적으로 분류하도록 훈련될 수 있다. 딥러닝은 1950년대에 처음 연구되었지만 의학 분야 적용은 오버피팅overfitting 문제로 제한되었다. 오버피팅은 머신러닝이 특정 데이터 세트에 너무 집중되어 새로운 데이터 세트를 정확하게 처리하지 못할 때 발생하며, 이는 컴퓨팅 용량 부족과 훈련 데이터 부족의 결과일 수 있다.[41]

 이러한 한계는 2000년대에 더 큰 데이터 세트와 크게 향상된 컴퓨팅 성능으로 극복되었다. 컨볼루션 신경망Convolutional Neural Network, CNN(합성곱 신경망)은 인간 뇌의 상호 연결된 뉴런의 행동을 시뮬레이션하는 이미지 처리에 적용되는 딥러닝 알고리즘이다. CNN은 입력 이미지를 분석하여 패턴을 인식하고 특정 필터를 만드는 여러 계층으로 구성된다. 최종 결과는 완전히 연결된 계층에 의해 모든 특징의 조합에 의해 생성된다. 현재 Le-NET, AlexNet, VGG, GoogLeNet, ResNet 등 다양한 CNN 알고리즘이 사용된다.

 의료에 가장 많이 사용되는 AI 기술은 이미 소개한 지능형 로봇을 포함, 머신러닝, 이미지 인식, 엑스퍼트 시스템 등이 있다.

'러닝'의 등장

엑스퍼트 시스템은 사람이 많은 규칙을 만들어 넣는 방식을 사용했다. 이 방법은 의학이나 생물학 같은 과학 분야에서 유용했다. 예를 들어 의사가 환자를 진단하는 데 도움을 주는 시스템을 만들 때, 지금까지 알려진 의학 규칙들을 모아 데이터베이스로 만들면 그만이었다.[42]

그런데 시간이 흘러, 우리가 아직 완전히 이해하지 못하는 복잡한 문제들을 컴퓨터가 해결하길 바라게 되었다. 음성인식 같은 기술이 대표적인 예이다. 음성인식 서비스를 만들려면 컴퓨터가 사람의 말을 정확히 알아듣고 그 말의 뜻을 파악해야 한다. 하지만 이런 기술은 사람이 일일이 규칙을 정해주는 방식으로는 만들 수 없다. 컴퓨터가 받는 소리 데이터는 매우 방대해서 이 데이터 안에서 무엇이 중요한지를 컴퓨터 스스로 판단해야 한다.

그래서 나온 게 바로 머신러닝이라는 아이디어이다. 머신러닝이란 꾸준한 학습을 통해 작업의 성능을 높이는 기계작동 원리다. 이를 컴퓨터에 적용하여 컴퓨터를 인간처럼 학습시키고 스스로 규칙을 만들게 하는 것이다. 결국 머신러닝은 컴퓨터가 인간의 사고를 효율적으로 처리하려는 목적으로 인간의 학습 매커니즘을 모방한 AI의 작동방법이다.

머신러닝은 기본적으로 데이터를 기반으로 작동한다. 방대한 양의 데이터를 학습시켜 컴퓨터가 스스로 패턴을 찾아내고 규칙을 만들어내는 것이다. 마치 인간이 경험을 통해 배우는 것과 비슷하다. 머신러닝이 유용한 점은 단순히 데이터를 분석하는 데 그치지 않고, 학습된 데이터를 기반으로 미래를 예측하는 데도 활용된다는 점이다. 과거의 주식 시세 데이터를 학습시켜 미래의 주가를 예측하거나, 환자의 의료 데이터를 학습시켜 질병을 진단하는 것과 같은 활용이 가능하다는 것이다. 이로 인해 컴퓨터와 무관해 보이던 다른 분야들도 빠르고 만족스러운 결과를 선보이기 위해 머신러닝에 의존하고 있다.

머신러닝은 의료에서 크게 세 가지 분야에 사용되고 있다. 첫 번째는 질병 진단 및 예측 분야다. 머신러닝은 의료 이미지, 환자의 EMR, 생체신호 등 다양한 의료 데이터를 사용하여 질병을 진단하고 예측하는 데 사용된다. 폐암, 유방암, 전립선암 등 다양한 암의 조기 진단이나 특발성 출혈성 궤양 재발, 심각한 손발톱 발바이러스 질환, 방사선 폐렴 등 다양한 질병의 예측에도 사용된다.

두 번째 분야는 치료 계획 수립 및 최적화이다. 의료진이 머신러닝을 이용하면 환자의 특성과 병리학적 특성을 고려하여 치료 계획을 수립하고 최적화할 수 있다. 가령 머신러닝은 암 환자의 치료 계획을 수립하는 데 사용하거나 환자의 약물 반응을 예측하고 치료 효과를 모니터링하는 데 도움을 준다.

또 하나의 사용처는 환자 모니터링 및 맞춤형 치료다. 머신러닝은 환자의 상태를 지속적으로 모니터링하고 이상 징후를 감지하는 데 도움을 주며, 환자의 특성에 맞는 맞춤형 치료를 제공한다. 머신러닝을 이용하면 심장질환자의 상태를 모니터링하고 응급 상황을 예측하거나 당뇨병 환자의 혈당 조절을 개선하기 위한 맞춤형 치료를 제공하는 데에도 사용될 수 있다.

머신러닝은 1959년 아서 새뮤얼Arthur Samuel(1901~1990)이 제안했다.[43] 그는 입력 데이터를 통해 자동적으로 학습하고 새로운 데이터를 정확하게 예측하는 알고리즘을 개발했다.

이후 머신러닝 알고리즘은 많은 획기적으로 발전했는데 그중 하나가 1960년대 초반에 제안된 역전파알고리즘Backpropagation Algorithm이다.[44] 역전파알고리즘은 인공 신경망의 뉴런 간 연결 가중치를 추정하는 효율적인 방법이다. 학습 과정에서 출력층에서 발생하는 오차를 입력층 방향으로 역전파하여 각 층의 뉴런에 대한 오차 기울기를 계산한다. 이후 기울기 하강법을 이용하여 오차를 최소화하는 최적의 가중치를 찾아내는 방식이다.

역전파알고리즘은 럼멜하트 연구팀이 다층 퍼셉트론 학습을 발표하면서 더 큰 관심을 받게 되었다. 이들은 〈오류 전파를 통한 내부 표현 학습Learning Internal Representations by Error Propagation〉이라는 인공 신경망의 잠재력에 대한 논문을 발표했으며, 그 논문에서 신경망이 여러 층의 뉴런을 사용하여 학습할 수 있음을 설명했다.[45]

당시 컴퓨터 및 하드웨어 기술 발전으로 뉴런 수가 증가하면서 학습 시간이 급격히 증가하는 문제가 발생했는데, 역전파알고리즘은 이러한 문제를 해결하는 데 큰 기여를 했다. 그러나 역전파 알고리즘은 지역적 최소값 문제, 데이터 의존성, 긴 학습시간과 지도학습에만 적용 가능하고 과적합 문제에 취약한 문제점을 안고 있다.

1982년에는 뉴럴 네트워크에서 사용되는 자동 미분 방법이 나왔고 1986년에는 '결정 트리'라는 머신러닝 알고리즘이 나왔다. 이 알고리즘은 설정된 규칙에 따라 데이터를 분류하는 방식이다. 결정 트리 방식을 기반으로 한 '랜덤 포레스트Random Forest'(이중 공간 특징 추출 알고리즘)라는 알고리즘이 나왔다. 1995년에는 SVM 모델이 발명되었고, 2006년 드디어 오늘날의 AI가 존재하게 된 딥러닝 알고리즘이 조프리 힌튼Geoffrey Hinton(1947~)에 의해 제안되었다.[46]

딥러닝은 인간의 뇌 신경망에서 영감을 받아 개발된 머신러닝의 한 유형이다. 딥러닝 알고리즘은 대량의 데이터를 사용하여 복잡한 패턴과 관계를 학습할 수 있으며, 이미지 인식, 자연어처리 및 기타 분야에서 인간과 경쟁할 만한 성능을 구현하는 데 사용되었다.

딥러닝이란 용어가 나온 것은 1986년이지만, 기본 개념을 처음 만든 사람은 구소련 수학자 알렉세이 이바크넨코Alexey Ivakhnenko(1913-2007)였다. 이바크넨코는 1965년, 다단계 퍼셉트론의 연구를 통해 딥러닝의 기본 개념을 확립했다.[47] 이바크넨코는 패턴 인식 및 복잡한 시스템 예측에 사용되는 과학적 접근 방식인 데이터 그룹

처리법GMDH: Group Method of Data Handling을 개발하고, 이를 통해 데이터에 내재된 정보를 사용하여 현재 딥러닝 네트워크에서 사용하는 절차적 문제 해결의 원형을 제시한 것이다.

2000년대에 AI 연구는 컴퓨팅 기술의 발전과 대량의 데이터 가용성에 힘입어 딥러닝 기술에 집중하게 된다. 이전 AI 연구는 수기로 입력한 규칙과 전문 지식에 의존했으나, 인터넷 보급으로 인한 데이터 폭증과 컴퓨팅 능력의 비약적 향상으로 데이터 분석과 처리의 자동화를 통해 신경망을 훈련하게 되었다. 그 결과 연구자들은 복잡한 데이터 세트를 높은 정확도로 처리하고 분석할 딥러닝 알고리즘과 신경망 아키텍처를 개발할 수 있었다.

머신러닝과 딥러닝의 가장 큰 차이점은 바로 사람의 개입 여부이다. 머신러닝은 주어진 데이터를 인간이 먼저 처리한다. 사람이 먼저 컴퓨터에 특정 패턴을 추출하는 방법을 지시하고, 그 이후 컴퓨터가 스스로 데이터의 특징을 분석하고 축적한다. 이렇게 축적된 데이터를 바탕으로 문제를 해결하도록 하는 것이다. 머신러닝으로 개와 고양이를 식별하도록 훈련시키려면 사람이 먼저 개와 고양이의 특징을 추출한 후, 많은 예시를 통해 컴퓨터를 학습시켜야 한다.

반면에 딥러닝에선 머신러닝에서 사람이 하던 패턴 추출 작업이 생략된다. 컴퓨터가 스스로 데이터를 기반으로 학습할 수 있도록 정해진 신경망을 컴퓨터에게 주고, 어린아이가 학습하는 것처럼 경험 중심으로 학습을 수행하는 것이다. 즉, 인간이 개, 고양이의 특성을 추려 사전에 정의된 알고리즘과 규칙을 적용하는 머신러닝과 달리, 딥러닝에서는 심층 신경망을 통해 스스로 개, 고양이의 특성을 훈련하여 개와 고양이를 분류할 수 있다.

딥러닝 기반 의료영상 분석 기술은 머신러닝과 달리 학습에 필요한 특징 추출 모델을 수동으로 제공할 필요가 없다. 딥러닝 모델은 학습 과정에서 데이터의 특징을 자체적으로 추출하며, 이는 영상 기기나 질환 부위에 상관없이 일관된 특징 추출 모델을 작동 가능하게 한다. 이러한 특징은 딥러닝 기반 의료영상 분석 기술의 가장 큰 장점이며, 머신러닝 기반 기술보다 더 많은 수요를 창출하는 주요 요인이다.

딥러닝 모델은 일관된 특징 추출 알고리즘을 사용하기 때문에 이미 학습된 모델을 재사용하여 다른 병변을 추가로 학습시키는 '전이학습'이 가능하다. 일반적으로 완전히 새로운 AI 모델을 사용하는 것보다 이미 유의미한 판독 능력을 보이는 AI 모델에 전이학습을 수행시키면 학습 속도가 빨라지거나 최종 알고리즘의 판독 성능이 더 향상된다. 이는 딥러닝 모델이 이미 특정 병변에 대해 유의미한 판독 성능을 보이는 경우 의료영상의 경계선, 명도, 형상을 인식하는 기본적인 성능도 뛰어날 수 있다는 근거에 기반하는 것이다.

머신러닝을 기반으로 한 딥러닝은 대표적인 알고리즘 중 하나인 컨볼루션 신경망, CNN의 개발로 이어졌다. CNN은 이전 머신러닝 기술보다 훨씬 뛰어난 이미지 인식을 가능케 하며 의료 AI 영상분석 분야에서 획기적인 발전을 가져다주었다. 이미지는 픽셀이라는 작은 단위로 구성되어 있다. CNN은 이러한 픽셀 데이터에서 특징을 추출하고 분석한다. 특히 CNN은 합성곱^{convolution}이라는 연산을 사용하여 이미지에 필터를 적용하여 특정 패턴을 강조하고, 불필요한 정보를 제거하는 과정을 통해 이미지의 중요한 특징을 효과적으로 포착하게 해준다.

암 진단에 사용될 경우 CT, MRI, PET 등의 의료영상에서 암세포를 정확하게 감지하고 분류한다. 심혈관질환 진단 시, 심장 초음파, 심장 CT 등의 영상을 통해 심혈관질환을 조기에 진단하고 예측할 수 있게 도와준다. X-ray 영상을 분석하여 골밀도를 측정하고 골다공증 위험을 평가하기도 하며, 뇌를 촬영한 MRI, CT 등의 영상을 통해 뇌졸중, 알츠하이머 등의 뇌질환을 진단하는데도 효과적이다. CNN은 높은 정확도와 빠른 속도로 의료영상을 분석할 수 있으며, 객관적인 분석 결과를 제공한다.

2008년 한국의료기기산업협회와 영국-아일랜드 고혈압학회의 기준에 따라 기존 의학의 맥파 파형 특징 추출 및 낮은 견고성 문제를 해결하고 모델의 정확도를 높이기 위해 CNN 기반의 혁신적인 혈압 측정 모델인 컨볼루션 순환 신경망-혈압Convolutional Recurrent Neural Network with Back Propagation, CRNN-BP이 구축되기도 했다.[48]

머신러닝의 일반화 성능을 가속시킨 알고리즘은 랜덤 포레스트다. 결정 트리는 그 결과 또는 성능의 변동 폭이 크다는 결점이 있다. 특히 학습 데이터에 따라 생성되는 결정 트리는 차이가 매우 커 일반화하여 사용하기에 어려움이 있다. 결정 트리는 계층적 접근방식이라서 만약 중간에 에러가 생기면 다음 단계로 에러가 계속 이어지는 특성을 가진다. 랜덤 포레스트는 이를 극복하기 위해 나온 알고리즘이다.[49]

랜덤 포레스트는 머신러닝에서 가장 효율적인 알고리즘이다. 최근에 의학, 특히 질병 예측에서 중요한 역할을 한다. 예를 들어 특발성 출혈성 궤양 병력이 있는 환자는 궤양 재발 발생률이 더 높을 수 있다. 궤양 파열과 같은 심각한 합병증이 발생하면 매우 위험하다. 2018년에는 머신러닝을 통해 IPU-ML이라고 불리는 높은 정확도의 특발성 소화성 궤양 재출혈 예측 모델이 구축되었다.[50]

예를 하나 더 들면, 엔테로바이러스로 손발톱이 빠지는 수족구병 질환은 일부 어린이에게 폐부종 및 심근염과 같은 심각한 합병증을 유발할 수 있다.[51] 2019년 이 질환의 중증도를 예측하기 위해 결정 트리 및 SVM과 같은 다른 모델보다 더 높은 특이도와 민감도를 보이는 캣부스트CatBoost 모델이 구축되었다.[52]

기계학습은 이제 방사선 치료의 효과까지 예측할 수 있다. 폐암, 특히 소세포 폐암 환자들은 종종 방사선 치료를 받지만, 장기적인 치료는 심각한 합병증을 유발할 수도 있다. 이 중 하나인 방사선 폐렴은 호흡 부전과 사망까지 초래한다. 연구자들은 인공 신경망을 이용해 방사선 폐렴을 예측하는 방법을 개발했고, 더 많은 데이터와 메모리를 학습시킨 네트워크는 더 높은 정확도를 보였다.

머신러닝은 유전체 분석으로 건강 문제를 시뮬레이션해 결과를 예측 및 분석, 처방하는 영역까지 발전했다. 유전체 기반 디지털 트윈 솔루션 개발 기업 프리딕티브케어Predictive Care는 손톱 또는 구강 상피세포를 채취해 2만여 개의 유전체 모두를 분석하는 기술력을 확보하고 있다. 2만 2,000여 개의 질병과 210여 개 약물에 대한 민감도 예측이 가능하다. 프리딕티브케어는 전체 DNA에 대한 분석 정보를 디지털 트윈화한 클라우드 DB를 토대로 질병의 치료뿐 아니라 질병의 예방도 할 수 있는 획기적인 플랫폼을 구축했다.

하지만 기계학습 모델, 특히 딥러닝 모델은 너무 복잡해서 내부 작동 방식을 이해하기 어렵다. 이 문제를 AI '블랙박스'라고 한다. 의료 분야에서 머신러닝 모델을 사용하려면, 이 모델이 어떻게 결정을 내리는지 정확히 알아야 한다. 블랙박스 문제를 해결해야 하는 이유는 다음과 같다.

- 신뢰성 확보: 환자의 생명과 건강에 직접적인 영향을 미치는 의료 결정에서는 머신러닝 모델의 결정을 신뢰할 수 있어야 한다. 블랙박스 문제가 해결되지 않으면 모델의 결정 근거를 설명할 수 없어 의료진이 모델을 신뢰받기 어렵다.
- 규제 준수: 의료용 머신러닝 모델은 엄격한 규제를 준수해야 한다. 이 규제를 준수하기 위해서는 모델의 작동 방식을 명확하게 설명할 수 있어야 한다.
- 모델 개선: 모델의 성능을 개선하기 위해서는 모델이 어떤 부분에서 잘못된 결정을 내리는지 이해해야 한다. 블랙박스 문제가 해결되지 않으면 모델 개선이 어렵다.

결론적으로 머신러닝은 의료 분야에 혁신을 가져오는 강력한 도구지만, 블랙박스 문제를 해결하지 않으면 안전하고 효과적으로 활용하기 어렵다. 앞으로 연구 개발을 통해 이 문제를 해결하고 의료 분야의 머신러닝 활용을 더욱 확대시켜야 한다.

영상인식과 분석

AI 의료영상 인식 및 분석 기술은 의료 서비스의 질을 크게 향상시키는 중요한 역할을 하면서 의료 분야에 혁신을 가져오고 있다. 의료영상 분석 AI는 X-ray, 초음파, CT, MRI와 같은 의료영상을 AI로 분석하여 의사의 진단을 지원하거나 보조하는 소프트웨어와 하드웨어를 총칭하는 것으로, 진단 및 치료 과정의 효율성과 정확도를 크게 향상시키고 있다.[53]

마케츠앤마케츠MarketsandMarkets의 조사에 따르면, 의료영상 분석 AI 시장이 2022년에는 12억 달러의 규모를 기록했고, 2027년에는 이 수치가 122억 달러로 10배 증가할 것으로 예상되고 있다.[54] 의료영상분석 AI 시장은 다음과 같은 요인으로 크게 성장하고 있다.

- 기술의 발전: 최근 몇 년 동안, 딥러닝과 같은 AI 알고리즘의

발전이 의료영상 데이터의 분석에 큰 도움을 주면서 복잡한 패턴이나 질병의 초기 증상을 더욱 정확하게 감지할 수 있게 되었다.

- 의료 데이터의 증가: 의료 분야에서 데이터는 매우 중요한 자산이다. 전세계적으로 의료 데이터의 양이 급증하고 있다. 이 데이터를 효과적으로 분석하고 활용하는 것은 환자의 진단 및 치료에 큰 도움을 준다. 방대한 양의 데이터를 효과적으로 분석하고 활용하기 위해서는 AI 기술이 필수적이다. AI는 이 데이터를 빠르고 정확하게 처리할 수 있다.

- 정확한 진단의 필요성: 의료 현장에서 정확한 진단으로 환자의 생명을 구하는 것만큼 중요한 일은 없다. AI를 활용한 의료영상 분석은 의사의 진단을 보조하고, 더욱 정확하고 빠른 진단을 가능하게 한다. 이는 치료 시간을 단축하고 치료의 효과도 높일 수 있다.

이 영상 분석 기술은 다양한 질환에 사용된다. 대표적인 질환과 사용 방법을 알아보면 다음과 같다.

- 암 딥러닝 기반 AI 모델: 종양의 위치, 크기, 형태 등을 분석하여 암 진단 및 예후 예측에 활용한다.
- 심혈관질환: CT 영상 분석을 통해 심장 박동, 혈관 협착, 심근 경색 등을 진단한다.
- 뇌질환: MRI 영상 분석을 통해 뇌졸중, 뇌종양, 알츠하이머 등

을 진단한다.
- 근골격계질환: X-ray 및 MRI 영상 분석을 통해 골절, 관절염, 근육 손상 등을 진단한다.
- 기타: 폐렴, 위장질환, 자가면역질환 등 다양한 질환 진단 및 치료에 활용한다.

의료 AI 영상인식 기술을 이해하기 위해선 영상인식 기술의 기본 원리에 대해 알아야 한다. AI를 설명할 때 가장 많이 사용하는 예가 AI가 개와 고양이를 구별하는 방식이다. 이 예는 이미지 인식Image Recognition 기술에 관한 것으로 AI가 빅데이터를 어떻게 이용하고 기계적 인식체계를 만들어내는가를 쉽게 설명한다. 이 이미지 인식 기술이 현재 사용되고 있는 의료 AI에서 가장 중요한 기술이다. 컴퓨터가 이미지를 분석하는 이 기술은 앞서 말한 대로 딥러닝을 기반으로 발전했다.

컴퓨터에 눈을 달아준 사람은 러시아 출신의 과학자 에마누엘 골드버그Emanuel Goldberg(1881-1970)다. 골드버그는 1931년 광전자 소재를 이용한 문서검색 장치인 광학 문자 인식Optical character recognition, OCR 장치의 특허를 출원했다. 이 특허는 1974년 레이 커즈와일의 스캐너 발명으로 이어졌다.

OCR은 이미지 또는 스캔된 문서에서 텍스트를 식별하고 이를 디지털 텍스트로 변환하는 기술이다. 이 기술은 문서 디지털화, 데이터 입력 자동화, 검색 가능한 텍스트 생성 등 다양한 응용 분야에서 사용된다. 골드버그의 기술은 거울이나 렌즈 등을 이용한 광학 문자

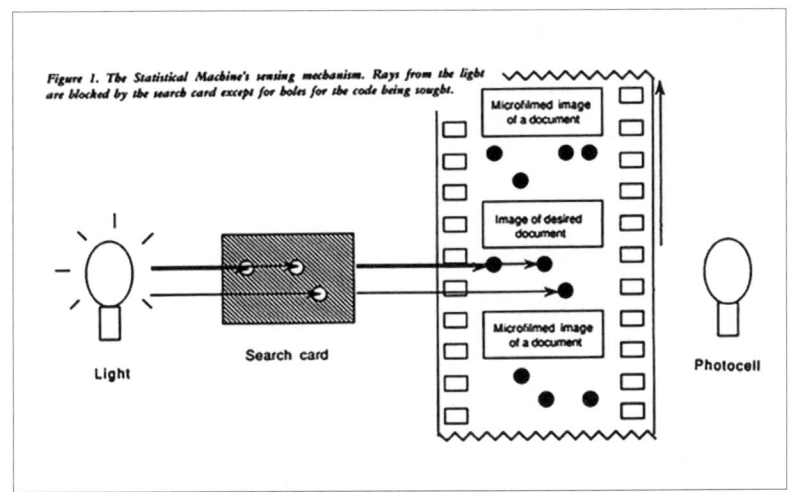

| 골드버그가 발명한 최초의 이미지 인식 도구.

인식 기술이었다. 그 기술이 지금의 스캐너 및 알고리즘에 의한 디지털 문자 인식 기술로 발전한 것이다.

이 기술은 지금 LLM을 사용하는 생성형 AI들이 개발경쟁하는 멀티모달 기술로 이어졌다. 멀티모달은 시각, 청각 등 다양한 감각 모달리티를 동시에 받아들이고 처리하는 AI 기술이다. 이는 다양한 형식의 데이터들을 하나로 모아서 처리하기 때문에 가능하다.

챗GPT가 처음 등장했을 때만 하더라도 AI는 텍스트에 집중했다. 이를 싱글모달이라 하는데, 음성 데이터 하나, 문자 텍스트 데이터 하나 등 각각의 데이터는 싱글모달 데이터이다. 멀티모달은 4D 영화를 떠올리면 이해가 쉽다. 4D 영화에선 의자가 흔들리고, 물을 뿌리고 냄새를 방출하기도 한다. 시각, 청각, 촉각, 후각 등의 다양한 정보들을 동시에 느끼게 해준다. 이때 다양한 데이터가 한순간에 발생하는데 이를 모두 AI가 인식하여 정보를 처리하기 때문에 LLM의 차세대 기술이라 칭하며, 자동차, 의료 및 고객 서비스와 같은 다양한 애플리케이션에 사용할 수 있다. 멀티모달 기술은 인간의 감각 기관이 정보에 접근하는 능력을 모방하기 때문에 강력하다.

이미지 인식 기술의 개발 과정은 크게 텍스트 인식, 디지털 이미지 인식, 물체 인식 3단계로 나뉜다. 이미지를 인식하는 과정은 입력 처리, 이미지 전처리, 특징 추출, 분류기 구축, 결과 출력 등 다섯 가지 단계로 이루어져 있다.

의료영상 분야에서 이미지 인식에는 의료영상의 특징feature을 사용한다. 특징이란 명도, 대조도, 공간주파수, 균질성, 곡률, 길이 등 영상의 데이터만을 통해 정량적으로 나타낼 수 있는 것들을 의미한다. 따라서 각 병변은 서로를 구분 짓게 하는 고유의 특징을 가질 것으로 여겨진다. 이러한 고유의 특징은 학습 과정에서 학습 모델에게 해당 병변의 정보를 제공한다.[55] 판독 과정에서는 판독의 대상이 되는 영상의 특징을 추출하여 사전에 학습된 해당 병변의 정보와의 유사도를 산출하는 원리로 병변을 분류한다.

이미지 인식 기술은 다양한 의료 분야에 적용되고 있다. 특히 여성 사망 원인 4위에 속하는 자궁경부암은 대부분 인간 유두종 바이러스 감염으로 인해 발생하지만 초기에는 증상이 없어 발견하기 어려운 질병이다. 하지만 자궁경부 영상을 딥러닝 기반으로 인식하면 정확도 약 90%까지 상승한다.

우의 연구팀은 곰팡이 각막염 진단 정확도를 높이기 위해 이미지 인식 기술을 활용했다. 실험 데이터를 분석한 결과 각막 도말검사보다 이미지 인식 기반 검사가 더 높은 특이성과 민감도를 보였다고 한다.[56] 이는 의료 지식이 부족한 의사도 정확한 진단을 내리는데 도움을 준다.

이미지 인식 기술은 딥러닝을 활용하여 병변을 식별하는 데 중요한 역할을 한다. 2017년에는 악성 유방 병변을 식별하기 위해 CNN을 사용한 연구도 진행되었는데, 기존 최첨단 암 진단 시스템보다 정확도가 높았다고 한다.[57]

하지만 이미지 인식 기술이 의사를 완전히 대체할 수는 없다. 병원마다 사용하는 장비에 따라 이미지 해상도가 다른데, 이는 최종 진단에 영향을 미친다. 또 다층 신경망 학습에는 많은 데이터가 필요하고 계산 효율도 개선해야 한다는 어려움도 있다. 고성능 슈퍼컴퓨터도 아직 보편화되지 않은 상황이라 앞으로 하드웨어 장비, 최적화 알고리즘, 기술 통합 등 관련 문제를 해결하기 위한 연구가 더 필요하다.

한국은 영상의학 분야에서 AI 기술의 활용은 활발하게 이루어지고 있다. 기업들은 해외 시장 진출에 적극적으로 나서고 있다. 아직 한국에선 의료 AI 기기의 정부 인허가부터 보험 적용까지 넘어야 할 산이 많다. 그래서 한국 의료 AI 기업이 생존하려면 해외 진출은 선택이 아니라 필수가 되었다. 해외에는 의료 AI 기기에 비교적 관대한 나라가 많다. 가령 FDA는 인명과 관련이 없는 기술의 사업화를 대부분 허락하고 나중에 문제가 생길 경우에만 책임을 묻는 방식을 채택하고 있다.

한국 영상의학 AI 기업들은 진단 시스템, CT, MRI, X-ray 등 의료

영상을 분석하여 질병을 자동으로 진단하는 딥러닝 기반 시스템, 의료영상 분석 및 처리 도구, AI 기반 의료영상 데이터 플랫폼 등에 경쟁력을 보유하고 있다.

한국 1호 의료 AI 상장 기업인 제이엘케이는 뇌졸중 분석 솔루션 분야에서 세계 최다인 11개의 솔루션을 보유하고 있으며, MRI, CT, MRA, CTA 등으로 찍은 1,100만 장의 영상 데이터와 X-ray, 병리영상 300만 개를 딥러닝하여 뇌졸중 분석에서 최고 수준의 성능을 자랑한다. 이미 EU, 베트남, 호주, 뉴질랜드, 튀르키예, 태국, 일본, 아르헨티나 등 11개국에 66개 솔루션의 인허가를 받아 활발하게 판매하고 있다. 미국, 일본 등 주요 시장에서 현지 특허를 취득했으며, 중국 특허도 등록을 완료하여 급성장하는 중국 의료 시장 진출을 본격화하고 있다.

제이엘케이와 함께 의료 AI 1세대로 꼽히는 루닛 역시 창업 초기부터 글로벌 시장 진출을 치밀하게 준비했다. 루닛은 폐암, 유방암 진단 솔루션 분야에서 높은 정확도를 자랑하며, AI 영상 진단 정확도는 99% 이상에 근접하다. 대표적으로 '인사이트 CXR'은 AI가 폐결절과 폐경화, 기흉 등 10개의 흉부질환을 10초 안에 97~99% 정확도로 진단하는 솔루션이다. 또 다른 솔루션 '인사이트 MMG'로도 AI가 유방촬영술 영상을 분석해 96% 정확도로 유방암을 검출할 수 있다. 일본, 대만, 싱가포르, 필리핀, 스웨덴, 독일, 호주, 브라질 등 40개국 이상의 2,000곳 이상 의료기관에서 루닛 AI 솔루션을 사용하고 있다. 또 사우디아라비아를 포함한 중동지역 최대 민간 의료기관 술라이만 알-하빕 메디컬 그룹Dr. Sulaiman AL Habib Medical Group, HMG

내 모든 병원이 루닛 인사이트 MMG 공급계약을 맺었다.[58]

한국 시장에서의 한국 의료 AI 기업 소외에 대해 정부 탓만 할 수는 없다. 그동안 정부가 손을 놓고 있었던 것은 아니다. 식품의약품안전처 발표에 따르면 2018~2023년 5년간 한국에서 인증받은 AI 의료기기는 149건으로 증가하는 추세다. 하지만 보험 수가 산정 문제는 여전히 넘어야 할 산이다. 의료 AI 기업으로선 비급여 방식도, 급여 방식도 모두 난감하다. 비급여 방식은 환자 부담이 크다. 고객사인 상급 종합병원도 정부 평가의 불이익 때문에 비급여 적용을 확대하기 어렵다.[59]

한국에서는 AI 의료기기 단독으로는 행위 수가를 인정받기 어렵다. 그래서 일부만 보험 청구가 가능하기 때문에 급여 방식으로는 AI 기업이 수익을 내기 힘들다. AI는 인간의 개입 없이 판단을 내리므로 사고의 위험이 잠재해 있다는 우려가 있기에 의료진은 진료 전체 과정을 AI 의료기기에 맡기지 않는다. 미국의 경우 AI 의료기기를 위한 별도의 의료 수가 체계를 마련했다고 한다.

의료 AI 산업은 국민에게 혜택을 주는 분야다. AI를 이용해 더 효과적이고 가성비 높은 의료 서비스를 제공할 수 있다. 높은 가성비는 국가 건강보험 재정에도 큰 도움을 줄 수 있다. 한국이 의료 AI 선도국이 되기 위한 정부와 의료계 모두의 노력을 기대해본다.

엑스퍼트 시스템

엑스퍼트 시스템은 인간 전문가의 지식과 경험을 컴퓨터 시스템에 구현하여 특정 분야의 문제를 해결하도록 설계한 AI 시스템이다. 엑스퍼트 시스템은 시작기(1965~1971), 성숙기(1972~1977), 발전기(1978~현재) 등으로 크게 나눌 수 있다. 1960년대 초 스탠퍼드대학교에서 최초의 엑스퍼트 시스템인 덴드랄 시스템이 설계되었고, 1972년 리즈 대학교는 급성 복부 진단을 돕는 앱헬프AAPHelp 시스템을 개발했다. 1974년 피츠버그대학교는 내과 영역 복잡질환 진단에 사용되는 INTERNIST-I 시스템을 고안했고, 1976년 스탠퍼드대학교는 전염병 진단을 돕는 지능형 진단 시스템 마이신을 개발했다. 하지만 윤리 문제 등 여러 가지 이유로 실제 진료에는 사용되지 않았다.

예를 들면 로렌츠 어틀Lorenz Ertl과 프랭크 크리스트Frank Christ는 엑스퍼트 시스템 사용성과 연구에서 "훈련받지 않은 구조원에게 전문적 지식을 제공하는 개인용 디지털 보조기기PDA를 사용하면 응급 처치의 질을 크게 향상시킬 수 있었다."라고 했다. 이 연구는 엑스퍼트 시스템이 구조원의 응급 처치의 질을 높이고 생명 구조 사슬의 가장 취약한 고리를 강화할 수 있다는 결론을 내렸다.[60]

아바스의 연구팀은 엑스퍼트 시스템을 이용하여 긴장성 두통, 편두통, 약물 의존성 두통 등 다양한 두통 유형을 진단했다. 컴퓨터화 두통 평가 도구CHAT는 편두통은 94.4%, 일두통 증후군은 93%로 정확하게 진단했고, 평균 진단 정확도는 98%에 달했다. CHAT 엑스퍼트 시스템은 의사가 진단된 두통 유형을 식별하는 데 도움을 줄 수 있어 의료 분야에서 중요한 가치를 지니고 있다.[61] MIT-BIH 부정맥 데이터베이스 분석에서 퍼지 엑스퍼트 시스템을 활용하여 부정맥과 허혈성 심장 박동을 구분한 결과 평균 민감도 96%, 평균 특이도 99%를 보였다고 한다.[62]

엑스퍼트 시스템은 임상 의사결정능력을 확실히 보여주며 질병 식별 및 진단 측면에서 장점을 지니고 있다. 하지만 사용 시 시스템의 정확도를 높이고 환자의 과거 병력과 의사의 임상 경험을 함께 고려해야 한다. 동시에 의료 지식과 연구 결과를 지속적으로 업데이트하여 의사에게 최첨단 진단 및 치료 계획을 제공해야 한다.[63]

그러나 엑스퍼트 시스템 학습 데이터에는 편향성의 위험이 있으며, 개인정보 보호, 의료 사고 책임 등 윤리적 문제를 야기할 수 있다. 결국 뛰어난 엑스퍼트 시스템이라도 인간 의사를 대체할 수 없으며, 의료 결정은 최종적으로 인간 의사가 내려야 한다.

생성형 AI로
발전하는 의료

챗GPT가 2022년 11월에 등장한 이후 AI 의료기술은 급격히 발전해왔다. 챗GPT가 2022년 11월에 오픈AI에 의해 세상에 공개된 이후, AI 의료기술은 놀라운 속도로 발전하며 새로운 전기를 맞이했다. 챗GPT의 등장은 NLP 분야에서 획기적인 진전을 가져왔고, 이는 의료 분야에서도 즉각적인 파급 효과를 일으켰다. 이 모델의 뛰어난 언어 이해와 생성 능력은 단순한 대화 도구를 넘어 의료 데이터 분석, 진단 보조, 환자 상담, 의학 연구 지원 등 다양한 영역에서 활용될 가능성을 열었다.

챗GPT 출시 이후 의료 AI는 기존의 한계를 넘어서는 방향으로 진화하기 시작했다. 예를 들어 방대한 의료 문헌과 환자 기록을 빠르게 분석해 의사들에게 실시간으로 진단 가설을 제시하거나 복잡한 의학 용어를 일반 환자도 이해할 수 있는 언어로 번역해 의사와 환자 간 소통을 원활하게 하는 데 사용되었다. 또한 챗GPT와 유사한 언어 모델을 기반으로 한 AI 시스템들은 의료영상 분석과 결합되어 X-ray, MRI, CT 스캔 같은 이미지를 해석하는 데 보조 역할을 수행하며 정확도를 높였다.

이러한 발전은 연구와 임상 현장 모두에서 두드러졌다. 2023년부터는 AI가 질병의 조기 진단, 개인 맞춤형 치료 계획 수립, 심지어 신약 개발 과정에서 데이터 기반 예측을 통해 소요 시간과 비용을 획기적으로 줄이는 사례가 속속 등장했다. 유전자 서열 데이터를 분석해 특정 환자에게 가장 효과적인 약물을 추천하거나, 임상 시험에서 잠재적인 부작용을 사전에 예측하는 데도 기여했다. 챗GPT의 등장으로 촉발된 이러한 기술적 도약은 단순히 알고리즘의 개선을 넘어 의료 시스템 전체에 혁신적인 변화를 가져왔다.

더 나아가 챗GPT의 영향은 의료 교육과 환자 관리에도 영향을 미쳤다. 의대생들은 AI를 활용해 복잡한 사례 연구를 시뮬레이션하며 실질적인 경험을 쌓았고, 환자들은 AI 기반 챗봇을 통해 24시간 건강 상담을 받을 수 있게 되었다. 이 모든 변화는 챗GPT가 공개된 2022년 11월을 기점으로 불과 몇 년 사이에 이루어진 것이다. AI 의료기술이 단기간에 얼마나 급격히 발전했는지를 잘 보여준다. 이 흐름은 앞으로도 계속해서 의료의 질을 높이고, 접근성을 확대하며 궁극적으로 인간의 삶을 개선하는 데 기여할 것으로 기대된다. 주요 발전과정을 보면 다음과 같다.

2022년 11월 - 2023년 초

- 챗GPT 등장과 의료 분야 활용 모색: 챗GPT와 같은 LLM은 의료 분야에서의 활용 가능성을 보여주었지만, 초기에는 주로 의료 기록 요약, 정보 검색 등 제한적인 분야에 활용되었다.[64]

2023년 중반

- 2023년 중반에는 AI 기반 신약 개발 플랫폼이 본격적으로 등장하며 신약 개발 속도를 가속화했다. 예를 들어 인실리코 메디슨 Insilico Medicine은 AI 기반 플랫폼을 활용하여 특발성 폐섬유증 치료제 후보 물질을 발굴하고 임상 시험에 진입하는 데 성공했다. 이는 전통적인 신약 개발 방식보다 훨씬 빠른 속도로 이루어졌으며, AI가 신약 개발 과정을 혁신적으로 변화시킬 수 있음을 보여주는 대표적인 사례다.[65]

2023년 후반

- 맞춤형 의료 서비스의 점진적 발전: AI 기반 유전체 분석은 맞춤형 치료법 제안에 활용되었지만, 아직 초기 단계이기에 더 많은 연구와 개발이 필요했다.[66]

2024년 초

- 원격 의료 서비스의 확대: 코로나19 팬데믹으로 인해 원격 의료 서비스가 급격히 확대되었고, AI는 환자 모니터링, 진단 지원 등에 활용되기 시작했다.[67]

앞으로 5년 내 나올 것으로 예상되는 AI 의료기술

- 예방 의학의 강화: AI는 건강검진 데이터, 유전체 정보, 생활습관 데이터 등을 분석하여 개인별 질병 발생 위험을 예측하고 맞춤형 예방 조치를 제안할 수 있을 것이다.
- 정밀 의학의 고도화: AI는 유전체 정보, 단백질체 정보, 환경요인 등 다양한 데이터를 통합 분석하여 개인에게 최적화된 치료법을 제시할 수 있을 것이다.
- 임상 결정 지원 시스템의 발전: AI는 의료영상 분석, 의료 기록 분석 등을 통해 의사의 진단과 치료 계획 수립을 지원하는 역할을 더욱 강화할 것이다.
- 원격 모니터링과 환자 관리: 웨어러블 기기, IoT 센서 등을 활용하여 환자의 건강 상태를 실시간으로 모니터링하고, 이상 징후를 조기에 감지하여 의료진에게 알릴 수 있다.
- 의료 데이터 통합과 분석: AI는 다양한 의료 데이터를 통합하고 분석하여 질병 발생 메커니즘을 규명하고 새로운 치료법 개발에 기여할 것이다.

AI 의료기술은 앞으로도 지속적인 발전을 통해 의료 서비스의 질을 향상시키고 환자들에게 더 나은 의료 경험을 제공하는 데 중요한 역할을 할 것이다.

3장

생성형 AI,
새로운 생태계의 출현

✦ ✦ ✦

LLM, LAM, LMM, 온디바이스 AI, 임베디드 AI, AI 에이전트 등 생성형 AI가 의료 분야에 가져올 혁명적 변화에 대한 기대가 높아지고 있다. 이러한 기술들은 의료 서비스의 질을 높이고 개인화된 치료를 가능케 하며, 의료진의 의사결정을 지원할 잠재력을 가지고 있다.

그러나 이러한 기술의 도입과 활용에 있어 중요한 질문이 제기된다. 우리는 의료 AI를 어떻게 바라보고 어떻게 활용해야 하는가? "AI를 도깨비 방망이가 아니라 빨래 방망이처럼 사용하라."는 말이 있다. 이 장은 의료 AI의 현재와 미래를 조망하면서, 이 말의 함의를 깊이 있게 탐구한다. 요지는 AI를 모든 문제를 마법처럼 해결해주는 도깨비 방망이로 여기는 것이 아니라, 숙련된 사용자의 손에서 그 가치를 발휘하는 빨래 방망이로 인식해야 한다는 것이다.

이러한 관점에서 의료 AI의 효과적인 활용을 위한 다양한 고려사항들을 논의한다. AI의 능력과 한계에 대한 현실적인 인식, 의료진의 전문성과 지속적인 학습의 중요성, 윤리적 고려사항, 인간 중심적 접근의 유지, 다학제적 협력의 필요성, 개인화된 의료로의 발전, 비판적 검증의 중요성, 그리고 책임과 신뢰 구축의 필요성 등을 다룬다.

또한 의료 AI의 미래가 단순한 기술의 발전을 넘어, 환자, 의료진, 연구자, 정책 입안자 등 모든 이해관계자들이 함께 만들어가는 총체적인 변화가 되어야 함을 강조한다. 그리고 AI는 궁극적으로 의료의 본질인 '인간 중심의 돌봄'을 강화하고, 모든 이의 건강과 웰빙을 향상시키는 도구로 발전해야 한다는 비전을 제시한다.

이 장은 의료 전문가, AI 연구자, 정책 입안자, 그리고 미래의 의료에 관심 있는 모든 이들에게 유용한 통찰을 제공할 것이다. AI라는 강력한 도구를 어떻게 현명하게 활용하여 더 나은 의료 서비스를 제공하고 더 건강한 사회를 만들어갈 수 있을지에 대한 깊이 있는 고찰을 시작해보자.

LLM,
대형언어모델

대형언어모델이라 칭하는 LLM은 의료 분야에 혁명적 변화를 몰고 올 잠재력을 지닌 첨단 AI 시스템이다. GPT-3, GPT-4와 같은 LLM은 방대한 텍스트 데이터를 기반으로 학습되어, 의료 서비스의 질적 향상과 효율성 증대를 약속한다. 이러한 모델들은 자연어처리 능력과 광범위한 지식 베이스를 바탕으로 의료 전문가들의 업무를 지원하고 환자 케어를 개선하는 중요한 역할을 할 것으로 기대된다.

LLM의 의료 분야 적용은 다양한 영역에서 이루어진다. 첫째, 의료 문헌 분석 및 요약 능력은 LLM의 주요 강점으로, 수많은 의학 논문과 임상 보고서를 신속히 처리하고 핵심 내용을 추출한다. 이는 의료진이 최신 연구 동향을 파악하고 근거 기반 의사결정을 내리는 데 큰 도움이 된다. 의학 지식의 폭발적 증가에 의한 정보 과부하 문제의 해결책으로도 LLM이 부상하고 있다. 질병에 대한 최신 치료법을 검토할 때, LLM은 수천 편의 관련 논문을 분석하여 핵심 내용을 요약하고 새로운 치료 접근법의 효과성과 안전성에 대한 종합적인 평가를 제공할 수 있다.

둘째, 진단 보조 역할에서도 LLM은 중요한 기여를 한다. 환자의 증상과 의료 기록을 종합적으로 분석하여 가능성 있는 진단을 제시하거나 추가 검사가 필요한 영역을 제안한다. 특히 희귀질환이나 복잡한 증상을 가진 환자의 진단 과정에서 유용하게 활용된다. LLM은 의료진이 고려하지 못한 가능성을 제시하거나, 다양한 증상 간의 연관성을 파악하여 더 정확한 진단을 내리는 데 도움을 준다. 다만 LLM의 제안은 의료진의 전문적 판단을 보조하는 역할에 그쳐야 하며 최종 진단의 책임은 여전히 인간 의료진에게 있다는 점을 명심해야 한다.

셋째, 개인화된 치료 계획 수립에 있어 LLM은 혁신적인 역할을 수행한다. 환자의 의료 기록, 유전자 정보, 생활습관 등 다양한 데이터를 종합적으로 분석하여 최적화된 맞춤형 치료 계획을 제안한다. 이는 정밀 의료의 실현을 앞당기고, 치료의 효과성을 높이며 부작용을 줄이는 데 기여한다. 암 환자의 경우 LLM은 환자의 유전자 변이, 과거 치료 이력, 현재 건강 상태 등을 종합적으로 고려하여 가장 적합한 표적 치료제나 면역 요법을 제안한다.

넷째, 의료 교육 분야에서 LLM은 맞춤형 교육 콘텐츠 생성을 통해 학습 효과를 극대화한다. 의대생, 전공의, 현직 의료진 각각의 수준과 관심사에 맞는 교육 자료와 지속적인 학습을 지원하여 의료진의 전문성 유지와 발전에 기여한다. LLM으로 최신 의학 지식을 실시간으로 반영한 교육 자료를 생성할 수 있으며, 학습자의 이해도에 따라 난이도를 조절하거나 추가 설명과 같은 상호작용적 학습 경험을 제공할 수 있다.

다섯째, 환자와 의사의 소통 개선에 있어서도 LLM은 중요한 역할을 한다. 의학 전문 용어를 일반인이 이해하기 쉬운 언어로 번역하고 환자의 질문에 명확하고 이해하기 쉬운 답변을 제공함으로써 의사소통의 질을 높인다. 이는 환자의 의료 정보 이해도와 치료 과정에 대한 순응도를 개선하는 데 도움이 된다. 복잡한 수술 절차나 약물 치료의 메커니즘을 환자에게 설명할 때도 LLM은 환자의 배경지식 수준에 맞춰 적절한 비유와 설명을 제공할 수 있다.

그러나 LLM의 의료 분야 적용에는 여러 가지 도전과제가 존재한다. 첫째, 데이터 프라이버시 보호는 중요한 문제 중 하나다. 의료 정보는 매우 민감하고 개인적인 데이터이므로 LLM 시스템의 개발과 운영 과정에서 철저한 보안 조치와 개인정보 보호 대책이 필수적이다. 환자 데이터의 익명화, 암호화, 접근 제어 등의 기술적 조치와 함께, 법적, 윤리적 가이드라인의 수립도 필요하다.

둘째, 편향성 극복은 LLM의 신뢰성과 공정성 확보를 위해 반드시 해결해야 할 과제이다. LLM은 학습 데이터에 내재된 편향을 그대로 판단에 반영할 수 있으며 이는 특정 인구 집단에 대한 부정확한 결과로 이어질 수 있다. 예를 들어 특정 인종이나 성별에 대한 데이터가 부족하다면 해당 집단에 대한 LLM의 분석 결과는 신뢰성이 떨어진다. 이러한 편향성을 극복하기 위해서는 다양하고 포괄적인 데이터셋을 구축하고, 지속적인 모니터링과 보정 작업을 할 필요가 있다.

셋째, 설명 가능성Explainability 향상은 LLM의 의료 분야 적용을 위해 반드시 해결해야 할 과제이다. LLM의 블랙박스 특성으로 인해 모델이 어떤 과정을 거쳐 특정 결론에 도달했는지를 명확히 설명하기 어려울 수 있다. 이는 의료 현장에서 중요한 의사결정의 근거를 제시해야 하는 상황에서 큰 제약이 된다. 따라서 LLM의 의사결정 과정을 더욱 투명하고 해석 가능하게 만드는 기술 개발이 필요하다.

넷째, 적절한 규제 체계 마련도 중요한 과제이다. LLM의 의료 적용은 아직 초기 단계에 있으며, 이에 대한 법적, 윤리적 가이드라인이 충분히 마련되어 있지 않다. 환자의 안전과 권리를 보호하면서도 LLM의 혁신적 잠재력을 충분히 활용할 균형 잡힌 규제 체계가 필요하다. 이는 의료기기 규제, 의료 AI 인증 제도, 책임 소재 명확화 등 다양한 측면을 포함해야 한다.

의료 LLM 솔루션을 제공하는 기업들은 각자의 전문 분야에서 혁신적인 서비스를 선보이고 있다. IBM 왓슨 헬스는 암 치료 옵션 제안에 LLM을 활용한다. 왓슨 포 온콜로지는 수백만 페이지의 의학 저널, 교과서, 가이드라인을 분석하여 최신 암 치료 옵션을 제안한다. 의사가 환자의 상태를 입력하면, LLM이 관련된 모든 문헌을 검토하고 근거 기반의 치료 권장사항을 제시한다.

구글 헬스는 의료 기록 분석에 LLM을 활용한다. 의사가 환자의 긴 의무기록을 빠르게 파악하도록 LLM이 주요 정보를 추출하고 요약한다. 의료 질문에 대한 답변을 제공하는 챗봇 개발에도 LLM을 활용하고 있어 환자와 의료진 모두에게 유용한 정보를 제공한다.

마이크로소프트는 애저헬스봇서비스Azure Health Bot Service에 LLM을 통합하여 더 자연스럽고 정확한 의료 관련 대화를 가능하게 한다. 이 봇은 환자의 증상을 이해하고, 적절한 질문을 하며 초기 진단 가능성을 제시한다. 이는 의료 서비스의 첫 접점에서 환자들에게 유용한 정보를 제공하고 필요시 적절한 의료 서비스로 안내하는 역할을 한다.

버터플라이 네트워크Butterfly Network는 LLM을 활용하여 초음파 이미지 해석을 지원한다. 사용자가 초음파 이미지에 대해 질문하면 LLM이 이미지를 분석하고 설명을 제공한다. 비전문가도 기본적인 초음파를 해석할 수 있게 돕는다. 이러한 기술은 의료 서비스의 접근성을 높이고 특히 의료 자원이 부족한 지역에서 큰 도움이 된다.

바빌론헬스Babylon Health는 LLM을 활용하여 더 정교한 증상 확인 프로그램과 건강 상담 챗봇을 개발했다. 사용자가 자연어로 증상을 설명하면, LLM이 이를 이해하고 관련 질문을 하며 가능한 진단과 다음 치료 단계를 제안한다. 이는 1차 의료 서비스의 효율성을 높이고 불필요한 병원 방문을 줄이는 데 기여한다.

템퍼스Tempus는 LLM을 사용하여 방대한 유전체 데이터와 임상 데이터를 분석한다. 특정 유전자 변이와 관련된 최신 연구를 LLM이 실시간으로 검토하고 이를 바탕으로 개인화된 치료 옵션을 제안한다. 이는 정밀 의료의 실현을 앞당기고 특히 암 치료 분야에서 큰 혁신을 가져올 것으로 기대된다.

비즈에이아이Viz.ai는 LLM을 활용하여 의료영상 보고서를 자동으로 생성한다. CT 스캔 결과를 LLM이 분석하고 자연어로 된 상세한 보고서를 작성하여 의사의 진단을 지원한다. 이는 방사선과 의사의 업무 효율성을 높이고, 진단 시간을 단축하는 데 기여한다.

센사인 헬스Sensyne Health는 LLM을 사용하여 임상 시험 설계를 최적화한다. LLM이 과거 임상 시험 데이터와 최신 의학 문헌을 분석하여 가장 효과적인 임상 시험 프로토콜을 제안한다. 이는 신약 개발 과정의 효율성과 성공 가능성을 높이는 데 기여한다.

패스AI PathAI는 LLM을 병리 보고서 생성에 활용한다. AI가 분석한 디지털 병리 슬라이드 결과를 LLM이 자연어로 된 상세한 보고서로 변환하여 병리의사의 업무를 지원한다. 이는 병리 진단의 정확성과 효율성을 높이는 데 기여한다.

아톰와이즈Atomwise는 LLM을 활용하여 과학 문헌을 분석하고 새로운 약물 타겟을 식별한다. LLM이 수백만 편의 연구 논문을 검토하여 특정 질병과 관련된 새로운 단백질 표적을 제안하고, 이를 바탕으로 AI 기반 약물 설계를 진행한다. 이는 신약 개발 과정을 가속화하고, 기존에 발견하지 못했던 새로운 치료 가능성을 발굴하는 데 큰 도움이 된다.

이러한 다양한 응용은 의료 서비스의 질과 효율성을 높이는 데 크게 기여하고 있다. LLM의 활용은 의료진의 업무 부담을 줄이고 더 정확하고 신속한 진단과 치료를 가능하게 하며, 환자 개개인에게 최적화된 의료 서비스를 제공하는 데 도움을 준다.

그러나 이러한 혁신적인 기술의 도입에는 여전히 많은 과제가 남아있다. 우선 LLM의 의료 분야 적용에 대한 신뢰성과 안전성 검증이 필요하다. 의료는 인간의 생명과 직결되는 분야이기 때문에 LLM

의 성능에 대한 철저한 검증과 지속적인 모니터링이 필수적이다. LLM이 제시한 진단이나 치료 제안에 대한 최종 판단은 여전히 인간 의료진의 몫이라는 점을 명확히 해야 한다.

둘째, LLM의 의료 적용에 대한 윤리적, 법적 프레임워크의 수립이 필요하다. 환자 데이터의 사용, AI의 의사결정에 대한 책임 소재, 오진이나 부작용 발생 시의 대응 방안 등에 대한 명확한 가이드라인이 필요하다. 이는 의료계, 법조계, 윤리학자, 기술 전문가 등 다양한 분야의 전문가들이 협력하여 만들어나가야 할 것이다.

셋째, LLM에 대한 의료진과 환자들의 이해와 수용성을 높이는 것도 중요한 과제이다. 많은 의료진들이 AI 기술에 대한 이해가 부족하거나, 새로운 기술 도입에 대한 저항감을 가지고 있을 수 있다. 따라서 의료 교육 과정에 AI와 LLM에 대한 내용을 포함시키고 현직 의료진들을 위한 지속적인 교육 프로그램을 제공할 것이다. 환자들에게도 LLM의 역할과 한계에 대해 명확히 설명하여 과도한 기대나 불필요한 우려를 방지해야 한다.

넷째, LLM의 의료 적용을 위한 데이터 인프라 구축도 중요한 과제다. LLM의 성능은 학습 데이터의 질과 양에 크게 의존한다. 따라서 다양하고 풍부한 의료 데이터를 수집, 정제, 표준화하는 작업이 필요하다. 이 과정에서 개인정보 보호와 데이터 보안에 대한 철저한 대책도 함께 마련되어야 한다.

다섯째, LLM과 다른 의료 AI 기술과의 통합도 중요한 과제이다. 예를 들어 의료영상 분석 AI, 생체신호 모니터링 AI 등과 LLM을 결합하여 더욱 종합적이고 정확한 의료 서비스를 제공할 수 있다. 이를 위해서는 다양한 의료 AI 기술 간의 상호운용성 확보와 통합 플랫폼 개발이 필요하다.

마지막으로 LLM의 지속적인 업데이트와 개선 체계 구축도 중요하다. 의학 지식은 계속해서 발전하고 있으며 새로운 질병이나 치료법이 등장할 수 있다. 따라서 LLM이 이러한 새로운 정보를 지속적으로 학습하고 반영할 시스템이 필요하다. 동시에 이러한 업데이트 과정에서 모델의 안정성과 일관성을 유지하는 것도 중요한 과제이다.

결론적으로 LLM은 의료 분야에 혁명적인 변화를 가져올 잠재력을 가지고 있지만, 이를 실현하기 위해서는 여러 가지 도전과제를 극복해야 한다. 데이터 프라이버시 보호, 편향성 극복, 설명 가능성 향상, 적절한 규제 체계 마련, 의료진과 환자의 수용성 제고, 데이터 인프라 구축, 다른 AI 기술과의 통합, 지속적인 업데이트 체계 구축 등의 과제를 해결해나가면서 LLM의 혜택을 극대화하고 위험은 최소화하는 방향으로 발전해야 할 것이다.

이를 통해 LLM은 의료의 질을 높이고 환자의 건강과 삶의 질을 개선하는 데 크게 기여할 수 있을 것이다. 더 나아가 의료 불평등 해소, 희귀질환 연구 촉진, 신약 개발 가속화 등 보다 광범위한 의료 혁신을 이끌어낼 것으로 기대된다. 그러나 이 모든 과정에서 인간 중심의 의료 철학을 잃지 않는 것이 중요하다. LLM은 결국 의료진의 판단을 돕고 환자 케어를 개선하기 위한 도구일 뿐 의료의 본질인 인간 대 인간의 돌봄과 공감을 대체할 수 없다는 점을 항상 명심해야 할 것이다.

LAM,
대형액션모델

대형액션모델이라 칭하는 LAM은 LLM의 개념을 한 단계 더 발전시킨 혁신적인 AI 시스템이다. LAM은 단순한 텍스트 생성을 넘어 복잡한 작업 수행과 고도의 의사결정 능력을 갖추고 있어 의료 분야에서 그 잠재력이 무궁무진하다. 특히 의료 현장의 다양하고 복잡한 상황에서 LAM의 활용은 의료 서비스의 질을 획기적으로 향상시킬 가능성을 제시한다.

　의료 분야에서 LAM의 적용은 여러 영역에 걸쳐 이루어진다. 우선 복잡한 의료 절차 계획 수립에 있어 LAM은 중요한 역할을 한다. 수술 계획이나 방사선 치료 계획과 같은 고도의 전문성과 정확성이 요구되는 분야에서 LAM은 환자의 개별적 특성, 질병의 상태, 최신 의학 지식 등을 종합적으로 고려하여 최적화되고 개인화된 치료 계획을 수립한다. 이는 치료의 효과를 극대화하고 부작용을 최소화하는 데 크게 기여한다.

LAM은 의료 자원 관리 분야에서도 혁신적인 변화를 가져온다. 병원 내 인력, 의료 장비, 병상 등의 자원을 효율적으로 관리하고 최적화하는 데 LAM을 활용한다. 환자의 입원과 퇴원 예측, 수술실 스케줄 최적화, 의료진 근무 일정 조정 등을 LAM이 수행함으로써 병원 운영의 효율성을 크게 높인다. 이는 결과적으로 의료 서비스의 질 향상과 비용 절감으로 이어진다.

임상 시험 분야에서도 LAM의 활용 가능성은 매우 크다. 임상 시험의 설계부터 참가자 선정, 데이터 분석에 이르기까지 전 과정을 LAM이 지원할 수 있다. 과거의 유사한 임상 시험 데이터를 분석하여 최적의 시험 설계를 제안하고, 가장 적합한 참가자 선정 기준을 도출하는 것이다. LAM은 임상 시험 진행 중 실시간으로 데이터를 분석하여 중간 결과를 평가하고 필요시 시험 계획을 조정하는 데도 도움을 준다. 이는 신약 개발 과정의 효율성과 성공률을 크게 높일 것으로 전망된다.

응급 상황에서의 LAM 활용은 생명을 구하는 데 직접적인 도움을 준다. 응급실에서 빠른 의사결정이 요구되는 상황에서 LAM은 환자의 상태, 가용한 의료 자원, 최신 의학 지식 등을 즉각적으로 분석하여 최적의 행동 계획을 제시할 수 있다. 다중 외상 환자가 도착했을 때 LAM은 환자의 생체신호, 외상의 정도와 위치, 가용한 의료 자원 등을 종합적으로 분석하여 우선적으로 처치해야 할 부분과 그 방법을 신속하게 제안한다. 이는 의료진의 신속하고 정확한 의사결정을 지원하여 환자의 생존율을 높이는 데 크게 기여한다.

의료 로봇 제어 분야에서도 LAM은 혁신적인 변화를 가져온다. 수술 로봇이나 간호 보조 로봇 등의 행동을 계획하고 제어하는 데 LAM을 활용하는 것이다. 복잡한 미세 수술을 수행하는 로봇의 경우 LAM은 수술 과정 전반을 계획하고 실시간으로 로봇의 움직임을 최적화한다. 이는 수술의 정확성과 안전성을 높이는 데 기여하며, 인간 의사가 수행하기 어려운 고난도의 수술을 가능하게 할 것이다.

그러나 LAM의 의료 분야 적용에는 여러 가지 중요한 과제들이 존재한다. 우선 실시간 성능 확보가 필요하다. 특히 응급 상황이나 수술 중 예기치 못한 상황이 발생하면 LAM은 즉각적으로 상황을 분석하고 적절한 대응 방안을 제시할 수 있어야 한다. 이를 위해서는 고성능의 컴퓨팅 자원과 효율적인 알고리즘 개발이 필요하다.

안전성 확보 또한 LAM의 의료 적용에 있어 중요한 과제 중 하나다. 의료 행위는 직접적으로 인간의 생명과 건강에 영향을 미치기 때문에, LAM의 결정과 행동 계획에는 높은 수준의 안전성과 신뢰성이 보장되어야 한다. 잘못된 판단이나 행동은 치명적인 결과를 초래할 수 있으므로, LAM의 의사결정 과정에 대한 철저한 검증과 지속적인 모니터링이 필요하다. LAM이 제안한 행동 계획을 실행에 옮기기 전에 인간 의료진의 최종 확인 과정을 거치는 등의 안전장치도 마련되어야 할 것이다.

윤리적 고려사항 반영은 LAM의 의료 적용에 있어 또 다른 중요한 과제다. 의료 행위에는 복잡한 윤리적 판단이 수반되는 경우가 많은데, 이를 어떻게 LAM에 반영할 것인지가 중요한 문제다. 제한된 의료 자원을 어떤 환자에게 우선적으로 배정할 것인지, 말기 환자의 생명 연장 치료에 대한 결정 등 복잡한 윤리적 문제에 대해 LAM이 어떻게 판단을 내릴 것인지에 대한 깊이 있는 논의와 합의가 필요하다. 이를 위해서는 의료진, 윤리학자, 법률 전문가 등 다양한 분야의 전문가들이 협력하여 LAM의 윤리적 의사결정 프레임워크를 개발해야 할 것이다.

LAM의 의료 분야 적용과 관련하여 주목할 만한 기업들로는 미국의 인튜이티브 서지컬Intuitive Surgical, 이스라엘의 메드트로닉Medtronic, 한국의 큐렉소, 그리고 독일의 지멘스 헬시니어스Siemens Healthineers를 들 수 있다.

인튜이티브 서지컬은 다빈치 수술 로봇 시스템으로 유명한 회사로, 최근 LAM을 활용한 수술 로봇의 자율성 향상 연구를 진행하고 있다. 이들의 목표는 LAM을 통해 수술 로봇이 더욱 정교하고 상황 적응적인 동작을 수행하도록 만드는 것이다. 예를 들어 수술 중 예기치 못한 상황이 발생했을 때 LAM이 이를 인식하고 적절한 대응 동작을 생성하는 연구를 진행 중이다. 이는 수술의 안전성과 정확성을 크게 향상시킬 잠재력을 가지고 있다.

메드트로닉은 의료기기 분야의 글로벌 리더로, LAM을 활용한 개인화된 의료기기 개발에 주력하고 있다. 특히 당뇨병 관리 시스템에 LAM을 적용하여 환자의 생활 패턴, 식습관, 혈당 변화 등을 종합적으로 분석하고 최적의 인슐린 투여 계획을 수립하는 연구를 진행 중이다. 이는 만성질환 관리의 패러다임을 변화시킬 혁신적인 접근법이다.

한국의 큐렉소는 척추 수술 로봇 시스템을 개발하는 기업이다.

LAM을 활용하여 척추 수술의 계획 수립과 로봇 제어를 최적화하는 연구를 진행 중이다. 특히 환자의 척추 구조와 병변의 특성, 수술 중 발생하는 다양한 상황 등을 종합적으로 고려하여 최적의 수술 계획을 수립하고 실행하는 데 LAM을 활용하고자 한다. 이는 복잡한 척추 수술의 정확성과 안전성을 크게 향상시킬 잠재력을 가지고 있다.

지멘스 헬시니어스는 의료기기 및 헬스케어 IT 솔루션을 제공하는 글로벌 기업이다. 이들은 LAM을 활용한 종합 병원 운영 최적화 시스템을 개발 중이다. 이 시스템은 환자 흐름, 의료 자원 관리, 진단 및 치료 과정 최적화 등 병원 운영 전반에 걸친 의사결정을 지원한다. LAM을 통해 복잡한 병원 환경에서의 다양한 변수들을 동시에 고려한 최적의 운영 전략을 도출하는 것이 목표다. 이는 의료 서비스의 효율성과 질을 동시에 향상시킬 혁신적인 접근법이다.

이러한 기업들의 노력은 LAM의 의료 분야 적용 가능성을 보여주는 좋은 사례들이다. 그러나 앞서 언급한 여러 가지 과제들을 해결하기 위해서는 기술 개발뿐 아니라 법적, 윤리적, 사회적 측면에서의 준비도 필요하다.

LAM의 의료 분야 적용은 의료 서비스의 질과 효율성을 크게 향상시킬 잠재력을 가지고 있다. 복잡한 의료 절차의 최적화, 의료 자원의 효율적 관리, 개인화된 치료 계획 수립, 신속한 응급 상황 대응 등 다양한 영역에서 LAM은 의료진의 의사결정을 지원하고 의료 서비스의 수준을 높일 수 있다.

그러나 이러한 가능성을 실현하기 위해서는 여러 가지 도전과제들을 해결해나가야 한다. 실시간 성능 확보, 안전성과 신뢰성 보장,

윤리적 고려사항 반영, 데이터 확보와 개인정보 보호, 설명 가능성 확보, 인간 의료진과의 효과적인 협업 모델 구축 등이 주요한 과제들이다.

이러한 과제들을 해결하기 위해서는 기술 개발뿐 아니라 의료계, 법조계, 윤리학자, 정책 입안자 등 다양한 이해관계자들의 협력이 필요하다. LAM의 의료 적용에 대한 명확한 규제 가이드라인 수립, 윤리적 프레임워크 개발, 의료진 교육 프로그램 마련 등이 함께 이루어져야 할 것이다.

LAM의 실시간 성능 향상을 위해서는 고성능 컴퓨팅 기술과 효율적인 알고리즘 개발이 필요하다. 특히 엣지 컴퓨팅 기술을 활용하여 중앙 서버에 의존하지 않고 의료 현장에서 즉각적인 의사결정이 가능하도록 하는 연구가 활발히 진행되고 있다. 이는 네트워크 지연 문제를 해결하고 더욱 신속한 대응을 가능하게 할 것이다.

안전성과 신뢰성 보장을 위해서는 LAM의 의사결정 과정에 대한 철저한 검증과 지속적인 모니터링 체계가 구축되어야 한다. 이를 위해 의료 AI의 성능을 평가하고 인증하는 독립적인 기관의 설립이 필요할 수 있다. LAM의 결정을 실행에 옮기기 전에 인간 의료진의 최종 확인 과정을 의무화하는 등의 안전장치도 마련되어야 할 것이다.

윤리적 고려사항 반영을 위해서는 의료 윤리 전문가, 의료진, AI 연구자들이 협력하여 LAM의 의사결정에 적용될 윤리적 가이드라인을 개발해야 한다. 이 가이드라인은 환자의 권리, 의료 자원의 공정한 분배, 생명의 가치 등 복잡한 윤리적 문제들을 다루어야 하며 지속적으로 업데이트되어야 할 것이다.

데이터 확보와 개인정보 보호 문제는 LAM의 의료 적용에 있어 민감한 이슈 중 하나다. 고품질의 의료 데이터를 충분히 확보하면서도 환자의 프라이버시를 보호하는 것이 중요하다. 이를 위해 차등적 프라이버시, 연합학습Federated Learning 등의 기술을 활용하여 개인정보를 보호하면서도 LAM의 학습에 필요한 데이터를 활용할 방안을 모색해야 한다.

LAM의 의사결정에 대한 설명 가능성 확보도 중요한 과제다. 의료 현장에서는 LAM이 어떤 근거로 특정 결정을 내렸는지 명확히 설명할 수 있어야 한다. 이를 위해 설명 가능한 AI 기술의 발전이 필요하며, 의료진이 이해하기 쉬운 형태로 LAM의 의사결정 과정을 시각화하는 기술도 개발되어야 할 것이다.

인간 의료진과 LAM 간의 효과적인 협업 모델 구축도 중요한 과제다. LAM은 의료진을 대체하는 것이 아니라 보조하는 역할을 해야 한다. 따라서 LAM의 제안을 의료진이 어떻게 검토하고 최종 판단을 내릴 것인지, LAM과 의료진 사이의 역할 분담을 어떻게 할 것인지 등에 대한 명확한 프로토콜이 필요하다. 이를 위해 의료 AI에 대한 의료진 교육 프로그램 개발, AI 리터러시 향상을 위한 노력 등도 필요할 것이다.

LAM의 의료 적용은 법적 책임 소재에 대한 새로운 문제를 제기한다. LAM의 결정으로 인해 의료 사고가 발생했을 경우 책임을 누구에게 물을 것인지에 대한 법적 프레임워크가 필요하다. 이는 의료법, 제조물 책임법, AI 윤리 등 다양한 법적 영역에 걸친 복잡한 문제로, 법조계와 의료계, AI 전문가들의 협력이 필요한 영역이다.

LAM의 의료 적용은 의료 불평등 문제를 해소할 잠재력도 가지고 있지만, 동시에 새로운 형태의 불평등을 야기할 위험도 존재한다. 첨단 의료 AI 기술에 대한 접근성 격차가 새로운 의료 불평등으로 이어지지 않도록 주의해야 한다. 이를 위해 LAM 기술의 공공적 활용 방안, 의료 취약 지역에 대한 기술 지원 등을 고려해야 할 것이다.

LAM의 의료 적용은 의료 교육 시스템에도 큰 변화를 가져올 것이다. 미래의 의료진들은 LAM을 효과적으로 활용할 능력을 갖추어야 한다. 따라서 의과대학 교육과정에 AI와 데이터 과학 관련 내용을 포함시키고, 현직 의료진들을 위한 지속적인 교육 프로그램을 마련해야 할 것이다.

LAM의 발전은 의료 연구 방식에도 큰 변화를 가져올 것이다. LAM은 방대한 의학 문헌을 분석하고 새로운 연구 가설을 제시할 수 있다. 이는 연구자들의 창의적 사고를 보완하고 연구 프로세스를 가속화한다. 그러나 동시에 연구의 다양성이 줄어들거나 특정 방향으로 편향될 위험도 존재한다. 따라서 LAM을 활용한 연구와 전통적인 연구 방식 간의 균형을 어떻게 맞출 것인지에 대한 고민이 필요하다.

LAM의 의료 적용은 글로벌 의료 협력의 새로운 가능성을 연다. 언어 장벽을 넘어 전세계의 의료 지식과 경험을 통합하고 공유할 플랫폼이 될 수 있다. 이는 특히 희귀질환이나 신종 감염병 대응 등에 있어 큰 도움이 된다. 그러나 동시에 의료 데이터의 국가 간 이동에 따른 법적, 윤리적 문제들도 해결해야 할 것이다.

LAM의 의료 적용은 의료 시스템의 지속가능성 향상에도 기여한다. 의료 자원의 효율적 관리, 예방 의학 강화, 만성질환 관리 개선 등을 통해 의료 비용을 절감하고 의료 시스템의 부담을 줄인다. 그러나 이를 위해서는 현재의 치료 중심 의료 시스템에서 예방과 관리 중심의 시스템으로의 전환이 필요하며, 이에 따른 의료 수가 체계의 변화 등도 고려해야 할 것이다.

결론적으로 LAM의 의료 분야 적용은 의료 서비스의 질과 접근성을 획기적으로 향상시킬 잠재력을 가지고 있다. 그러나 이를 실현하기 위해서는 기술적 과제뿐 아니라 윤리적, 법적, 사회적 과제들도 의료계, 기술계, 법조계, 윤리학계, 정책 입안자 등 다양한 분야의 전문가들이 협력하여 해결해나가야 한다. LAM이 진정으로 인류의 건강과 웰빙 향상에 기여하는 기술이 되기 위해서는 이러한 다각도의 노력이 필요할 것이다.

LMM,
대형다중모달모델

 의료 분야에서 대형다중모달모델을 의미하는 LMM의 등장은 혁명적인 변화를 예고하고 있다. LMM은 텍스트, 이미지, 음성 등 다양한 형태의 데이터를 통합적으로 처리할 첨단 AI 시스템으로, 의료 진단과 의사결정 과정에 새로운 지평을 열고 있다.
 LMM의 의료 분야 적용은 다양한 영역에서 이루어진다. 가장 주목할 만한 영역은 통합적 진단이다. LMM은 X-ray, CT, MRI 등의 의료영상 데이터와 함께 환자의 증상 설명, 검사 결과, 의무기록 등을 종합적으로 분석한다. 이를 통해 의료진은 환자의 상태를 보다 정확하고 포괄적으로 파악할 수 있으며, 결과적으로 더 정확한 진단과 효과적인 치료 계획 수립이 가능해진다. 폐암 진단에 있어서도 LMM은 흉부 CT 영상, 환자의 호흡 소리, 과거 병력, 생활습관 정보 등을 동시에 분석하여 초기 단계의 폐암을 더 높은 정확도로 탐지

한다.

의료영상 해석 분야에서도 LMM의 역할이 크게 기대된다. LMM은 X-ray, CT, MRI 등 다양한 의료영상을 분석하고, 이상 징후를 탐지하며, 상세한 보고서를 생성할 수 있다. 이는 방사선과 전문의의 업무를 보조하고, 진단의 정확성을 높이는 데 기여한다. 더 나아가 LMM은 의료영상에서 인간의 눈으로는 포착하기 어려운 미세한 변화나 패턴을 감지하여 질병의 조기 발견에도 큰 도움이 된다.

원격 진료 분야에서 LMM의 활용은 의료 서비스의 접근성을 크게 향상시킨다. 화상 통화를 통한 원격 진료 시 LMM은 환자의 모습, 음성, 증상 설명 등을 종합적으로 분석하여 의사의 진단을 지원한다. 피부질환의 경우 LMM은 환자가 보내온 사진, 증상 설명, 과거 병력 등을 분석하여 가능성 있는 진단을 제시하고, 필요한 추가 검사나 대면 진료 여부를 판단하는 데 도움을 준다.

의료 교육 분야에서도 LMM은 혁신적인 변화를 가져온다. LMM은 텍스트, 이미지, 비디오 등 다양한 형태의 교육 자료를 통합하여 더 효과적이고 몰입도 높은 의학 교육 콘텐츠를 제공한다. 수술 기법 교육에 있어 LMM은 수술 영상, 3D 모델, 환자의 의무기록 등을 통합하여 실제 수술 상황과 유사한 시뮬레이션 교육을 가능하게 한다.

환자 모니터링 영역에서 LMM의 활용은 의료 서비스의 질을 크게 향상시킨다. LMM은 병실의 CCTV 영상, 생체신호 모니터링 데이터, 간호사의 기록 등을 종합적으로 분석하여 환자의 상태 변화를 실시간으로 감지하고 예측한다. 이는 특히 중환자실에서 중요한 역할을 하며, 위험 상황을 조기에 감지하여 신속한 대응을 가능하게 한다.

그러나 LMM의 의료 분야 적용에는 여러 가지 과제가 존재한다. 큰 과제 중 하나는 데이터 통합이다. 의료 데이터는 형식과 품질이 매우 다양하며, 이를 효과적으로 통합하고 처리하는 것은 쉽지 않은 작업이다. 예를 들어 저해상도의 오래된 X-ray 영상, 고해상도의 최신 MRI 영상, 비정형 텍스트로 된 의무기록 등을 어떻게 효과적으로 통합하고 분석할 것인지가 중요한 과제다.

두 번째 주요 과제는 계산 자원의 문제다. LMM은 다양한 모달리티의 데이터를 동시에 처리해야 하므로, 엄청난 양의 계산 자원이 필요하다. 이는 특히 실시간 처리가 필요한 응급 상황이나 수술 중 의사결정 지원 등에서 중요한 문제가 된다. 따라서 고성능 컴퓨팅 기술의 발전과 함께 효율적인 알고리즘 개발이 필요하다.

세 번째 중요한 과제는 해석 가능성^{interpretability}이다. LMM이 다중 모달 데이터를 바탕으로 내린 의사결정의 과정을 의료진과 환자가 이해할 수 있도록 설명하는 것이 중요하다. 이는 의료 행위의 투명성과 신뢰성 확보를 위해 필수적이다. 가령 LMM이 특정 진단을 내렸을 때, 어떤 영상의 어떤 특징과 어떤 임상 데이터가 그 진단에 결정적인 역할을 했는지를 명확히 설명할 수 있어야 한다.

이러한 LMM의 의료 분야 적용과 관련하여 주목할 만한 기업들로는 미국의 구글 헬스, 이스라엘의 아이독^{Aidoc}, 한국의 뷰노, 그리고 영국의 딥마인드 헬스를 들 수 있다.

구글 헬스는 의료영상 분석과 전자건강기록^{EHR} 데이터 통합 분야에서 선도적인 연구를 진행하고 있다. 특히 유방암 조기 진단을 위한 LMM 기반 시스템 개발에 주력하고 있으며, 이 시스템은 유방 X-ray 영상과 환자의 의무기록을 종합적으로 분석하여 높은 정확도로 유방암을 조기에 탐지한다.

아이독은 의료영상 분석 분야의 선두주자로, CT, MRI 등 다양한 의료영상을 실시간으로 분석하여 긴급한 병변을 탐지하는 LMM 기반 시스템을 개발했다. 이 시스템은 특히 뇌출혈, 폐색전증 등 시간이 중요한 응급 상황에서 큰 역할을 하고 있다.

한국의 뷰노는 의료 AI 솔루션 개발 기업으로, 최근 LMM을 활용한 종합 진단 지원 시스템 'VUNO Med-DeepASR' 개발에 성공했다. 이 시스템은 의료영상, 음성, 텍스트 데이터를 통합 분석하여 정확한 진단과 치료 계획 수립을 지원한다. 특히 음성인식 기술을 활용하여 의사의 진료 내용을 자동으로 전자의무기록으로 변환하는 기능이 주목받고 있다.

딥마인드 헬스는 영국 국민보건서비스[NHS]와 협력하여 LMM 기반의 종합 의료 정보 분석 시스템을 개발 중이다. 이 시스템은 환자의 전자건강기록, 의료영상, 유전체 정보 등을 통합 분석하여 질병의 조기 예측과 개인화된 치료 계획 수립을 지원한다. 특히 급성 신손상 예측 모델이 임상 시험에서 좋은 결과를 보이고 있다.

이러한 기업들의 노력은 LMM의 의료 분야 적용 가능성을 잘 보여주고 있다. 그러나 앞서 언급한 데이터 통합, 계산 자원, 해석 가능성 등의 과제를 해결하기 위해서는 기술 개발뿐만 아니라 법적, 윤리적, 사회적 측면에서의 준비도 필요하다.

LMM의 의료 분야 적용은 의료 서비스의 질과 접근성을 획기적으로 향상시킬 잠재력을 가지고 있다. 그러나 이를 실현하기 위해서는 기술적 과제뿐 아니라 데이터 프라이버시, 의료 형평성, AI 윤리 등 다양한 사회적 과제들도 함께 해결해나가야 한다. 의료계, 기술계, 법조계, 윤리학계, 정책 입안자 등 다양한 분야의 전문가들이 협력해야 한다. LMM이 진정으로 인류의 건강과 웰빙 향상에 기여하는 기술이 되기 위해서는 이러한 다각도의 노력이 필요할 것이다.

LMM의 의료 분야 적용은 앞서 언급한 진단과 치료 계획 수립 외에도 다양한 영역에서 혁신을 가져온다. 신약 개발 과정에서 LMM은 화학 구조, 유전체 데이터, 임상 시험 결과 등 다양한 형태의 데이터를 통합 분석하여 새로운 후보 물질을 발굴하거나 기존 약물의 새로운 용도를 발견하는 데 기여할 수 있다. 이는 신약 개발 과정의 효율성을 크게 높이고, 개발 비용과 시간을 절감하는 데 도움이 된다.

LMM은 개인화된 건강관리 시스템 구축에도 중요한 역할을 할 수 있다. 개인의 유전체 정보, 생활습관 데이터, 웨어러블 디바이스에서 수집된 건강 정보 등을 종합적으로 분석하여 개인별 맞춤형 건강관리 계획을 수립하고, 질병 위험을 예측하며, 예방 조치를 제안할 수 있다. 이는 예방 의학의 발전과 의료 비용 절감에 크게 기여할 잠재력을 가지고 있다.

의료 연구 분야에서도 LMM의 활용 가능성은 무궁무진하다. LMM은 의학 논문, 임상 데이터, 유전체 정보 등 다양한 형태의 연구 데이터를 통합 분석하여 새로운 연구 가설을 제시하거나, 기존에 발견하지 못했던 질병 간의 연관성을 밝혀낼 수 있다. 이는 의학 연구의 효율성을 높이고, 새로운 치료법 개발의 속도를 가속화할 것이다.

그러나 이러한 LMM의 잠재력을 실현하기 위해서는 여러 가지 기술적, 윤리적 과제들을 해결해나가야 한다. 우선 데이터 품질과 표준화의 문제가 있다. 의료 데이터는 종종 불완전하거나 부정확하며 기관마다 다른 형식과 기준을 사용하는 경우가 많다. 이러한 데이터를 효과적으로 통합하고 분석하기 위해서는 데이터의 품질을 개선하고 표준화하는 노력이 필요하다.

데이터 프라이버시와 보안의 문제도 중요하다. 의료 데이터는 매우 민감한 개인정보를 포함하고 있어 이를 안전하게 보호하면서도 연구와 개발에 활용할 방안을 마련해야 한다. 이를 위해 차등적 프라이버시, 연합학습 등의 기술을 활용하여 개인정보를 보호하면서도 데이터의 가치를 극대화할 방안을 모색해야 한다.

LMM의 의사결정 과정에 대한 설명 가능성 확보도 중요한 과제다. 특히 의료 분야에서는 AI의 결정을 맹목적으로 따르는 것이 아니라, 그 결정의 근거를 이해하고 검증할 수 있어야 한다. 이를 위해 설명 가능한 AI 기술의 발전이 필요하며, 의료진과 환자들에게 LMM의 결정 과정을 쉽게 이해시킬 인터페이스 개발도 중요하다.

LMM의 의료 적용에 있어 또 다른 중요한 과제는 의료 형평성 문제다. AI 기술이 의료 서비스의 질을 향상시키고 비용을 낮출 잠재력이 있지만, 동시에 이러한 기술에 대한 접근성 격차로 인해 새로운 형태의 의료 불평등을 야기할 수 있다. 따라서 LMM 기술의 혜택이 모든 계층과 지역에 고르게 분배되도록 하는 정책적 노력이 필요하다.

이러한 과제들을 해결하기 위해서는 기술 개발뿐만 아니라 법적, 제도적 장치 마련도 필요하다. LMM의 의료 적용에 대한 규제 가이드라인을 수립하고, 의료 AI의 성능과 안전성을 평가하고 인증하는 제도를 마련하고, AI 의사결정에 대한 책임 소재를 명확히 하는 법적 프레임워크를 구축해야 한다.

의료진과 환자들의 AI 리터러시 향상도 중요한 과제다. LMM이 의료 현장에 성공적으로 도입되기 위해서는 의료진들이 이 기술을 이해하고 효과적으로 활용하고, 환자들도 AI 기반 의료 서비스에 대한 기본적인 이해를 가지고 있어야 한다. 따라서 의과대학 교육과정에 AI 관련 내용을 포함시키고, 현직 의료진들을 위한 지속적인 교육 프로그램을 마련하며, 일반 대중을 대상으로 한 AI 의료 교육 프로그램을 개발하는 등의 노력이 필요하다.

온디바이스 AI

온디바이스 AI는 의료 분야에 혁명적인 변화를 가져올 기술로 주목받고 있다. 이 기술은 중앙 서버나 클라우드에 의존하지 않고 개별 기기에서 AI 모델을 직접 실행하는 방식으로, 의료 현장에 빠른 응답 시간, 강화된 개인정보 보호, 그리고 네트워크 연결 없이도 작동 가능한 장점을 제공한다. 이러한 특성은 의료 서비스의 질을 높이고 환자의 안전을 보장하는 데 크게 기여한다.

온디바이스 AI의 의료 분야 적용은 다양한 영역에서 이루어지고 있다. 먼저 웨어러블 의료기기 분야에서 그 활용도가 높다. 심박수 모니터나 혈당 측정기와 같은 웨어러블 기기에 AI를 탑재함으로써 실시간으로 사용자의 건강 상태를 분석하고 잠재적인 위험 신호를 즉각적으로 감지한다. 예를 들어 AI가 탑재된 심전도 모니터링 웨어러블 기기는 심장 리듬의 이상을 실시간으로 감지하고, 필요시 즉각적인 경고를 제공한다. 이는 심장질환자들의 일상생활에서의 안전을 크게 향상시킨다.

응급 의료 장비에서의 온디바이스 AI 적용은 생명을 구하는 데 결정적인 역할을 한다. 구급차나 응급실의 의료 장비에 AI를 탑재하면 네트워크 연결 상태와 무관하게 신속한 진단과 처치를 지원할 수 있다. AI가 탑재된 휴대용 초음파 장비는 현장에서 즉시 영상을 분석하여 내부 출혈이나 장기 손상을 감지하고 응급 의료진에게 중요한 정보를 제공한다. 이는 골든타임 내 적절한 처치를 가능하게 하여 환자의 생존율을 높인다.

가정에서 사용하는 개인용 의료기기에도 온디바이스 AI의 적용이 확대되고 있다. 혈압계나 체온계 등에 AI를 탑재하여 측정 결과를 즉시 해석하고 사용자에게 적절한 조언을 제공할 수 있다. AI 탑재 혈압계는 단순히 혈압 수치만을 보여주는 것이 아니라 사용자의 연령, 성별, 과거 측정 기록 등을 고려하여 현재 상태에 대한 해석과 함께 생활습관 개선 조언을 제공한다. 이는 만성질환 관리의 효율성을 높이고 불필요한 병원 방문을 줄이는 데 기여한다.

의료영상 장비 분야에서도 온디바이스 AI의 활용이 늘어나고 있다. CT, MRI 등의 의료영상 장비에 AI를 탑재하여 촬영과 동시에 영상을 분석하고 이상 징후를 감지한다. 이는 진단 시간을 크게 단축시키고 의료진의 업무 효율성을 높인다. AI가 탑재된 흉부 X-ray 장비는 폐결핵, 폐암 등의 질환을 즉시 감지하고 의료진에게 알림을 주는 것이다. 이는 특히 의료 자원이 부족한 지역에서 조기 진단과 적절한 치료를 가능하게 하는 데 큰 도움이 된다.

수술 로봇 분야에서의 온디바이스 AI 적용은 수술의 정확성과 안전성을 크게 향상시킨다. 수술 로봇에 AI를 탑재하면 네트워크 지연 없이 실시간으로 정교한 동작을 수행한다. AI 탑재 수술 로봇은 수술 중 실시간으로 환자의 상태를 모니터링하면서 최적의 수술 경로를 계산하고, 의사의 손 떨림을 보정하는 등 보다 안전하고 정확한 수술을 가능하게 한다.

그러나 온디바이스 AI의 의료 분야 적용에는 여러 가지 과제도 존재한다. 큰 과제 중 하나는 모델 경량화다. 의료기기는 대부분 제한된 하드웨어 자원을 가지고 있어, 복잡한 AI 모델을 그대로 실행하기 어렵다. 따라서 성능은 유지하면서도 크기와 연산량을 줄인 경량화된 AI 모델을 개발하는 것이 중요하다. 이를 위해 모델 압축, 지식 증류, 양자화 등 다양한 기술이 연구되고 있다.

전력 효율성도 중요한 과제다. 특히 배터리로 작동하는 웨어러블 기기나 휴대용 의료 장비의 경우, 전력 소비를 최소화하면서도 AI를 효과적으로 구동할 수 있어야 한다. 이를 위해 저전력 AI 칩 개발, 에너지 효율적인 알고리즘 설계 등의 연구가 활발히 진행되고 있다.

모델 업데이트도 온디바이스 AI의 중요한 과제 중 하나다. 중앙 서버에 연결되지 않은 상태에서 AI 모델을 어떻게 최신 상태로 유지할 것인지가 관건이다. 이를 위해 간헐적 네트워크 연결을 통한 업데이트, 연합학습을 통한 분산형 모델 개선 등의 방법이 연구되고 있다.

마지막으로 정확성과 효율성 사이의 균형을 맞추는 것도 중요한 과제다. 제한된 자원 내에서 높은 정확도를 유지하는 것은 쉽지 않은 일이다. 따라서 의료 분야의 특성을 고려하여 어느 정도의 정확도가 필요한지, 어느 정도의 지연이 허용되는지 등을 신중히 판단하고 이에 맞는 최적의 모델을 설계하는 것이 중요하다.

온디바이스 AI의 의료 분야 적용과 관련하여 주목할 만한 기업들로는 미국의 애플, 한국의 삼성전자, 네덜란드의 필립스, 그리고 중국의 화웨이를 들 수 있다.

애플은 자사의 애플워치를 통해 온디바이스 AI를 활용한 건강 모니터링 서비스를 제공하고 있다. 특히 심전도[ECG] 기능과 낙상 감지 기능은 온디바이스 AI의 대표적인 적용 사례다. 애플워치는 사용자의 심장 리듬을 지속적으로 모니터링하고 심방 세동과 같은 이상 징후를 감지하면 즉시 사용자에게 알림을 준다. 갑작스러운 낙상을 감지하면 자동으로 응급 서비스에 연락을 취하는 기능도 제공한다. 이러한 기능들은 모두 기기 내부에서 AI 모델이 실시간으로 데이터를 분석하여 이루어진다.

삼성전자는 갤럭시 시리즈 스마트폰과 갤럭시 워치를 통해 온디바이스 AI 기반의 건강관리 서비스를 제공하고 있다. 특히 혈압 측정, 심전도 모니터링, 수면 분석 등의 기능에 온디바이스 AI를 적용하고 있다. 삼성의 온디바이스 AI는 사용자의 건강 데이터를 기기 내에서 처리하여 개인정보 보호를 강화하면서도 실시간으로 건강 상태를 분석하고 맞춤형 조언을 제공한다. 삼성은 자체 개발한 저전력 AI 프로세서를 탑재하여 배터리 효율성을 높이고 있다.

필립스는 의료 장비 분야에서 온디바이스 AI를 적극적으로 도입하고 있다. 특히 휴대용 초음파 장비인 루미파이[Lumify]에 온디바이스

AI를 탑재하여, 실시간으로 초음파 영상을 분석하고 이상 징후를 감지할 수 있게 했다. 이 기술은 응급 상황이나 원격 지역에서 신속한 진단을 가능하게 한다. 필립스는 MRI, CT 등 대형 의료영상 장비에도 온디바이스 AI를 적용하여 영상 획득 시간을 단축하고 화질을 개선하는 기술을 개발하고 있다.

화웨이는 스마트폰과 웨어러블 기기에 온디바이스 AI를 적용한 건강관리 서비스를 제공하고 있다. 특히 자체 개발한 AI 칩을 탑재하여 고성능, 저전력의 온디바이스 AI 구현에 주력한다. 화웨이의 온디바이스 AI는 심박수 모니터링, 수면 분석, 스트레스 레벨 측정 등 다양한 건강 관련 기능을 제공한다. 화웨이는 의료기기 제조사들과 협력하여 온디바이스 AI를 적용한 전문 의료기기 개발에도 참여하고 있다.

이러한 기업들의 노력은 온디바이스 AI의 의료 분야 적용 가능성을 잘 보여주고 있다. 그러나 앞서 언급한 모델 경량화, 전력 효율성, 모델 업데이트, 정확성과 효율성의 균형 등의 과제를 해결하기 위해서는 지속적인 기술 개발과 함께 법적, 윤리적 고려도 필요하다.

온디바이스 AI의 의료 분야 적용은 의료 서비스의 질과 접근성을 크게 향상시킬 수 있는 잠재력을 가지고 있다. 특히 실시간 건강 모니터링, 신속한 진단, 개인화된 건강관리 등의 영역에서 혁신적인 변화를 가져온다. 또한 개인정보 보호 강화, 네트워크의 독립적 작동 등의 장점은 의료 데이터의 안전성과 의료 서비스의 안정성을 높이는 데 기여한다.

그러나 이를 위해서는 기술적 과제뿐 아니라 다양한 사회적 과제들도 함께 해결해나가야 한다. 온디바이스 AI 의료기기의 성능과 안전성을 평가하고 인증하는 제도, AI의 의사결정에 대한 책임 소재를 명확히 하는 법적 프레임워크, 의료진과 환자들의 AI 리터러시 향상을 위한 교육 프로그램 등이 필요하다. 온디바이스 AI 기술의 혜택이 모든 계층과 지역에 고르게 분배될 수 있도록 하는 정책적 노력도 중요하다.

온디바이스 AI의 의료 분야 적용은 의료 시스템 전반에 걸쳐 큰 변화를 가져온다. 가령 일상적인 건강 모니터링과 조기 경고 시스템의 보편화는 예방 의학의 발전을 가속화한다. 이는 질병의 조기 발견과 개입을 가능하게 하여, 전반적인 의료 비용을 절감하고 국민 건강 수준을 향상시키는 데 기여한다.

온디바이스 AI는 의료 서비스의 지역 간 격차를 줄이는 데도 중요한 역할을 한다. 특히 의료 인프라가 부족한 농촌 지역이나 개발도상국에서 휴대용 AI 의료기기는 전문의의 부재를 어느 정도 보완하고 기본적인 의료 서비스 접근성을 높인다.

한편 온디바이스 AI의 발전은 의료진의 역할 변화도 불러올 것이다. AI가 일상적인 건강 모니터링과 기본적인 진단을 담당하게 되면 의료진은 보다 복잡한 의사결정과 환자와의 소통에 더 많은 시간을 할애하게 될 것이다. 이는 의료 서비스의 질적 향상으로 이어질 수 있다.

그러나 이러한 변화 속에서 우리가 주의해야 할 점도 있다. 첫째, AI에 대한 과도한 의존은 의료진의 임상적 판단 능력을 약화시킬 수 있다는 우려가 있다. 따라서 AI는 의료진의 판단을 보조하는 도구로 사용되어야 하며, 최종 의사결정은 여전히 인간 의료진의 몫이어야 한다는 점을 명심해야 한다.

둘째, 온디바이스 AI의 보편화로 인한 데이터 편향 문제에 주의해야 한다. AI 모델은 학습 데이터에 크게 의존하는데, 만약 특정 인구 집단의 데이터가 부족하다면 해당 집단에 대한 AI의 성능이 떨어질 수 있다. 따라서 다양한 인구 집단의 데이터를 균형 있게 수집하고 활용하는 노력이 필요하다.

셋째, 온디바이스 AI의 결정을 어떻게 검증하고 모니터링할 것인지에 대한 체계가 필요하다. 중앙 서버에 연결되지 않은 상태에서 작동하는 AI의 특성상 그 결정의 정확성과 안전성을 지속적으로 확인하는 것이 쉽지 않다. 따라서 주기적인 성능 평가와 모델 업데이트 체계를 구축해야 한다.

넷째, 온디바이스 AI 기기의 보안 문제에도 주의를 기울여야 한다. 이러한 기기들이 해킹당할 경우 환자의 건강 정보가 유출되거나 잘못된 진단이 이루어질 수 있다. 따라서 강력한 보안 시스템 구축이 필수적이다.

다섯째, 온디바이스 AI의 의사결정 과정에 대한 설명 가능성 확보도 중요한 과제다. 의료 현장에서는 AI의 판단 근거를 명확히 이해할 수 있어야 한다. 이를 위해 설명 가능한 AI 기술의 발전이 필요하며, 동시에 이를 의료진과 환자들이 쉽게 이해할 수 있는 형태로 제시하는 방법도 연구되어야 한다.

이러한 과제들을 해결해나가면서 우리는 온디바이스 AI가 가져올 의료 혁신의 혜택을 최대화하고 잠재적 위험은 최소화할 수 있을 것이다. 이를 위해서는 기술 개발자, 의료진, 정책 입안자, 윤리학자 등 다양한 분야의 전문가들이 협력하여 균형감 있게 접근해야 한다.

온디바이스 AI의 의료 분야 적용은 아직 초기 단계에 있지만 그 발전 속도는 매우 빠르다. 앞으로 몇 년 안에 우리는 더욱 정교하고 강력한 온디바이스 AI 의료기기들을 만나게 될 것이다. 이러한 기술은 개인의 일상적인 건강관리부터 전문적인 의료 진단까지 광범위한 영역에서 혁신을 가져올 것이다.

향후에는 AI가 탑재된 스마트 콘택트렌즈가 실시간으로 눈의 건강 상태를 모니터링하고, 녹내장이나 당뇨병성 망막병증과 같은 질환을 조기에 감지할 것이다. AI 보청기는 단순히 소리를 증폭시키는 것을 넘어 주변 환경을 인식하고 사용자의 청력 상태에 맞춰 최적의 음향을 제공할 것이다.

온디바이스 AI는 개인화된 의약품 투여 시스템에도 적용된다. AI가 탑재된 인슐린 펌프는 환자의 혈당 수준, 식사 패턴, 운동량 등을 실시간으로 분석하여 최적의 인슐린 투여량과 시기를 결정할 수 있다.

이러한 기술의 발전은 의료 서비스의 패러다임을 '치료' 중심에서 '예방과 관리' 중심으로 변화시킬 것이다. 온디바이스 AI를 통한 지속적인 건강 모니터링과 조기 경고 시스템은 많은 질병들을 초기 단계에서 발견하고 관리하게 해줄 것이다. 이는 개인의 삶의 질을 향상시키는 동시에 전체적인 의료 비용을 절감하는 데 기여한다.

그러나 이러한 미래를 실현하기 위해서는 앞서 언급한 기술적, 윤리적, 법적 과제들을 지속적으로 해결해나가야 한다. 특히 AI의 판단을 맹목적으로 신뢰해서는 안 된다. 인간의 직관과 경험, 그리고 AI의 분석을 균형 있게 활용하는 방법을 학습하는 일이 중요하다.

  온디바이스 AI의 의료 분야 적용은 우리에게 더 나은 건강과 의료 서비스를 제공할 큰 잠재력을 가지고 있다. 이 기술이 가져올 변화를 적극적으로 받아들이면서도 그 한계와 위험성을 인식하고 이를 해결해나가는 노력이 필요하다. 이를 통해 우리는 모든 이에게 더 나은 건강과 삶의 질을 제공하는 의료 시스템을 구축해나갈 것이다.

임베디드 AI

임베디드 AI는 의료 분야에 혁명적인 변화를 가져올 수 있는 첨단 기술이다. 온디바이스 AI와 유사하지만, 임베디드 AI는 더욱 작고 특화된 하드웨어에 AI를 통합하는 기술을 의미한다. 이 기술은 의료 기기, 임플란트, 나노봇 등에 AI를 탑재하여 더욱 스마트하고 자율적인 의료 시스템을 구현할 수 있게 한다. 임베디드 AI의 적용은 의료 서비스의 질을 획기적으로 향상시키고 환자의 삶의 질을 크게 개선할 잠재력을 지니고 있다.

임베디드 AI의 의료 분야 적용은 다양한 영역에서 이루어진다. 그중 주목받는 분야 중 하나는 스마트 임플란트다. 인공관절이나 심장 박동기와 같은 임플란트에 AI를 탑재함으로써, 환자의 상태에 따라 자동으로 조절되고 이상 징후를 조기에 감지하는 시스템을 구현할 수 있다. AI가 탑재된 인공 관절은 환자의 활동 패턴, 체중 변화,

외부 환경 등을 고려하여 관절의 강도와 유연성을 실시간으로 조절한다. AI 탑재 심장 박동기는 환자의 심박 리듬, 활동 수준, 스트레스 정도 등을 종합적으로 분석하여 최적의 심박 조절을 수행한다. 이는 환자의 삶의 질을 크게 향상시키고, 합병증 발생 위험을 줄이는 데 기여한다.

나노 의료 로봇 분야에서의 임베디드 AI 적용도 미래 의료의 새로운 지평을 열 것으로 기대된다. 혈관 내를 순환하며 질병을 진단하고 치료하는 나노 로봇에 AI를 탑재하면 자율적인 판단과 행동이 가능한 초소형 의료 시스템을 구현할 수 있다. 이러한 나노 로봇은 체내를 순환하면서 암세포나 플라크와 같은 병변을 탐지하고 필요시 즉각적인 치료를 수행한다. AI가 탑재된 나노 로봇은 혈관 내 콜레스테롤 수치를 실시간으로 모니터링하고 필요시 플라크를 제거하거나 약물을 국소적으로 투여하는 등의 작업을 수행한다. 이는 기존의 전신 투여 방식의 약물 치료보다 효과적이고 부작용이 적은 치료를 가능하게 할 것이다.

스마트 약물 전달 시스템은 임베디드 AI의 또 다른 유망한 적용 분야다. 체내에 삽입된 약물 전달 장치에 AI를 탑재하여 환자의 상태에 따라 최적의 시기와 용량으로 약물을 투여한다. 이는 특히 만성질환 관리에 혁신을 가져온다. 당뇨병 환자의 경우 AI 탑재 인슐린 펌프가 환자의 혈당 수준, 식사 패턴, 운동량 등을 실시간으로 분석하여 최적의 인슐린 투여 계획을 수립하고 실행하는 것이다. 이는 혈당 조절의 정확성을 높이고 저혈당이나 고혈당의 위험을 크게 줄인다.

고급 보철 분야에서도 임베디드 AI의 적용이 활발히 이루어지고 있다. 의수나 의족과 같은 보철 기기에 AI를 탑재하면 더 자연스럽고 정교한 동작이 구현된다. AI는 사용자의 근육 신호, 움직임 패턴, 외부 환경 등을 실시간으로 분석하여 가장 적절한 동작을 생성한다. 예를 들어 AI 탑재 의수는 잡으려는 물체의 크기, 형태, 무게 등을 순간적으로 분석하여 최적의 그립 강도와 방식을 결정한다. 이는 보철 사용자의 일상생활 능력을 크게 향상시키고, 삶의 질을 높이는 데 기여한다.

생체신호 모니터링 분야에서도 임베디드 AI의 활용이 확대되고 있다. 초소형 생체 센서에 AI를 탑재하여 지속적으로 생체신호를 분석하고 이상 징후를 즉시 감지하는 시스템이 개발 중이다. 이러한 시스템은 심장질환, 뇌졸중, 간질 등 위험한 건강 상태를 조기에 감지하고 예방하는 데 큰 도움이 된다. 가령 AI 탑재 심전도 모니터링 패치는 24시간 환자의 심장 활동을 모니터링하면서 심방 세동과 같은 위험한 부정맥을 즉시 감지하고 경고를 발생시킨다.

그러나 임베디드 AI의 의료 분야 적용에는 여러 가지 중요한 과제들이 존재한다. 큰 과제 중 하나는 초소형화다. 의료용 임베디드 AI 시스템은 극도로 작은 크기의 하드웨어에서 구현되어야 하므로 초소형 AI 칩 개발이 필수적이다. 이를 위해 나노 기술, 양자 컴퓨팅 등 첨단기술의 융합이 필요하다.

생체 적합성도 중요한 과제다. 특히 체내에 삽입되는 기기의 경우 AI 하드웨어의 생체 적합성이 반드시 보장되어야 한다. 이는 기기가 체내에서 거부 반응이나 염증을 일으키지 않고 장기간 안전하게 작동하는 것을 의미한다. 이를 위해 생체 친화적 재료 개발, 표면 처리 기술 등의 연구가 필요하다.

장기 안정성 확보도 임베디드 AI의 중요한 과제다. 체내에 장기간 삽입되는 기기의 경우 AI 시스템의 장기적인 안정성과 신뢰성이 매우 중요하다. 시스템이 오작동하거나 성능이 저하되면 환자의 건강에 심각한 위험을 초래하기 때문이다. 따라서 장기간 안정적으로 작동할 수 있는 하드웨어 설계, 자가진단 및 복구 기능 등의 개발이 필요하다.

에너지 효율성 또한 임베디드 AI의 중요한 과제 중 하나다. 체내에서 자체적으로 에너지를 생산하거나 극도로 적은 에너지로 작동할 수 있는 AI 시스템 개발이 필요하다. 이를 위해 인체 열이나 운동을 이용한 에너지 하베스팅 기술, 초저전력 AI 알고리즘 등의 연구가 활발히 진행되고 있다

임베디드 AI의 의료 분야 적용과 관련하여 주목할 만한 기업들로는 미국의 메드트로닉, 독일의 바이오트로닉Biotronik, 한국의 삼성메디슨, 루닛, 그리고 스위스의 센세오닉스Senseonics를 들 수 있다.

메드트로닉은 의료기기 분야의 글로벌 리더로 임베디드 AI를 활용한 혁신적인 의료기기 개발에 주력하고 있다. 특히 AI 탑재 인슐린 펌프 시스템인 미니메드 780GMiniMed 780G는 환자의 혈당 수준을 지속적으로 모니터링하고 자동으로 인슐린 투여량을 조절하는 기능을 제공한다. 이 시스템은 환자의 식사, 운동, 스트레스 등 다양한 요인을 고려하여 개인화된 인슐린 투여 계획을 수립하고 실행한다. 메드트로닉은 AI 탑재 심장 박동기, 신경 자극기 등 다양한 임베디드

AI 의료기기를 개발하고 있어 앞으로도 이 분야를 선도할 것으로 예상된다.

바이오트로닉은 심혈관 의료기기 분야에서 임베디드 AI를 적극적으로 도입하고 있는 기업이다. 특히 AI 탑재 심장 박동기와 제세동기 개발에 주력하고 있다. 바이오트로닉의 AI 시스템은 환자의 심장 리듬을 실시간으로 분석하고, 개인의 생활패턴과 건강 상태에 맞춰 최적의 치료를 제공한다. 또 원격 모니터링 기능을 통해 의료진이 환자의 상태를 실시간으로 확인하고 필요시 즉각적인 조치를 취할 수 있도록 한다. 바이오트로닉의 기술은 심장질환자들의 삶의 질을 크게 향상시키고 있으며 앞으로도 지속적인 혁신이 기대된다.

한국의 삼성메디슨은 의료영상 장비 분야에서 임베디드 AI 기술을 적극 도입하고 있다. 특히 초음파 진단기에 AI를 탑재하여 실시간 영상 분석과 진단 지단을 지원하는 기능은 인상적이다. 삼성메디슨의 AI 시스템은 초음파 영상에서 병변을 자동으로 감지하고 분류하며 의료진에게 진단 제안을 제공한다. 이는 진단의 정확성을 높이고 의료진의 업무 효율성을 향상시키는 데 기여한다. 삼성메디슨은 AI 기반의 원격 초음파 진단 시스템 개발에도 주력하고 있어 향후 원격 의료 분야에서도 중요한 역할을 할 것으로 예상된다.

또 다른 한국 기업인 루닛은 의료 AI 솔루션 개발 분야에서 주목받고 있는 기업이다. 루닛은 흉부 X-ray, 유방 촬영술 등 다양한 의료영상 분석에 AI를 적용한다. 최근에는 이러한 AI 모델을 의료영상 장비에 직접 임베딩하는 기술을 개발하고 있다. 이렇게 하면 의료영상 촬영과 동시에 AI 분석이 이루어져 진단 시간을 크게 단축하고 정확도를 높일 수 있다. 루닛의 기술은 특히 의료 인프라가 부족한 지역에서 역할하며 글로벌 의료 형평성 향상에도 기여할 것으로 기대된다.

센세오닉스는 당뇨병 관리를 위한 임베디드 AI 솔루션을 개발하는 기업이다. 이 회사의 주력 제품인 에버센스Eversense는 체내에 삽입되는 연속 혈당 모니터링 시스템으로 최대 180일 동안 지속해서 혈당을 측정하고 분석할 수 있다. 에버센스에 탑재된 AI는 환자의 혈당 변화 패턴을 학습하고 저혈당이나 고혈당 위험을 예측하여 사전에 경고한다. 또 스마트폰 앱과 연동되어 환자와 의료진에게 실시간으로 혈당 정보와 개인화된 당뇨병 관리 조언을 제공한다. 센세오닉스의 기술은 당뇨병 환자들의 삶의 질을 크게 향상시키고 합병증 예방에 기여할 것으로 기대된다.

이러한 기업들의 노력은 임베디드 AI의 의료 분야 적용 가능성을 잘 보여주고 있다. 그러나 앞서 언급한 초소형화, 생체 적합성, 장기 안정성, 에너지 효율성 등의 과제를 해결하기 위해서는 지속적인 기술 개발과 함께 법적, 윤리적 고려도 필요하다.

임베디드 AI의 의료 분야 적용은 의료 서비스의 패러다임을 크게 변화시킬 것으로 예상된다. 특히 개인화된 의료와 예방 의학 분야에서 큰 혁신을 가져올 수 있다. 임베디드 AI를 활용한 지속적인 건강 모니터링과 조기 경고 시스템은 많은 질병들을 초기 단계에서 발견하고 관리할 수 있게 해줄 것이다. 이는 치료의 효과를 높이고 의료 비용을 절감하는 데 기여할 수 있다.

임베디드 AI는 만성질환 관리에도 혁명적인 변화를 가져올 수 있다. 당뇨병, 고혈압, 심장질환 등의 만성질환자들은 체내에 삽입된 AI 장치를 통해 24시간 자신의 건강 상태를 모니터링하고, 필요시 즉각적인 조치를 취할 수 있게 될 것이다. 이는 환자들의 삶의 질을 크게 향상시키고, 합병증 발생 위험을 줄이는 데 도움이 된다.

임베디드 AI는 의료 서비스의 접근성을 크게 향상시킬 수 있다. 특히 의료 인프라가 부족한 지역에서 AI 탑재 의료기기는 전문의의 부재를 어느 정도 보완하고 기본적인 의료 서비스를 제공한다. 예를 들어 AI 탑재 휴대용 초음파 장비는 현장에서 즉시 영상을 분석하고 진단을 제안하여 원격 지역이나 개발도상국에서 큰 도움이 된다.

한편, 임베디드 AI의 발전은 의료진의 역할에도 변화를 가져올 것이다. AI가 일상적인 모니터링과 기본적인 진단을 담당하게 되면 의료진은 보다 복잡한 의사결정과 환자와의 소통에 더 많은 시간을 할애할 수 있게 된다. 이는 의료 서비스의 질적 향상으로 이어질 것이다.

그러나 이러한 변화 속에서 우리가 주의해야 할 점들도 있다. 첫째, 임베디드 AI 기기의 안전성과 신뢰성 확보가 무엇보다 중요하다. 체내에 삽입되는 기기의 경우, 오작동이나 해킹 등의 문제가 발생하면 환자의 생명에 직접적인 위협이 된다. 따라서 철저한 안전성 검증과 보안 시스템 구축이 필요하다.

둘째, 임베디드 AI의 의사결정 과정에 대한 투명성과 설명 가능성 확보도 중요한 과제다. 의료 현장에서는 AI의 판단 근거를 명확히 이해할 수 있어야 한다. 이를 위해 설명 가능한 AI 기술의 발전이 필요하며, 동시에 이를 의료진과 환자들이 쉽게 이해할 수 있는 형태로 제시하는 방법도 연구되어야 한다.

셋째, 임베디드 AI 기기의 윤리적 사용에 대한 가이드라인 수립도 필요하다. AI가 수집한 개인의 건강 데이터를 어떻게 관리하고 활용할 것인지, AI의 의사결정이 환자의 자율성을 침해하지 않도록 어떻게 균형을 맞출 것인지 등에 대한 논의가 필요하다.

넷째, 임베디드 AI 기술의 혜택이 모든 계층과 지역에 고르게 분배될 수 있도록 하는 정책적 노력도 중요하다. 고가의 첨단 의료기기에 대한 접근성 격차가 새로운 형태의 의료 불평등을 야기하지 않도록 주의해야 한다

다섯째, 의료진과 환자들의 AI 리터러시 향상도 중요한 과제다. 임베디드 AI 기기가 의료 현장에 성공적으로 도입되기 위해서는 의료진들이 이 기술을 이해하고 효과적으로 활용할 수 있어야 하며, 환자들도 AI 기반 의료 서비스에 대한 기본적인 이해를 견지해야 한다.

이러한 과제들을 해결해나가면서 우리는 임베디드 AI가 가져올 의료 혁신의 혜택을 최대화하고 잠재적 위험은 최소화할 수 있을 것이다. 이를 위해서는 기술 개발자, 의료진, 정책 입안자, 윤리학자 등 다양한 분야의 전문가들이 협력하여 균형 잡힌 접근을 해야 한다.

임베디드 AI의 의료 분야 적용은 아직 초기 단계에 있지만, 그 발전 속도는 매우 빠르다. 앞으로 몇 년 안에 우리는 더욱 정교하고 강력한 임베디드 AI 의료기기들을 만나게 될 것이다. 이러한 기술은 개인의 일상적인 건강관리부터 전문적인 의료 진단과 치료까지 광범위한 영역에서 혁신을 가져올 것이다.

향후에는 AI가 탑재된 나노 로봇이 체내를 순환하며 암세포를 탐지하고 제거하거나 혈관 내 플라크를 제거하는 등의 정밀한 치료를 수행할 것이다. 신경 인터페이스 기술과 임베디드 AI의 결합은 신경질환 치료나 두뇌-컴퓨터 인터페이스 개발 등에 혁명적인 진전을 가져올 수도 있다.

더 나아가 임베디드 AI는 유전자 치료나 재생 의학 분야에서도 중요한 역할을 할 수 있다. AI 탑재 유전자 편집 시스템은 실시간으로 유전자 변이를 탐지하고 교정하며, AI 기반 조직 공학 기술은 개인의 생리학적 특성에 맞춘 맞춤형 조직이나 장기를 생성하는 데 도움을 준다.

이러한 기술의 발전은 의료의 패러다임을 '질병 치료'에서 '건강 관리 및 증진'으로 전환시킬 것이다. 임베디드 AI를 통한 지속적인 건강 모니터링과 조기 개입은 많은 질병들을 사전에 예방하거나 초기 단계에서 관리할 수 있게 해줄 것이다. 이는 개인의 삶의 질을 향상시키는 동시에 사회 전체의 의료 비용을 절감하는 데 기여할 수 있다.

임베디드 AI의 의료 분야 적용은 우리에게 더 나은 건강과 의료 서비스를 제공할 큰 잠재력을 가지고 있다. 이 기술이 가져올 변화를 적극적으로 받아들이면서 동시에 그 한계와 위험성을 인식하고 이를 해결해나가는 노력이 필요하다. 이를 통해 우리는 모든 이에게 더 나은 건강과 삶의 질을 제공하는 미래 의료 시스템을 구축할 수 있을 것이다.

AI 에이전트

의료 분야에서의 AI 에이전트는 혁신적인 변화를 가져올 첨단기술로 주목받고 있다. 자율적으로 행동하고 학습하는 이 AI 시스템에는 환자 케어, 의료 연구, 병원 관리 등 다양한 영역에서 혁신을 주도할 잠재력이 있다. AI 에이전트의 적용은 의료 서비스의 질을 획기적으로 향상시키고 의료진의 업무 효율성을 높이며 환자의 건강을 개선할 가능성을 제시한다.

AI 에이전트의 의료 분야 적용은 다양한 형태로 이루어진다. 개인 건강관리 코치로서 AI 에이전트는 개인의 건강 데이터, 생활습관, 의료 기록 등을 종합적으로 분석하여 맞춤형 건강관리 계획을 수립하고 지속적인 조언을 제공한다. 이는 만성질환 관리와 예방 의학 분야에서 큰 역할을 할 것이다. 예를 들어 AI 건강 코치는 사용자의 식습관, 운동 패턴, 스트레스 수준 등을 모니터링하고, 이를 바탕으로 개인화된 식단 제안, 운동 계획, 스트레스 관리 기법 등을 제시한다. 더 나아가 유전체 정보와 같은 고급 의료 정보를 활용하여 개인의 질병 위험을 예측하고 이에 맞는 예방 전략을 수립할 수도 있다.

임상 의사결정 지원 분야에서 AI 에이전트는 의료진의 강력한 조력자 역할을 한다. 환자의 증상, 검사 결과, 의료 기록 등을 종합적으로 분석하여 의사의 진단과 치료 결정을 지원하는 AI 에이전트는 의료의 정확성과 효율성을 크게 높인다. 특히 최신 의학 연구 결과와 임상 가이드라인을 실시간으로 참조하여 근거 기반 의사결정을 돕는 기능은 매우 유용할 것이다. 복잡한 증상을 가진 환자의 경우 AI 에이전트는 수많은 의학 문헌과 임상 데이터를 분석하여 가능성 있는 진단 옵션을 제시하고 각 옵션에 대한 근거와 치료 방법을 제안할 수 있다. 이는 특히 희귀질환이나 복합질환의 진단과 치료에 큰 도움이 될 것이다.

의료 연구 분야에서 AI 에이전트의 역할도 매우 중요하다. 방대한 의학 문헌을 분석하고 임상 데이터를 처리하며, 새로운 연구 가설을 제시하는 AI 에이전트는 연구자들의 창의적 사고를 보완하고 연구 프로세스를 가속화한다. AI 에이전트는 수백만 편의 연구 논문을 분석하여 특정 질병의 새로운 바이오마커를 발견하거나 기존 약물의 새로운 용도를 제안할 수 있다. 대규모 유전체 데이터와 임상 데이터를 통합 분석하여 질병의 새로운 하위 유형을 식별하거나 개인화된 치료법 개발을 위한 통찰을 제공할 수도 있다.

병원 운영 최적화 분야에서 AI 에이전트는 효율성 향상과 환자 경험 개선에 크게 기여한다. 환자 흐름, 의료진 스케줄링, 의료 자원 관리 등을 최적화하는 AI 에이전트는 병원의 전반적인 운영 효율을 높이고 환자 대기 시간을 줄이며 의료 서비스의 질을 향상시킨다. AI 에이전트는 과거의 환자 방문 패턴, 계절적 요인, 지역 이벤트 등을 고려하여 미래의 환자 유입을 예측하고 이에 맞춰 의료진 근무 일정과 의료 자원 배치를 최적화한다. 실시간 데이터를 분석하여 응급실이나 중환자실의 병상 가용성을 예측하고 필요시 추가 자원을 신속하게 동원할 수 있도록 지원할 것이다.

원격 모니터링 및 케어 분야에서 AI 에이전트의 활용은 만성질환 관리와 노인 케어에 혁신을 가져올 수 있다. 만성질환자나 노인의 건강 상태를 지속적으로 모니터링한다. 필요시 적절한 조치를 취하거나 의료진에게 알리는 AI 에이전트는 환자의 안전을 확보하고 삶의 질을 향상시키는 데 큰 도움이 된다. 심부전 환자의 경우 AI 에이전트는 환자의 체중, 혈압, 활동량 등을 지속적으로 모니터링한다. 이상 징후가 감지되면 즉시 의료진에게 알림을 보내거나 환자에게 적절한 조치를 취한다. 이는 응급 상황을 예방하고 불필요한 입원을 줄이는 데 기여할 수 있다.

가상 간호 보조로서 AI 에이전트는 의료진의 업무 부담을 줄이고 환자 케어의 질을 높이는 데 기여한다. 환자의 질문에 답변하고 복약 지도를 하며 간단한 건강 체크를 수행하는 AI 에이전트는 24시간 환자를 지원할 수 있다. 수술 후 회복 중인 환자의 경우 AI 가상 간호사는 환자의 통증 수준, 상처 상태, 활동량 등을 정기적으로 체크하고, 필요시 적절한 조언을 제공하거나 의료진에게 보고할 수 있다. 이는 환자의 회복을 촉진하고 합병증 발생 위험을 줄이는 데 도움이 된다.

의료 교육 분야에서 AI 에이전트는 개인화된 학습 경험을 제공하는 튜터 역할을 할 수 있다. 의대생, 간호학생, 전공의 등을 위한 AI 튜터는 학습자의 진도와 강점, 약점을 분석하여 최적의 학습 콘텐츠와 방법을 제시한다. AI 튜터는 학생의 퀴즈 결과, 학습 시간, 난이도 선호도 등을 분석하여 개인화된 학습 계획을 수립하고 부족한 부분에 대한 추가 학습 자료를 제공하며, 실시간으로 질문에 답변한다. 이는 학습 효율성을 높이고 의료 교육의 질을 향상시키는 데 기여한다.

그러나 AI 에이전트의 의료 분야 적용에는 여러 가지 중요한 과제들이 존재한다. 그중 하나는 윤리적 의사결정 능력이다. 의료 현장에서는 종종 복잡한 윤리적 판단이 요구되는 상황이 발생하는데, AI 에이전트가 이러한 상황에서 적절한 판단을 내릴 수 있어야 한다. 제한된 의료 자원을 어떤 환자에게 우선적으로 배정할 것인지, 말기 환자의 생명 연장 치료에 대한 결정 등 복잡한 윤리적 문제에 대해 AI 에이전트가 어떻게 판단을 내릴 것인지에 대한 깊이 있는 논의와 합의가 필요하다.

설명 가능성도 AI 에이전트의 중요한 과제다. AI 에이전트의 결정과 행동에 대해 명확한 설명을 제공할 수 있어야 한다. 의료 현장에서는 AI의 판단 근거를 이해할 수 있어야 하며, 이는 의료진의 최종 의사결정과 환자의 신뢰 확보에 매우 중요하다. 이를 위해 설명 가능한 AI 기술의 발전이 필요하며, 의료진과 환자들이 쉽게 이해할 수 있는 형태로 AI의 결정 과정을 시각화하는 기술도 개발되어야 할 것이다.

인간과 AI의 협업 모델 구축도 중요한 과제다. AI 에이전트가 의료진과 효과적으로 협력할 수 있는 인터페이스와 프로토콜 개발이 필요하다. AI는 의료진을 대체하는 것이 아니라 보조하는 역할을 해야 한다. 따라서 AI의 제안을 의료진이 어떻게 검토하고 최종 판단을 내릴 것인지, AI와 의료진 사이의 역할 분담을 어떻게 할 것인지 등에 대한 명확한 가이드라인이 필요하다.

개인정보 보호도 AI 에이전트 적용에 있어 중요한 과제다. 의료 정보는 매우 민감한 개인정보이므로 AI 에이전트가 이를 다룰 때 강력한 보안과 프라이버시 보호 메커니즘이 필수적이다. 데이터 암호화, 접근 제어, 익명화 기술 등을 통해 환자의 개인정보를 철저히 보호하면서도 AI가 필요한 데이터를 활용할 수 있는 방안을 마련해야 한다.

마지막으로 AI 에이전트의 결정이나 행동으로 인한 문제 발생 시 책임 소재를 명확히 하는 법적, 제도적 장치가 필요하다. AI의 의사 결정이 의료 행위에 직접적인 영향을 미치는 만큼 문제 발생 시 책임을 누구에게 물을 것인지, 어떤 기준으로 판단할 것인지 등에 대한 명확한 법적 프레임워크가 필요하다.

AI 에이전트의 의료 분야 적용과 관련하여 주목할 만한 기업들로는 미국의 IBM 왓슨 헬스, 영국의 딥마인드 헬스, 한국의 뷰노, 그리고 중국의 핑안굿닥터Ping An Good Doctor를 들 수 있다.

IBM 왓슨 헬스는 의료 AI 분야의 선구자로, 특히 암 진단과 치료 계획 수립을 위한 AI 에이전트 개발에 주력한다. AI 의료 시스템인

'왓슨 포 온콜로지'는 방대한 의학 문헌과 임상 데이터를 분석하여 개인화된 암 치료 옵션을 제안한다. 이 시스템은 환자의 의료 기록, 유전자 정보, 최신 연구 결과 등을 종합적으로 고려하여 근거 기반의 치료 권장사항을 제시한다. IBM은 의료 연구 지원, 약물 개발, 의료영상 분석 등 다양한 분야에서 AI 에이전트를 개발하고 있어, 앞으로도 의료 AI 분야를 선도할 것으로 예상된다.

딥마인드 헬스는 영국 국민보건서비스와 협력하여 혁신적인 의료 AI 솔루션을 개발하고 있다. 특히 주목받는 것은 급성 신손상 예측 모델로, 이 AI 에이전트는 환자의 의무기록을 실시간으로 분석하여 급성 신손상 위험을 예측하고 의료진에게 경고를 보낸다. 의료영상 분석, 안과질환 진단 등 다양한 분야에서도 AI 에이전트를 개발하고 있다. 딥마인드 헬스의 접근 방식은 첨단 머신러닝 기술과 의료 전문 지식을 결합하여 실제 임상 현장에서 적용 가능한 AI 솔루션을 만드는 데 초점을 맞추고 있다. 이들의 연구는 AI가 의료 서비스의 질을 향상시키고 의료진의 의사결정을 지원하는 데 어떻게 기여할 수 있는지를 보여주는 좋은 사례가 되고 있다.

한국의 뷰노는 의료 AI 솔루션 개발에 특화된 기업으로, 특히 의료영상 분석 분야에서 주목받고 있다. 뷰노의 AI 에이전트는 X-ray, CT, MRI 등 다양한 의료영상을 분석하여 이상 징후를 탐지하고 의료진의 진단을 지원한다. 특히 뷰노의 흉부 X-ray 분석 AI는 폐결핵, 폐암 등 다양한 폐질환을 높은 정확도로 탐지할 수 있어 의료 자원이 부족한 지역에서 큰 도움이 된다. 뷰노는 최근 의료 음성인식 기술을 활용한 AI 의무기록 작성 지원 시스템을 개발하여 의료진의 업무 효율성을 높이는 데도 기여한다. 뷰노의 기술은 의료 AI가 실제 임상 현장에서 어떻게 활용될 수 있는지를 보여주는 좋은 예시가 되고 있다.

중국의 핑안굿닥터는 AI를 활용한 원격 의료 서비스 플랫폼으로 개인 건강관리부터 원격 진료, 약물 배송에 이르기까지 종합적인 의료 서비스를 제공한다. 이 플랫폼의 핵심은 AI 의사 에이전트로 환자의 증상을 듣고 초기 진단을 내리며 필요시 전문의와의 상담을 제공한다. 이 기업의 AI 시스템은 수억 건의 진료 데이터를 바탕으로 학습되었으며, 지속적으로 업데이트되어 정확성을 높여가고 있다. 이 회사의 접근 방식은 AI가 어떻게 의료 서비스의 접근성을 높이고 1차 의료를 개선할 수 있는지를 보여주는 좋은 사례다.

이러한 기업들의 노력은 AI 에이전트의 의료 분야 적용 가능성을 잘 보여주고 있다. 그러나 앞서 언급한 윤리적 의사결정, 설명 가능성, 인간과 AI의 협업, 개인정보 보호, 책임 소재 등의 과제를 해결하기 위해서는 기술 개발뿐 아니라 법적, 윤리적, 사회적 측면에서의 준비도 필요하다.

AI 에이전트의 의료 분야 적용은 의료 서비스의 패러다임을 크게 변화시킬 것으로 예상된다. 특히 개인화된 의료와 예방 의학 분야에서 혁신을 가져올 수 있다. AI 에이전트를 활용한 지속적인 건강 모니터링과 조기 경고 시스템은 많은 질병들을 초기 단계에서 발견하고 관리할 수 있게 해줄 것이다. 이는 치료의 효과를 높이고 의료 비용을 절감하는 데 기여한다.

또 AI 에이전트는 의료 지식의 민주화를 가속화한다. 최신 의학 연구 결과와 임상 가이드라인을 실시간으로 분석하고 적용하는 AI 에이전트의 능력은 전세계 어디서나 최신의, 근거 기반 의료를 받을 수 있게 해준다. 이는 특히 의료 자원이 부족한 지역에서 의료 서비스의 질을 크게 향상시킬 수 있을 것이다.

의료 연구 분야에서 AI 에이전트의 역할도 매우 중요해질 것이다. AI의 빅데이터 분석 능력과 패턴 인식 능력은 새로운 치료법 발견, 약물 개발, 질병 메커니즘 이해 등에 큰 도움을 준다. AI 에이전트는 수많은 화합물 중에서 새로운 약물 후보를 식별하거나 대규모 유전체 데이터에서 질병과 연관된 새로운 유전자 변이를 발견할 수 있다.

병원 운영 측면에서도 AI 에이전트는 큰 변화를 가져올 것이다. 환자 흐름 최적화, 의료 자원 관리, 의료진 스케줄링 등을 AI가 담당함으로써 병원 운영의 효율성이 크게 향상된다. 이는 결과적으로 환자 대기 시간 감소, 의료 서비스 질 향상, 의료 비용 절감 등으로 이어질 수 있다.

그러나 이러한 변화 속에서 우리가 주의해야 할 점들도 있다. 첫째, AI에 대한 과도한 의존은 의료진의 임상적 판단 능력을 약화시킬 수 있다는 우려다. AI는 의료진의 판단을 보조하는 도구로 사용되어야 하며, 최종 의사결정은 여전히 인간 의료진의 몫이어야 한다.

둘째, AI 에이전트의 판단 오류나 시스템 오작동으로 인한 위험을 최소화하기 위한 안전장치가 필요하다. 이를 위해 AI 시스템의 성능을 지속적으로 모니터링하고 평가하는 체계, 문제 발생 시 신속하게 대응할 수 있는 프로토콜 등이 마련되어야 한다.

셋째, AI 에이전트의 의료 적용이 새로운 형태의 의료 불평등을 야기하지 않도록 주의해야 한다. 첨단 AI 기술에 대한 접근성 격차가 의료 서비스의 질적 격차로 이어지지 않도록 AI 기술의 공정한 분배와 활용을 위한 정책적 노력이 필요하다.

넷째, AI 에이전트와 환자 간의 상호작용에 있어 윤리적, 심리적 측면에 대한 고려가 필요하다. AI가 환자와 직접 소통하는 경우 환자의 감정을 이해하고 적절히 대응할 수 있는 능력, 환자의 프라이버시와 존엄성을 존중하는 태도 등이 중요하다.

다섯째, AI 에이전트의 의사결정 과정에 내재될 수 있는 편향성에 대한 지속적인 모니터링과 교정이 필요하다. AI는 학습 데이터에 존재하는 편향을 그대로 반영할 수 있으므로 다양한 인구 집단의 데이터를 균형 있게 사용하고 AI의 판단을 지속적으로 검증하는 노력이 필요하다.

이러한 과제들을 해결해나가면서 우리는 AI 에이전트가 가져올 의료 혁신의 혜택을 최대화하고 잠재적 위험은 최소화할 수 있을 것이다. 이를 위해서는 기술 개발자, 의료진, 정책 입안자, 윤리학자, 법률 전문가 등 다양한 분야의 전문가들이 협력하여 균형 잡힌 접근을 해야 한다.

AI 에이전트의 의료 분야 적용은 아직 초기 단계에 있지만, 그 발전 속도는 매우 빠르다. 앞으로 몇 년 안에 우리는 더욱 정교하고 강력한 AI 의료 에이전트들을 만나게 될 것이다. 이러한 기술은 개인의 일상적인 건강관리부터 전문적인 의료 진단과 치료, 의학 연구에

이르기까지 광범위한 영역에서 혁신을 가져올 것이다.

향후에는 개인의 유전체 정보, 생활습관 데이터, 의료 기록 등을 종합적으로 분석하여 개인별 질병 위험을 정확히 예측하고 이에 맞는 맞춤형 예방 전략을 제시하는 AI 건강관리 에이전트가 보편화될 수 있다. 복잡한 증상을 가진 환자의 진단을 위해 전세계의 의학 지식과 임상 데이터를 실시간으로 분석하여 최적의 진단과 치료 옵션을 제시하는 AI 진단 보조 시스템이 의료진의 중요한 파트너가 될 것이다.

의료 연구 분야에서는 AI 에이전트가 방대한 과학 문헌, 임상 데이터, 유전체 정보 등을 통합 분석하여 새로운 연구 가설을 제시하고 임상 시험 설계를 최적화하며, 신약 개발 과정을 가속화하는 데 크게 기여할 것이다. 이는 의학 지식의 발전 속도를 크게 높이고 난치병 치료법 발견에 획기적인 진전을 가져올 것이다.

AI 에이전트의 의료 분야 적용은 우리에게 더 나은 건강과 의료 서비스를 제공할 큰 잠재력을 가지고 있다. 이 기술이 가져올 변화를 적극적으로 받아들이면서도 그 한계와 위험성을 인식하고 이를 해결해나가는 노력이 필요하다. 이를 통해 우리는 모든 이에게 더 나은 건강과 삶의 질을 제공하는 미래 의료 시스템을 구축해나갈 수 있을 것이다. AI 에이전트는 의료의 미래를 형성하는 핵심 요소가 될 것이며, 이를 통해 우리는 더 건강하고 풍요로운 사회를 만들어갈 수 있을 것이다.

생성형 의료 AI 생태계

의료 AI 생태계는 혁명적인 변화의 문턱에 서 있다. LLM, LAM, LMM, 온디바이스 AI, 임베디드 AI, AI 에이전트 등 첨단기술들의 융합은 의료 서비스의 패러다임을 근본적으로 바꿀 것으로 예상된다. 이러한 기술들은 각각 독자적인 잠재력을 지니고 있지만, 서로 결합되고 발전하면서 의료 AI 생태계를 더욱 풍부하고 다층적으로 변모시킬 것이다.

의료 시스템은 통합적이고 연속적인 케어를 제공하는 방향으로 진화한다. 그러면 환자의 일상생활부터 전문 의료 서비스에 이르기까지, 다양한 AI 기술이 유기적으로 연계되어 끊김 없는 의료 서비스를 제공한다. 예를 들어 웨어러블 디바이스에 탑재된 온디바이스 AI가 일상적인 건강 모니터링을 담당하고, 이상 징후 발견 시 LLM 기반의 AI 에이전트가 초기 상담을 제공하며, 필요한 경우 의료기관의 LMM 시스템이 종합적인 진단을 내리는 식의 연계가 가능해진다. 이러한 시스템은 질병의 조기 발견과 예방에 중점을 둔 의료 모델을 가능하게 한다.

의료 AI는 개인화된 정밀 의료를 실현하는 데 큰 역할을 할 것이다. LMM을 활용해 개인의 유전체 정보, 환경요인, 생활습관 데이터를 종합적으로 분석함으로써, 각 개인에 대한 초정밀 질병 위험 예측과 맞춤형 치료 계획 수립이 가능해진다. 약물 반응이나 부작용에 대한 개인차를 AI가 정확히 예측하여 각 환자에게 최적화된 약물, 용량, 투여 방식을 결정할 수 있다. 이러한 정밀 의료의 실현은 치료의 효과를 극대화하고 부작용을 최소화하는 데 크게 기여할 것이다.

의료 AI 시스템은 점차 분산형 지능 네트워크의 형태로 발전할 가능성이 크다. 온디바이스 AI와 임베디드 AI가 로컬에서 즉각적인 처리가 필요한 작업을 수행하고, 더 복잡한 분석이 필요한 경우 중앙의 강력한 AI 시스템(LLM, LAM, LMM)과 연계하는 구조가 자리잡을 것이다. 이러한 분산형 네트워크는 실시간 대응력과 종합적 분석력을 동시에 갖춘 의료 시스템을 구축한다. 희귀질환 진단과 같은 복잡한 의료 문제를 해결하기 위해 전세계의 AI 시스템들이 협력하여 정보를 공유하고 분석하는 집단 지능 시스템의 등장도 예상된다.

미래의 의료 AI 시스템은 자율 학습 능력을 갖추고 지속적으로 진화하는 특성을 보일 것이다. 새로운 임상 데이터, 연구 결과, 치료 효과 등을 실시간으로 학습하여 끊임없이 성능을 개선한다. 이는 빠르게 발전하는 의학 지식에 보조를 맞추는 데 필수적이다. 더 나아가 AI 시스템은 메타러닝 능력을 갖추어 스스로 학습하는 방법을 개선하고 새로운 유형의 의료 문제에 신속하게 적응한다. 이러한 능력은 새로운 질병이나 예상치 못한 의료 상황에 유연하게 대응할 기반이 된다.

인간과 AI의 협력 모델도 더욱 고도화될 것이다. 의료진의 전문성과 AI의 데이터 처리 능력이 시너지를 발휘하는 협력 모델이 의료 현장에서 일반화될 것이다. AI는 방대한 데이터를 분석하여 의사결정을 지원하고, 의료진은 이를 바탕으로 최종 판단을 내리는 구조가 자리잡을 것이다. 또한 증강현실AR과 가상현실VR 기술이 AI와 결합하여 의료진이 직관적으로 AI의 분석 결과를 확인하고 상호작용하는 인터페이스가 발전할 것이다. 예를 들어 수술 중 AI의 실시간 분석 결과를 AR 글래스를 통해 확인하며 시술을 진행하는 식의 고도화된 의료 환경을 구현할 수 있을 것이다.

이러한 기술적 진보와 함께, 윤리적이고 설명 가능한 AI의 발전도 중요한 과제가 될 것이다. 의료 AI 시스템의 결정 과정을 인간이 이해할 수 있도록 설명하는 기술이 크게 발전할 것이다. 이는 AI에 대한 신뢰를 높이고 법적, 윤리적 책임 소재를 명확히 하는 데 필수적이다. AI의 의사결정에 관련해서도 윤리적 고려사항을 체계적으로 반영할 수 있는 프레임워크가 개발되어, AI가 의료 윤리를 준수하면서 복잡한 상황에서 판단을 내릴 수 있게 될 것이다.

의료 데이터 생태계 역시 큰 변화를 맞이하고 있다. 이러한 변화 속에서 개인정보 보호와 데이터 활용 간의 균형을 맞추기 위한 혁신적인 기술들이 주목받고 있다. 데이터를 중앙화하지 않고 분산 저장하면서도 필요할 때 안전하게 분석할 수 있는 연합학습이나 동형 암호Homomorphic Encryption 같은 기술이 빠르게 발전하고 있다. 동시에 실제 환자 데이터의 특성을 충실히 반영하면서도 개인정보 유출 우려가 없는 고품질 합성 데이터 생성 기술이 진화하며 AI 학습과 의료 연구에 광범위하게 활용될 가능성을 열고 있다.

이러한 흐름 속에서 팔란티어Palantir는 의료 데이터 혁신의 선두에 서서 중요한 역할을 하고 있다. 팔란티어는 방대한 의료 데이터를 통합하고 분석하는 파운드리 플랫폼을 통해 병원과 연구 기관이 환자의 상태를 개선하고 자원을 효율적으로 배분할 수 있도록 지원한다. 클리블랜드 클리닉과의 협업에서도 팔란티어는 AI 기반 가상 커맨드 센터를 구축해 환자 흐름과 인력 스케줄링을 데이터 기반으로 최적화하며, 의료 서비스의 효율성과 품질을 동시에 높이고 있다. 팔란티어는 데이터 프라이버시를 최우선으로 고려하며 투명성과 보안성을 강화한 접근 방식을 채택해 개인정보 보호와 활용의 균형을 실현하는 데 기여하고 있다. 이처럼 팔란티어의 기술은 연합학습이나 합성 데이터 같은 첨단 방법과 결합될 경우 의료 데이터 생태계를 더욱 안전하고 효율적으로 재편하며 미래 의학 연구와 환자 치료에 혁신적인 변화를 가져올 잠재력을 보여준다.

이러한 기술적 진보는 새로운 의료 서비스 모델의 등장으로 이어진다. AI 주도의 가상 클리닉이 보편화되어, 초기 상담, 기본적인 진단, 만성질환 관리 등을 AI가 주도적으로 수행하게 될 것이다. 이는 의료 서비스의 접근성을 크게 높이고, 의료진이 더 복잡한 케이스에 집중할 수 있게 한다. 또한 AI의 예측 모델을 바탕으로, 질병 발생 가능성이 높은 개인에게 선제적으로 개입하여 예방 조치를 취하는 예측적 개입 서비스가 새로운 의료 서비스 형태로 자리잡을 것이다.

의학 교육과 연구 분야도 AI의 영향으로 크게 변화할 것이다. 의학 교육에 AI 튜터가 도입되어, 각 학습자의 특성과 진도에 맞춘 최적의 학습 경로를 제공하게 될 것이다. 이는 의료 인력의 효과적인 양성에 기여한다. 의학 연구 분야에서는 AI가 가설 생성, 실험 설계, 데이터 분석 등 연구의 전 과정에 깊이 관여하여 연구의 속도와 질을 높일 예정이다.

마지막으로 이러한 의료 AI의 발전은 글로벌 의료 형평성 개선에도 큰 역할을 한다. AI 기술의 발진으로 고품질의 의료 서비스를 저비용으로 제공할 수 있게 되어, 의료 서비스에 대한 접근성이 전세계적으로 개선될 수 있다. 5G·6G 통신 기술과 AI의 결합으로 고도화된 원격 의료 서비스가 가능해져, 의료 인프라가 부족한 지역에서도 전문적인 의료 서비스를 받을 수 있게 될 것이다.

이러한 변화는 의료의 질을 높이고 의료 서비스의 접근성을 개선하며, 개인화된 정밀 의료를 가능케 할 것이다. 그러나 동시에 이는 의료 윤리, 데이터 보안, 의료진의 역할 등에 대한 새로운 질문과 도전을 제기한다. 따라서 미래의 의료 AI 생태계에서는 기술의 발전과 함께 이를 윤리적이고 효과적으로 활용할 수 있는 제도적, 문화적 기반을 갖춰야 한다.

결론적으로 AI는 의료진의 능력을 증강시키고 더 나은 의사결정을 지원하는 도구로 자리잡아갈 것이다. 이러한 변화는 단순한 기술의 진보를 넘어 환자, 의료진, 연구자, 정책 입안자 등 모든 이해관계자들이 함께 만드는 총체적인 변화다. 궁극적으로 이러한 의료 AI

생태계의 발전은 '인간 중심의 돌봄'이라는 의료의 본질을 강화하고 모든 인류의 건강과 웰빙을 향상시키는 데 기여할 것이다.

생성형 의료 AI 활용 방법

의료 분야에서 AI의 활용은 혁명적인 변화를 약속하지만, 이를 효과적으로 구현하기 위해서는 신중하고 현실적인 접근이 필요하다. "AI를 도깨비 방망이가 아니라 빨래 방망이처럼 사용하라."는 조언에서 도깨비 방망이가 사용자의 소원을 즉시 이루어주는 마법의 도구라면, 빨래 방망이는 사용자의 노력과 기술이 있어야 효과적으로 사용할 수 있는 일상적이고 실용적인 도구다. 의료 AI를 도깨비 방망이처럼 여긴다면 모든 의료 문제를 마법처럼 해결해줄 것이라는 비현실적인 기대를 가지게 된다. 반면 빨래 방망이로 인식한다면 AI를 의료 전문가의 지식과 경험을 보완하는 실용적인 도구로 활용할 수 있다.

의료 AI를 효과적으로 활용하기 위해서는 먼저 그 능력과 한계를 정확히 인식해야 한다. AI는 뛰어난 데이터 처리 능력과 패턴 인식 능력을 가지고 있지만, 인간 의료진의 직관, 경험, 윤리적 판단을 완전히 대체할 수는 없다. AI는 방대한 의학 문헌을 분석하여 희귀질환의 진단을 제안할 수 있지만, 환자의 전반적인 상태와 삶의 질을 고려한 최종 치료 결정은 여전히 인간 의료진의 몫이다.

빨래 방망이가 효과적으로 작동하려면 사용자의 기술과 노력이 필요하듯이 의료 AI도 사용자의 전문성과 노력이 있어야 제대로 기능한다. 의료진은 AI 시스템의 작동 원리, 강점과 약점, 적절한 사용 방법 등을 이해해야 한다. 이는 의료 교육에 AI 리터러시가 필수적으로 포함되어야 함을 시사한다. 의대생, 전공의, 그리고 현직 의료진들은 AI 기술에 대한 기본적인 이해와 함께 의료 AI 시스템을 비판적으로 평가하고 효과적으로 활용하는 방법을 배워야 한다.

의료 AI의 활용 능력은 지속적인 학습과 경험을 통해 개선되어야 한다. AI 기술은 빠르게 발전하고 있으며 의료 분야의 지식도 계속 갱신되고 있다. 따라서 의료진은 최신 AI 기술과 의학 지식을 지속적으로 학습하고 AI 시스템과의 상호작용 경험을 축적해야 한다. 의료기관은 AI 시스템의 성능을 정기적으로 평가하고 업데이트하는 체계를 갖추어야 하며 AI 시스템 사용 경험과 피드백을 수집하고 분석하여 시스템을 지속적으로 개선해나가야 한다.

의료 AI는 각 상황과 맥락에 맞게 활용되어야 한다. 모든 의료 상황에 AI를 무분별하게 적용하는 것은 바람직하지 않다. 응급 상황에는 신속한 의사결정이 필요하므로 AI의 분석 결과를 기다리기보다는 의료진의 즉각적인 판단이 더 중요할 수 있다. 반면 복잡한 만성질환의 장기 관리 계획을 세울 때는 AI의 데이터 분석 능력을 충분히 활용하는 것이 도움이 될 수 있다.

의료 AI를 사용할 때는 윤리적 고려사항을 항상 염두에 두어야 한다. AI의 결정이 환자의 프라이버시, 자율성, 존엄성을 침해하지 않는지, 특정 집단에 대한 편견을 포함하고 있지 않는지 등을 지속적으로 점검해야 한다. 의료기관은 AI 시스템의 도입과 사용에 관한 윤리 가이드라인을 수립하고 정기적인 윤리 감사를 실시해야 한다. 또한 AI의 의사결정 과정을 가능한 한 투명하게 하고 설명 가능한 AI 기술의 개발과 도입을 장려해야 한다.

AI가 아무리 발전하더라도 의료의 본질인 인간 중심적 접근과 공감의 가치는 유지되어야 한다. AI는 의료진이 환자와 더 많은 시간을 보내고 더 깊이 있는 소통을 할 수 있도록 지원하는 도구로 활용되어야 한다. 가령 AI가 일상적인 행정 업무나 데이터 분석을 담당함으로써 의료진이 환자와의 직접적인 상호작용에 더 집중할 수 있게 해야 한다.

의료 AI는 다양한 분야의 전문가들이 협력할 때 가장 효과적으로 활용될 수 있다. 의사, 간호사, 데이터 과학자, AI 엔지니어, 윤리학자, 법률 전문가 등이 협력하여 AI 시스템을 개발, 평가, 개선해나가는 것이 중요하다. 이러한 다학제적 접근은 AI 시스템의 기술적 성능뿐만 아니라 임상적 유용성, 윤리적 타당성, 법적 준수성 등을 종합적으로 보장할 수 있다.

AI의 강점 중 하나는 방대한 데이터를 바탕으로 개인화된 분석과 예측을 제공한다는 점이다. AI는 개인의 유전체 정보, 생활습관 데이터, 의료 기록 등을 종합적으로 분석하여 맞춤형 질병 위험 예측과 예방 전략을 제시한다. 이러한 AI의 능력을 활용하여 정밀 의료와 개인화된 건강관리를 실현할 수 있다.

AI의 결과는 항상 비판적으로 검토하고 필요시 재확인해야 한다. AI는 때로 오류를 범하거나 편향된 결과를 제시할 수 있으므로 의료진은 AI의 제안을 무조건 수용하지 않고 항상 비판적으로 평가해야 한다. 의료기관은 AI 시스템의 성능을 정기적으로 검증하고 실제 임상 결과와 비교 분석하는 체계를 갖추어야 한다. AI의 결정이 중요한 의료 행위에 영향을 미칠 경우 가능한 한 다른 방법으로 이를 교차 검증하는 절차를 마련해야 한다.

의료 AI 시스템은 변화하는 의료 환경과 새로운 도전에 유연하게 대응할 수 있어야 한다. 의료 분야는 새로운 질병의 출현, 인구 구조의 변화, 의료기술의 발전 등으로 계속 변화하고 있다. 따라서 의료 AI 시스템은 이러한 변화에 빠르게 적응할 수 있는 유연성을 갖추어야 한다. 예를 들어 새로운 유형의 질병이 발생했을 때 AI 시스템이 신속하게 학습하고 대응할 수 있는 능력이 필요하다.

AI 시스템의 사용에 대한 명확한 책임 소재와 신뢰 구축도 중요하다. 의료기관은 AI 시스템 사용에 대한 명확한 가이드라인과 책임 체계를 수립해야 한다. AI의 결정이 의료 행위에 중요한 영향을 미칠 경우 최종 결정의 책임은 여전히 인간 의료진에게 있음을 명확히 해야 한다. 더불어 AI 시스템의 성능, 한계, 잠재적 위험 등에 대해 환자에게 충분히 설명하고 동의를 구하는 절차를 마련해야 한다.

이러한 접근 방식을 통해 의료 AI는 진정으로 의료의 질을 높이고 환자의 건강과 삶의 질을 개선하는 강력한 도구가 될 수 있을 것이다. AI는 궁극적으로 의료의 본질인 '인간 중심의 돌봄'을 강화하고, 의료진이 더 나은 의료 서비스를 제공할 수 있도록 지원하는 역할을 해야 할 것이다.

의료 AI는 마법의 도깨비 방망이가 아니라 숙련된 사용자의 손에서 더욱 빛을 발하는 빨래 방망이와 같다. 이 강력하면서도 평범한 도구를 어떻게 활용하느냐에 따라 의료의 미래가 달라질 것이다. 우리의 과제는 AI라는 이 새로운 도구를 지혜롭게 사용하여 모든 이에게 더 나은 의료 서비스를 제공하고 더 건강한 사회를 만들어가는 것이다.

4장

영상의학 AI,
아폴로의 눈에
프로메테우스의 불을 더하다

✢ ✢ ✢

　인류 역사상 가장 위대한 발명품인 X선이 발견된 지 1세기가 지난 지금, 우리는 또 다른 혁명의 문턱에 서 있다. 히포크라테스의 직관과 퀴리 부인의 정밀함을 결합한 듯한 AI 기술이 의료영상의 세계에 마법 같은 변화를 일으키고 있는 것이다.

　AI 영상의학기기들은 인간의 눈으로는 포착할 수 없는 미세한 병변까지 찾아내며 질병과의 숨바꼭질에서 승리를 거두고 있다. 이는 단순한 기술의 진보를 넘어 혁명적 사건이라 할 수 있다.

　영상의학은 AI를 장착하고 다양한 의료영상을 분석하여 질병의 징후를 빠르고 정확하게 탐지하고, 우리의 삶의 질을 향상시켜주고 있다. 쿠마르의 연구팀은 AI가 X-ray 영상 분석 자동화에 미치는 영향에 대해 연구했다.[68] AI 알고리즘이 진단 정확도를 높이고 절차를 간소화하며 워크플로우를 개선하는 데 어떤 잠재력을 가지고 있는

지에 대한 연구였다.

이 연구에 의하면 AI는 마치 슈퍼 눈을 가진 조수처럼 작동한다. 이 디지털 조수는 X-ray 이미지를 분석하여 의사들이 놓칠 수 있는 작은 세부사항까지 찾아낸다. 예를 들어 폐에 있는 작은 결절이나 뼈의 미세한 골절까지 발견할 수 있다. 이는 마치 고해상도 카메라로 찍은 사진을 픽셀 단위로 분석하는 것과 비슷하다.

AI의 이러한 놀라운 능력은 AI 딥러닝을 통한 학습에서 나온다. 수많은 X-ray 이미지를 '보고' 패턴을 인식하는 법을 배운다. 마치 우리가 수백 장의 고양이 사진을 보고 고양이의 특징을 학습하는 것과 유사하다. 이렇게 학습한 AI는 때로는 인간 의사보다 더 정확하게 질병을 발견하기도 한다.

이 연구는 AI의 또 다른 강점이 "자동화된 정량 분석"이라고 밝혔다. 종양의 크기나 폐의 용적도 정확하게 측정할 수 있다. 이는 마치 디지털 자를 사용하여 이미지의 모든 부분을 정밀하게 측정하는 것과 같다. 이런 능력은 의사들이 질병의 진행 상태를 추적하고 치료 효과를 평가하는 데 큰 도움이 된다.

더 나아가 AI는 개인 맞춤형 의료를 가능하게 한다. 각 환자의 유전정보, 병력, 생활습관 등을 고려하여 최적의 진단과 치료 방법을 제시할 수 있다. 각 학생의 학습 스타일에 맞춘 개별 학습 계획을 수립하는 것과 비슷하다.

하지만 AI의 도입에는 여러 난관이 있다. AI를 훈련시키기 위해서는 엄청난 양의 데이터가 필요하며, 이 데이터를 수집하고 정리하는 것은 쉽지 않은 일이다. AI의 판단 과정이 '블랙박스'처럼 불투명하다는 점도 문제다.

그럼에도 불구하고 AI는 의료영상 분야에서 큰 잠재력을 보이고 있다. 앞으로 AI가 의사들이 더 정확하고 효율적으로 진단하도록 도울 것이다.

흉부 X-ray 판독,
AI 전문가 시대

AI 기술은 의료영상 판독 분야에서 빠르게 발전했다. 특히 흉부 X-ray 판독에 있어 전문가 수준의 정확도를 보이는 연구 결과가 발표되었다. 스탠퍼드대학교의 어빈 연구팀이 개발한 체스퍼트CheXpert라는 AI 모델은 방대한 양의 흉부 X-ray 데이터와 판독 결과를 학습하여, 심장 비대, 폐부종, 흉막 삼출 등 다양한 질환을 높은 정확도로 예측한다.[69]

체스퍼트는 6만 5,240명의 환자로부터 얻은 22만 4,316개의 흉부 X-ray 이미지와 각 이미지에 대한 14가지 소견(심장 비대, 폐부종, 흉막 삼출 등)을 포함하는 대규모 데이터셋을 기반으로 학습되었다. 특히 이 데이터셋은 영상의학 전문의들이 작성한 판독 보고서를 기반으로 자동 레이블링되었으며 판독의 불확실성까지 반영하여 AI 모델 학습에 활용되었다.

연구팀은 체스퍼트 모델의 성능을 평가하기 위해 3명의 영상의학과 전문의가 레이블링한 200개의 흉부 X-ray 데이터셋과 5명의 영상의학과 전문의가 레이블링한 500개의 흉부 X-ray 데이터셋을 사용했다. 그 결과 체스퍼트는 심장 비대, 폐부종, 흉막 삼출과 같은 질환에 대해 3명의 영상의학과 전문의보다 높은 ROC-AUC$^{\text{Receiver Operating Characteristic-Area Under Curve}}$ 점수를 기록하며 전문가 수준의 판독 능력을 보여주었다.

이러한 연구 결과는 AI가 흉부 X-ray 판독 분야에서 의료진의 효율성을 높이고 진단 정확도를 향상시키는 데 기여할 수 있음을 시사한다. 특히 의료 인프라가 부족한 지역이나 응급 상황에서 AI는 빠르고 정확한 판독을 제공하여 의료 서비스의 접근성을 높이고 환자의 생명을 구하는 데 기여할 수 있을 것으로 기대된다.

그러나 AI 시스템이 모든 영상의학과 전문의를 대체할 수 있는 것은 아니다. AI는 여전히 학습 데이터에 의존적이며 예측하지 못한 상황이나 복잡한 질환에 대한 판단은 전문의의 몫이다. 따라서 AI는 영상의학과 전문의를 보조하고 협력하는 도구로 활용되어야 하며 의료진과 AI 시스템 간의 효과적인 협업 체계 구축이 중요하다.

체스퍼트 연구는 AI가 흉부 X-ray 판독 분야에서 괄목할 만한 성과를 이루었음을 보여주며, 앞으로 AI 기술이 의료영상 판독 분야에서 더욱 중요한 역할을 할 것이라는 기대를 높인다. 하지만 AI 시스템의 성능과 안전성을 검증하기 위한 추가 연구가 필요하다. 의료현장에서의 실제 활용을 위해서는 의료진과의 협력 체계 구축과 함께 윤리적, 법적 문제에 대한 논의도 함께 이루어져야 할 것이다.

서울아산병원은 AI 기반 흉부 X-ray 판독 시스템을 도입하여 폐암, 폐렴 등 폐질환 조기 발견에 앞장서고 있다.[70] 이 시스템은 방대한 양의 흉부 X-ray 데이터를 학습하여 미세한 병변까지 놓치지 않고 탐지하며 의료진의 판독 시간을 단축하고 진단 정확도를 높이는 데 기여한다.

아산병원의 서준범, 김남국 교수진이 이룩한 연구 성과는 의료영상학 분야에서 많은 관심을 받았다.[71] 이들은 20만 건에 달하는 방대한 흉부 X-ray 영상 데이터를 기반으로 한 심층학습 알고리즘을 개발하여, 약 80%의 정밀도로 병변의 변화 양상을 식별해내는 데 성공했다. 이는 2~3년 차 영상의학과 전공의의 전문성에 견줄 만한 수준으로, 기존의 단일 시점 X-ray 분석에 국한되었던 AI의 한계를 뛰어넘어 질병의 시간적 진행 양상을 추적할 수 있는 가능성을 제시했다는 점에서 그 의의가 지대하다.

흉부 X-ray 촬영은 폐 및 심장질환의 진단에 있어 기본적이면서도 핵심적인 검사 방법이나, 환자의 자세나 호흡 상태에 따른 변수로 인해 시간차를 두고 촬영된 영상들을 정확히 비교 분석하는 데 어려움을 겪어왔다. 이러한 난제에 도전하여 연구진은 2011~2018년에 걸쳐 축적된 20만 건 이상의 흉부 X-ray 영상 데이터를 활용하여 고도로 정교한 AI 모델을 구축했다. 이 AI 시스템은 영상의학 전문의의 고차원적 판독 과정을 심층적으로 분석하고 이를 모방하는 방식으로 학습되었다. 특히 과거와 현재의 X-ray 영상에서 해부학적으로 상응하는 부위를 정확히 대조 분석할 수 있는 구조적 매칭 모듈과 다양한 병변을 인식하고 그 변화를 평가하는 다중 작업 학습 기술을 도입함으로써 진단의 정확도를 현저히 향상시켰다.

연구진은 1,620건의 X-ray 영상을 통한 내부 타당성 검증과 더불어, 각각 215건과 267건의 데이터를 활용한 두 차례의 외부 타당성 검증을 실시했다. 그 결과 내외부 검증 모두에서 약 80%에 달하는 높은 정확도를 확인했다. 이는 기존의 AI 연구가 주로 단일 시점의 X-ray 영상에서 병변을 식별하는 데 주력했던 것과 달리 시간 경과에 따른 질병의 진행 양상을 감지할 수 있다는 점에서 실제 임상 환경에서의 적용 가능성이 매우 높을 것으로 평가된다.

이 연구 성과는 X-ray 판독의 정확성과 효율성을 획기적으로 제고하고, 환자의 질병 변화를 조기에 포착하여 적시에 최적의 치료를 제공하는 데 지대한 공헌을 할 것으로 전망된다. 나아가 이는 다양한 의료영상 분석 분야에 AI 기술을 접목시켜 의료 서비스의 질적 향상을 도모하는 데 있어 중요한 이정표가 될 것으로 기대된다.

머신러닝과
수술 시뮬레이션의 결합

베듈라와 하거 연구팀은 수술 데이터 과학surgical data science이라는 새로운 분야를 제시했다. 기계학습과 수술 시뮬레이션을 결합하여 데이터 기반 의사결정 지원 시스템을 구축하는 방법이 그것이다.[72] 이 시스템은 수술 결과 예측, 위험요소 분석, 최적 수술 계획 수립 등에 활용될 수 있으며 궁극적으로 수술의 안전성과 효율성을 높이는 것을 목표로 한다.

수술 데이터 과학은 수술 과정에서 생성되는 다양한 데이터를 수집하고 분석하여 수술 결과를 예측하고 최적화하는 데 활용하는 학문 분야다. 수술 데이터에는 수술 영상(MRI, CT 등), 환자 정보(나이, 성별, 질병 이력 등), 수술 도구 데이터(수술 시간, 사용된 도구 종류 등) 등이 포함된다. 이러한 데이터는 수술 결과에 영향을 미치는 다양한 요인을 파악하는 데 중요한 정보를 제공하며, 머신러닝 기술을 통해 분석되어 수술 결과 예측 모델, 위험요인 분석 모델, 최적 수술 계획 수립 모델 등을 개발하는 데 활용된다.

수술 데이터 과학은 여러 측면에서 중요성을 가진다. 첫째, 데이터 기반 의사결정을 지원하여 수술의 안전성과 효율성을 높인다. 수술 전에 환자 데이터를 분석하여 수술 결과를 예측하고, 발생 가능한 위험요인을 미리 파악하여 대비책을 마련할 수 있다.

둘째, 환자 맞춤형 수술 계획 수립을 가능하게 한다. 환자 개개인의 특성을 고려한 최적의 수술 방법을 선택하고, 수술 중 발생할 수 있는 문제를 예측하여 맞춤형 대응 전략을 수립할 수 있다.

셋째, 수술 시뮬레이션을 통해 기계학습 모델을 검증하고 개선한다. 실제 수술에 적용하기 전에 가상 환경에서 모델의 성능을 평가하고, 문제점을 파악하여 모델을 개선함으로써 실제 수술에서의 오류 가능성을 줄일 수 있다.

넷째, 수술 교육 및 훈련에도 활용될 수 있다. 수술 시뮬레이션과 함께 활용되어 의료진의 수술 기술 훈련을 돕고 기계학습 모델을 통해 수술 결과를 예측하여 교육 효과를 높이는 데 기여한다.

수술 데이터 과학은 크게 세 가지 핵심 요소로 구성된다. 첫 번째 요소는 데이터 수집 및 분석이다. 수술 과정에서 생성되는 다양한 데이터를 수집하고, 데이터 전처리, 특징 추출, 통계 분석 등의 과정을 거쳐 수술 결과에 영향을 미치는 요인을 파악한다.

두 번째 요소는 기계학습 모델 개발이다. 수집된 데이터를 기반으로 수술 결과 예측, 위험요인 분석, 최적 수술 계획 수립 등을 위한 다양한 기계학습 모델을 개발한다.

세 번째 요소는 수술 시뮬레이션이다. 개발된 기계학습 모델을 수술 시뮬레이션 환경에서 검증하고 실제 수술에 적용하기 전에 모델의 성능을 평가한다.

수술 데이터 과학은 다양한 분야에서 활용된다. 수술 전 계획 수립 단계에서는 환자의 의료영상, 병력, 생체 정보 등을 분석하여 수술 결과를 예측하고, 최적의 수술 계획을 수립하는 데 활용된다. 수술 중에는 환자의 상태를 실시간으로 모니터링하고, 기계학습 모델을 통해 위험요인을 예측하여 의사의 의사결정을 돕는 데 활용된다. 수술 후에는 환자의 회복 과정을 예측하고 합병증 발생 가능성을 평가하여 환자 관리에 활용된다. 수술 시뮬레이션 환경에서 의료진의 수술 기술을 훈련하고 기계학습 모델을 통해 수술 결과를 예측하여 교육 효과를 높이는 데에도 활용된다.

수술 데이터 과학은 미래 의료 분야에 혁신적인 변화를 가져올 잠재력을 가지고 있다. 개인 맞춤형 수술을 가능하게 하여 수술 성공률을 높이고 합병증 발생 가능성을 줄이며, 수술 로봇과의 협업을 통해 수술 정확도를 높이고 수술 시간을 단축하는 데 기여한다. 수술 데이터 분석을 통해 새로운 치료법 개발에 필요한 정보도 얻을 수 있다.

결론적으로 수술 데이터 과학은 머신러닝과 수술 시뮬레이션을 결합하여 데이터 기반 의사결정 지원 시스템을 구축하는 새로운 분야다. 이는 수술 결과 예측, 위험요인 분석, 최적 수술 계획 수립 등 다양한 분야에 활용되며, 궁극적으로 수술의 안전성과 효율성을 높이는 데 기여한다. 수술 데이터 과학은 의료 분야의 혁신을 이끌고 환자에게 더 나은 치료 결과를 제공하는 데 중요한 역할을 할 것이다.

가톨릭대학교 서울성모병원 영상의학과 정준용 교수 연구팀은 과학기술정보통신부의 'AI 학습용 데이터 구축 지원사업'에 선정되어 척추 및 관절질환 진단과 수술 계획 수립을 위한 AI 모델 개발에 착수했다.[73]

연구팀은 2021년 12월까지 약 1만 4,000건의 MRI, CT 영상 데이터를 수집하고, 이를 활용하여 척추 및 관절질환 진단을 위한 AI 모델을 개발할 예정이다. 이 모델은 척추압박골절, 척추관협착증, 무릎 및 고관절 퇴행성관절염 등 척추 및 관절질환의 진단 정확도를 높이고, 수술 전후 환자 상태를 정밀하게 분석하여 치료 효과를 극대화하는 데 활용될 것으로 기대된다.

특히 딥러닝 기술을 기반으로 개발되는 이 AI 모델은 대량의 의료 영상 데이터를 학습하여 질병의 특징을 스스로 분석하고, 이를 바탕으로 진단 및 치료 계획 수립에 필요한 정보를 제공한다. 이는 의료진의 판단을 돕고 진단 시간을 단축하며 환자에게 더욱 정확하고 효율적인 치료를 제공하는 데 기여할 것이다.

이번 연구는 단순히 뇌종양 진단뿐 아니라 척추 및 관절질환과 같이 다양한 질병 분야에서 AI 기술의 활용 가능성을 보여주는 중요한 사례. 앞으로 의료 분야에서 AI 기술은 더욱 발전하여 질병의 조기 발견, 정확한 진단, 개인 맞춤형 치료 등 의료 서비스 전반에 걸쳐 혁신적인 변화를 가져올 것이다.

정 교수는 "이번 연구를 통해 척추 및 관절질환 진단 분야에서 AI

기술의 잠재력을 입증하고, 환자들에게 더 나은 의료 서비스를 제공할 수 있도록 노력하겠다."고 밝혔다. 이러한 노력은 궁극적으로 환자 중심의 의료 시스템 구축과 의료 서비스 질 향상에 크게 기여할 것이다.

서울성모병원 영상의학과의 AI 연구는 딥러닝 기술이 의료 혁신을 이끌고 있음을 보여주는 대표적인 사례다. 앞으로 AI 기술은 의료 분야에서 더욱 중요한 역할을 수행할 것이며 이를 통해 환자들은 더욱 정확하고 효율적인 진단과 치료를 받을 수 있을 것이다.

유방암 진단

로드리게즈-루이즈 연구팀은 AI 시스템이 유방암 진단에 있어 영상의학 전문의 평균 수준의 정확도를 보인다는 사실을 밝혔다.[74] 이는 희귀질환이나 복잡한 증상을 진단하는 데 어려움을 겪는 의료 현장에 희소식이다.

연구팀은 다양한 국가 및 장비 제조사에서 수집된 2,652건의 디지털 유방촬영검사 데이터와 이에 대한 101명의 영상의학과 전문의 판독 결과를 활용했다. AI 시스템은 딥러닝 합성곱 신경망을 통해 유방암 병변의 특징을 학습하고, 각 유방 촬영 영상에 대해 1~10의 연속적인 점수를 부여하여 암 발생 의심 정도를 나타냈다. AI 시스템은 딥러닝 기술을 통해 방대한 양의 유방 촬영 영상 데이터를 학습한다.

이번 연구 결과는 AI가 영상의학 분야에서 의료진의 효율성을 높이고 진단 정확도를 향상시키는 데 기여할 수 있음을 시사한다. 하지만 AI 시스템이 모든 영상의학 전문의보다 뛰어난 것은 아니며, 최고의 전문의 수준에는 미치지 못했다는 점도 함께 밝혀졌다.

그럼에도 AI 시스템은 유방암 검진 과정에서 영상의학과 전문의의 판독을 보조하거나 판독 인력 부족 문제를 해결하는 데 기여할 수 있음이 드러났다. 특히 유방촬영검사 판독에 많은 시간과 노력이 소요되는 상황에서 AI 시스템은 판독 시간을 단축하고 효율성을 높이는 데 도움을 줄 수 있었다. AI 시스템은 영상의학과 전문의가 놓칠 수 있는 미세 병변을 탐지하지는 못하지만, 비전문가 의사가 놓칠 수 있는 미세 병변을 탐지할 수 있어 유방암 조기 발견율을 높이는 데 기여한다.

이 연구는 후향적 연구이며, 실제 임상 환경에서의 AI 시스템 성능은 추가적인 연구를 통해 검증되어야 한다. 그럼에도 불구하고 이 연구 결과는 AI가 유방암 진단 분야에서 괄목할 만한 성과를 이루었음을 보여주며, 앞으로 AI 기술이 의료 분야에서 더욱 중요한 역할을 할 것이라는 기대를 높였다.

스웨덴 왕립 카롤린스카 연구소의 마리노비치 연구팀이 주도한 '암 전문 AI 분석 솔루션의 임상적 유용성'을 입증하는 연구는 실제 임상 환경에서 한국의 AI 기반 유방암 검진 솔루션인 루닛 인사이트 MMG Lunit INSIGHT MMG의 효과를 평가하고자 했다. 연구팀은 2020년 4월부터 2021년 7월까지 스웨덴 4개 지역의 유방암 검진 센터에서 유방촬영검사를 받은 5만 5,581명의 여성 데이터를 분석했다.[75]

연구팀은 루닛 인사이트 MMG의 성능을 평가하기 위해 다양한 방법을 사용했다. 먼저 루닛 인사이트 MMG의 단독 판독 결과와 영상의학과 전문의 2명의 이중 판독 결과를 비교했다. 또 루닛 인사이트 MMG와 영상의학과 전문의 1명의 결합 판독 결과를 전문의 2명 이중 판독 결과와 비교했다. 이를 통해 AI 단독 판독, AI 보조 판독, 전문의 판독의 효과를 비교 분석하고자 했다.

연구 결과 루닛 인사이트 MMG는 단독으로 사용될 때 영상의학과 전문의 2명 이중 판독과 비슷한 수준의 암 발견율을 보였다. 특히 루닛 인사이트 MMG와 영상의학과 전문의 1명의 결합 판독은 전문의 2명 이중 판독보다 암 발견율이 20% 더 높았다. 이는 AI가 영상의학과 전문의의 판독 능력을 보완하고 암 발견율을 향상시킬 수 있음을 시사한다. 루닛 인사이트 MMG 단독 또는 전문의 1명과 결합 판독 시 전문의 2명 이중 판독보다 소환율recall rate이 낮았다. 이는 AI가 불필요한 추가 검사를 줄이고 의료 자원의 효율적인 활용에 기여할 수 있음을 의미한다.

이 연구는 실제 임상 환경에서 AI 기반 영상 분석 솔루션이 유방암 검진의 정확도와 효율성을 향상시킬 수 있음을 입증했다는 점에서 큰 의미를 지닌다. 특히 루닛 인사이트 MMG와 같은 AI 솔루션은 영상의학과 전문의 부족 문제를 해결하고 의료 접근성을 높이는 데 기여할 것으로 기대된다. AI는 영상 판독 시간을 단축하고 인간의 실수를 줄여 의료 서비스의 질을 향상시키는 데 도움이 될 수 있다.

이 연구는 암 전문 AI 분석 솔루션의 잠재력을 보여주는 중요한 사례이며 향후 AI 기술이 의료 분야에서 더욱 활발하게 활용될 수 있도록 지속적인 연구와 개발이 필요하다.

　삼성서울병원은 루닛과 협력하여 유방암 진단 AI 솔루션 루닛 인사이트 MMG를 활용한 다양한 연구를 진행하고 있다.[76] 영상의학과 박성욱 교수 연구팀은 2021년 10월부터 2022년 3월까지 유방암 검진을 받은 여성 5,863명을 대상으로 루닛 인사이트 MMG의 유효성을 평가하는 연구를 진행했다.

　그 결과 AI는 영상의학과 전문의가 놓칠 수 있는 미세 병변을 탐지하는 데 탁월한 성능을 보였으며, 특히 35세 미만 여성과 치밀 유방을 가진 여성의 유방암 검출률을 높이는 데 기여하는 것으로 나타났다. 이 연구는 2023년 11월 26일~30일 시카고에서 개최된 북미영상의학회RSNA 연례 회의에서 발표되었다. 연구 결과에 따르면 AI를 보조적으로 사용했을 때 유방암 검출 민감도가 91.9%에서 95.9%로 향상되었으며, 특히 35세 미만 여성의 경우 검출률이 26.7% 증가했고, 치밀 유방을 가진 여성의 경우 12.4% 증가했다.[77]

　삼성서울병원은 루닛 인사이트 MMG를 활용하여 판독 시간을 단축하고 판독 효율성을 높이는 연구도 진행 중이다. 2023년 6월에는 루닛 인사이트 MMG를 활용한 3차원 디지털 유방단층촬영검사Digital Tomosynthesis 간 판독 시간 단축 효과를 분석한 연구 결과를 발표했다. 이 연구에서 AI는 판독 시간을 최대 70%까지 단축시키는 것으로 나타났다. 영상의학과의사의 업무 부담을 줄이고 더 많은 환자에게 빠르고 정확한 진단을 제공하는 데 기여할 수 있을 것으로 기대된다.

　삼성서울병원은 이러한 연구 결과를 바탕으로 루닛 인사이트

MMG를 유방암 검진에 적극적으로 활용하고 있으며 앞으로도 AI 기반 영상 분석 기술을 발전시켜 유방암 조기 발견율을 높이고 환자의 생존율 향상에 기여할 계획이다.

뇌종양 진단

최근 몇 년 사이 딥러닝 기술은 뇌종양 진단 분야에 새로운 지평을 열고 있다. 마가자와 비리리 연구팀은 MRI 영상 분석에 딥러닝 기술을 접목하면서 뇌종양의 조기 발견과 정확한 진단에 획기적인 발전을 이루었다.[78]

과거에는 뇌종양 진단을 위해 의사가 MRI 영상을 직접 분석해야 했기에 많은 시간과 노력이 소요됐다. 하지만 딥러닝 기반 AI 모델은 MRI 영상에서 종양의 위치와 크기를 정확하게 식별하고 종양의 특징까지 분석하여 의사의 진단을 돕는다.

특히 컨볼루션 신경망, 약칭 CNN은 뇌종양 진단에 핵심적인 역할을 한다. 딥러닝 모델 중 하나인 CNN은 이미지 분석에 특화되어 있어 MRI 영상에서 종양의 미세한 특징까지 파악할 수 있다. U-Net 아키텍처와 앙상블 기법을 활용하면 여러 모델의 결과를 종합하여 진단의 정확성을 더욱 높일 수 있다.

이러한 딥러닝 기술은 뇌종양의 조기 발견과 정확한 진단뿐만 아니라 환자 맞춤형 치료 계획 수립에도 기여한다. 종양의 특징을 분석하여 환자에게 가장 적합한 치료법을 제시하고 예후를 예측하여 치료 효과를 높이는 데 활용될 수 있다.

물론 딥러닝 기반 뇌종양 진단 기술이 완벽한 것은 아니다. 충분한 양의 의료 데이터 확보, 높은 컴퓨팅 성능 확보, 전문가 수준의 정확도 및 견고성 확보 등 해결해야 할 과제들이 남아 있다. 하지만 지속적인 연구 개발과 기술 발전을 통해 이러한 한계를 극복해나가고 있다.

딥러닝 기술은 뇌종양 진단 분야의 혁신을 이끌고 있으며 앞으로 더욱 발전된 AI 모델들이 등장하여 환자들에게 더 나은 치료 기회를 제공할 것으로 기대된다. 딥러닝 기술은 의료 분야의 발전을 이끄는 핵심 동력이 될 것이며 뇌종양 진단 분야에서의 혁신은 그 시작에 불과하다.

세브란스병원은 자체 개발한 뇌 MRI 영상 분석 AI 모델을 뇌졸중, 뇌종양 등 다양한 뇌질환 진단에 활용하고 있다. 이 AI 모델은 뇌 MRI 영상에서 병변의 위치, 크기, 형태 등을 정밀하게 분석하여 의료진의 진단을 돕고 치료 계획 수립에 필요한 정보를 제공한다.

특히 뇌종양 진단에 있어 AI는 종양의 악성도를 예측하고 수술 가능성을 평가하는 데 활용된다. 세브란스병원 신경외과 김선호 교수 연구팀은 2021년 뇌종양 환자 100명의 MRI 영상 데이터를 활용하여 AI 모델을 개발하고, 이를 통해 종양의 악성도와 수술 가능성을 예측하는 연구를 진행했다. 연구 결과 AI 모델은 뇌종양의 악성도를 90% 이상의 정확도로 예측하고 수술 가능성을 80% 이상의 정확도로 평가하는 것으로 나타났다. 앞으로 의료진이 뇌종양 환자에게 최적의 치료법을 제시하는 데 도움을 줄 수 있을 것으로 기대된다.[79]

세브란스병원은 뇌졸중 진단에도 AI를 활용하고 있다. 뇌졸중은 발병 후 4시간 30분 이내에 치료를 받아야 예후가 좋기 때문에 신속하고 정확한 진단이 매우 중요하다. 세브란스병원 영상의학과 김휘영 교수 연구팀은 뇌 CT 영상을 분석하여 뇌졸중 발생 여부와 위치를 판별하는 AI 모델을 개발했다. 이 모델은 뇌졸중 진단 정확도를 높이고 진단 시간을 단축시켜 환자의 치료 골든 타임을 확보하는 데 기여할 것으로 기대된다.[80]

이처럼 한국의 주요 병원들은 AI 기술을 적극적으로 도입하여 영상의학과 진료의 질을 향상시키고 있다. AI는 의료진의 부족 문제를 해결하고 의료 서비스의 질을 높이는 데 중요한 역할을 할 것이다.

AI 영상의료의
어벤져스

AI가 촉발한 의료 르네상스의 물결 속에서 전세계의 기업들은 마치 15세기 피렌체의 예술가들처럼 자신만의 독특한 색채와 기법으로 AI 영상의학이라는 걸작을 완성하고자 분주히 붓을 움직이고 있다. 각자의 캔버스 위에 그려지는 그림은 다르지만, 궁극적인 목표는 하나다. 인류의 건강과 행복이라는 찬란한 미래를 그려내는 것이다.

뒤이어 소개할 내용은 대담한 도전자들의 이야기다. 그들이 가진 기술의 팔레트, 그들이 그려낸 혁신의 선과 면, 그리고 그들이 맞닥뜨린 도전의 음영을 세밀히 들여다봄으로써 우리는 AI 영상의학이라는 거대한 프레스코화의 전모를 조금이나마 가늠해볼 수 있을 것이다.

지멘스 헬시니어스의
마법 같은 기술

지멘스 헬시니어스는 의료기술 분야에서 선도적 위치를 점하고 있는 글로벌 기업으로 그 혁신적인 기술력과 제품 경쟁력으로 주목받고 있다. 이 기업의 첨단기술과 차별화된 제품을 중심으로 상세히 살펴보고자 한다.

지멘스 헬시니어스는 19세기 중반 설립된 지멘스 그룹의 의료기술 부문에서 발전해온 기업으로, 170여 년에 걸친 풍부한 경험과 노하우를 보유하고 있다. 2018년 지멘스 그룹에서 분사하여 독립 법인이 된 이후, 의료기기 및 솔루션 분야에서 더욱 특화된 전문성을 발휘하고 있다. 현재 전세계 75개국에 진출해 있으며 연간 매출액은 약 180억 유로에 달하는 거대 기업으로 성장했다.[81]

지멘스 헬시니어스의 핵심 경쟁력은 AI 기반 영상 분석 솔루션에 있다. 특히 AI-라드컴패니언AI-Rad Companion과 AI-패스웨이컴패니언AI-Pathway Companion은 의료영상 분석과 환자 케어 관리에 있어 획기적인 변화를 가져오고 있다. AI-라드컴패니언은 최첨단 딥러닝 알고리즘을 기반으로 하는 영상 분석 솔루션이다. 이 시스템은 단순히 이미지를 분석하는 데 그치지 않고 복잡한 의료영상에서 미세한 이상 징후까지 감지할 수 있는 능력을 갖추고 있다.[82]

AI-라드컴패니언은 다중 모달리티 통합 분석 기능을 갖추고 있어 CT, MRI, PET 등 다양한 영상 장비에서 얻은 데이터를 통합적으로 분석할 수 있다. 이는 특히 복잡한 종양 진단이나 신경계 질환 분석에서 큰 강점을 발휘한다. 이 솔루션은 자체 개발한 '어텐션 메커니즘' 기술을 적용하여 분석의 정확도를 한층 높였다. 이 기술은 의료영상에서 중요한 영역에 집중하여 분석함으로써 불필요한 정보로 인한 오류를 최소화하고 진단의 정확성을 극대화한다.

AI-패스웨이컴패니언은 환자 중심의 통합 케어 관리 시스템으로 AI과 빅데이터 분석을 결합한 혁신적인 솔루션이다. 이 시스템의 가장 큰 특징은 '예측적 분석' 능력이다. AI-패스웨이컴패니언은 환자의 유전체 정보, 임상 데이터, 생활습관 정보 등을 종합적으로 분석하여 질병의 진행 경로를 예측한다. 이를 통해 의료진은 선제적으로 대응 전략과 개인화된 치료 계획을 수립할 수 있다.[83]

AI-패스웨이컴패니언의 '동적 치료 경로 최적화 프로세스Dynamic Pathway Optimization' 기능은 환자의 상태 변화에 따라 실시간으로 치료 경로를 최적화한다. 전통적인 의료 가이드라인이 정적이고 일반화된 접근법을 제시했다면, AI-패스웨이컴패니언은 각 환자의 특성과 상황에 맞춘 동적이고 개인화된 치료 경로를 제시한다.[84]

지멘스 헬시니어스는 자체 개발한 '초정밀 의료영상 처리 기술 Ultra-High Resolution Image Processing'을 보유하고 있다. 이 기술은 기존의 의료영상보다 4배 이상 높은 해상도의 이미지를 생성하여 미세한 병변이나 조직의 변화를 더욱 정확하게 포착할 수 있다.[85] 지멘스 헬시니어스는 IBM과의 협력을 통해 양자 컴퓨팅 기술을 의료 데이터 분석에 적용하고 있다. 이를 통해 기존의 슈퍼컴퓨터로는 처리가 불가능했던 복잡한 의료 데이터를 빠르고 정확하게 분석할 수 있게 되었다. 특히 복잡한 분자 구조를 가진 신약 개발 과정에서 이 기술이

큰 역할을 할 것으로 기대된다.[86]

지멘스 헬시니어스는 5G 통신 기술을 활용한 '실시간 원격 진료 시스템Real-time Telemedicine System'을 개발했다. 이 시스템은 고해상도 의료영상을 실시간으로 전송하고 공유할 수 있어, 원격지의 전문의와 즉각적인 협진이 가능하다. 특히 농촌 지역이나 의료 인프라가 부족한 지역에서 큰 혜택을 받을 수 있을 것으로 예상된다.[87]

지멘스 헬시니어스의 제품들은 '헬시니어스 디지털 생태계Healthineers Digital Ecosystem'라는 통합 플랫폼을 통해 연결된다. 이 시스템은 병원 내의 모든 의료기기와 정보 시스템을 유기적으로 연결하여 환자 정보의 원활한 공유와 효율적인 의료 서비스 제공을 가능하게 한다.[88] 이 회사의 제품들은 직관적이고 사용자 친화적인 인터페이스를 갖추고 있다. 특히 AI-라드컴패니언과 AI-패스웨이컴패니언은 복잡한 의료 정보를 시각화하여 제공함으로써 의료진의 빠른 의사 결정을 돕는다.[89]

지멘스 헬시니어스는 '지속 학습탭 인공지능Continuous Learning AI' 시스템을 통해 제품의 성능을 지속적으로 개선한다. 이 시스템은 실제 임상 환경에서 얻은 데이터를 바탕으로 AI 알고리즘을 지속적으로 학습시키고 업데이트한다.[90] 기술의 의료 분야 적용은 미래의 개인화된 정밀 의료의 새로운 지평을 여는 데 중요한 역할을 할 것이다. 디지털 트윈은 환자의 신체를 디지털로 완벽하게 재현하여, 가상 환경에서 다양한 치료 시나리오를 시뮬레이션할 수 있게 한다.[91]

웨어러블 의료기기와 IoT 기반 건강 모니터링 시스템의 개발 또한 지멘스 헬시니어스의 미래 전략 중 하나이다. 웨어러블 기기를 통해 실시간으로 환자의 건강 상태를 모니터링하고, 이를 바탕으로 조기 진단과 예방적 치료를 제공함으로써, 질병의 진행을 막고 환자의 삶의 질을 향상시킨다.[92]

지멘스 헬시니어스의 AI 기반 솔루션은 이미 여러 의료기관에 성공적으로 적용되었다. 미국의 한 대형 병원은 AI-라드컴패니언을 도입하여 폐암 조기 진단의 정확도를 크게 향상시켰다. 이 병원은 AI를 활용하여 기존보다 30% 이상 빠르게 폐 결절을 식별했고, 환자의 생존율을 높이는 데 기여했다. AI-패스웨이컴패니언을 사용한 종양 치료 병원에서는 환자의 유전자 데이터를 기반으로 맞춤형 치료 계획을 수립하여 치료 효과를 극대화하고 부작용을 최소화했다.

이는 환자 만족도를 높이고 치료 성과를 향상시키는 결과를 가져왔다. AI-라드컴패니언은 폐 CT 스캔 이미지를 분석하여 폐 결절을 신속하게 식별하고 그 크기와 위치를 정밀하게 측정한다. AI-패스웨이컴패니언은 환자의 뇌 MRI 데이터를 분석하여 뇌졸중의 초기 징후를 감지하고 향후 뇌졸중 발생 가능성을 예측한다. 그리고 종양 환자의 유전자 데이터를 분석하여 환자에게 최적화된 맞춤형 치료 계획을 제시한다.

지멘스 헬시니어스는 AI 기술을 지속적으로 발전시켜 의료 분야의 혁신을 선도하고 있다. 지멘스 헬시니어스는 더 많은 의료기관에 혁신적인 솔루션을 제공하여 의료 서비스의 질을 향상시키고 환자들의 건강을 지키는 데 기여할 것이다. 그리고 AI 기술을 활용한 연구 개발을 지속하여 새로운 진단 및 치료 방법을 개발하고 의료기술의 한계를 넘어서는 혁신을 이루어나갈 것이다.

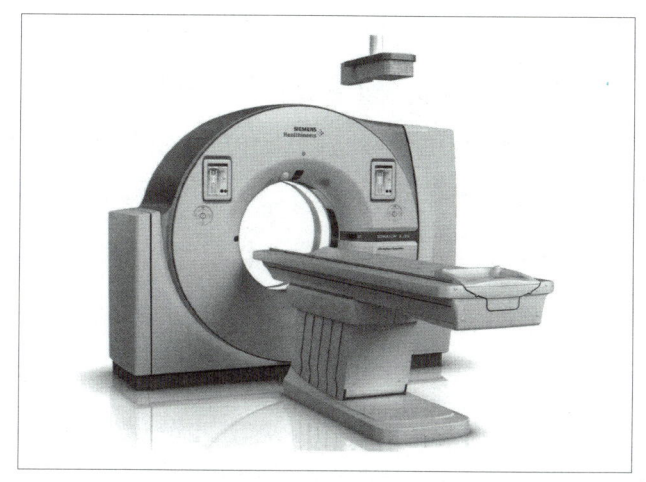

| 영상 품질이 뛰어나고 스캔 속도가 빨라 복잡한 질환 진단에 효과적인 소마톰 엑스사이트.

지멘스 헬시니어스는 첨단기술과 혁신적인 제품을 통해 의료기술의 새로운 지평을 열어가고 있다. AI와 빅데이터, 양자 컴퓨팅 등 최첨단기술을 의료 분야에 접목시킴으로써 더욱 정확하고 효율적인 의료 서비스를 제공할 수 있게 되었다. 앞으로도 지멘스 헬시니어스의 혁신은 계속될 것이며, 이를 통해 전세계 의료의 질적 향상에 크게 기여할 것으로 기대된다.[93]

지멘스 헬시니어스의 AI 기술을 활용한 대표적인 제품은 다음과 같다.

소마톰 엑스사이트SOMATOM X.cite는 듀얼 소스 CT 시스템으로, 뛰어난 영상 품질과 빠른 스캔 속도를 제공하여 복잡한 질환 진단에 효과적이다. AI 기반 이미지 재구성 기술인 GE의 트루피델리티True-Fidelity를 통해 저선량으로도 고품질의 영상을 얻을 수 있으며, 마이

이그젬 컴패니언myExam Companion 기능은 환자 상태에 따라 자동으로 스캔 프로토콜을 조정하여 검사 효율성을 높인다.

마그네톰 비다MAGNETOM Vida 3T는 MRI 시스템으로 바이오매트릭스 기술을 통해 환자의 생체신호를 감지하고 자동으로 스캔 조건을 조절하여 최적의 영상을 얻을 수 있다. AI 기반 GO(Guided Optimization, 유도 최적화) 기술은 검사 시간을 단축하고 환자의 편안함을 증진시키며 균일한 이미지 품질을 보장한다.

아티스 아이코노ARTIS icono는 혈관 조영 시스템으로, 3D 영상 기술과 AI 기반 워크플로우 지원 기능을 통해 정확하고 효율적인 시술을 가능하게 한다. 클리어스텐트 라이브CLEARstent Live는 스텐트 시술 중 실시간으로 3D 영상을 제공하여 시술의 정확성을 높이고, 혈관 내 초음파IVUS와의 결합을 통해 시술 성공률을 향상시킨다.

이 외에도 지멘스 헬시니어스는 AI 기반 유방 촬영 시스템인 맘모맷 레빌레이션MAMMOMAT Revelation, 디지털 X-ray 시스템인 이지오 맥스Ysio Max 등 다양한 영상 진단 장비를 제공한다. 이러한 장비들은 AI 기술을 통해 영상 품질을 향상시키고 검사 효율성을 높이며 의료진의 진단 정확도를 향상시키는 데 기여한다.

지멘스 헬시니어스는 의료기술 분야의 선두 주자로서 혁신적인 기술과 제품을 선보이며 글로벌 시장을 선도하고 있지만, 몇 가지 약점과 시장에서의 위협에 직면해 있다.

첫째, 지멘스 헬시니어스의 첨단기술과 제품은 높은 가격으로 인해 일부 의료기관이나 국가에서는 도입에 어려움을 겪을 수 있다. 특히 개발도상국이나 중소 병원에서는 비용 부담으로 인해 최신 기술 도입이 제한될 수 있으며 이는 시장 확대에 걸림돌이 될 수 있다.

둘째, 지멘스 헬시니어스의 제품들은 다양한 기능과 옵션을 제공하지만, 이로 인해 시스템이 복잡해지고 사용자 교육에 많은 시간과 노력이 필요할 수 있다. 이는 의료진의 업무 효율성을 저해하고 시스템 도입에 대한 부담을 증가시킬 수 있다.

셋째, 지멘스 헬시니어스의 제품들은 자체 개발한 플랫폼과 소프트웨어를 기반으로 구축되어 있어 타사 제품과의 호환성이 떨어질 수 있다. 이는 의료기관의 시스템 통합에 어려움을 초래하고 데이터 공유 및 활용에 제약을 가져온다.

시장에서의 위협 또한 존재한다. 의료기술 시장은 GE 헬스케어, 필립스 등 글로벌 기업들 간의 경쟁이 치열하다. 이들 기업들은 지멘스 헬시니어스와 유사한 AI 기반 영상 분석 솔루션을 개발하고 지속적인 기술 혁신을 통해 시장 점유율을 확대하고 있다. 의료 AI 기술은 빠르게 발전하고 있지만, 관련 규제 환경은 아직 미흡한 상황이다. 각국의 규제 당국은 의료 AI 기술의 안전성과 효과성을 검증하기 위한 엄격한 기준을 마련하고 있으며, 이는 지멘스 헬시니어스의 제품 출시 및 시장 진출에 영향을 미칠 수 있다.

의료 데이터는 개인의 민감한 정보를 포함하고 있어 데이터 보안 문제는 매우 중요하다. 지멘스 헬시니어스는 의료 데이터를 안전하게 관리하고 보호하기 위한 강력한 보안 시스템을 구축해야 한다. 해킹이나 데이터 유출 사고 발생 시 기업 이미지에 큰 타격을 입을 수 있다.

지멘스 헬시니어스는 이러한 약점과 위협을 극복하기 위해 지속적인 연구 개발과 투자를 통해 기술 경쟁력을 강화하고, 사용자 친화적인 인터페이스와 개방형 플랫폼을 개발하여 시장 경쟁력을 높여야 한다. 각국의 규제 환경 변화에 적극적으로 대응하고, 데이터 보안 문제에 대한 철저한 관리를 통해 지속 가능한 성장을 이루어 나가야 할 것이다.

지멘스 헬시니어스의 영상의료기기를 사용하는 한국 병원으로는 가톨릭대학교 은평성모병원, 서울성모병원에서 등이 있다.[94] 이 병원들은 지멘스 헬시니어스의 AI 기반 영상 분석 기술과 자동화 솔루션을 통해 진단 효율성을 높이고 환자 치료 결과를 향상시키며 의료진의 업무 부담을 줄이는 것을 목표로 한다.

지멘스 헬시니어스는 혁신적인 AI 기술을 바탕으로 고품질의 영상 진단 장비와 소프트웨어를 제공하며 이를 통해 의료진은 보다 정확하고 신속하게 질병을 진단하고 치료 계획을 수립할 수 있다. 지멘스 헬시니어스는 한국 의료 환경에 대한 깊은 이해와 맞춤형 솔루션 제공, 지속적인 기술 지원을 통해 병원들의 신뢰를 얻고 있다.

GE 헬스케어의 AI 마법
CT·MRI도 '아이언맨' 되다

GE 헬스케어GE Healthcare는 미국의 대표적인 의료기기 및 솔루션 기업으로 AI 기술을 활용한 의료영상 분야의 혁신을 주도하고 있다. 에디슨Edison 플랫폼을 기반으로 개발된 다양한 AI 솔루션은 영상

품질 향상, 판독 시간 단축, 질병 진단 정확도 향상 등 의료 현장의 효율성과 정확성을 높이는 데 기여하고 있다.

대표적인 AI 영상의학기기로는 딥러닝 기반 이미지 재구성 기술을 통해 고품질의 CT 영상을 제공하며, 촬영 시간 단축, 방사선량 감소 등의 장점을 제공하는 레볼루션 에이펙스Revolution Apex 플랫폼이 있다.[95] MRI 영상 품질을 향상시키는 딥러닝 기반 영상 재구성 기술인 에어 리콘AIR Recon DL은 촬영 시간을 단축하고 환자의 편의성을 높인다. 크리티컬 케어 스위트Critical Care Suite는 중환자실 환자의 상태를 실시간으로 모니터링하고 예측하는 AI 기반 솔루션으로, 의료진의 빠른 의사결정을 지원한다. 트루피델리티는 CT 영상의 품질을 향상시키는 딥러닝 기반 영상 재구성 기법으로 적은 방사선량으로 더욱 선명하고 정확한 영상을 제공한다.[96]

GE 헬스케어의 AI 영상의학기기는 높은 정확도, 효율성 향상, 환자 편의성 증대 등의 장점을 가지고 있다. 딥러닝 기반 AI 기술을 통

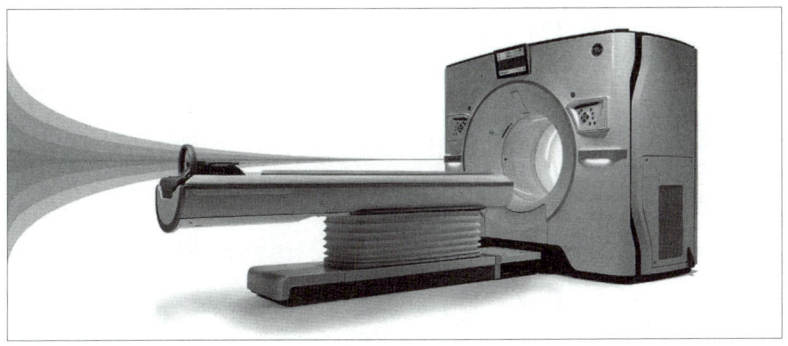

| GE 헬스케어의 혁신적인 CT 시스템, 레볼루션 에이펙트 플랫폼.

해 질병 진단의 정확도를 높이고 오진율을 낮추며 영상 촬영 및 분석 시간을 단축하여 의료진의 업무 효율성을 개선한다. 촬영 시간을 단축하고 방사선량을 줄여 환자의 쾌적함을 증진하기도 한다.

2023년 FDA에서 GE 헬스케어의 AI 기반 의료기기 58개를 승인하여 2년 연속 승인률 1위를 차지했다는 소식은 GE 헬스케어의 AI 기술력을 입증하는 사례로 언급되고 있다.[97] GE 헬스케어가 AI 기반 영상 의료기술의 미래를 제시하며, 의료진의 소진 문제 해결과 환자 중심의 의료 서비스 제공에 기여할 것이라는 기대감도 높다.[98]

실제 GE 헬스케어의 AI 영상의학기기를 사용하는 병원들의 평가는 긍정적이다. 레볼루션 에이펙스 플랫폼을 도입한 병원에서는 고품질의 CT 영상을 얻을 수 있었고, 촬영 시간 단축과 방사선량 감소 효과를 체감했다고 밝혔다.[99] 에어 리콘 DL을 사용한 병원에서는 MRI 영상 품질 향상과 촬영 시간 단축을 통해 환자 만족도를 높일 수 있었다는 평가가 나왔다.[100] 하지만 일부에서는 AI 기술의 높은 가격과 데이터 의존성, 규제 및 윤리적 문제 등에 대한 우려도 제기되고 있다. AI 기술이 의료 현장에 완전히 정착하기 위해서는 이러한 문제들을 해결해야 한다는 지적이다.[101]

GE 헬스케어는 에디슨 플랫폼을 통해 다양한 AI 솔루션을 개발하고 있으며 의료영상 분야에서 선도적인 위치를 차지하고 있다. 앞으로 GE 헬스케어는 AI 기술을 더욱 발전시켜 더욱 정확하고 효율적인 의료영상 솔루션을 제공할 것으로 기대된다. 이 솔루션이 클라우드 기반 서비스를 확대하고 다양한 의료기관과의 협력을 통해 의료 서비스의 질을 향상시키는 데 기여할 것으로 예상된다.

GE 헬스케어의 AI 영상의료기기를 사용하는 한국 병원으로는 서울대학교병원, 삼성서울병원, 서울아산병원 등이 있다. 이 병원들은 GE 헬스케어의 AI 기술이 접목된 MRI, CT 등 다양한 영상 장비를 활용하여 진단의 정확성을 높이고, 환자 맞춤형 치료를 제공하며, 의료진의 업무 효율성을 향상시키는 데 목표를 두고 있다.[102] GE 헬스케어는 한국 의료 환경에 대한 이해도가 높아 맞춤형 서비스를 제공하며, 지속적인 기술 지원을 통해 병원들의 신뢰를 얻고 있다.[103]

영상 장비를 '투시안경'으로 바꾼 필립스

필립스는 AI 기술을 선도적으로 활용하여 영상의학 분야에 혁신적인 패러다임을 제시하고 있다. 이 네덜란드 다국적 기업의 AI 기반 영상 진단 솔루션은 의료영상의 획득부터 분석, 진단에 이르는 전 과정을 포괄하며, 의료진에게 정밀하고 효율적인 진료 환경을 제공함으로써 궁극적으로 환자 중심의 의료 서비스 질을 향상시키고 의료 시스템의 효율성을 제고하는 데 기여하고 있다.

필립스의 AI 영상의학 장비는 딥러닝 기반 영상 재구성 기술을 통해 고해상도의 영상을 구현한다. 이는 정확한 진단과 최적화된 치료 계획 수립의 근간이 되며, 필립스의 핵심 경쟁력 중 하나로 평가받고 있다. 특히 필립스는 AI 기반 자동화 기능을 통해 검사 효율성을 극대화하고, 의료진의 업무 부담을 경감시키는 데 주력하고 있다. 대표적으로 스마트스피드SmartSpeed 기술은 MRI 검사 시간을 획기적으로 단축시켜 환자의 편의성을 증대시키고 검사 효율성을 최적화한다.[104]

필립스의 혁신적인 AI 영상 진단 솔루션 중 하나인 스마트스피드는 MRI 검사 시간을 현저히 감소시켜 환자의 불편을 최소화하고 검사 효율성을 극대화하는 데 지대한 공헌을 한다. 컴프레스드 센스Compressed SENSE 기술과 딥러닝 알고리즘의 시너지는 제한된 데이터로도 고품질의 영상을 신속하게 획득할 수 있게 지원하며, 특히 응급 환자나 소아 환자와 같은 특수한 케이스에 유용하게 적용되고 있다.[105]

스펙트럴 CT 7500Spectral CT 7500은 단일 스캔으로 다양한 에너지 레벨의 영상을 획득하여 병변의 특성을 더욱 정밀하게 파악할 수 있도록 지원한다. 스펙트럴 디텍터Spectral Detector 기술과 스펙트럴 매직 글라스Spectral Magic Glass 기술의 융합은 다양한 에너지 레벨의 데이터를 결합하여 고품질의 영상을 생성하고, 병변의 특성을 심층적으로 분석할 수 있게 한다. 이는 특히 종양의 조기 발견 및 특성 분석에 유용하며, 불필요한 추가 검사를 최소화하여 환자의 편의성을 제고하는 데 일조하고 있다.[106]

어피니티Affiniti 초음파 장비는 AI 기반 자동 이미지 분석 및 최적화를 향상시키는 데 기여하고 있다. 특히 심장 초음파 검사에서 자동으로 심장 기능을 분석하고 정량화하는 하트모델HeartModel 기능은 의료진의 판독 시간을 단축하고 진단 정확도를 향상시키는 데 일조하고 있다.[107]

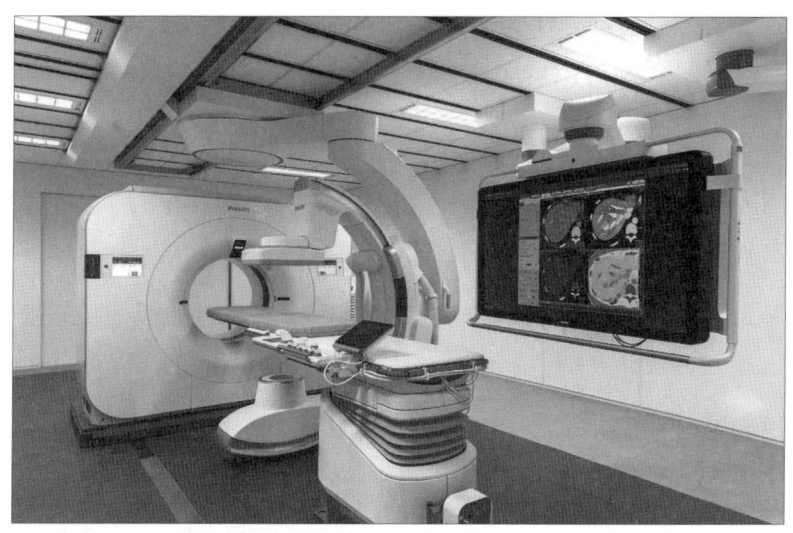
| 고품질의 영상을 생성하는 필립스 스펙트럴 CT 7500.

    그러나 필립스의 AI 기술을 탑재한 영상의학 장비 역시 고가의 비용으로 인해 모든 의료기관에서의 도입이 제한될 수 있다는 한계점을 지니고 있다. AI 모델의 성능이 학습 데이터의 양과 질에 크게 의존한다는 점, 그리고 AI 기술의 발전에 따른 개인정보 보호, 의료 윤리 등 다양한 규제 및 윤리적 문제가 대두될 수 있다는 점도 간과할 수 없는 과제로 남아 있다.

    필립스는 지속적인 연구 개발을 통해 AI 기술을 더욱 고도화하고 있으며 이를 통해 더욱 정밀하고 효율적인 의료영상 솔루션을 제공할 것으로 전망된다. 클라우드 기반 플랫폼을 통해 의료 데이터 공유 및 협업을 강화하여 의료진 간의 원활한 소통과 협력을 촉진하고 있다. 이러한 노력들은 영상의학 분야의 발전을 가속화하고 궁극적으로 환자 중심의 의료 서비스 질 향상에 기여할 것으로 기대된다.

필립스의 AI 영상 진단 솔루션은 한국의 여러 의료기관에서 활발하게 사용되고 있다. 스마트스피드는 서울대학교병원, 삼성서울병원 등에서 도입되어 MRI 검사 시간 단축과 환자 편의성 향상에 기여하고 있다. 특히 응급 환자나 소아 환자는 검사 시간 단축이 매우 중요한 요소인데 이러한 환자들의 검사 부담을 줄이는 데 큰 도움을 주고 있다. 또한 검사 효율성 향상을 통해 병원 운영에도 긍정적인 영향을 미치고 있다.[108]

스펙트럴 CT 7500은 중앙대학교 광명병원에 도입되어 종양 진단 및 치료 계획 수립에 활용되고 있다. 한 번의 스캔으로 다양한 정보를 얻을 수 있다는 점은 의료진에게 더욱 정확한 진단을 가능하게 하고, 불필요한 추가 검사를 줄여 환자의 편의성을 높이는 데 기여한다. 저선량 기술은 환자의 방사선 노출량을 줄이는 데에도 도움을 준다.[109]

어피니티는 한국의 여러 병원에서 심장 초음파 검사에 활용되고 있으며, 자동화된 이미지 분석 기능을 통해 의료진의 판독 시간을 단축하고 진단 정확도를 향상시키는 데 기여하고 있다. 특히 심장 기능을 자동으로 분석하고 정량화하는 하트모델 기능은 의료진에게 객관적인 정보를 제공하여 진단의 정확성을 높이는 데 도움을 준다.[110]

구글맵처럼 몸 속을
들여다보는 아터리스

아터리스Arterys는 미국의 의료 AI 스타트업으로, 클라우드 기반 의료 이미지 분석 플랫폼을 제공한다. 이 회사는 딥러닝 기술을 사용하여 심장, 폐, 간 등 다양한 장기의 의료 이미지를 분석하고 질병 진단 및 치료 계획 수립을 지원한다. 아터리스는 FDA 승인을 받은 최초의 클라우드 기반 의료 이미지 분석 플랫폼으로 의료 분야에서 빠르게 채택되고 있다.[111]

아터리스의 주요 강점은 첨단 딥러닝 기술과 클라우드 기반 플랫폼을 결합한 것이다. 딥러닝 알고리즘은 대규모 데이터를 학습하여 의료 이미지를 정확하고 빠르게 분석할 수 있으며 진단의 정확성을 높인다.[112] 클라우드 기반 플랫폼은 사용자가 어디서나 쉽게 접근할 수 있도록 하여 데이터 저장 및 처리의 유연성을 제공한다. 아터리스의 플랫폼은 실시간 협업으로 의료진이 다양한 위치에서 동시에 데이터를 분석하고 논의할 수 있게 한다.

아터리스는 클라우드 기반이라는 점에서 다른 의료 AI 플랫폼과 차별화된다. 대부분의 전통적인 의료 이미지 분석 시스템은 병원 내 서버에서 운영되지만, 아터리스는 클라우드 환경을 활용하여 더 높은 확장성과 접근성을 제공한다.[113] FDA 승인도 받아 그 신뢰성과 안전성을 입증했다. 이는 많은 병원과 의료기관들이 아터리스의 플랫폼을 신뢰하고 채택하게 만드는 중요한 요소다.

아터리스의 주요 단점은 데이터 보안과 관련된 문제다. 클라우드 기반 시스템은 데이터 유출이나 해킹의 위험에 노출될 가능성이 있다. 이러한 보안 문제는 민감한 의료 데이터를 다루는 데 있어서 큰 장애물이 될 수 있다. 클라우드 서비스를 제공하는 데는 지속적인 인터넷 연결이 필요하며, 이는 일부 지역에서 문제를 일으킬 수 있다.[114]

아터리스가 직면한 주요 위협 중 하나는 경쟁 심화다. 의료 AI 분야는 급속히 성장하고 있으며, 많은 기업들이 이 시장에 진입하고 있다. 예를 들어 IBM 왓슨 헬스, 구글의 딥마인드 헬스 등 강력한 기술력을 가진 기업들이 경쟁자로 떠오르고 있다.[115] 이러한 경쟁은 아터리스의 시장 점유율과 성장 가능성에 영향을 미칠 수 있다. 규제 변화도 중요한 위협 요소다. 각국의 정부는 의료 데이터 사용과 AI 기술에 대한 규제를 강화하고 있으며, 이러한 규제 변화는 아터리스의 운영과 서비스 제공에 영향을 미칠 수 있다.[116]

아터리스는 여러 가지 혁신적인 제품을 제공하고 있다. 대표적인 제품으로는 아터리스 카디오Cardio AI, 아터리스 렁Lung AI, 아터리스 리버Liver AI가 있다. 아터리스 카디오 AI는 심장 MRI 이미지를 분석하여 심장의 기능과 구조를 평가하고 심장질환의 진단을 지원한다.[117] 아터리스 렁 AI는 흉부 CT 이미지를 분석하여 폐 결절을 감지하고, 폐암의 조기 진단을 가능하게 한다.[118] 아터리스 리버 AI는 간의 MRI 및 CT 이미지를 분석하여 간 질환의 진단과 치료 계획 수립을 지원한다.[119]

아터리스는 딥러닝과 클라우드 기술을 통해 의료영상 분석 분야에 새로운 바람을 불어넣고 있다. 마치 구글맵으로 길을 찾듯 아터리스의 AI는 복잡한 인체 내부를 탐험하며 질병의 흔적을 찾아내는 데 혁혁한 공을 세우고 있다. 하지만 완벽한 지도는 없듯 아터리스 또한 데이터 보안, 경쟁 심화, 규제 변화 등 넘어야 할 산이 많다. 앞으로 아터리스가 이러한 난관을 극복하고 의료 AI 분야의 새로운 이정표를 세울 수 있을지 귀추가 주목된다.

영상의학 AI 분야의
한국 기업

전세계적으로 AI 기술로 인해 영상의학 분야의 변혁이 일어나는 가운데 한국 기업들도 고군분투하는 중이다. 개중에는 세계 시장을 선도할 만한 기술을 보유한 기업도 있다. 유수의 기업들과 어깨를 나란히 하는 우리 기업들의 면면을 살펴보자.

루닛, 글로벌 AI 영상의료 시장의
K-의료 자존심

루닛은 딥러닝 기술을 활용하여 암 진단과 치료에 기여하는 AI 솔루션을 개발하는 회사다. 이 회사는 흉부 X선, 유방촬영술, 병리 슬라이드 등 다양한 의료 이미지를 분석하여 암의 존재 여부를 판단하

고 의료진의 진단 정확도를 높인다.[120]

루닛의 핵심 기술은 딥러닝을 기반으로 한 의료 이미지 분석이다. 이 회사는 대규모 의료 데이터를 학습시켜 AI 알고리즘을 개발하고, 이를 통해 의료 이미지에서 질병의 징후를 식별하는 데 탁월한 능력을 보인다. 특히 루닛 인사이트와 루닛 스코프SCOPE는 흉부 X선과 유방촬영술, 병리 이미지에서 높은 정확도로 이상 징후를 감지하는 제품으로 의료진의 진단 과정을 혁신적으로 개선하고 있다.[121]

루닛의 주요 경쟁력은 높은 정확도와 효율성이다. AI 솔루션은 의료 이미지 분석의 정확도를 극대화하여 조기 진단을 가능하게 한다. 이는 환자의 생존율을 높이는 데 중요한 역할을 한다. 루닛의 기술은 빠른 분석 속도로 의료진이 진단 시간을 단축할 수 있도록 돕는다. 이러한 정확도와 효율성은 루닛을 경쟁사들과 차별화하는 주요 요소다.

루닛이 활동하는 시장은 AI 기반 의료 이미지 분석 분야로, 급속히 성장하는 시장이다. 주요 경쟁사로는 IBM 왓슨 헬스, 구글의 딥마인드 헬스, 지브라 메디컬 비전Zebra Medical Vision 등이 있다.[122] 이들 회사는 모두 강력한 AI 기술과 방대한 데이터셋을 보유하고 있어 치열한 경쟁을 벌이고 있다.

루닛의 주요 문제점은 데이터 품질과 다양성이다. AI 알고리즘의 정확성을 높이기 위해서는 고품질의 다양한 의료 데이터가 필요하지만, 이러한 데이터를 확보하는 데 어려움이 있을 수 있다. 루닛의 솔루션이 모든 의료 환경에서 동일한 성과를 보장하기 위해서는 지속적인 데이터 업데이트와 알고리즘 개선이 필요하다.

루닛이 직면한 주요 위협 중 하나는 규제 변화다. 각국의 정부는 의료 데이터 사용과 AI 기술에 대한 규제를 강화하고 있으며 이러한 규제 변화는 루닛의 운영과 서비스 제공에 영향을 미칠 수 있다.[123] 경쟁 심화도 큰 위협이다. AI 의료 이미지 분석 시장은 급속히 성장하고 있으며 경쟁이 치열하다.

루닛의 주요 제품으로는 루닛 인사이트와 루닛 스코프가 있다. 루닛 인사이트는 흉부 X선과 유방촬영술 이미지를 분석하여 폐암, 유방암 등의 조기 진단을 지원한다.[124] 루닛 스코프는 병리 이미지를 분석하여 암의 존재 여부를 판단하고 병리학적 진단의 정확도를 높인다.[125] 이러한 제품들은 높은 정확도와 빠른 분석 속도로 의료진의 진단 과정을 혁신적으로 개선하고 있다.

루닛은 글로벌 시장에서도 점차 입지를 넓혀가고 있다. 미국, 유럽, 아시아 등 주요 시장에서 루닛의 제품이 도입되고 있으며, 특히 FDA와 CE 인증을 획득하여 국제적으로 신뢰성을 인정받고 있다. 이러한 인증은 루닛의 제품이 글로벌 시장에서 경쟁력을 갖추는 데 중요한 역할을 한다.

루닛은 딥러닝 기반의 의료 이미지 분석 기술을 통해 암 진단과 치료에 혁신적인 기여를 하고 있는 AI 헬스케어 회사다. 높은 정확도와 효율성을 바탕으로 경쟁사들과 차별화된 경쟁력을 갖추고 있으며 글로벌 시장에서의 입지도 점차 확대되고 있다. 그러나 데이터 품질 문제와 규제 변화, 경쟁 심화 등의 도전과제도 존재한다. 루닛은 이러한 도전과제를 극복하고 지속적인 혁신을 통해 의료 분야에서의 입지를 강화할 것으로 전망된다.

루닛은 딥러닝 기반 의료 이미지 분석 기술을 통해 높은 평가를 받아왔지만, 최근 들어 인도와 중국에서 저렴한 경쟁 제품들이 등장하면서 시장 위치가 흔들리고 있다. 이는 기술 진입 장벽이 낮기 때문에 발생한 현상이다. 인도와 중국의 여러 기업들이 유사한 AI 의료 이미지 분석 제품을 개발하고 있으며 이들 제품은 저렴한 가격과 현지화된 서비스로 시장에서 빠르게 확산되고 있다. 인도의 큐어에이아이Qure.ai와 중국의 인퍼비전Infervision 같은 회사들이 저렴한 가격의 AI 기반 의료 이미지 분석 솔루션을 제공며 루닛의 시장 점유율에 도전하고 있다.126·127

이들 경쟁 제품들은 가격 경쟁력을 앞세워 시장에 빠르게 진입하고 있으며 가격 민감도가 높은 지역에서 루닛의 입지를 약화시키고 있다. 루닛의 높은 가격에 대한 가격경쟁력 우위로 저가의 경쟁 제품들은 의료기관들로부터 많은 관심을 받고 있다. 특히 인도와 중국의 의료 시스템이 비용 효율성을 중시하는 경향이 있어 저렴한 AI 솔루션들이 더 쉽게 채택되고 있는 상황이다.128

이러한 상황은 루닛에게 가격 경쟁력 강화와 기술 차별화 전략이 필요한 시점이다. 루닛은 기존의 높은 정확성과 효율성을 유지하면서도 가격 경쟁력을 확보하기 위한 전략적 변화가 필요하다. 루닛의 새로운 전략은 기술적 혁신과 글로벌 시장 확대를 중심으로 전개되고 있다.129

루닛은 기존의 AI 기반 의료 이미지 분석 기술을 더욱 고도화하여 차별화를 꾀한다. 지속적인 연구 개발을 통해 딥러닝 알고리즘의 정확도와 효율성을 높이고, 새로운 기능을 추가했다. 루닛 인사이트

CXR과 루닛 인사이트 MMG는 각각 흉부 X선과 유방촬영술 이미지를 분석하여 더 높은 정확도의 진단을 제공하도록 업그레이드되고 있다.[130]

루닛은 AI 기술을 다양한 의료 분야로 확장하고 있다. 병리학 분야에서의 루닛 스코프는 병리 이미지를 분석하여 암 진단의 정확도를 높이는 데 중요한 역할을 하며, 이러한 기술적 확장은 루닛의 경쟁력을 강화하는 데 기여한다.[131]

루닛은 글로벌 시장에서의 입지를 더욱 강화하기 위해 적극적인 마케팅과 파트너십 전략을 펼치고 있다. 유럽, 북미, 아시아 등 주요 시장에서의 입지를 다지기 위해 현지 의료기관과의 협력을 강화하고, 다양한 의료 컨퍼런스와 전시회에 참여하여 루닛의 기술을 알렸다.[132]

루닛은 FDA와 CE 인증을 획득하여 글로벌 시장에서의 신뢰성을 확보했다. 이러한 인증은 루닛의 제품이 국제적으로 인정받는 데 중요한 역할을 하며, 글로벌 의료기관들이 루닛의 제품을 채택하는 데 긍정적인 영향을 미친다.[133]

루닛은 저가의 경쟁 제품들에 대응하기 위해 가격 경쟁력도 강화하고 있다. 이를 위해 생산 공정을 효율화하고, 비용 절감을 통한 가격 인하를 시도했다. 또 다양한 가격 모델을 도입하여 의료기관들이 필요에 따라 유연하게 루닛의 솔루션을 사용할 수 있도록 했다.[134]

루닛은 K-의료의 자긍심으로서 글로벌 시장에서 중요한 역할을 한다. 한국의 첨단기술을 바탕으로 한 루닛의 AI 솔루션은 전세계에서 높은 평가를 받으며, 한국 의료기술의 우수성을 입증했다. 루닛의 성공은 한국의 다른 의료 AI 기업들에게도 긍정적인 영향을 미치며 K-의료의 글로벌 경쟁력을 높이는 데 기여한다.[135] 루닛은 앞으로도 지속적인 혁신과 글로벌 확장을 통해 K-의료의 위상을 더욱 높일 것으로 기대된다.

고군분투하는 AI 명의, 뷰노

뷰노는 AI 기술을 활용한 의료 솔루션을 개발하는 한국의 선도 기업이다. 2014년 설립된 이후 의료영상, 생체신호, 병리 등 다양한 분야에서 AI 기반 진단 보조 솔루션을 제공하고 있다. 뷰노의 핵심 기술은 딥러닝을 기반으로 한 의료 데이터 분석으로, 대규모의 의료 데이터를 학습시켜 정확도 높은 AI 알고리즘을 개발하고, 이를 통해 의료영상에서 질병의 징후를 식별하는 데 탁월한 성능을 보인다. 특히 흉부 X-ray, CT, MRI 등 다양한 의료영상 데이터를 분석하여 폐질환, 뇌질환, 안과질환 등의 진단을 보조한다.[136]

뷰노의 주요 역량은 높은 기술력과 다양한 제품 포트폴리오다. 뷰노는 한국 최초로 AI 의료기기 3등급 허가를 받았으며, FDA 승인, CE 인증 등을 획득하여 기술력을 인정받았다. 또한 뷰노메드 시리즈를 통해 흉부, 뼈, 뇌, 간, 유방 등 다양한 신체 부위 질환의 진단을 지원하는 제품을 보유했다. 뷰노의 핵심 경쟁요인은 높은 정확도와 효율성이다. 뷰노의 AI 솔루션은 의료영상 분석의 정확도를 극대화하여 조기 진단을 가능하게 하고, 이는 환자의 치료 효과를 높이는 데 중요한 역할을 하며 빠른 분석 속도로 의료진의 업무 효율성을 향상시킨다.

뷰노가 활동하는 시장은 AI 기반 의료영상 분석 분야로, 글로벌 시장에서 급속히 성장하고 있다. 주요 경쟁사로는 미국의 아터리스, 이스라엘의 지브라 메디컬 비전, 한국의 루닛 등이 있다. 이들 회사는 모두 강력한 AI 기술과 방대한 데이터셋을 보유하고 있다.[137]

뷰노의 주요 문제점 중 하나는 데이터의 다양성과 품질 확보다. AI 알고리즘의 정확성을 높이기 위해서는 다양하고 고품질의 의료 데이터가 필요하지만, 이러한 데이터를 확보하는 데 어려움이 있을 수 있다. 뷰노의 솔루션이 모든 의료 환경에서 동일한 성과를 보장하기 위해서는 지속적인 데이터 업데이트와 알고리즘 개선이 필요하다. 뷰노의 약점으로는 글로벌 대기업들에 비해 상대적으로 작은 규모와 제한된 자원을 들 수 있다. 이는 대규모 마케팅이나 글로벌 시장 진출에 있어 제약 요인이 된다.

뷰노가 직면한 주요 시장 위협으로는 규제 환경의 변화와 경쟁 심화가 있다. 의료 AI 분야의 규제가 강화되고 있어 대응을 위한 추가적인 노력과 비용이 필요하다.

뷰노의 주요 제품으로는 뷰노메드 시리즈가 있다. 뷰노메드 체스트 X-ray, 뷰노메드 딥브레인, 뷰노메드 펀더스 AI 등이 대표적이다. 이들 제품은 각각 흉부 X-ray, 뇌 MRI, 안저 이미지를 분석하여 질병의 징후를 탐지하고 진단을 보조한다. 이러한 제품들은 높은 정확도와 빠른 분석 속도로 의료진의 진단 과정을 혁신적으로 개선하고 있다.

세계 시장 판매 현황을 살펴보면, 뷰노는 한국 시장을 넘어 글로벌 시장으로 진출하고 있다. 특히 미국, 유럽, 동남아시아 등에서 뷰노의 제품이 도입되고 있으며, FDA와 CE 인증을 획득하여 국제적으로 신뢰성을 인정받고 있다. 2022년 기준으로 뷰노의 글로벌 매출은 전체 매출의 약 20%를 차지하고 있으며 이는 꾸준히 증가하는 추세다.[138]

뷰노는 지속적인 연구개발과 글로벌 진출 확대를 통해 AI 의료기기 시장에서의 입지를 강화하고 있다. 그러나 글로벌 경쟁 심화와 규제 환경 변화 등의 도전에 대한 전략적 대응이 필요한 상황이다.

AI 의료영상 분석의 떠오르는 샛별, 딥노이드

딥노이드Deepnoid는 2015년 설립된 한국의 의료 AI 플랫폼 개발 선도 기업으로 의료진이 직접 AI 모델을 개발하고 활용할 수 있는 혁신적인 환경을 제공하고 있다. 딥노이드의 핵심 기술은 의료 AI 플랫폼 딥파이DEEP:PHI다. 의료진이 복잡한 프로그래밍 지식 없이도 AI 모델을 개발, 학습, 검증, 활용할 수 있는 환경을 제공하며 다양한 의료영상 데이터를 분석하고 질병의 진단 및 예측에 활용할 수 있는 AI 모델을 생성한다.[139]

딥노이드의 주요 역량은 의료 AI 개발의 민주화에 있으며, 전통적으로 전문 개발자의 영역이었던 AI 개발을 의료진들이 직접 자신의 임상 경험과 지식을 AI 모델에 반영할 수 있도록 하여 더 정확하고 실용적인 의료 AI 솔루션의 개발을 가능하게 한다.

딥노이드의 핵심 경쟁요인은 사용자 친화적인 인터페이스와 높은 확장성이다. 딥파이 플랫폼은 직관적인 사용자 인터페이스를 제공하여 의료진들이 쉽게 AI 모델을 개발할 수 있도록 지원한다. 다양한 의료영상 모달리티와 질병 영역에 적용 가능한 높은 확장성을 가지고 있어 광범위한 의료 분야에서 활용될 수 있다. 글로벌 의료 AI 플랫폼 및 솔루션 시장에서 IBM 왓슨 헬스, 구글 헬스, 마이크로소프트 헬스케어 등 글로벌 기술 기업들과 경쟁하고 있으며, 한국에서는 뷰노, 루닛 등의 기업들과 경쟁 관계다.[140]

딥노이드의 주요 문제점 중 하나는 의료 데이터의 보안과 프라이버시다. 의료 데이터는 매우 민감한 개인정보를 포함하고 있어 이를 안전하게 관리하고 처리하는 것이 중요한 과제다. 딥노이드는 이를 위해 강력한 보안 시스템을 구축하고 있지만, 지속적인 관리와 개선이 필요하다. 글로벌 대기업들에 비해 상대적으로 제한된 자원과 인지도는 대규모 마케팅이나 글로벌 시장 진출에 있어 제약 요인이 될 수 있다.

딥노이드가 직면한 주요 시장 위협으로는 급변하는 기술 환경과 규제 강화를 들 수 있다. AI 기술의 빠른 발전으로 인해 지속적인 기술 혁신이 필요하다. 또 의료 AI에 대한 규제가 강화되고 있어 이에 대한 대응이 필요하다.

딥노이드의 주요 제품은 딥파이 플랫폼으로, 의료영상 분석, 병변

검출, 질병 예측 등 다양한 의료 AI 모델을 개발하는 환경을 제공한다. 딥노이드는 이 플랫폼을 기반으로 뇌졸중, 폐암, 유방암 등 다양한 질병에 대한 AI 진단 보조 솔루션을 개발하고 있다.

딥노이드는 한국 시장을 넘어 미국, 유럽, 동남아시아 등 글로벌 시장으로 진출하고 있으며, FDA와 CE 인증을 획득하여 국제적으로 신뢰성을 인정받고 있다. 2022년 기준으로 딥노이드의 해외 매출은 전체 매출의 약 30%를 차지하고 있으며, 이는 꾸준히 증가하는 추세다.

딥노이드는 의료 AI 플랫폼의 혁신을 통해 의료 현장에서의 AI 활용을 확대하고 있다. 그러나 데이터 보안, 규제 대응, 글로벌 경쟁 등의 도전에 직면해 있어 이에 대한 전략적 대응이 필요한 상황이다.

입체 의료영상 분석으로
심장을 꿰뚫어보는 코어라인소프트

코어라인소프트CorelineSoft는 3D 의료영상 소프트웨어 회사로, AI 기반 3D 이미지 분석 기술을 통해 심혈관질환 진단 및 치료 계획에 기여하고 있다. 특히 에이뷰AVIEW LCS 솔루션은 관상동맥 질환 진단에 널리 사용되며, 의료진의 진단 정확도를 향상시키는 데 도움을 준다.

이 회사의 핵심 기술은 AI 기반의 의료영상 분석 솔루션으로 주요 제품으로는 폐암 진단 보조 솔루션AVIEW LCS, 만성폐쇄성폐질환 분석 솔루션AVIEW COPD, 관상동맥 석회화 분석 솔루션AVIEW CAC 등이 있다. 이들 제품은 모두 흉부 CT 스캔에서 검출 가능한 질병을 분석하여 의료진의 진단 및 치료 계획 수립을 지원한다.

코어라인소프트의 주요 경쟁력은 고도화된 AI 알고리즘을 바탕으로 한 정확한 진단 능력과 사용자 친화적인 인터페이스에 있다. 이러한 기술력은 경쟁업체들이 쉽게 모방할 수 없는 핵심 역량으로, 회사의 시장 경쟁력을 강화하고 있다. 그러나 기술적인 복잡성과 고도의 데이터 처리 능력 요구는 회사의 운영에 도전과제가 될 수 있다.

경쟁 시장에서 코어라인소프트는 의료 AI 기술을 보유한 여러 기업과 경쟁하고 있으며, 특히 글로벌 헬스케어 시장에서의 입지를 확대하기 위해 노력하고 있다. 최근 주요 유럽 병원들과의 계약 체결 및 영국 폐암 스크리닝 원격진단 시장 진출 등이 이러한 노력의 일환이다.

하지만 AI 기술의 빠른 발전 속도에 따른 기술적 부채와 데이터 보안 문제가 있으며, 규제 환경의 변화도 회사의 성장을 저해할 수 있는 요인이다. 글로벌 시장에서의 인지도와 마케팅 역량이 다른 경쟁업체들에 비해 상대적으로 약할 수 있다.

코어라인소프트는 지속적으로 혁신적인 AI 솔루션을 개발하여 글로벌 의료 시장에서의 경쟁력을 유지하며 이를 통해 전세계적으로 판매 및 서비스 제공을 확대하고 있다. 최근 연구 발표와 전시회 참가 등을 통해 기술력과 제품의 우수성을 알리고 있다.[141]

AI가 영상의학과의사를 위협할까?

AI 기술이 급속도로 발전하면서 AI가 영상의학과의사를 대체할 수 있을지에 대한 논의가 활발히 진행되고 있다.

AI는 방대한 데이터를 신속하게 분석하고 정확한 진단을 내리는 데 탁월한 능력을 보여준다. MRI, CT, X-ray 등의 이미지를 실시간으로 분석하여 질병의 초기 징후를 신속하고 정확하게 발견할 수 있다. 딥러닝 알고리즘을 통해 수억 건의 데이터를 학습한 AI는 기존의 영상 기법보다 몇 배 더 빠르게 질병을 탐지하고, 이를 통해 조기 진단을 가능하게 한다. 이러한 능력은 영상의학과의사가 처리해야 할 많은 업무를 대신해줄 것이다.

AI는 다중 모달리티 영상 분석과 퀀텀 센서를 통해 인간의 눈으로는 감지하기 어려운 미세한 이상 징후까지 포착한다. AI는 뇌종양 진단 시 종양의 위치와 크기뿐 아니라 유전자 변이까지 예측하여 치료 전략을 제시할 수 있다.

그러나 AI가 영상의학과의사를 완전히 대체할 수 있을 것인지에 대해서는 여러 가지 고려해야 할 요소가 있다. 첫째, AI의 판단은 반드시 인간 의사의 최종 판정이 따라야 한다는 점이다. AI는 데이터를 분석하고 결과를 도출하는 데 탁월한 능력을 가지고 있지만, 이 결과를 해석하고 환자에게 적합한 치료 계획을 세우는 것은 인간 의사의 몫이다.

둘째, AI 기술을 이해하고 활용할 줄 아는 의사들은 더욱 효율적이고 정확한 진료를 제공할 수 있다. AI와 협업할 줄 아는 의사들은 진단과 치료 과정에서 AI의 도움을 받아 신속하고 정확한 결정을 내릴 수 있으며 이는 환자들의 치료 결과에 긍정적인 영향을 미칠 것이다. 반면 AI를 이해하지 못하고 활용하지 않는 의사들은 진료의 정확성과 효율성에서 차이를 보일 수밖에 없으며, 이는 환자와 동료 의료진의 신뢰도 하락으로 이어질 것이다.

AI와의 협업 능력이 부족한 의사의 역할은 의료 팀 내에서 축소될 수 있다. AI는 다른 의료진과의 협업을 촉진하고, 다양한 전문의들이 협력하여 최적의 진료를 제공하는 데 중요한 역할을 한다. AI를 활용할 줄 모르는 의사는 경력 발전에 부정적인 영향을 받을 것이다.

AI와 협업에 능숙한 의사는 점점 더 많은 환자들을 효율적으로 진단하고 치료할 수 있게 된다. 이는 그들의 전문성뿐 아니라 병원의 명성에도 긍정적인 영향을 미칠 것이다. AI 기술을 잘 활용하는 의사들은 복잡하고 시간이 많이 소요되는 진단 과정에서 AI의 도움을 받아 신속하고 정확한 진단을 내릴 수 있으며 이를 통해 환자들의 신뢰를 얻을 것이다.

결론적으로 AI는 영상의학과의사들의 역할을 완전히 대체하기보다는 역량을 보완하고 강화하는 역할을 할 것이다. AI와 협업에 능숙한 의사들은 보다 효율적이고 정확한 진료를 제공할 수 있게 되어 의료 분야에서의 위치를 공고히 할 것이다. 반면, AI를 이해하지 못하고 활용하지 않는 의사들은 이러한 변화에 적응하지 못하고 뒤처질 가능성이 크다. 따라서 AI와의 협업 능력은 미래의 영상의학과의사들에게 필수적인 역량이 될 것이다. AI와 인간의 지혜가 조화롭게 결합된 의료 환경에서 AI는 의사들과 협력하여 더 나은 의료 서비스를 제공하는 동반자 역할을 할 것이다.

슈퍼 닥터로 진화하는 영상의학과의사

영상의학과의사들은 이미 AI와 긴밀하게 협력하며 업무를 수행하고 있다. 2034년 즈음에는 AI 기술이 더욱 발전하고 완벽하게 융합됨으로써 영상의학 분야는 혁명적인 변화를 맞이할 것이다. 이러한 변화는 AI 시스템을 슈퍼 AI로 발전시켜 의사들의 능력을 상상을 초월할 정도로 향상시킨다. 미래의 AI는 단순한 보조 도구가 아닌 영상의학과의사들을 슈퍼 닥터로 탈바꿈시키는 의료의 핵심 요소가 된다. 자동화된 업무 처리 덕분에 의사들은 환자와의 직접적인 소통과 상담에 더 많은 시간을 할애할 수 있게 된다.

2034년의 영상의학과에서는 AI가 진단과 치료 과정의 중심에 설 것이다. AI는 영상 판독을 주도할 뿐만 아니라 진단, 예후 예측, 치료 계획 수립 등 의료 전반에 걸쳐 사용된다. 다중 모달리티 영상 분석과 퀀텀 센서를 통해 인간의 눈으로는 감지하기 어려운 미세한 이상 징후까지 포착한다. 뇌종양 진단 시 종양의 위치, 크기뿐 아니라 유전자 변이까지 예측하여 치료 전략을 제시할 수 있게 된다. 이러한 단순한 사례들을 AI가 처리하게 되므로, 의사들은 더 복잡하고 희귀한 사례에 집중하면 된다.

AI는 MRI, CT, X-ray 등의 이미지를 실시간으로 분석하며 이전에는 불가능했던 미세한 병변도 감지할 수 있다. 딥러닝 알고리즘을 통해 수억 건의 데이터를 학습하여 질병의 초기 징후를 신속하고 정확하게 발견한다. 이는 암과 같은 질병의 초기 증상을 기존의 영상 기법보다 몇 배 더 빠르게 탐지할 수 있게 하여 조기 진단을 가능하게 한다. AI는 다양한 의료 분야의 데이터를 종합적으로 분석함으로써 학제간 협력을 늘리고, 의료 서비스의 질을 획기적으로 향상시킬 것이다.

AI는 각 환자의 유전자 정보, 병력, 생활습관 등을 종합적으로 분석하여 개인 맞춤형 진단과 치료 계획을 제시할 수 있다. AI는 환자의 유전 정보를 바탕으로 디지털 트윈을 만들고, 생활습관, 환경요인 등을 종합적으로 시뮬레이션하여 향후 5~10년 내 암 발생 위험을 예측한다. 이를 통해 고위험군 환자들에게 맞춤형 예방 프로그램을 제공하면서 암은 더 이상 생명을 위협하지 않게 될 것이다.

AI는 환자의 상태를 실시간으로 모니터링하고 예후를 예측하는 시스템을 제공함으로써, 환자의 생체신호, 혈액검사 결과, 영상 데이터를 통합해 질병의 진행 상태를 지속적으로 추적한다. 이는 의료진이 환자의 상태 변화를 실시간으로 감지하고 필요한 경우 즉각적인 치료 조치를 취할 수 있게 한다. 뇌졸중 환자의 상태도 실시간으로 모니터링하고 재발 가능성을 예측하여 예방 조치를 취할 수 있다.

수술 과정에서도 AI는 중요한 역할을 한다. AI 기반 로봇 수술 시스템은 정밀한 수술을 가능하게 하며, 수술의 안전성과 효율성을 높인다. AI를 이용한 실시간 영상 가이드 시스템은 수술 중 환자의 상태를 지속적으로 모니터링하며 외과의에게 최적의 절개 위치와 깊이를 제안한다. 특히 뇌수술에서 실시간으로 뇌 구조를 3D로 매핑해 중요 신경 경로를 피해 종양만을 정확히 제거할 수 있도록 도와준다. 수술 중 발생할 수 있는 합병증을 예측하고 대응 전략을 실시간으로 제시하여 수술의 안전성을 크게 향상시키고 복잡한 수술의 성공률을 높일 것이다

2034년에는 원격 진료가 일반화되어 AI를 활용한 영상의학과 진단이 전세계 어디에서나 가능해질 것이다. 의료진은 AI 시스템을 통해 원격으로 환자의 영상을 분석하고 진단을 내릴 수 있으며 이를 통해 의료 접근성은 크게 향상된다. 특히 의료 인프라가 부족한 지역에서도 AI를 통해 고품질 의료 서비스를 제공받을 수 있게 된다. AI는 의료진 간 협업을 촉진하여 다양한 전문의들이 협력해 환자에게 최적의 진료를 제공할 수 있도록 한다. AI 기술의 발전은 원격 진료의 질을 크게 향상시킬 것이다. 환자들은 가정에서 고해상도 홀로그램 영상을 통해 의사와 상담한다. 그리고 AI 보조 시스템은 실시간으로 환자의 상태를 분석한다. 피부병 진단의 경우 환자의 스마트폰 카메라로 찍은 사진만으로도 AI가 정확한 진단을 내릴 수 있게 된다. 이는 농어촌 지역이나 개발도상국과 같이 의료 인프라가 부족한 곳에서 혁명적인 변화를 가져올 것이다.

양자 센서 카메라의 등장은 MRI나 X-ray의 필요성을 없앨 것이다. 양자 X-ray 카메라는 방사능이 거의 발생하지 않아 안전하다. 또 수술 내내 실시간 X-ray 영상을 볼 수 있어 수술 결과는 획기적으로 향상될 것이다. 영상기기와 양자 반도체 기술, AI의 결합으로 인체 스캔이 단순해지고 소형 병원에서도 종합병원과 대등한 수준의 영상의학 서비스를 제공할 수 있게 될 것이다.

AI의 영상의학 사용 증가는 오히려 영상의학과의사의 수요를 증가시킬 것이다. AI의 소견은 반드시 인간 의사의 최종 판정이 따라야 하기 때문이다. 영상의학과의사들은 AI가 판단하기 힘든 병변에 대해 더욱 통찰력 있는 소견을 제시할 수 있다. 이는 의료의 법적, 도덕적 문제를 해결할 뿐만 아니라 의료의 질을 획기적으로 높일 수 있다. 결과적으로 AI는 영상의학과의사의 자리를 대신하는 것이 아니라 영상의학의 수요를 획기적으로 증가시켜 많은 사람들이 조기에 병을 예방하고 삶의 질을 향상할 수 있게 된다. 따라서 영상의학과의사들은 AI 활용 전문가로 변신할 것이다.

AI는 의료 교육과 연구에서도 중요한 역할을 한다. AI 기반 시뮬레이션은 의료 학생들에게 실제 환자 사례와 유사한 환경을 제공하여 임상 경험을 쌓을 수 있게 한다. AI는 방대한 의료 데이터를 분석해 새로운 연구 결과를 도출하고 이를 통해 의료 지식을 확장한다. 의대생들은 AI와 협력하여 진단을 내리고 치료 계획을 수립하는 방법을 배운다. VR과 AR 기술을 활용한 시뮬레이션 교육이 보편화되어 학생들은 다양한 상황을 경험하고 실력을 쌓을 수 있다. AI는 각 학생의 학습 진도와 강점, 약점을 분석해 개인화된 커리큘럼을 제공한다. 이를 통해 학생들은 더욱 효율적으로 필요한 지식과 기술을 습득할 수 있다. 영상의학과의사는 AI와 협력하여 새로운 진단 기법, 치료법 등을 연구하고 개발하여 의료기술 발전을 이끌어나갈 것이다.

AI의 발전과 함께 윤리적 문제와 법적 과제도 중요하게 다뤄져야 한다. AI의 판단 과정의 투명성과 데이터의 개인정보 보호를 위한 강력한 보안 시스템을 확보해야 한다. 또 오작동이나 오류에 대한 책임 소재를 명확히 하고 이를 위한 법적 제도와 규정을 마련해야 할 것이다. AI의 판단에 대한 윤리적, 법적 책임 문제가 대두될 것이며 영상의학과의사들은 이에 대한 최종 판단자 역할을 하게 될 것이다. 미래의 의료 환경에서 AI와 인간 의료진 간의 역할 분담과 협력이 원활하게 이루어질 수 있도록 지속적인 논의와 개선이 필요하다.

AI의 발달은 영상의학과의사의 역할을 단순한 영상 판독자에서 AI 활용 전문가, 의료 서비스 디벨로퍼, 의료기술 개발자, 윤리적, 법적 책임 문제 해결사 등으로 확장시킬 것이다. AI는 영상의학과의사와 협력하여 더 나은 의료 서비스를 제공하는 동반자 역할을 할 것이며 영상의학의 사용이 지금보다 더욱 증가할 것이므로 영상의학과의사들의 수요도 더욱 증가할 것이다. 앞으로도 AI 기술은 계속 발전할 것이며 의료진들은 이러한 기술 변화에 적응하며 더 나은 의료 서비스를 제공하기 위해 노력할 것이다. 영상의학과의 미래는 AI와 인간의 지혜가 조화롭게 결합된 모습일 것이다.

영상의학과의사 생존 가이드

AI 시대에 영상의학과의사들은 긴장해야 한다. X-ray 사진 한 장 찍으면 AI가 1초 만에 병명을 뚝딱 알려주는 세상이 오고 있다. AI는 인간 의사보다 빠르고 정확하며 24시간 잠도 안 잔다. 이런 상황에서 영상의학과의사들은 도태될 것인가 아니면 AI와 함께 더욱 발전할 것인가?

　AI가 의료계를 강타한 지금 영상의학과의사들은 두 가지 선택지가 있다. 공룡처럼 멸종하거나 아니면 AI와 함께 진화하는 것이다. X-ray 속 숨은그림찾기 챔피언에서 AI를 조련하는 '데이터 마법사'로 거듭나야 할 순간이다. 하지만 걱정할 필요 없다. 이 가이드만 따라오면 어느새 당신은 미래 의료의 최전선에서 AI 지팡이를 휘두르는 해리포터가 되어 있을 것이다. 다음 가이드는 AI 초보 영상의학과의사들을 위한 맞춤형 족집게 과외의 실라부스이다.

영상의학 AI 학습하기

이를 위해 먼저 AI 모델 학습에 사용되는 다양한 의료영상 데이터 (CT, MRI, X-ray 등)의 특징과 종류, 획득 방법 등을 이해해야 한다. 이는 AI 모델의 성능을 평가하고 개선하는 데 필수적인 지식이다.[142]

그리고 의료영상 전처리, 특징 추출, 분할, 등록 등 다양한 영상 처리 및 분석 기법을 익혀야 한다. 이러한 기법들은 AI 모델 개발 및 활용에 필요한 기본적인 도구가 된다

딥러닝 기반 의료영상 분석은 현대 의료 AI의 핵심 분야로 자리 잡고 있다. 〈의료영상 분석을 위한 딥러닝 Deep Learning for Medical Image Analysis〉에서 강조하듯이, CNN, RNN Recurrent Neural Network 등 다양한 딥러닝 아키텍처의 기본 원리를 이해하는 것이 이 분야의 출발점이다. CNN은 2D 및 3D 의료영상의 공간적 특징을 효과적으로 추출하고 분류하는 데 탁월하며, RNN은 시간에 따른 의료영상 시퀀스 분석에 특히 유용하다.

이러한 알고리즘을 의료영상 분석에 적용하는 방법을 학습하는 것이 중요한데, 이는 영상 분할, 병변 검출, 장기 인식 등 다양한 의료영상 작업에 특화된 네트워크 구조와 학습 전략을 포함한다. U-Net, FCN Fully Convolutional Network, 생성적 적대 신경망 Generative Adversarial Network 등의 최신 아키텍처를 의료영상 분석에 적용하는 방법을 익히는 것도 필수적이다.

최신 딥러닝 연구 동향을 파악하는 것이 중요하다. 자기지도학습,

메타학습, 연합학습 등의 최신 기법들이 의료영상분석에 어떻게 적용되고 있는지 이해하고 이를 통해 데이터의 효율적 활용과 프라이버시 보호 등의 문제를 해결하는 방법을 학습해야 한다.

마지막으로 실제 의료영상 데이터에 딥러닝 모델을 적용해보는 경험도 필수적이다. 다양한 케이스 스터디와 실제 데이터셋을 통해 모델을 구현하고 성능을 평가하며 결과를 해석하는 능력을 키우는 것이 중요하다. 이러한 실천적 경험은 이론적 지식을 실제 문제 해결에 적용하는 능력을 기르는 데 핵심적인 역할을 한다.[143]

챠르, 샤, 그리고 매그너스 연구팀에 따르면, 의료 분야에서 기계학습의 구현은 중요한 윤리적 도전과제를 수반한다. 의료 AI 시스템의 개발과 활용에 있어 윤리 및 법규에 대한 깊이 있는 이해가 필수적이다.

이 연구는 특히 의료 데이터의 활용과 관련된 윤리적 문제에 주목한다. 개인정보 보호는 핵심적인 우려사항으로, 환자의 민감한 건강 정보가 부적절하게 사용되거나 공유되는 것을 방지해야 한다. 알고리즘 편향의 문제도 중요하게 다뤄진다. 훈련 데이터에 내재된 편견이 AI 모델의 의사결정에 영향을 미칠 수 있어 이를 식별하고 완화하는 노력이 필요하다.

책임 소재의 문제도 논문에서 강조된다. AI 시스템의 결정으로 인한 의료 오류가 발생했을 때, 그 책임을 누구에게 물을 것인지에 대한 명확한 가이드라인이 필요하다. 의사, 병원, AI 개발자 혹은 시스템 자체 등 다양한 주체 간의 책임 분배에 대한 법적, 윤리적 프레임워크가 요구된다.

이러한 다양한 윤리적 이슈에 대한 심도 있는 고민을 통해, 우리는 의료 AI의 혜택을 최대화하면서도 잠재적 위험을 최소화하는 윤리적 활용 방안을 모색해야 한다. 이를 위해 다학제적 접근과 지속적인 윤리적 검토의 중요성을 강조한다.[144]

다음은 이외에도 영상의학과의사들이 반드시 학습해야 할 AI 기술들이다.

- GAN의 이해와 응용: GAN은 의료영상 생성, 초해상도 영상 복원, 영상 변환 등에 활용될 수 있다. 특히 희귀 질병의 데이터 증강에 유용하다.
- 전이학습Transfer Learning 기법: 의료영상 데이터의 부족 문제를 해결하기 위해 AI를 이용, 다른 도메인에서 학습된 모델을 의료영상 분석에 적용하는 방법을 알아야 한다.
- 멀티모달 학습Multimodal Learning: 다양한 의료영상 모달리티(CT, MRI, PET 등)를 통합적으로 분석하는 AI 모델 개발 기법을 통달해야 한다.
- 설명 가능한 AI: AI의 의사결정 과정을 해석하고 설명할 기술을 배워야 한다. 이는 의료 현장에서 AI 모델의 신뢰성을 높이는 데 중요하다.
- 연합학습: 개인정보를 보호하면서 여러 기관의 데이터를 활용하여 AI 모델을 학습시키는 기법을 배워야 한다.
- 불확실성 정량화Uncertainty Quantification: AI 모델의 예측에 대한 불확실성을 측정하고 해석하는 방법을 학습해야 한다. 이는

임상 의사결정에 중요한 정보를 제공해준다.
- 자동화된 기계학습AutoML: 최적의 AI 모델 구조와 하이퍼 파라미터를 자동으로 찾아주는 기술을 이해하고 활용하는 법을 배워야 한다.
- 강화학습Reinforcement Learning: AI가 자동으로 의료영상 분할, 관심 영역 검출 등을 하게 만드는 강화학습 기법을 익혀야 한다.
- 시계열 의료영상 분석: AI를 이용, 환자의 종단적 영상 데이터를 분석하여 질병의 진행을 예측하거나 치료 효과를 모니터링하는 기술을 배워야 한다.
- 도메인 적응-Domain Adaptation: 다른 기관이나 장비에서 획득한 영상에도 잘 작동하는 강건한 AI 모델을 개발하는 기법을 배워야 한다.

이러한 추가적인 기술들을 습득하는 의사는 영상의학 AI 분야에서 더욱 전문적이고 혁신적인 연구와 응용을 할 수 있게 된다. 각 기술에 대해 깊이 있게 공부하고 실제 프로젝트에 적용해보는 것이 중요하다.

AI 학습에
쉽게 접근하기

- 프로그래밍 언어 학습: 파이썬, R 등 AI 개발에 주로 사용되는 프로그래밍 언어를 익혀야 한다. 이를 통해 직접 AI 모델을 구현하고 실험해볼 수 있으며, 기존 AI 모델을 수정하거나 개선하는 능력을 갖출 수 있다.[145]
- 머신러닝 및 딥러닝 이론 학습: 지도학습, 비지도학습, 강화학습 등 다양한 머신러닝 알고리즘의 원리를 이해하고, 이를 실제 문제에 적용하는 방법을 학습해야 한다. 딥러닝 모델의 구조와 학습 방법에 대한 이해도 필요하다.[146]
- AI 관련 수학 및 통계 지식 습득: 선형대수, 미적분, 확률 및 통계 등 AI 알고리즘의 기반이 되는 수학 및 통계 지식을 습득해야 한다. 이는 AI 모델의 작동 원리를 이해하고, 성능을 평가하는 데 도움이 된다.[147]
- AI 관련 최신 기술 동향 파악: AI 분야는 빠르게 발전하고 있으므로, 최신 연구 동향을 파악하고 새로운 기술을 습득하는 노력이 필요하다. 관련 학회 참석, AI를 활용한 논문 읽기, 온라인 강의 수강 등 다양한 방법을 통해 지속적으로 학습해야 한다.[148]

AI 시대의 영상의학과의사는 단순히 의료영상을 판독하는 것을 넘어 AI 기술을 활용하여 진단 정확도를 높이고 새로운 치료법 개발에 기여하는 역할을 수행해야 한다. 이를 위해 끊임없는 학습과 노력을 통해 AI 전문가로서의 역량을 키워나가야 할 것이다.

AI시대 영상의학과의사들은 컴퓨터 과학자, 데이터 과학자, 소프트웨어 엔지니어 등 다양한 분야의 전문가들과 협력해야 하므로 효과적인 의사소통 능력과 팀워크 스킬을 배양해야 한다. AI 모델의 성능을 객관적으로 평가하고 임상 환경에서의 유효성을 검증하는 능력도 필요하다. 이는 모델의 정확성, 신뢰성, 일반화 가능성 등의 평가도 모두 포함한다.

AI 모델이 제공하는 결과를 올바르게 해석하고 이를 임상적 맥락에서 적절히 활용하는 능력도 배워야 한다. AI의 한계를 이해하고 필요할 때 인간의 전문성을 결합하여 최종 판단을 내리는 능력이 요구되기 때문이다. 의료 현장의 요구사항을 이해하고 이를 바탕으로 AI 시스템을 설계하고 구현하는 과정에 참여할 능력을 갖춰야 한다.

진단 및 치료 계획 수립 시 AI 기반 의사결정 지원 시스템을 효과적으로 활용하는 방법도 학습해야 한다. 실제 임상 환경에서 AI 시스템의 성능을 지속적으로 모니터링하고, 필요한 경우 개선하는 과정에 참여할 수 있는 능력이 필요하다. AI를 활용한 진단 및 치료 과정에 대해 환자에게 이해하기 쉽게 설명하고 필요한 경우 동의를 얻는 과정을 수행할 수 있어야 한다.

이러한 추가적인 역량들은 AI 시대의 영상의학과의사들이 더욱 폭넓은 역할을 수행하고 변화하는 의료 환경에 적응할 수 있도록 도움을 줄 것이다. 이러한 능력들은 AI와 인간 전문가의 협력을 통해 의료의 질을 향상시키는 데 기여할 수 있다.

5장

병리학 AI, 병리학이 르네상스를 맞이하다

✦ ✦ ✦

 인류 역사상 위대한 발명품인 현미경은 17세기 이래로 병리학의 발전을 이끌어왔다. 그러나 21세기에 들어서면서 또 다른 혁명적 도구가 병리학의 지평을 넓히고 있다. 바로 AI다. 르네상스 시대의 화가들이 원근법을 발견하여 평면적인 그림에 깊이와 생동감을 불어넣었듯이 AI는 병리 슬라이드라는 평면적 이미지에 새로운 차원의 정보를 더하고 있다.

 AI는 단순히 인간의 능력을 모방하는 것을 넘어 때로는 인간의 눈으로는 포착하기 어려운 미세한 변화까지 감지할 수 있음을 보여주었다. 현미경이 처음 발명되었을 때 그 이전에는 볼 수 없었던 미생물의 세계를 인류에게 보여준 것과 유사한 혁명적 변화다. 이제 병리학자들은 AI라는 새로운 동반자와 함께 질병의 미로를 탐험하게 되었다. 이는 단순히 진단의 정확성을 높이는 것을 넘어 의학적 지식의 지평을 확장하고 환자 개개인에게 최적화된 치료법을 제시하는 새로운 시대의 시작을 알렸다. 병리학의 르네상스가 시작된 것이다.

이러한 변화의 물결 속에서 AI가 어떻게 병리학의 미래를 재정의하고 있는지, 그리고 이러한 변화가 의료계와 환자들에게 어떤 의미를 지니는지를 탐구하고자 한다.

디지털 병리 플랫폼과
암 전문 AI 분석 솔루션

암 전문 AI 분석 솔루션의 발전은 의료 분야에 혁신적인 변화를 가져오고 있으며, 특히 병리학 분야에서의 AI 활용은 질병 진단의 정확성과 효율성을 크게 향상시키는 잠재력을 보여주고 있다. 구글 AI의 웨이 연구팀은 폐 선암종 병리 슬라이드 이미지를 분석하여 조직학적 패턴을 분류하는 AI 모델의 성능을 평가했다.[149] 연구팀은 폐 선암종 수술 검체 슬라이드 1만 5,308개를 사용하여 AI 모델을 학습시켰으며, 숙련된 병리학자들이 분류한 조직학적 패턴 정보를 기반으로 모델을 검증했다. 연구 결과, AI 모델은 숙련된 병리학자와 비슷한 수준의 정확도로 폐 선암종의 다양한 조직학적 패턴(유두형, 세엽형, 고형형 등)을 분류할 수 있었다.

이 연구는 암 병리 진단 분야에서 AI 기술의 임상적 유용성을 확인하고 향후 연구 방향을 제시하는 데 중요한 역할을 했다. 먼저 AI

모델은 숙련된 병리학자와 비슷한 수준의 정확도를 보여줌으로써 AI가 병리학자의 진단을 보조하고 정확도를 높이는 데 기여할 수 있음을 시사했다. 특히 암 진단은 환자의 생명과 직결되는 중요한 문제이기 때문에 AI의 정확한 진단 능력은 매우 중요하다.

둘째, AI 모델은 대량의 병리 슬라이드를 빠르게 분석할 수 있어 병리학자의 업무 부담을 줄이고 진단 시간을 단축할 수 있다. 병리학자는 암 진단 외에도 다양한 질병의 진단과 연구를 수행해야 하므로, AI의 도움을 받아 업무 효율성을 높이는 것이 매우 중요하다. 빠른 진단은 환자의 치료 시기를 앞당기고 생존율을 높이는 데 기여할 수 있다.

셋째, 이 연구는 폐 선암종 진단에 초점을 맞추었지만, AI 모델이 다른 암종의 진단에도 활용될 가능성을 보여주었다. 암은 다양한 종류와 형태를 가지고 있으며, 암종별로 특징적인 조직학적 패턴을 보인다. 따라서 AI 모델은 다양한 암종의 병리 슬라이드 이미지를 학습하고 분석하여 암 진단의 정확성과 효율성을 더욱 높일 수 있을 것으로 기대된다.

이 연구는 암 전문 AI 분석 솔루션의 발전 가능성을 보여주는 중요한 사례이며, 향후 AI 기술이 의료 분야에서 더욱 활발하게 활용될 수 있도록 지속적인 연구와 개발이 필요하다. 특히 다양한 암종에 대한 AI 모델 개발, AI 모델의 성능 향상, AI 모델의 임상적 유효성 검증 등 다양한 연구 과제가 남아 있다. 이러한 연구 과제들을 해결하고 AI 기술을 발전시켜 나간다면, 암 환자들에게 더 나은 진단 및 치료 서비스를 제공하고 궁극적으로 암 정복에 기여할 수 있을 것이다.

가톨릭대학교 서울성모병원은 디지털 병리 플랫폼 구축과 암 전문 AI 분석 솔루션 개발에 집중하며 병리학 분야에서 AI 기술 활용을 선도하고 있다.[150] 서울성모병원은 한국보건산업진흥원이 주관한 '2021년도 의료데이터, AI R&D분야 신규지원 신규과제' 중 '한국형 중환자 특화 빅데이터 구축 및 AI-CDSS Clinical Decision Support System(임상 의사결정 지원시스템) 개발 컨소시엄'과 '디지털 병리 기반의 암 전문 AI 분석 솔루션 개발 컨소시엄' 2건에 선정돼, 디지털 병리 기반의 암 전문 AI R&D 부문에서 총괄기관 역할을 맡게 되었다.

디지털 병리 플랫폼 구축은 고품질 의료 데이터 기반의 디지털 병리 AI 생태계 구축, 암 전문 지능형 병리 AI 개발 및 임상 검증, 한국형 중환자 특화 데이터셋 구축 및 AI 기반 임상 의사결정 지원 시스템 개발을 목표로 한다. 병리 전문의가 직접 데이터 수집, 정제, 레이블링, 검수 등 전 과정을 효율적으로 수행하며 고품질 의료 빅데이터를 구축하고 멀티 플랫폼 기반 데이터 개방, 연계, 교육, 연구, 사업화 활용을 진행한다.

암 전문 AI 분석 솔루션 개발은 디지털 병리 기반 암 전문 AI 분석 솔루션 개발과 암 진단 정확도 및 효율성 향상을 목표로 한다. 딥노이드, 딥바이오, 뷰노 등 한국 AI 기업과 협력하여 다양한 암종별 AI 분석 솔루션을 개발하고 컨소시엄 총괄 기관으로서 연구 개발을 주도하며 개발된 AI 솔루션의 임상적 유효성 검증을 수행한다.[151]

서울성모병원의 디지털 병리 플랫폼은 한국 AI 진단 의료기기 개발을 촉진하고 클라우드 기반 디지털 병리 AI 생태계 구축에 기여할 것으로 기대된다. 또한 암 전문 AI 분석 솔루션 개발을 통해 암 진단 정확도 및 효율성을 향상시키고 환자 맞춤형 치료 제공에 기여할 것으로 예상된다.

딥러닝 기반
분석 알고리즘

천의 연구팀은 폐암 진단의 정확성과 효율성을 높이는 것을 목표로, 딥러닝 모델을 활용하여 폐 선암종을 포함한 다양한 폐 병변을 분류했다.[152] 연구팀은 폐 선암종, 폐 편평상피세포암, 소세포폐암, 폐결핵, 기질화 폐렴, 정상 폐 등 총 여섯 가지 유형의 병변을 분류하는 딥러닝 모델을 개발했다.

연구팀은 먼저 중국 중산대학교 제1부속병원에서 741개의 전체 슬라이드 이미지WSIs를 수집하여 딥러닝 모델 개발, 최적화 및 검증에 사용했다. 추가적으로 318개의 WSIs를 중산대학교 제1부속병원에서, 212개를 심천 인민 병원에서, 422개를 암 유전체 아틀라스TCGA에서 수집하여 다기관 검증을 수행했다.

딥러닝 모델 개발에는 EfficientNet-B5 및 ResNet-50 아키텍처를 기반으로 한두 가지 모델을 사용했으며, 재현율, 정밀도, F1 점수 및 곡선하면적^{AUC}을 사용하여 성능을 비교했다. 복잡한 조직 구성 요소를 가진 WSIs의 레이블 추론을 위해 임계값 기반 종양 우선 집계 접근 방식을 제안하고 구현했다. 중산대학교 제1부속병원의 다양한 수준의 병리학자 4명이 모든 테스트 슬라이드를 맹검하여 검토했으며, 진단 결과를 최고 성능의 딥러닝 모델과 정량적으로 비교했다.

EfficientNet-B5 기반 모델이 ResNet-50보다 성능이 우수하여 최종 분류 모델로 선택되었다. 4개 코호트의 1,067개 슬라이드에 대한 테스트 결과, 각각 0.970, 0.918, 0.963, 0.978의 AUC를 달성했다. 이는 딥러닝 모델이 매우 높은 정확도로 폐 병변을 분류할 수 있음을 의미한다. 분류 모델은 실제 병리학자의 진단 결과와 높은 일치도를 보였으며, 특히 숙련된 병리학자의 진단 결과와 비슷한 수준의 정확도를 나타냈다.

이 연구는 딥러닝 기반 병리 이미지 분석이 폐암 진단에 획기적인 변화를 가져올 수 있음을 보여주는 중요한 결과다. 딥러닝 모델은 병리학자의 진단을 보조하여 정확도를 높이고 진단 시간을 단축할 수 있으며 더 나아가 폐암의 조기 진단 및 치료에 기여할 수 있다. 이 연구는 딥러닝 모델이 다양한 의료기관에서 수집된 데이터에 대해 높은 성능을 유지함을 입증하여, 실제 임상 환경에서의 활용 가능성을 높였다.

하지만 이 연구는 몇 가지 한계점을 가지고 있다. 먼저 연구에 사용된 데이터셋이 제한적이다. 더욱 다양한 환자군과 병변 유형을 포함하는 대규모 데이터셋을 활용한 추가 연구가 필요하다. 딥러닝 모델의 해석 가능성을 높이고, 모델의 편향성을 최소화하기 위한 연구도 지속적으로 진행되어야 한다.

그럼에도 불구하고 이 연구는 딥러닝 기반 병리 이미지 분석이 폐암 진단에 혁신적인 변화를 가져올 수 있음을 보여주는 중요한 이정표다. 향후 폐암 진단 및 치료 분야에서 딥러닝 기술의 활용 가능성이 더욱 확대될 것으로 기대된다.

폐 선암종은 비소세포폐암의 가장 흔한 유형으로, 다양한 조직학적 아형subtype을 가지고 있으며 각 아형은 예후 및 치료 반응이 다르다. 따라서 정확한 아형 분류는 환자의 예후 예측 및 맞춤형 치료 계획 수립에 매우 중요하다. 폐 선암종의 아형 분류는 복잡하고 주관적인 과정이며, 병리학자 간의 의견 불일치가 발생할 수 있다.

폐 선암종의 정확한 진단과 분류는 환자의 치료 및 예후에 중요한 영향을 미치지만, 복잡한 조직학적 특징으로 인해 병리학자들에게도 도전적인 과제로 남아 있다. 이러한 문제를 해결하기 위해 자오 연구팀은 딥러닝 알고리즘을 활용하여 폐 선암종의 조직병리학적 패턴을 자동으로 진단하는 혁신적인 모델을 개발했다.[153]

연구팀은 의미론적 분할semantic segmentation 기법을 활용한 딥러닝 모델을 설계했다. 이 모델은 폐 선암종의 주요 조직학적 패턴인 유두상, 미세유두상, 선포상, 고형성 패턴을 정확하게 식별하고 분류할 수 있도록 훈련되었다. 모델 학습에는 300개의 폐 선암종 조직 슬라이드에서 추출한 1,200개의 고해상도 이미지 패치가 사용되었으며, 각 이미지는 숙련된 병리학자들에 의해 세밀하게 주석 처리되었다.

AI의 눈은 현미경으로 보지 못하는 것까지 볼 수 있다. 개발된 딥러닝 모델은 폐 선암종 패턴 분류에서 탁월한 성능을 보였다. 모델의 정확도는 숙련된 병리학자와 견줄 만한 수준이었으며, 특히 복잡하고 혼합된 패턴을 가진 사례에서도 높은 정확도를 유지했다. 이는 딥러닝 모델이 미세한 조직학적 특징까지 감지하여 아형 분류에 중요한 도움을 줄 수 있음을 시사한다.

연구팀은 모델의 성능을 검증하기 위해 교차 검증 및 외부 검증을 실시했다. 그 결과 모델은 다양한 평가 지표에서 우수한 성능을 보였으며, 특히 유두상 및 미세유두상 패턴 식별에서 높은 정확도를 달성했다. 이는 딥러닝 모델이 폐 선암종 진단 과정에서 병리학자의 의사결정을 효과적으로 지원하고 진단 정확도를 향상시킬 수 있음을 의미한다.

기술은 의사의 능력을 증폭시키는 도구다. 이 연구는 딥러닝 기반 병리 이미지 분석이 폐 선암종 진단에 혁신적인 도구로 활용될 수 있음을 보여준다. 특히 의미론적 분할 기법을 활용한 접근 방식은 전체 슬라이드 이미지에서 관심 영역을 자동으로 식별하고 분류할 수 있어, 병리학자의 업무 효율성을 크게 향상시킬 수 있다.

이 연구의 결과는 향후 폐암 진단 및 치료 분야에서 딥러닝 기술의 활용 가능성을 크게 확장했다. 연구팀은 더 많은 데이터와 다양한 임상 정보를 통합하여 모델의 성능을 더욱 개선할 수 있을 것으로 기대하고 있다. 이러한 기술은 폐 선암종뿐 아니라 다른 유형의 암 진단에도 적용될 수 있어 종양학 분야 전반에 걸쳐 큰 영향을 미칠 것으로 예상된다.

결론적으로 이 연구는 딥러닝과 의료 이미지 분석의 융합이 가져올 수 있는 혁신의 가능성을 보여주는 중요한 이정표가 되었다. AI는 의사의 눈을 더욱 날카롭게, 판단을 더욱 정확하게 만든다. 이러한 기술의 발전은 궁극적으로 환자 진료의 질을 높이고 생명을 구하는 데 기여할 것이다.

서울대학교병원은 AI 기반 병리 이미지 분석 및 진단 기술을 개발, 압축 도메인에서 딥러닝 기반 대장암 전체 WSIs의 조직 병리학적 분할에 대한 새로운 접근 방식을 제시했다.[154] 기존의 고해상도 이미지 전처리 방식은 시스템 메모리 제약으로 인해 고주파 정보 및 관심 영역과 같은 중요한 데이터 정보 손실을 초래할 수 있다. 이러한 한계를 극복하기 위해 연구팀은 주성분 분석PCA 및 이산 웨이블릿 변환DWT을 기반으로 압축 도메인에서 이미지 분할 접근 방식을 제안했다.

연구팀은 JPEG2000에서 사용되는 웨이블릿 변환을 기반으로 압축 도메인을 적용하여 병리 이미지 분할을 수행했다. 타일별로 신경망을 사용하여 추론한 후, 웨이블릿 가중 앙상블WWE을 통해 전체 예측 이미지를 재구성했다. 이를 통해 저해상도 및 작은 관심 영역에서의 결과와 비교하여 고해상도 이미지와 큰 관심 영역에 대한 네트워크 학습이 가능해졌다. 실험 결과, 평균 Dice 점수, 픽셀 정확도 및 자카드Jaccard 점수가 각각 2.7%, 0.9%, 2.7% 증가하여 유의미한 성능 향상을 보였다.

이 연구는 압축 도메인에서의 딥러닝 기반 병리 이미지 분할이 기존 방식의 한계를 극복하고 정확도를 향상시킬 수 있음을 보여준다. 이는 대용량 병리 이미지 분석에 필요한 시간과 자원을 절약하고,

더 효율적인 암 진단 및 치료에 기여할 수 있을 것으로 기대된다.

잰 연구팀의 체계적 문헌고찰에 따르면, AI는 췌장암의 조기 진단과 예측에 있어 혁신적인 도구로 주목받고 있다.[155] 이 연구는 췌장암 진단 및 예측에 AI를 적용한 다양한 연구들을 분석하여 이 분야에서 AI의 잠재력과 현재의 한계점을 종합적으로 평가했다.

연구팀은 여러 데이터베이스에서 관련 연구들을 체계적으로 검토했으며, 최종적으로 25개의 연구를 분석에 포함시켰다. 이 연구들은 다양한 AI 기법을 활용하여 췌장암의 조기 진단, 위험 예측, 예후 예측 등을 시도했다. 특히 머신러닝과 딥러닝 알고리즘이 주로 사용되었으며, 이미지 분석, 유전체 데이터 분석, 전자건강기록 분석 등 다양한 접근 방식이 적용되었다.

이 연구는 AI가 의사의 직관을 데이터로 증폭시키는 렌즈임을 보여줬다. AI가 췌장암 진단의 정확도와 조기 발견 가능성을 크게 향상시킬 수 있음이 드러났다. 일부 연구에서는 AI 모델이 CT 또는 MRI 이미지에서 초기 단계의 췌장암을 식별하는 데 높은 성능을 보였으며, 이는 전문의의 진단 능력을 보완하고 강화할 수 있는 가능성을 시사한다.

AI 모델은 환자의 임상 정보, 유전체 정보, 생활습관 데이터 등을 통합적으로 분석하여 췌장암 발병 위험을 예측하는 데에도 활용될 수 있다. 이는 고위험군 환자를 조기에 식별하고 적절한 선별 검사 및 예방 조치를 취할 수 있게 함으로써, 췌장암의 조기 발견 및 치료 가능성을 높일 것이다.

그러나 이 연구는 현재 AI 기반 췌장암 진단 및 예측 모델들이 가진 몇 가지 한계점도 지적하고 있다. 첫째, 많은 연구들이 소규모 데이터셋을 사용하고 있어 모델의 일반화 가능성에 의문이 제기된다. 둘째, 대부분의 연구들이 후향적 데이터를 사용하고 있어, 실제 임상 환경에서의 성능을 검증하기 위한 전향적 연구가 필요하다. 셋째, AI 모델의 해석 가능성과 투명성이 부족하여, 의료진과 환자들이 모델의 예측 결과를 신뢰하고 이해하는 데 어려움이 있을 수 있다.

이 연구는 AI 기술이 췌장암 진단 및 예측 분야에서 가진 큰 잠재력과 함께, 이를 실현하기 위해 해결해야 할 과제들을 명확히 제시하고 있다. 향후 연구에서는 대규모 다기관 데이터를 활용한 모델 개발, 실제 임상 환경에서의 검증, 그리고 해석 가능한 AI 모델 개발 등에 초점을 맞춰야 할 것이다.

결론적으로 이 연구는 AI가 췌장암의 조기 진단과 예측에 혁신적인 변화를 가져올 수 있는 잠재력을 가지고 있음을 보여준다. 그러나 이러한 잠재력을 현실화하기 위해서는 더 많은 연구와 임상 검증이 필요하며, AI 기술과 의료 전문성의 효과적인 결합이 중요할 것이다. AI와 의사의 협력은 췌장암 진단의 새로운 지평을 열 것이다. 이 분야의 지속적인 발전은 췌장암 환자들의 생존율 향상과 삶의 질 개선에 크게 기여할 수 있을 것으로 기대된다.

내시경 영상
분석 시스템

션의 연구팀은 다기관 연구를 통해 대장 내시경 검사에서 딥러닝을 활용한 용종 감지 및 분류 시스템의 효과성을 입증했다. 이 연구는 딥러닝 기술이 대장암 조기 진단과 예방에 미칠 수 있는 혁신적인 영향력을 보여주는 중요한 결과를 제시했다.[156]

연구팀은 대만의 여러 병원에서 수집한 대규모 대장 내시경 이미지 데이터셋을 활용하여 딥러닝 모델을 개발하고 평가했다. 이 데이터셋은 다양한 용종 유형과 크기를 포함하고 있어, 모델의 일반화 능력을 향상시키는 데 기여했다. 데이터는 AI의 연료이자 지도다. 이러한 다양하고 풍부한 데이터셋은 모델의 성능을 크게 향상시켰다.

연구에서 개발된 딥러닝 모델은 용종 감지와 분류에서 모두 뛰어난 성능을 보였다. 특히 모델은 작은 크기의 용종이나 편평한 용종과 같이 인간 내시경 전문의가 놓치기 쉬운 병변을 효과적으로 감지했다. AI의 눈은 피로를 모른다. 이 모델은 장시간의 내시경 검사 동안에도 일관된 성능을 유지하는 장점을 보여줬다.

이 연구는 딥러닝 모델이 용종의 유형을 정확하게 분류할 수 있음을 보여줬다. 이는 임상적으로 중요한 의미를 갖는데, 용종의 유형에 따라 치료 방침이 달라지기 때문이다. 모델의 이러한 능력은 불필요한 조직 검사를 줄이고 적절한 치료 계획을 수립하는 데 도움을 줄 수 있다.

연구팀은 모델의 성능을 다양한 임상 상황에서 평가했다. 장 정결도가 떨어지는 경우나 빠른 내시경 조작이 필요한 경우에 모델의 성능을 테스트했다. 이는 실제 임상 환경에서 적용 가능성을 검증하는 중요한 단계였다. AI는 실험실을 넘어 진료실에서 빛을 발했다. 이러한 실제적인 검증은 모델의 임상 적용 가능성을 높였다.

그러나 이 연구는 몇 가지 한계점도 드러냈다. 첫째, 모델의 성능이 학습 데이터의 질과 다양성에 크게 의존했다. 따라서 더 많은 병원과 다양한 인구 집단에서 수집된 데이터로 모델을 지속적으로 개선할 필요가 있다. 둘째, 딥러닝 모델의 '블랙박스' 특성으로 인한 해석 가능성의 한계를 보였다. 이는 의료진이 모델의 결정을 이해하고 신뢰하는 데 어려움을 준다.

결론적으로 이 연구는 딥러닝 기술이 대장 내시경 검사의 정확성과 효율성을 크게 향상시킬 수 있음을 보여줬다. AI와 의사의 협력은 대장암 진단의 새로운 지평을 열었다.

앞으로의 연구에서는 더 다양한 임상 환경에서의 검증, 모델의 해석 가능성 향상, 그리고 실시간 분석 능력의 개선 등에 초점을 맞춰야 할 것이다. 이를 통해 딥러닝 기반 용종 감지 및 분류 시스템이 대장암 조기 진단과 예방에 더욱 효과적으로 기여할 수 있을 것으로 기대된다.

고려대학교 안암병원은 한국과학기술원KAIST과 공동으로 딥러닝 기술을 활용한 실시간 내시경 영상 분석 시스템을 개발했다. 이 시스템은 내시경 검사 중 실시간으로 병변을 감지하고 의료진에게 정확한 진단 정보를 제공하여 조기 발견율을 높인다. 특히 상부위장관 내시경 이미지를 97.58%의 정확도로 분류하고, 97.42%의 민감도와 99.66%의 특이도를 보이며 기존 내시경 검사보다 높은 정확도를 자랑한다.[157] 연구팀은 CNN 기법을 활용하여 내시경 영상에서 병변의 특징을 추출하고, 이를 기반으로 암 진단 모델을 개발했다. 이 모델은 기존 내시경 검사보다 높은 정확도와 민감도를 보여주며, 진단 시간 단축에도 효과적이다.

안암병원은 위암, 대장암뿐 아니라 식도암, 췌장암 등 다양한 소화기암 진단에 AI 기술을 적용하는 연구를 진행 중이다. 각 암종별 특징을 고려한 맞춤형 진단 모델 개발을 통해 진단 정확도를 향상시키고, 환자 맞춤형 치료 전략 수립에 기여하고자 한다. 췌담도 특수 내시경인 내시경적 역행성 담췌관 조영술에서는 AI 기반으로 십이지장 유두부의 위치를 파악하고 시술 난이도를 예측하는 기술을 개발하기도 했다.[158]

병리과 AI 기기의 강자

병리과 AI 기기 또한 놀라울 정도로 빠르게 발전하는 중이다. 당장 오늘 세계 최고의 기기가 다음 날이 되면 새로운 기기에 밀려 경쟁력을 잃는 각축장이 벌어지는 판국이다. 이런 상황에서 의사들도 의료행위에 사용할 기기와 그것을 만드는 기업을 신중하게 선택할 필요가 커졌다. 이 장이 그런 고민에 도움이 되길 바란다.

페이지, 디지털 병리학의 혁명을 이끄는 선구자

페이지Paige는 2017년 뉴욕에서 설립된 디지털 병리학 및 AI 기업으로, 암 진단의 정확성과 효율성을 혁신적으로 향상시키는 것을 목표로 하고 있다. 회사의 설립자들은 메모리얼 슬론 케터링 암센터Memorial Sloan Kettering Cancer Center의 연구진들로, 세계적인 수준의 임상 경험과 기술적 전문성을 바탕으로 회사를 창립했다.[159]

페이지의 설립 배경에는 현대 의료 시스템이 직면한 몇 가지 중요한 과제가 있다. 전세계적으로 암 발생률이 증가하고 있어 정확하고 신속한 진단의 필요성이 높아졌으며, 병리학자의 수가 부족하여 진단 지연 문제가 발생하고 있다. 인간의 판단에 의존하는 현재의 진단 방식은 오진의 가능성도 내포하고 있다. 페이지는 이러한 문제들을 해결하기 위해 AI 기술을 활용한 혁신적인 접근 방식을 도입했다.[160]

회사의 초기 발전 단계에서 주목할 만한 사건은 2019년 2월, 미국 뉴욕주 보건부로부터 디지털 병리 소프트웨어에 대한 승인을 받은 것이다. 이는 페이지가 실제 임상 환경에서 자사의 기술을 사용할 수 있게 된 중요한 이정표였다. 이어서 2021년 3월, AI 기반 암 진단 및 치료 프로그램인 페이지 프로스테이트Paige Prostate는 FDA으로부터 AI 기반 병리 진단 소프트웨어에 대한 최초의 승인을 받았다. 이는 회사의 기술적 우수성과 안전성을 공식적으로 인정받은 사건으로, 페이지의 시장 지위를 크게 강화시켰다.[161]

페이지의 핵심 기술은 디지털 병리학 슬라이드를 분석하는 AI 알고리즘에 있다. 이 알고리즘은 수백만 장의 병리 슬라이드 이미지를 학습하여 암의 유형과 악성도를 높은 정확도로 예측할 수 있다. 페이지의 주요 제품은 전립선 암 진단을 위한 페이지 프로스테이트, 유방암 진단을 위한 페이지 브레스트Paige Breast, 디지털병리 워크플로우를 관리하고 최적화하는 페이지 플랫폼Paige Platform, 고성능 디지털 병리 슬라이드 뷰어인 풀포커스FullFocus, 그리고 최근 도입된 슬라이드 수준의 기초 모델인 프리즘PRISM 등이 있다.[162]

페이지의 기술적 우수성은 대규모 데이터셋, 첨단 AI 알고리즘, 해석 가능한 AI, 그리고 확장성 등 다양한 측면에서 두드러진다. 100만 건 이상의 디지털화된 병리 슬라이드를 활용하여 AI 모델을 훈련시켰는데, 이는 업계에서 가장 큰 규모의 데이터셋 중 하나로, 모델의 정확성과 일반화 능력을 크게 향상시켰다.

페이지의 솔루션이 실제 임상 환경에서 보여준 효과는 주목할 만하다. 독립적인 연구에 따르면, 이 솔루션은 암 검출 오류를 70% 감소시켰으며, 진단 시간을 평균 65.5% 단축시켰다. 또 AI의 지원으로 병리학자에 대한 진단 신뢰도도 높아져, 두 번째 의견 요청은 39% 감소했다. 이는 의료 시스템의 효율성을 크게 향상시키는 결과를 가져왔다.[163]

글로벌 디지털 병리 시장은 2021년 기준 약 9억 달러 규모로 추정되며, 2028년까지 연평균 성장률CAGR 13.8%를 보이며 약 23억 달러 규모로 성장할 것으로 전망된다.[164] 이러한 시장에서 페이지는 선도적인 위치를 차지하고 있으며, 아이벡스 메디컬 애널리틱스IBEX Medical Analytics, 패스AI, 프리사이즈PreciseDx, 프로시아Proscia, 필립스 디지털 패솔로지 솔루션Philips Digital Pathology Solutions 등이 주요 경쟁사로 꼽힌다.

페이지는 다양한 기관 및 기업들과 전략적 파트너십을 맺어 기술력 강화와 시장 확대를 도모하고 있다. 2023년에는 필립스와 전략적 협력 관계를 체결하여 통합 솔루션을 제공하기로 했으며, 2022년에는 퀘스트 다이아그노스틱스Quest Diagnostics와 파트너십을 맺어 퀘스트 다이아그노스틱스의 광범위한 검사실 네트워크에 페이지의 기술을 도입하기로 했다.[165]

페이지는 지속적인 연구 개발을 통해 기술력을 강화하고 있다. 새로운 암 유형 대응, 멀티모달 AI, 설명 가능한 AI, 실시간 분석, AI 기반 예후 예측 등 다양한 영역에서 연구를 진행 중이다.[166]

페이지는 비공개 기업이지만, 여러 차례의 성공적인 투자 유치를 통해 회사의 성장 잠재력을 입증했다. 2023년 6월에는 1억 달러 규모의 시리즈 C 투자를 유치했으며, 이전에도 2018년 2월에 2,500만 달러, 2019년 12월에 4,500만 달러, 2021년 1월에 1억 달러의 투자를 유치한 바 있다.[167]

페이지는 미국 시장을 넘어 글로벌 시장으로의 확장을 적극적으로 추진하고 있다. CE 마크 인증을 획득하여 유럽 시장에 진출했으며, 아시아 주요 국가에서도 시장 진입을 추진 중이다. 또한 클라우드 기반의 원격 판독 서비스를 통해 지리적 제약을 극복하고 글로벌 시장에 서비스를 제공하고 있다.[168]

페이지가 직면한 주요 기술적 도전과제로는 데이터의 다양성 확보, 모델의 일반화 능력, 실시간 처리 능력, 설명 가능성 향상, 새로운 암 유형 대응 등이 있다. 회사는 이러한 도전과제들을 해결하기 위해 다양한 기술적 접근을 시도하고 있다.

AI를 의료 분야에 적용함에 있어 다양한 윤리적 문제가 제기될 수 있다. 페이지는 데이터 프라이버시, 알고리즘 편향, 책임 소재, 투명성 등의 문제에 대해 적극적으로 대응하고 있으며, 외부 전문가들로 구성된 윤리위원회를 운영하여 제품 개발 및 사용에 관한 윤리적 가이드라인을 수립하고 있다.

페이지의 미래 전망은 밝다. 종합적인 암 진단 플랫폼으로의 발전, 정밀 의료 지원, 실시간 진단 지원, 신약 개발 지원, 글로벌 의료 격차 해소, AI 기반 예방의학 등 다양한 방향으로의 발전이 예상된다.

결론적으로 페이지는 AI 기술을 활용하여 병리학 분야에 혁명적인 변화를 가져오고 있다. FDA 승인, 대규모 투자 유치, 글로벌 확장 등을 통해 시장에서도 선도적 위치를 확보했다. 또 지속적인 연구개발과 전략적 파트너십을 통해 기술력을 강화하고 있다. 페이지의 성공은 단순히 한 기업의 성공을 넘어, 의료 진단의 정확성과 효율성을 크게 향상시켜 궁극적으로는 환자의 생명을 구하고 삶의 질을 개선하는 데 기여할 것으로 기대된다.

딥러닝의 강자
패스AI

패스AI는 2016년 설립된 미국 보스턴에 본사를 둔 의료 AI 스타트업이다. 딥러닝 기술을 활용하여 암 진단 및 치료 반응 예측을 위한 병리 분석 플랫폼을 제공하며, 병리학 분야의 디지털 전환을 이끌고 있다. 패스AI의 플랫폼은 병리 슬라이드 이미지를 분석하여 암 세포의 유형, 등급, 분포 등을 정확하게 파악하고, 이를 바탕으로 의료진에게 정밀 진단 및 맞춤형 치료를 위한 정보를 제공한다.[169]

패스AI의 핵심 역량은 딥러닝 기반 병리 이미지 분석 기술과 방대한 병리 데이터셋에 있다. 패스AI는 딥러닝 기술을 통해 병리 슬라이드 이미지에서 암 세포의 특징을 정확하게 식별하고 분석한다. 전통적인 병리 분석 방법보다 정확하고 효율적인 분석 역량으로 의료진의 진단 정확도를 높인다. 다양한 의료기관과의 협력을 통해 방대한 양의 병리 데이터도 확보하고 있는데, 이는 딥러닝 모델 학습에 필수적인 요소이며 패스AI의 AI 모델 성능을 높인다.

패스AI는 사용자 친화적인 플랫폼과 뛰어난 확장성을 강점으로 내세우고 있다. 의료진이 쉽게 사용할 수 있는 직관적인 인터페이스를 제공하여 병리학 전문가뿐 아니라 일반 의료진도 쉽게 AI 기술을 활용할 수 있도록 하여 의료 접근성을 높이는 데 기여한다. 패스AI의 플랫폼은 다양한 암종 및 질병에 대한 분석 기능을 제공하며, 지속적인 연구 개발을 통해 새로운 기능을 추가하고 있다. 이는 패스AI의 플랫폼이 다양한 의료 분야에서 활용될 잠재력을 보여준다.[170]

패스AI는 AI 병리학 분야에서 선도적인 기업으로, 뛰어난 기술력과 혁신적인 솔루션을 바탕으로 빠르게 성장하고 있다. 특히 FDA 승인을 받은 AI 기반 병리 진단 소프트웨어를 통해 글로벌 시장에서 경쟁 우위를 확보하고 있다. 패스AI는 다양한 제약 회사, 의료기관, 연구 기관과 협력하여 AI 기반 병리 분석 솔루션을 개발하며 의료 분야의 혁신을 주도하고 있다. 활발한 연구로 새로운 AI 모델을 개발하고 기존 모델의 성능을 개선하여 시장 경쟁력을 강화하고 있다.

패스AI의 주요 제품 및 서비스로는 면역 항암제 치료 반응 예측을 위한 AI 기반 병리 분석 솔루션인 패스AI AIM-PD-L1, 암 진단을 위한 AI 기반 병리 분석 플랫폼인 패스AI AI사이트AISight, 제약 회사 및 연구 기관을 위한 AI 기반 병리 연구 플랫폼인 패스AI 리서치Research가 있다.[171]

그러나 패스AI는 데이터 편향성, 의료 규제 및 윤리적 문제, 경쟁 심화 등 몇 가지 취약점과 문제점을 안고 있다. AI 모델은 학습 데이터에 따라 성능이 크게 좌우되기 때문에 학습 데이터의 편향성은 AI 모델의 성능 저하를 초래할 수 있으며, 이는 패스AI가 해결해야 할 중요한 과제다. 의료 AI 분야는 엄격한 규제와 윤리적 문제에 직면해 있기 때문에 패스AI는 AI 모델의 안전성과 신뢰성을 확보하고 개인정보 보호 및 의료 윤리 문제를 해결하기 위한 노력을 지속해야 한다. AI 병리학 시장은 급속히 성장하고 있고 경쟁 또한 치열해지고 있다. 패스AI도 지속적인 기술 혁신과 차별화된 서비스를 유지해야 할 것이다.

패스AI가 직면한 주요 시장 위협으로는 기술 변화, 규제 변화, 경쟁 심화를 들 수 있다. AI 기술은 빠르게 발전하고 있으며, 새로운 기술이 등장할 때마다 기존 기술을 업데이트하고 새로운 기술을 도입해야 하는 과제에 직면한다. 의료 AI 분야는 엄격한 규제를 받고 있으며, 규제 변화에 따라 사업 전략 및 운영 방식에도 영향을 미칠 수 있다. 글로벌 기업들의 시장 진입으로 인해 경쟁은 더욱 치열해지고 있다. 패스AI는 가격 경쟁력, 기술 차별화, 마케팅 전략 등 다양한 측면에서 경쟁 우위를 확보해야 할 것이다.

패스AI는 AI 병리학 분야의 선두 주자이기에 지속적인 성장이 기대된다. 딥러닝 기술을 더욱 발전시켜 암 진단 및 치료 반응 예측의 정확도를 높이고, 새로운 질병 영역으로 사업을 확장할 것으로 예상된다. 앞으로 글로벌 시장에서의 입지를 더욱 강화하고, 다양한 의료기관과의 협력을 통해 의료 서비스의 질을 향상시키는 데 기여할 것이다.

AI 병리학의 콜럼버스
프로시아

프로시아는 2014년 미국 필라델피아에서 시작된 혁신적인 회사로, 디지털 병리학의 '콜럼버스'로 불릴 만큼 새로운 영역을 개척하고 있다. 주요 제품인 콘센트릭Concentriq은 클라우드 기반 디지털 병리학 플랫폼으로, 단순히 병리 슬라이드를 디지털 이미지로 변환하는 것을 넘어 심층학습 기술을 사용하여 병리학자의 눈과 손을 대체한다. 이 플랫폼은 암세포와 염증과 같은 다양한 병변을 정확하게 찾아내어 의료진에게 정확한 진단 정보를 제공한다.[172]

콘센트릭 플랫폼은 사용자 친화적인 인터페이스와 다양한 기능을 제공하여 병리학자의 업무 효율성을 높이고, 궁극적으로 환자에게 더 나은 진단 결과를 제공하는 데 기여한다. 프로시아는 다양한 의료기관, 제약 회사 및 연구소와 협력하여 디지털 병리학 솔루션의 새로운 지평을 열고 있다. 이러한 혁신적인 행보는 의료계에 신선한

충격을 주고 있다.[173]

하지만 프로시아의 항해가 항상 순조롭지는 않았다. 데이터 보안, 규제 준수 및 초기 투자 비용 등 극복해야 할 파도는 여전히 높다. 특히 클라우드 기반 플랫폼의 특성상 데이터 유출과 해킹의 위험이 항상 뒤따른다. 의료 AI 분야의 엄격한 규제는 또 다른 장애물이 될 수 있다. 그러나 프로시아는 이러한 도전과제를 극복하기 위해 끊임없이 노력하며 디지털 병리학의 선두 주자로 자리매김하고 있다.

경쟁도 치열하다. 디지털 병리학 시장은 빠르게 성장하고 있으며, 많은 경쟁자들이 프로시아를 바짝 추격하고 있다. AI 기술은 나날이 발전하고 있으며 규제 환경도 시시각각 변하고 있다. 이러한 상황에서 프로시아는 기술 혁신과 차별화된 서비스를 통해 경쟁 우위를 유지해야 하는 과제를 안고 있다.

그럼에도 불구하고 프로시아는 긍정적인 미래를 향해 나아가고 있다. 심층학습 기술을 더욱 발전시켜 암 진단 및 치료 반응 예측의 정확성을 높이고, 새로운 질병 영역으로 사업을 확장하며, 글로벌 시장에서의 입지를 더욱 강화할 계획이다. 궁극적인 목표는 AI 기술을 통해 병리학 분야를 혁신하고, 환자들에게 더 나은 의료 서비스를 제공하는 것이다. 이러한 노력은 의료 분야의 새로운 지평을 열고, 궁극적으로 인류 건강 개선에 기여할 것으로 기대된다.

픽셀 속에 숨겨진 진실을 밝히는 컨텍스트비전

1983년 스웨덴에서 시작된 이 혁신적인 기업은 디지털 병리학의 새로운 지평을 열고 있다. 마치 낡은 사진을 복원하는 전문가처럼 컨텍스트비전ContextVision은 AI 기반 이미지 향상 기술을 통해 흐릿하고 노이즈가 많은 의료영상을 선명하고 깨끗하게 변신시킨다. 의료영상 속에 숨겨진 미세한 병변이나 이상 징후를 더욱 명확하게 드러내 의료진의 진단 정확도를 높인다.

이러한 혁신의 중심에는 30년 이상 축적된 이미지 프로세싱 기술 노하우와 최첨단 AI 기술의 결합이 있다. 마치 연금술사처럼 이미지 데이터를 분석하고 처리하여 최적의 화질을 구현하는 GOPiCE 플랫폼은 다양한 의료영상 모달리티에 적용 가능한 유연성과 확장성을 제공하며, 딥러닝 알고리즘을 통해 이미지 품질을 획기적으로 개선한다. 이는 의료진에게 더욱 정확하고 신뢰할 수 있는 진단 정보를 제공하여 환자 치료에 기여한다.

컨텍스트비전은 의료영상 화질 개선이라는 틈새시장을 공략하여 독보적인 경쟁력을 확보하고 있다. 대부분의 의료 AI 기업들이 질병 진단에 초점을 맞추는 반면, 컨텍스트비전은 영상 품질 개선을 통해 진단 정확도를 높이는 차별화된 접근 방식을 취하고 있다. 이는 의료영상 장비 제조사, PACS(의료영상 저장 및 전송 시스템) 공급업체, 의료기관 등 다양한 고객층에게 어필하며 시장 점유율을 확대하고 있다.

컨텍스트비전의 대표적인 제품으로는 GOPiCE 플랫폼을 기반으로 한 다양한 이미지 향상 솔루션이 있다. 리벤트Rivent는 X-ray 영상의 화질을 개선하여 폐암, 골절 등 다양한 질환의 진단 정확도를 높이는 데 기여하며, 알툼Altum은 디지털 유방 촬영술mammography 영상의 화질을 개선하여 유방암 조기 진단에 도움을 준다. 이 외에도 초음파, MRI, CT 등 다양한 의료영상 모달리티에 적용 가능한 이미지 향상 솔루션을 제공하고 있다.[174]

그러나 컨텍스트비전은 규모가 작은 기업으로, 대규모 자본과 인력을 필요로 하는 연구 개발 및 마케팅 활동에 제약이 있을 수 있다. 또한 핵심 기술인 이미지 프로세싱 기술에 대한 의존도가 높아, 기술 경쟁력을 유지하기 위한 지속적인 노력이 필요하다. 게다가 의료 AI 시장의 성장과 함께 새로운 경쟁자들이 등장할 가능성이 있으며, 의료 AI 분야의 규제 변화는 컨텍스트비전의 사업 전략 및 운영 방식에 영향을 미친다. 특히 개인정보 보호 및 데이터 보안에 대한 규제 강화는 클라우드 기반 서비스에 대한 우려를 증폭시킬 수 있다.

그럼에도 불구하고, 컨텍스트비전은 의료영상 화질 개선 분야에서 쌓아온 기술력과 경험을 바탕으로 지속적인 성장이 기대된다. 딥러닝 기술을 활용한 이미지 향상 솔루션은 의료영상의 가치를 극대화하고 의료진의 진단 정확도를 높이는 데 기여할 것이다. 클라우드 기반 플랫폼을 통해 의료영상 데이터 관리 및 분석의 효율성을 높이고 의료기관 간의 협업을 촉진할 수 있다.

컨텍스트비전은 기술 경쟁력 유지, 규제 변화 대응, 새로운 시장 개척 등 다양한 과제를 해결해야 하지만, 지속적인 연구 개발 투자와 글로벌 파트너십 강화를 통해 이러한 도전을 극복하고 의료영상 분야의 혁신을 이끌어갈 것으로 기대된다.

한국 AI 병리학

한국은 IT와 의료기술을 무기로 AI 병리학 분야에서 놀라운 성과를 보여주고 있다. 단순히 기술적인 자랑을 넘어 실제로 환자들의 생명을 구하는 데 기여하고 있다. 이 기업들 덕분에 암 진단은 정확해지고, 의사들은 효율적으로 일할 수 있으며, 결국 환자들은 건강해지는 것이다. 앞으로 더 많은 한국 기업들이 이 분야에서 활약하며 K-의료의 위상을 드높일 것이라고 기대된다.

루닛의 AI 닥터, 암 정복의 새로운 희망

2013년, 루닛은 AI 기술로 암과의 전쟁에서 승리하겠다는 야심 찬 목표를 가지고 세상에 등장했다. 이들은 딥러닝 기술을 활용하여 암 진단 및 치료 분야에서 혁신적인 솔루션을 개발하고 있으며, 특히 흉부 X-ray와 유방촬영 이미지 분석에 특화된 AI 솔루션으로 주목받고 있다. 루닛은 단순히 이미지를 분석하는 것을 넘어 의료진의 눈으로는 놓칠 수 있는 미세한 병변까지 찾아내어 조기 진단의 가능성을 높이고, 환자 맞춤형 치료 전략 수립에 기여하고 있다. 암세포를 샅샅이 뒤지는 루닛의 AI는 암과의 전쟁에서 든든한 조력자 역할을 하고 있다.

루닛의 핵심 역량은 단연 딥러닝 기술이다. 방대한 양의 의료 데이터를 학습한 AI는 암의 징후를 정확하게 포착하고 의료진에게 정확한 진단 정보를 제공한다. 이는 암 진단의 정확도를 높이고 조기 발견율을 향상시켜 환자의 생존율을 높이는 데 기여한다. 루닛의 AI는 의사처럼 끊임없이 학습하고 성장하며 더욱 정확하고 효율적인 진단을 가능하게 한다.

루닛의 AI 솔루션은 높은 정확도, 빠른 분석 속도, 사용자 친화적인 인터페이스라는 삼박자를 고루 갖추고 있다. 루닛 인사이트 CXR은 흉부 X-ray 영상에서 폐 결절을 97% 이상의 정확도로 검출하며, 루닛 인사이트 MMG는 유방암 진단에 있어 방사선 전문의의 판독 정확도를 높이는 데 기여한다. 루닛의 AI는 빠른 분석 속도를 자랑하며, 의료진의 업무 효율성을 획기적으로 향상시킨다. 직관적인 인터페이스는 의료진이 쉽게 AI 솔루션을 활용할 수 있도록 돕는다.[175]

루닛은 흉부 X선과 유방촬영 이미지를 분석하는 AI 솔루션을 개발하여 암 진단의 정확도를 높이고 있다. 루닛 인사이트 CXR은 폐

결절을 검출하고, 루닛 인사이트 MMG는 유방암을 발견하는 데 도움을 주며, 루닛 스코프는 병리 슬라이드를 분석하여 암을 찾아낸다. 이 제품들은 FDA와 CE 인증을 받아 글로벌 시장에서 인정받고 있다.[176]

루닛 스코프는 전세계 여러 병원에서 활발하게 사용되고 있다. 강남세브란스병원은 2021년부터 루닛 스코프를 도입하여 병리 슬라이드 이미지 분석에 활용하고 있다. 특히 유방암 병리 진단에 있어 진단 정확도를 높이는 데 기여한다. 서울성모병원 또한 루닛 스코프를 활용하여 암 진단 및 연구를 진행하고 있다. 분당서울대학교병원 역시 루닛 스코프를 도입하여 병리과 의사들의 업무 효율성을 높이고 암 진단 정확도 향상에 기여하고 있다. 미국 노스웨스턴대학교, 캐나다 유니버시티헬스네트워크, 싱가포르국립대학교병원 등에서도 루닛 스코프를 도입하여 암 진단 및 연구에 활용하고 있다.[177]

루닛 스코프는 높은 정확도, 빠른 분석 속도, 사용자 친화적인 인터페이스, 다양한 암종 지원, 지속적인 업데이트 등의 장점을 바탕으로 의료진들로부터 긍정적인 평가를 받고 있다. 딥러닝 알고리즘을 기반으로 높은 정확도로 암 조직을 식별하고 분석하며, 병리 슬라이드 이미지 분석 시간을 단축하여 병리과 의사들의 업무 효율성을 높인다. 직관적인 인터페이스를 제공하여 사용하기 쉽고, 유방암, 폐암, 위암 등 다양한 암종에 대한 분석 기능을 제공하며, 딥러닝 모델을 지속적으로 업데이트하여 성능을 향상시키고 있다.

루닛은 FDA 승인과 CE 인증을 획득한 루닛의 AI 솔루션은 전세계 40여 개국, 1,000여 개 이상의 의료기관에서 사용되고 있다. 이는 루닛의 기술력과 제품의 우수성을 입증하는 동시에 한국 의료 AI 기술의 세계적인 경쟁력을 보여주는 사례다.

그러나 루닛은 딥러닝 기술 기반 기업으로서 고품질의 다양한 의료 데이터 확보가 필수적이다. 개인정보 보호 문제와 의료 데이터 공유의 어려움은 루닛이 극복해야 할 과제다. 의료 AI 분야의 규제는 기술 발전 속도를 따라가지 못하고 있으며 이는 루닛의 사업 확장에 걸림돌이 될 수 있다. 글로벌 시장에서의 경쟁 심화도 루닛이 직면한 또 다른 도전이다.

저가공세로 시장을 교란하는 인도와 중국 기업들의 도전도 만만치 않다. 정글과 같은 글로벌 경쟁에서 루닛은 실력으로 당당히 승부를 내야한다. K-의료의 장점인 합리적인 가격에 최상의 품질을 보장하고 최고의 AS를 제공할 것이라 기대한다.

암 정복이 꿈이라는 루닛은 이 목표를 향해 끊임없이 나아가고 있다. 딥러닝 기술을 고도화하고 다양한 암종에 대한 AI 솔루션을 개발하며 글로벌 시장에서의 입지를 더욱 확대해나갈 것이다. 특히, 최근에는 유방암 검진 분야의 글로벌 기업인 볼파라 헬스 테크놀로지Volpara Health Technologies를 인수하며, 유방암 진단 및 치료 분야에서의 경쟁력을 강화하고 있다.[178] 루닛은 AI 기술을 통해 암 진단 및 치료 분야의 혁신을 이끌어나가며 인류의 건강 증진에 기여하는 기업으로 성장할 것이다.

딥바이오 AI,
전립선암 진단의 판도를 바꾸다

중년 남성이 되었다면 한 번쯤은 들어봤을 법한 단어, 전립선암. 딥바이오는 바로 이 전립선암 진단에 특화된 AI 솔루션을 개발하는 혁신적인 기업이다. 2017년 설립된 이후 전립선암 진단의 정확도를 높이고 의료진의 효율성을 증진시키는 데 앞장서고 있다.[179] 딥바이오의 AI는 전립선 조직 슬라이드 이미지를 분석하여 암세포를 찾아내고 그 악성도를 예측한다. 이는 전립선암 진단의 새로운 패러다임을 제시하며 남성 건강 증진에 크게 기여하고 있다.

딥바이오의 핵심 기술은 단연 딥러닝이다. 딥바이오는 방대한 양의 전립선 조직 슬라이드 이미지 데이터를 학습시켜 암세포의 특징을 정확하게 파악하고 분류하는 AI 모델을 개발했다. 이 모델은 병리과 전문의의 눈으로도 놓치기 쉬운 미세한 암세포까지 찾아내어 진단 정확도를 높이고, 암의 악성도를 예측하여 맞춤형 치료 전략 수립에 도움을 준다. 딥바이오의 AI는 마치 병리과 전문의의 옆에서 묵묵히 일하는 'AI 조수'와 같다.

딥바이오의 강점은 딥러닝 기술을 기반으로 한 높은 정확도와 효율성이다. 딥바이오의 AI 모델은 숙련된 병리과 전문의 수준의 정확도를 보여주며, 진단 시간을 단축하여 의료진의 업무 효율성을 높인다. 딥바이오의 AI 모델은 다양한 전립선암 유형에 대한 학습을 통해 높은 확장성을 가지고 있으며 이는 다양한 환자들에게 맞춤형 진단 및 치료를 제공하는 데 기여한다.

딥바이오는 전립선암 진단 분야에서 독보적인 경쟁력을 확보하고 있다. 특히 전립선암 진단에 특화된 AI 솔루션은 딥바이오만의 강점이며 다른 경쟁사들과 차별화되는 요소다. 딥바이오는 FDA 승인을 획득하여 글로벌 시장에서의 신뢰성을 확보했다. 전세계 의료기관과 협력하여 솔루션의 효과를 입증하고 있다. 이러한 성과들은 전립선암 진단 분야의 '게임 체인저'로 자리매김하는 데 기여하고 있다.[180]

딥바이오는 딥러닝 기반 기업으로서 고품질의 다양한 의료 데이터를 필수적으로 확보해야 한다. 그러나 개인정보 보호 문제와 의료 데이터 공유의 어려움은 딥바이오가 극복해야 할 과제다. 의료 AI 분야의 규제는 기술 발전 속도를 따라가지 못하고 있으며, 이는 딥바이오의 사업 확장에 걸림돌이 될 수 있다. 딥바이오는 이러한 규제 변화에 발 빠르게 대응하고 윤리적인 AI 활용 방안을 모색해야 한다. 전립선암 진단 시장은 경쟁이 치열해지고 있기에 새로운 기술과 솔루션이 등장할 가능성이 높다. 딥바이오는 지속적인 연구 개발을 통해 기술 경쟁력을 유지하고, 시장 변화에 유연하게 대응해야 한다.

딥바이오는 전립선암 진단 분야에서 혁신적인 변화를 이끌고 있으며, 앞으로 더욱 성장할 것으로 기대된다. AI 기술을 더욱 발전시켜 진단 정확도를 높이고, 다양한 암종으로 사업 영역을 확장할 계획이다. 딥바이오는 글로벌 시장 진출을 가속화하고, 다양한 의료기관과의 협력을 통해 암 진단 및 치료 분야에서 선도적인 역할을 수행할 것으로 기대된다.[181]

딥바이오는 암 정복이라는 인류의 오랜 숙원을 해결하기 위한 끊임없는 노력을 통해 건강한 사회를 만드는 데 기여할 것이다. 딥바이오의 혁신적인 AI 기술은 전립선암 진단 분야를 넘어 폭넓은 의료 분야에서 활용될 잠재력을 가지고 있다. 딥바이오의 미래는 밝고, 그들의 혁신은 계속될 것이다.

피노맥스, 병리학계의 넷플릭스

2017년 설립된 피노맥스PhenoMx는 '병리학계의 넷플릭스'를 꿈꾸며 AI 기반 디지털 병리 플랫폼 시장에 출사표를 던졌다. 넷플릭스가 전세계 영화와 드라마를 안방으로 가져다주듯, 피노맥스는 병원에 쌓여 있는 수많은 병리 슬라이드를 디지털 세상으로 불러온다. 단순히 슬라이드를 디지털화하는 데 그치지 않고 AI 기술을 활용하여 암 진단 및 연구를 위한 강력한 도구를 제공한다. 이제 병리학자들은 언제 어디서든 클라우드에 저장된 병리 이미지를 열람하고 분석할 수 있으며, AI의 도움을 받아 더욱 정확하고 효율적인 진단을 내릴 수 있다.[182]

피노맥스의 핵심 기술은 AI 기반 병리 이미지 분석이다. 딥러닝 알고리즘을 통해 암세포를 비롯한 다양한 병변을 정확하게 식별하고, 그 특징을 분석하여 의료진에게 진단 정보를 제공한다. 이는 마치 병리학자에게 'AI 현미경'을 선물하는 것과 같다. 기존에는 현미경으로 일일이 슬라이드를 관찰해야 했지만, 이제는 AI가 병변을 찾아내고 분석하여 진단 시간을 단축하고 정확도를 높이는 데 기여한다.[183]

피노맥스의 강점은 사용자 친화적인 플랫폼과 정확한 AI 분석, 그리고 협업 기능에 있다. 피노맥스의 플랫폼은 직관적인 인터페이스를 제공하여 병리학자가 쉽게 사용할 수 있도록 설계되었다. AI 기반 이미지 분석 기술은 숙련된 병리학자 수준의 정확도를 보여주며, 빠른 분석 속도로 의료진의 업무 효율성을 높인다. 특히, 플랫폼 내 협업 기능은 여러 병리학자가 동시에 슬라이드를 검토하고 의견을 공유할 수 있도록 하여, 진단 정확도를 더욱 높이는 데 기여한다.[184]

피노맥스는 디지털 병리 시장에서 빠르게 성장하며 주목받는 기업이다. 특히 한국 시장에서는 높은 기술력과 사용자 친화적인 플랫폼을 바탕으로 빠르게 시장 점유율을 확대했다. 글로벌 시장 진출에도 적극적으로 나서고 있으며, 유럽, 미국 등 주요 시장에서도 성공적인 레퍼런스를 확보하고 있다. 피노맥스는 디지털 병리 시장의 다크호스로 떠오르며 기존 강자들을 위협하는 존재로 부상했다.

피노맥스는 딥러닝 기반 기업으로서 고품질의 다양한 병리 데이터 확보가 필수적이다. 그러나 개인정보 보호 문제와 의료 데이터 공유의 어려움은 피노맥스가 극복해야 할 과제다. 의료 AI 분야의 규제는 기술 발전 속도를 따라가지 못하고 있다. 이는 피노맥스의 사업 확장에 걸림돌이 된다.

디지털 병리 시장은 빠르게 성장하고 있으며 글로벌 기업들의 경쟁도 치열해지고 있다. 필립스, 로슈 등 거대 헬스케어 기업들은 막

대한 자본과 기술력을 바탕으로 디지털 병리 시장에 진출하고 있어 피노맥스에게 큰 위협이 될 수 있다. AI 기술의 발전 속도가 매우 빨라 끊임없는 연구 개발을 통해 경쟁력을 유지해야 하는 과제도 안고 있다.

피노맥스는 디지털 병리 시장에서 혁신적인 솔루션을 제공하며 빠르게 성장하고 있다. 앞으로 딥러닝 기술을 더욱 고도화하고, 다양한 질병 영역으로 사업을 확장하며 글로벌 시장에서의 입지를 더욱 강화해나갈 것으로 기대된다. 특히 피노맥스는 병리 데이터 공유 플랫폼을 구축하여 의료기관 간의 협업을 촉진하고, 암 연구 및 치료 분야에 새로운 가능성을 제시할 것이다.

피노맥스는 인류의 오랜 숙원인 암 정복을 해결하려는 끊임없는 노력을 통해 건강한 사회를 만드는 데 기여할 것이다. 혁신적인 AI 기술은 병리학 분야를 넘어 폭넓은 의료 분야에서 활용될 잠재력을 가지고 있다. 피노맥스의 미래는 밝고 혁신은 계속될 것이다.

병리과의사의 운명

인간의 지적 능력을 뛰어넘는 슈퍼 AI의 등장은 의료계 전반에 걸쳐 혁신적인 변화를 예고하고 있다. 특히 병리학 분야에서 AI의 역할은 더욱 주목받는다. 슈퍼 AI는 방대한 양의 의료 데이터를 초고속으로 처리하고 분석하여 질병의 미세한 징후까지 놓치지 않고 찾아내는 능력을 갖췄다.

모든 기존 의학 논문, 사례 연구, 유전체 정보 등을 종합하여 정확한 진단과 예측을 제공하며, 인간보다 더 정확하고 빠르게 미세한 조직학적 변화나 희귀질환의 패턴을 식별한다. 병리학 데이터를 다른 의학 분야의 정보와 통합 분석하여 종합적인 진단을 제시하며, 24시간 쉬지 않고 지속적으로 작업하여 진단 속도와 효율성을 크게 향상시킬 수 있다.

그러나 슈퍼 AI가 병리과 의사를 완전히 대체할 가능성은 낮다.

병리 진단은 단순히 이미지 분석만으로 이루어지는 것이 아니라 환자의 병력, 임상 증상, 다른 검사 결과 등 다양한 정보를 종합적으로 고려해야 하는 복잡한 과정이다. 특히 비정형적이거나 전례 없는 사례에 대해서는 인간의 직관과 경험이 중요한 역할을 한다. 진단 결과가 환자의 삶에 미치는 영향을 고려한 윤리적 결정은 여전히 인간의 몫이다. 진단 결과를 환자에게 설명하고 공감을 표현하는 것은 인간 의사만이 할 수 있는 중요한 역할이다.

슈퍼 AI 시대에도 인간 병리과의사의 역할은 여전히 중요하다. 인간은 AI의 진단 결과를 검증하고 최종 확인하는 역할을 맡게 될 것이다. 새로운 진단 방법이나 치료법 개발에 있어 인간의 창의성은 여전히 중요하기에 AI 시스템 감독 및 연구 개발에도 인간은 적극적으로 참여할 것이다.

결론적으로 슈퍼 AI는 병리과의사들과 강력한 시너지를 형성하는 협업 파트너가 될 것이다. 인간 의사의 전문 지식과 경험, 그리고 슈퍼 AI의 뛰어난 분석 능력이 결합된다면, 미래의 병리 진단은 더욱 정확하고 효율적이며 환자 중심적인 방향으로 발전할 수 있다.

물론 슈퍼 AI의 판단 결과에 대한 윤리적, 법적 책임 문제는 여전히 풀어야 할 숙제로 남아 있다. 이러한 문제를 해결하기 위해서는 의료계, AI 개발자, 정책 입안자, 윤리학자 등 다양한 분야의 전문가들이 함께 협력하여 사회적 합의를 이끌어내야 할 것이다. 슈퍼 AI와 인간 병리과 의사의 협업 모델은 미래 의료의 새로운 패러다임을 제시하며 궁극적으로 환자들에게 더 나은 의료 서비스를 제공하는 데 기여할 것이다.

AI 기술 발전 속도에 적응하지 못하는 병리과의사는 경쟁에서 뒤처질 수 있다. AI는 빠르게 발전하고 있으며, 이러한 변화에 적응하고 AI를 활용하는 능력은 병리과 의사에게 필수적인 역량이 될 것이다. AI는 딥러닝 알고리즘을 통해 방대한 양의 데이터를 학습하고, 인간의 눈으로는 놓칠 수 있는 미세한 병변까지 감지하여 진단 정확도를 높인다.

AI를 활용하지 못하는 의사는 상대적으로 낮은 진단 정확도와 효율성을 보일 수 있다. AI는 병리 슬라이드 분석 속도를 높여 의사의 업무 부담을 줄이고, 더 많은 환자를 진료하도록 돕는다. AI를 활용하지 못하는 의사는 업무 처리 속도가 느려 경쟁에서 뒤처질 것이다. AI 기술은 지속적으로 발전하고 있으며, 새로운 진단 기법과 치료법 개발에도 활용된다. AI를 활용하지 못하는 의사는 이러한 새로운 지식 및 기술 습득 기회를 놓칠 수 있다. 환자들은 AI 기술을 활용하여 더 정확하고 빠른 진단을 제공하는 의사를 선호할 것이다. AI를 활용하지 못하는 의사는 환자들에게 신뢰를 잃을 가능성이 높다.

따라서 AI 문맹 병리과의사는 AI 활용 능력을 향상시키기 위해 노력해야 한다. AI 관련 교육 프로그램에 참여하거나 AI 관련 학회 및 세미나에 참석하여 최신 지견을 습득하고, AI를 활용한 연구에 참여하는 등 다양한 방법을 통해 AI 역량을 강화해야 한다. AI 시대에 발맞춰 끊임없이 배우고 발전하는 자세를 갖춘 병리과의사만이 미래 의료 환경에서 경쟁력을 유지하고 환자들에게 최상의 의료 서비스를 제공할 수 있을 것이다.

AI를 병리과 비서로 두기 위한 모든 것

AI 시대의 병리학자는 현미경을 넘어 디지털 기술과 AI 분야를 아우르는 폭넓은 지식을 갖추어야 한다. 이는 단순히 새로운 도구를 다루는 것을 넘어, 의학과 기술의 융합을 통해 진단의 정확성과 효율성을 높이는 새로운 패러다임의 시작을 의미한다.

먼저 병리학 관련 AI 지식의 습득이 필수적이다. 디지털 병리 이미지에 대한 깊이 있는 이해는 현대 병리학자의 기본 소양이 되었다. 이를 위해 디지털 이미징 기술에 관한 온라인 강좌를 수강하거나 디지털 병리 학회에 참석하는 것이 효과적이다. 국제디지털병리협회Digital Pathology Association에서 제공하는 교육 프로그램은 이 분야의 최신 지식을 얻을 수 있는 좋은 기회다.[185]

AI 기반 이미지 분석 기법의 이해도 중요하다. 컴퓨터 비전과 이미지 처리의 기초를 학습하고, 의료영상 분석을 위한 AI 기법에 관한 최신 연구 동향을 파악해야 한다. 〈네이처 메디신Nature Medicine〉이나 〈병리정보학 저널Journal of Pathology Informatics〉과 같은 저널에 실리는 관련 논문들을 정기적으로 읽는 것도 도움이 될 수 있다.[186]

AI 병리 진단 솔루션의 활용 능력도 갖추어야 한다. 다양한 AI 솔루션을 직접 체험해보고, 가능하다면 AI 솔루션 개발 기업과의 협력을 통해 실무 경험을 쌓는 것이 좋다. 페이지나 프로시아와 같은 기업들이 제공하는 AI 병리 진단 솔루션을 살펴보는 것도 좋은 방법이다.[187]

AI 모델의 평가와 검증 능력도 필수적이다. 의료 AI 모델 평가에 관한 가이드라인을 학습하고, 실제 평가 프로젝트에 참여해보는 것이다. 미국 FDA에서 발표한 〈인공지능/기계학습 기반 의료기기 소프트웨어 실행 계획Artificial Intelligence/Machine Learning(AI/ML)-Based Software as a Medical Device(SaMD) Action Plan〉과 같은 문서를 참고하면 AI 의료기기의 평가 기준에 대해 자세히 알 수 있다.[188]

일반적인 AI 지식도 병리학자에게 필요하다. 딥러닝의 기초를 이해하고, 프로그래밍 언어를 학습하며, 데이터 과학의 기본을 익혀야 한다. 이안 굿펠로우Ian Goodfellow 외 2인의 저서 《심층학습Deep Learning》이나 코세라Coursera의 '딥러닝 전문과정Deep Learning Specialization' 과정은 딥러닝을 시작하는 데 좋은 자료다.[189]

AI 윤리에 대한 이해도 중요하다. AI 기술의 발전과 함께 제기되는 윤리적 문제들에 대해 고민하고, 이를 실제 의료 현장에 적용할 수 있어야 한다. 영국 왕립의학회Royal Society of Medicine에서 주최하는 AI 윤리 관련 세미나에 참석하는 것도 좋은 방법이다.[190]

이러한 지식을 습득하는 과정은 단순히 개인적인 학습에 그치지 않아야 한다. 다학제적 협력을 통해 컴퓨터 공학자, 데이터 과학자와의 협업 프로젝트에 참여하고, AI 개발팀과 정기적으로 교류하며 다른 의료 분야 전문가들과 협력하여 AI의 응용 범위를 확대해나가야 한다.

실무 중심의 학습도 중요하다. AI 기반 병리 진단 시스템을 실제로 사용해보고, 그 성능을 기존의 진단 결과와 비교 분석하며, AI 시스템의 한계와 오류 사례를 연구해야 한다. 이를 통해 AI의 장단점을 정확히 파악하고 이를 보완하는 방법을 개발할 수 있다.

마지막으로, 습득한 지식을 다음 세대에게 전수하는 것도 중요하다. 후배 병리학자들에게 AI 관련 지식을 가르치고, AI 기반 병리 진단 관련 교육 프로그램을 개발하며, 의과대학생과 전공의를 위한 AI 병리학 커리큘럼을 만드는 데 기여해야 한다.

이러한 다각도의 노력을 통해 AI 시대의 병리학자는 전통적인 의학 지식과 첨단 AI 기술을 융합하여 더욱 정확하고 효율적인 진단을 수행할 수 있게 될 것이다. 나아가 AI 기술의 한계를 이해하고 이를 보완하는 역할을 수행함으로써, 궁극적으로는 환자 진료의 질을 높이는 데 크게 기여할 수 있을 것이다. 이는 단순히 개인의 역량 강화를 넘어, 의료 분야 전반의 발전을 이끄는 원동력이 될 것이다.

병리학의사의 미래

병리학은 생명의 미시 세계를 탐구하는 학문이다. 이 분야에 AI라는 강력한 지원군이 등장하면서 혁신적인 변화가 일어나고 있다. AI는 병리 슬라이드 속 질병의 단서를 찾아내고 의사의 진단을 돕는 셜록 홈즈와 왓슨의 역할을 동시에 수행한다. AI의 등장은 병리학의 도약과 의료 서비스의 질 향상에 기여하고 있다.

미래의 병리과는 AI의 활약으로 더욱 정확하고 효율적인 진단 시스템을 갖추게 될 것이다. AI는 수많은 병리 슬라이드를 신속하게 분석하여 질병의 징후를 찾아내고, 그 특징을 분석하여 진단을 돕는다. 오늘날 누구나 돋보기 대신 최첨단 망원경을 사용하는 것처럼, 병리학자는 AI의 도움으로 더욱 정확하고 효율적인 진단을 내릴 것이다.

AI의 등장으로 병리학 전문가의 역할은 더욱 확장될 것이다. 단순히 현미경을 들여다보는 것을 넘어, AI와 협력하여 질병을 진단하고 치료하는 전문가로서의 역할을 수행하게 된다. AI는 방대한 의료 데이터를 분석하여 질병의 패턴을 파악하고 예후를 예측하여 의사의 의사결정을 지원한다. 병리학 전문가는 AI의 분석 결과를 토대로 환자에게 최적화된 치료 계획을 수립하고 치료 효과를 모니터링하며 새로운 치료법 개발에도 참여할 수 있다. AI와 병리학 전문가의 협업은 의료 서비스의 질을 향상시켜 새로운 시대를 열 것이다.

AI는 암 치료 분야에서도 새로운 가능성을 제시한다. 환자의 유전체 정보, 병리 이미지, 임상 데이터 등을 종합적으로 분석하여 환자에게 가장 적합한 치료법을 제시하는 '맞춤형 치료'를 가능하게 한다. 이는 암 치료의 효과를 극대화하고 부작용을 최소화하여 환자의 삶의 질을 높이는 데 기여한다. AI는 암 환자에게 희망을 주는 맞춤형 치료의 길잡이 역할을 할 것이다.

AI 병리학은 의료 격차 해소에도 기여한다. 병리 전문의가 부족한 지역이나 개발도상국에서 AI는 병리 진단을 지원하여 의료 접근성을 높이는 데 도움을 줄 수 있다. 객관적이고 일관된 진단 결과를 제공하여 진단의 정확성을 높이고 의료 서비스의 질을 향상시키는 데 기여한다. AI의 발전은 저렴하고 효율적인 병리 서비스를 가능하게 하여 더 많은 사람들이 양질의 의료 서비스를 받을 수 있도록 한다.

AI는 병리학 분야의 효율성을 증대하고, 더 많은 환자에게 병리 서비스를 제공할 수 있도록 돕는다. 이는 병리학 전문가의 역할을 축소시키는 것이 아니라 오히려 병리학적 진단의 최종 판단을 내리는 전문가의 수요를 증가시키는 결과를 가져온다. AI는 병리학 전문가의 업무 효율성을 높여 더 많은 환자를 진료할 수 있도록 돕고, 복잡하고 어려운 사례에 집중할 수 있도록 지원한다. 따라서 AI의 발전은 병리학 분야의 성장을 촉진하고 병리학 전문가의 수요를 증가시키는 긍정적인 영향을 미칠 것이다.

AI 병리학의 발전은 새로운 도전과제도 안고 있다. AI 모델의 성능 향상을 위한 양질의 의료 데이터 확보, 개인정보 보호 및 데이터 보안 강화, AI 윤리 문제 해결 등은 풀어야 할 숙제이다. 하지만 이러한 도전은 AI 병리학 발전의 밑거름이 될 것이다.

AI 병리학은 의료 서비스의 질을 획기적으로 향상시키고 있으며, 이는 궁극적으로 환자의 건강과 삶의 질을 높이는 데 기여한다. AI와 병리학 전문가의 협업은 미래 의료의 새로운 지평을 열고 있다. 기술의 발전은 병리학 분야를 넘어 의료 전반에 걸쳐 혁신을 이끌어 갈 것이다. AI 병리학의 미래는 밝고 그 가능성은 무궁무진하다.

6장

안과 AI,
시력을 지키는 파수꾼

✦ ✦ ✦

안과 영역에서 AI는 질병 진단의 정확성을 높이고 개인 맞춤형 치료 계획 수립을 가능하게 하며 질병 예후 예측을 통해 효과적인 환자 관리를 돕는다. 이외에도 다양한 방식으로 활용되고 있다. 특히 딥러닝 기반 이미지 분석 기술은 안저 사진이나 OCT^{Optical Coherence Tomography} 영상에서 미세한 병변을 감지하고 질병 진행 단계를 정확하게 분류하여 망막질환, 녹내장, 각막질환 등 다양한 안과질환 진단에 활용된다.

굴샨의 연구팀은 12만 8,175개의 안저 사진 데이터셋을 사용하여 당뇨망막병증 진단 딥러닝 모델을 학습시키고 안과 전문의와 비교하여 높은 민감도와 특이도를 달성함으로써 AI의 망막질환 진단 능력을 입증했다.[191]

팅의 연구팀은 다양한 인종의 당뇨병 환자 망막 이미지 데이터셋을 사용하여 당뇨망막병증 및 관련 안과질환 진단 딥러닝 시스템을 개발하고 다양한 인종에 대한 높은 진단 정확도를 달성함으로써 AI 진단 모델의 다양성과 포용성을 높였다.[192]

AI는 굴절 이상 정도, 각막 형태 등을 분석하여 개인 맞춤형 안경 처방, 콘택트렌즈 선택, 레이저 시력 교정 수술 계획 수립에도 활용된다. 백내장 수술 전 환자의 눈 상태를 분석하여 적절한 인공수정체 도수를 결정하고 수술 후 시력을 예측하는 데에도 활용된다. 녹내장 진행 가능성 예측 및 당뇨망막병증 악화 위험요인 분석을 통해 환자별 맞춤형 관리 계획 수립에도 기여하고 있다.

이처럼 안과 영역에서 AI 활용은 이미 다양한 분야에서 이루어지고 있으며, 앞으로도 지속적인 연구 개발을 통해 더욱 정확하고 효율적인 진단 및 치료 시스템 구축이 가능할 것으로 기대된다.

3차원 망막 스캔 OCT 영상 분석

드 포의 연구팀은 3차원 망막 OCT 영상 분석을 통해 습성 및 건성 황반변성, 당뇨망막병증, 망막정맥폐쇄 등 다양한 망막질환을 진단하는 딥러닝 모델을 개발하여 실제 임상 환경에서 전문의 수준의 진단 정확도를 달성했다.[193]

이 연구는 3차원 망막 스캔 OCT 이미지를 분석하여 망막질환 진단 및 의뢰 결정을 내리는 딥러닝 모델 개발에 관한 것이다. 기존 AI 기반 진단 시스템은 2차원 이미지에 국한되거나 수백만 개의 학습 데이터를 요구하는 등 실제 임상 환경 적용에 어려움이 있었다.

이 연구에서는 1만 4,884개의 OCT 스캔 데이터를 활용하여 딥러닝 모델을 학습시켰다. 이 모델은 다양한 망막질환에 대한 진단 정확도에서 전문의 수준에 도달하거나 능가하는 성능을 보였다. 특히, 다른 기기에서 촬영된 OCT 스캔에서도 높은 정확도를 유지하여 기기 호환성 문제를 해결했다.

이 연구는 대규모 데이터셋 없이도 전문의 수준의 진단 성능을 달성하여 실제 임상 환경에서 AI의 활용 가능성을 높였다. 3차원 OCT 스캔을 직접 분석하여 기존 2차원 이미지 분석 모델의 한계를 극복했다. 그리고 다른 기기에서 촬영된 이미지에서도 높은 정확도를 유지하여 실제 임상 환경에서의 다양한 기기 사용에 대한 유연성을 확보했다. 습성 및 건성 황반변성, 당뇨망막병증, 망막정맥폐쇄 등 다양한 망막질환에 대한 AI의 진단 능력을 입증했다.

이 연구는 딥러닝 기반 망막질환 진단 시스템 개발에 있어 중요한 이정표를 제시하며, 향후 망막질환 진단 및 치료에 혁신적인 변화를 가져올 것으로 기대된다.[194]

분당서울대병원 안과, 박상준 교수는 AI 기반 안저 사진 분석 시스템 개발에 힘쓰고 있다.[195] 초기 연구는 한국인의 주요 망막질환 유병률 및 발생률 조사를 위한 역학 연구에 집중되었다. 이후 딥러닝 기술을 활용하여 망막질환 자동 진단 모델 개발에 착수했다.

특히 57명의 안과 전문의와 협력하여 다양한 이상 소견이 표시된 10만 개의 망막 이미지 데이터 세트를 구축하고, 이를 기반으로 당뇨망막병증 자동 감지 시스템을 개발했다. 이 시스템은 높은 정확도로 당뇨망막병증을 감지하는 성과를 보였다.

현재는 망막 사진을 통해 심혈관질환을 예측하는 연구와 망막 혈관 분할 이미지 생성 연구를 진행 중이다. 이러한 연구는 안과와 컴퓨터 비전 공학의 협업을 통해 이루어지고 있으며, 환자의 심혈관 건강을 쉽게 모니터링하는 도구 개발을 목표로 한다.

녹내장
진단 및 예측

팅의 연구팀은 녹내장 분야에서 AI 기술의 활용 현황과 미래 가능성을 종합적으로 검토하고, 당면과제와 향후 연구 방향을 제시했다.[196] 녹내장은 전세계적으로 실명을 유발하는 주요 원인 중 하나이며, 조기 진단과 적절한 치료가 시력 보존에 중요하다. AI는 녹내장 진단, 진행 예측, 치료 반응 예측 등 다양한 영역에서 잠재력을 보여주었다.

논문에서는 녹내장 진단을 위한 AI 모델 개발에 활용되는 다양한 데이터 유형(안저 사진, 시야 검사 결과, OCT 영상 등)과 딥러닝 알고리즘을 소개했다. 또한 녹내장 진행 예측 모델 개발 연구 동향과 함께 AI 기반 녹내장 치료 결정 지원 시스템 개발 가능성을 논의했다.

AI 기술은 녹내장 진단 정확도 향상, 진행 예측, 개인 맞춤형 치료 계획 수립 등에 기여할 것으로 기대되지만, 몇 가지 과제도 존재한다. 대표적으로 AI 모델 개발 및 검증에 필요한 대규모 고품질 데이터 확보, 다양한 인종 및 환경에 대한 일반화 가능성 확보, 설명 가능한 AI 모델 개발 등이 있다.

이 논문은 녹내장 분야에서 AI 기술의 발전이 녹내장 환자 관리 및 치료에 긍정적인 영향을 미칠 것으로 전망하며, 향후 연구 방향으로 다음과 같은 내용을 제시한다.

- 다양한 의료 데이터를 통합하는 멀티모달 AI 모델 개발
- 녹내장 진행 예측 정확도 향상을 위한 새로운 바이오마커 발굴
- AI 기반 녹내장 치료 결정 지원 시스템 개발 및 임상 검증
- 설명 가능한 AI 모델 개발을 통한 의료진과의 협력 강화

정밀도수 계산 혁명

AI는 백내장 수술 시, 인공수정체를 선택하는 과정에서 많이 활용된다. 여의도 성모병원의 황웅주 안과병원 교수에 의하면 한국에서도 이미 10여 년 전부터 소개되어 현재에는 많은 안과의사들이 AI 알고리즘을 통해 인공수정체를 선택하고 있다. 소개할 내용은 황웅주 교수가 제공한 자료를 참고했다.

'눈 뜬 장님이 새로운 세상으로 가는 티켓'이라 불리는 마법 같은 수술이 바로 백내장 수술이다. 그 티켓의 '도수'를 결정하는 일은 안경점에서 렌즈 고르는 것과는 비교도 되지 않을 정도로 중요하다. 수술 후 세상이 얼마나 선명하게 보일지, 혹은 흐릿하게 보일지는 이 '도수'에 달려있기 때문이다.

이 마법의 도수를 찾기 위한 과학자들의 노력은 끊임없이 계속되고 있다. 기존의 계산 공식을 끊임없이 개선하고 새로운 방법을 개발해왔다. 수 년 전부터는 AI까지 활용하여 정확한 도수를 예측하려는 시도가 이루어지고 있다. AI라는 신의 한 수를 통해 백내장 수술의 새로운 지평이 연이어 열리는 듯하다.

AI는 백내장 수술의 미래를 밝히는 등불이고 수정체 도수 계산이라는 무대 위에서 가장 화려한 스포트라이트를 받는 주인공이다. 이 무대의 막을 올린 것은 워렌 힐 Warren E. Hill 박사의 RBF Radial Basis Function 공식이었다.[197] 이 공식은 기계학습, 특히 방사 기저 함수 신경망을 이용해 인공수정체 도수를 계산하는 최초의 공식이다. AI라는 마법 지팡이를 휘두르며 등장한 이 공식이 등장한 초창기에는 전통적인 3세대 공식들과 큰 차이를 보이지 못했다. 하지만 2020년 마법 지팡이에 새로운 주문을 외운 듯 개선된 버전으로 돌아와 놀라운 정확도를 선보이며 관객들을 매료시켰다. 케인 Kane 이라는 최신 공식 또한 기존 공식들의 이론적 배경에 AI 알고리즘을 더해 정확도를 높였다. 최근 연구에서 케인 공식은 우수한 정확도를 보이며 주목받고 있다.[198]

Hoffer QST 공식은 기존 Hoffer Q 공식의 업그레이드 버전이라 할 수 있다. 오래된 자동차에 최신 엔진을 장착한 것처럼, Hoffer Q 공식의 기본 틀에 AI 알고리즘이라는 강력한 엔진을 더해 전체 안축장 영역에서의 정확도를 향상시켰다.[199] 그 결과 Hoffer QST 공식은 기존 공식을 뛰어넘는 정확도를 자랑하며, Barret-Universal II, 케인, Hill-RBF 3.0 등 쟁쟁한 경쟁자들과 어깨를 나란히 하게 되었다.[200]

Pearl-DGS 공식은 AI를 활용한 또 다른 '신흥 강자'다. 이 공식은 가상의 유효 인공 수정체 위치를 예측하는 과정에 AI 알고리즘을 도입하여, 베테랑 항해사가 별자리를 보고 항로를 찾듯 정확한 도수를 계산한다.[201]

이처럼 AI는 백내장 수술 분야에서 마법사와 같은 역할을 수행하며, 기존 공식들의 한계를 뛰어넘는 새로운 가능성을 제시하고 있다. AI는 백내장 수술의 정확도와 안전성을 황금빛 미래로 이끌고 있다.

리 연구팀은 마치 돋보기를 들고 미세한 세계를 관찰하듯, 수술 후 실제 인공수정체 위치와 가상의 유효 인공수정체 위치를 예측하는 데 있어 그라디언트 부스팅Gradient Boosting 알고리즘의 탁월함을 보여주었다.[202] 기존의 단순선형 회귀식이라는 낡은 돋보기로는 보지 못했던 미세한 차이까지 포착하며, 더욱 정확한 예측을 가능하게 한 것이다.

최근 등장한 Karmona 공식은 SVM 알고리즘과 MARSMultivariate Adaptive Regression Spline라는 두 가지 비선형 회귀 분석 기법을 결합하여 기존 공식들을 뛰어넘는 놀라운 결과를 선보였다.[203]

특히 서포트 벡터 머신은 다른 연구에서도 신경망 기반의 도수 계산 공식과 함께, Barret-Universal II 공식보다 더욱 정확한 결과를 보여주었다.[204] 하지만 고도근시 환자만을 대상으로 한 연구에서는 XG부스트XGBoost라는 새로운 강자가 등장하여 서포트 벡터 머신을 넘어서는 예측 정확도를 보여주기도 했다.[205]

SRK/T 공식의 오차를 보정하는 연구에서는 서포트 벡터 머신과 BARTBayesian Additive Regression Trees Formula라는 마법의 숲이 활용되었다. 이 숲은 여러 개의 결정 트리 모델들이 모여 만들어진 것으로, 기

존 공식의 오류를 보완하고 더욱 정확한 결과를 도출해냈다.[206]

이처럼 AI는 백내장 수술 분야에서 다양한 알고리즘과 기법을 통해 마법 같은 결과를 만들어내고 있다. AI 연구자들은 더욱 정확하고 안전한 백내장 수술을 위한 '마법의 공식'을 찾기 위해 끊임없이 노력하고 있다.

AI 기반의 도수 계산식들은 혜성처럼 등장하여 기존 공식들의 아성을 위협하며 백내장 수술의 정확도를 한 단계 끌어올렸다. 하지만 이 혜성들은 모두 같은 궤도를 도는 것이 아니다. 어떤 혜성은 그 탄생 과정이 투명하게 밝혀진 반면 어떤 혜성은 베일에 싸여 신비로움을 자아낸다. 어떤 혜성은 완전히 새로운 궤도를 개척하는 반면 어떤 혜성은 기존 궤도를 수정하여 더욱 정교한 항해를 선보인다.

이처럼 AI 기반의 도수 계산식들은 각기 다른 특성을 지니고 있기에 의사들은 마치 숙련된 천문학자가 별자리를 분석하듯 각 공식의 특성을 면밀히 파악하고, 환자에게 가장 적합한 공식을 선택해야 한다.

기존 공식들은 손에 잡히는 '지도'처럼 명확한 계산식을 제공하여 의료 장비에 쉽게 탑재할 수 있다. 하지만 AI 기반 공식들은 마치 '클라우드'처럼 멀리 떨어진 곳에 존재하며, 의료 장비와의 호환성 및 편의성이 떨어진다는 단점을 지닌다. 우리가 스마트폰에 다양한 앱을 설치하듯, 의료 장비에도 경량화된 AI 소프트웨어를 탑재하여 사용자 편의성을 높이고 환자 정보 보안을 강화해야 할 필요가 있다.

또한 기계학습 기반 공식들은 판도라의 상자처럼 그 내부를 들여다볼 수 없는 '블랙박스'라는 문제를 안고 있다. 고대 예언자의 예언처럼 가리키는 바가 감춰져 있어서 산출 결과를 그대로 신뢰하기 어렵게 만든다. 새로운 생체 계측 기기나 인공수정체에 대한 예측 능력이 부족하다는 한계도 존재한다.

인공수정체 상수 최적화 과정은 복잡한 미로를 탐험하는 것처럼 파이썬과 같은 전문적인 컴퓨터 프로그램 지식을 요구한다. 이는 실제 백내장 수술을 집도하는 의사들에게 높은 진입 장벽으로 작용한다.

이러한 문제들을 해결하기 위해서는 AI 기술 개발과 더불어 의료 현장의 목소리에 귀 기울이는 노력이 필요하다. AI 기술과 의료 현장의 요구를 조화롭게 조율하여 더욱 정확하고 안전하며 사용하기 편리한 백내장 수술 도구를 만들어내야 할 것이다.

주요 안과
AI 기업

인간에게 시력의 감퇴는 감당하기 쉽지 않은 일이다. 삶의 온갖 즐거움이 본다는 행위에서부터 비롯되기 때문이다. 그래서 안과에서 AI의 등장은 반가운 일이다. 시력 정복을 위한 지름길이, 그리고 부스터가 확보된 것이나 다름없다. 현재 다양한 기업들이 안과 분야에서 AI를 접목한 기술을 개발 중이다. 여기서는 그런 기업들의 행보를 살펴본다.

당뇨병성 망막병증을 진단하는 IDx테크놀로지

IDx테크놀로지IDx Technologies는 2010년 설립된 미국 아이오와주 코랄빌에 본사를 둔 기업으로, AI 기반 의료영상 진단 소프트웨어 개발에 주력하고 있다. 이 회사의 주요 제품인 IDx-DR은 당뇨병성 망막병증 진단을 위한 최초의 FDA 승인 AI 기기로, 높은 신뢰성과 안전성을 확보하고 있다. 이 기기는 망막 카메라 Topcon NW400으로 찍은 망막 영상을 IDx-DR 서버에 업로드하면 AI 알고리즘으로 영상을 분석, 당뇨병성 망막병증을 진단한다.

IDx-DR은 찰나의 순간에 양쪽 눈의 망막을 포착하여, 그 안에 숨겨진 당뇨병성 망막병증의 흔적을 찾아낸다. 촬영된 이미지를 기존 환자 데이터와 비교 분석하여 질병의 존재 여부를 판단한다. IDx테크놀로지는 머신러닝 기술을 통해 IDx-DR이 전문의보다 신속하게 질병을 진단할 수 있도록 훈련시켰다. 만약 질병의 징후가 발견되면, IDx-DR은 단 한 장의 진단서에 수술 또는 치료 필요성 여부를 담아 전문의에게 전달함으로써 환자의 건강을 지키는 데 기여한다.[207]

이 기기는 임상 시험에서 87%의 민감도와 90%의 특이도를 기록하며 안과 전문의 수준의 진단 능력을 입증했다. 의료진의 추가 교육 없이도 쉽게 사용 가능한 인터페이스를 제공하여 의료 접근성이 낮은 지역에서도 당뇨병성 망막병증 검사를 가능하게 한다.[208] 다만 안과 수술을 받았거나 레이저 치료를 받는 환자와 비문증飛蚊症, floater, 황반부종, 망막정맥폐쇄증, 증식성 망막병증, 방사선 망막증이 있는 환자는 사용해서는 안 된다고 FDA는 밝혔다.[209]

IDx-DR은 전세계적으로 당뇨병 환자 수의 급증, 코로나19 팬데믹으로 인한 원격 의료 시장 급성장 등을 배경으로 시장에서 기회를 마주하고 있다. 또 각국 정부가 AI 기반 의료기술 개발 및 도입에 대한 지원을 확대하고 있어 성장은 촉진될 것으로 예상된다.

그러나 IDx-DR은 높은 가격으로 인해 도입 장벽이 존재한다. 또 AI 진단 결과에 대한 의존도가 높아질 경우 의사의 판단 역량이 축소될 우려가 있다. AI 모델 학습에 사용되는 데이터의 편향성이 진단 결과에 영향을 미칠 수 있다는 점도 문제점으로 지적된다.

IDx-DR은 당뇨병성 망막병증 조기 진단에 혁신적인 변화를 가져온 제품으로 평가받지만, 높은 가격과 AI 진단 결과에 대한 의존성 심화, 데이터 편향 등의 문제점가 있다. 따라서 IDx테크놀로지는 가격 경쟁력 확보를 위해 가격을 낮추거나 다양한 가격 모델을 도입하고 지속적인 연구 개발을 통해 AI 모델의 정확도를 높여 데이터 편향 문제를 해결해야 한다. 당뇨병성 망막병증 외에도 다양한 안과 질환 진단이 가능한 AI 모델을 개발하고, 원격 의료 플랫폼과의 연동을 통해 IDx-DR의 접근성을 높여 사용자 편의성을 증대하는 노력이 필요하다.

현재 한국에서는 IDx-DR을 사용하는 병원은 없는 것으로 알려져 있지만, 한국에서도 당뇨병 환자 수가 증가하고 있고 원격 의료 시장이 확대되고 있어 IDx-DR과 같은 AI 기반 안과 진단 기기의 도입 가능성은 높다고 판단된다.

아이누크의 아이아트로 보는 밝은 미래

아이아트EyeArt는 아이누크Eyenuk에서 개발한 혁신적인 AI 시스템으로, 당뇨병성 망막병증, 녹내장, 노인성 황반변성 등 다양한 안과질환을 진단하는 데 사용된다. 이 시스템은 안저 사진을 분석하여 질병의 존재와 중증도를 판단하고 조기 진단 및 치료에 도움을 준다. 아이누크는 이 기술을 통해 전세계의 안과 진료 수준을 혁신적으로 향상시키고 있다.[210]

아이누크는 AI 기반 디지털 헬스 기업으로, 자율적 질병 탐지와 위험 평가를 위한 AI 예측 바이오마커를 제공한다. 아이아트의 AI 시스템은 FDA 승인, CE 인증, 캐나다 보건부 인증을 받아 그 신뢰성을 입증받았다.[211]

아이누크의 핵심 역량은 고성능 AI 알고리즘과 방대한 의료 데이터셋을 기반으로 한다. 아이아트의 AI 시스템은 당뇨병성 망막병증을 빠르고 정확하게 검출할 수 있으며, 안과 전문가보다 높은 민감도를 보인다. 이 시스템은 간단한 교육만으로 간호사나 기술자도 사용할 수 있어, 안과 전문의가 필요한 선별 과정을 생략할 수 있다.

아이누크는 글로벌 시장에서의 확장 가능성이 크다. 특히 당뇨병성 망막병증, 녹내장, 노인성 황반변성 등 주요 안과질환의 조기 진단을 통해 시력 손실을 예방하는 데 중요한 역할을 한다. 아이아트의 AI 시스템은 자동으로 이미지 품질 피드백을 제공하며, 단일 진료 방문에서 진단 및 보고를 완료할 수 있어 환자 순응도를 높인다.

아이누크의 주요 약점 중 하나는 데이터 보안과 개인정보 보호 문제다. AI 시스템의 데이터 저장 및 통신이 암호화되었지만, 여전히 개인정보 유출의 위험이 존재한다. AI 모델의 성능 향상을 위해서는 지속적인 데이터 확보와 품질 관리가 필요하다.

AI 기반 의료 진단 시스템 시장은 경쟁이 치열하다. 아이누크는 경쟁사인 아이독, 클리어리Cleerly 등과 경쟁하고 있으며, 이들 경쟁사도 AI를 활용한 혁신적인 솔루션을 제공하고 있다. 기술 발전 속도가 빠른 만큼, 지속적인 기술 혁신과 차별화된 서비스가 필요하다.[212]

아이아트의 AI 시스템은 당뇨병성 망막병증, 녹내장, 노인성 황반변성의 진단에서 높은 정확성을 보이며, FDA와 CE 인증을 받은 점에서 신뢰성이 높다. 이 시스템은 안저 이미지를 자동으로 분석하여 신속하고 정확한 진단 보고서를 제공한다. 이는 의료진의 진단 부담을 줄이고 진단의 일관성을 높이는 데 큰 도움을 준다.

아이누크는 지속적인 기술 혁신과 글로벌 시장 확대를 목표로 삼아야 한다. 특히 데이터 보안 강화와 AI 윤리 문제 해결에 주력하여 사용자 신뢰를 확보해야 한다. 다양한 안과질환에 대한 진단 범위를 넓히고 새로운 의료 시장으로의 진출을 모색해야 한다. 한국에서는 한 대형 병원이 아이아트의 AI 시스템을 도입하여 활용하고 있으며, 이를 통해 한국 시장에서도 입지를 강화하려 한다.[213]

아이아트 시스템은 혁신적인 안과질환 진단 솔루션으로, 글로벌 헬스케어 시장에서 큰 잠재력을 가지고 있다. 지속적인 기술 개발과 시장 확장을 통해 아이누크는 미래의 의료 환경을 선도하는 기업으로 성장할 수 있을 것이다.

안과질환 진단을 혁신한
딥마인드의 'AI for OCT'

AI 연구 기업 딥마인드는 무어필드 안과 병원과 협력하여 혁신적인 안과질환 진단 AI 시스템인 'AI for OCT'를 개발했다. 이 시스템은 OCT 이미지를 분석하여 50가지 이상의 안과질환을 진단할 수 있다. 특히, 습성 연령 관련 황반변성과 당뇨병성 망막병증과 같은 심각한 시력 손상을 유발하는 질환의 조기 발견에 큰 기여를 할 것으로 기대된다.[214]

딥마인드의 AI 시스템은 OCT 이미지 분석에서 탁월한 성능을 보인다. 94% 이상의 정확도로 50가지 이상의 안과질환을 식별하며, 특히 황반변성과 당뇨병성 망막병증 진단에서 뛰어난 민감도와 특이도를 나타낸다. 이는 무어필드 안과 병원과의 협력을 통해 방대한 양의 고품질 OCT 데이터를 학습한 결과로, AI 모델의 정확성과 신뢰성을 높이는 데 기여했다. 딥마인드의 AI 시스템은 인간 전문가보다 빠르게 OCT 이미지를 분석하여 진단 시간을 단축하고, 의료진의 업무 효율성을 향상시키는 데 도움을 준다.[215]

전세계적으로 안과질환자 수가 증가하고 있으며, 특히 노령화와 당뇨병 유병률 증가로 인해 황반변성와 당뇨병성 망막병증 환자 수가 급증하고 있다. 이러한 상황에서 딥마인드의 AI 시스템은 안과질환의 조기 진단 및 치료에 기여하여 실명 예방에 중요한 역할을 할 수 있다. 원격 의료 시장의 성장과 함께 AI 기반 안과 진단 시스템의 수요도 증가할 것으로 예상된다.[216]

딥마인드의 AI 시스템은 아직 연구 단계에 있으며, 실제 임상 환경에서의 효과를 검증하기 위한 추가 연구가 필요하다. AI 모델 학습에 사용된 데이터의 편향성 문제를 해결하고, 다양한 인종 및 민족에 대한 진단 정확도를 높이는 노력이 필요하다.

AI 기반 의료 진단 시스템 시장은 경쟁이 치열하며, 아이누크, 탑콘Topcon 등 여러 기업들이 유사한 기술을 개발하고 있다. 딥마인드는 경쟁 우위를 확보하기 위해 지속적인 기술 개발과 차별화된 서비스 제공에 힘써야 한다.

딥마인드는 AI 시스템의 임상적 유효성을 검증하기 위한 추가 연구를 진행하고, 다양한 인종 및 민족에 대한 진단 정확도를 높이는 데 주력해야 한다. 또 사용자 친화적인 인터페이스 개발과 원격 의료 플랫폼과의 연동을 통해 의료 접근성을 높이는 노력이 필요하다. 궁극적으로 AI for OCT를 통해 안과질환의 조기 진단 및 치료를 혁신하고, 전세계 사람들의 시력 건강 증진에 기여하는 것을 목표로 해야 한다.

현재 한국에서는 AI for OCT를 사용하는 병원은 없는 것으로 알려져 있다. 하지만 한국의 안과 시장에서도 AI 기반 진단 시스템에 대한 관심이 높아지고 있으며, 딥마인드의 기술력과 무어필드 안과 병원과의 협력 경험은 한국 시장 진출에 긍정적인 영향을 미칠 것으로 예상된다.[217]

한국의 안과 AI 기업

한국의 안과 AI 기업들 또한 빠르게 기술력을 증강하고 있다. 개중에는 세계 시장으로 진출하기 위해 실력을 갈고닦고 있는 기업도, 이미 세계 시장에서 다른 고수들과 자웅을 겨루고 있는 기업도 있다.

VUNO Med-Fundus AI
글로벌 도약을 꿈꾸다

한국의 의료 AI 기업 뷰노는 안저 사진 분석을 통해 당뇨병성 망막병증, 녹내장, 황반변성 등 주요 안과질환을 진단하는 AI 기반 의료 소프트웨어 VUNO Med-Fundus AI를 개발했다. 이 소프트웨어는

안저 사진을 분석하여 질병의 유무와 심각도를 판단하고, 의료진의 진단을 보조하는 역할을 수행한다.[218]

VUNO Med-Fundus AI는 비영상의학 분야에서 한국 최초로 식품의약품안전처 3등급 인허가를 받은 AI 의료기기로, 그 임상적 효용성을 엄격한 시험을 통해 입증했다. 이 솔루션은 AI의 연산 능력을 활용하여 수초 만에 망막안저 사진을 분석하고 12가지 이상의 병변 소견 유무를 제시하며, 비정상 병변의 존재를 명시한다.[219]

VUNO Med-Fundus AI가 제공하는 12가지 소견은 출혈, 면화반, 맥락망막위축, 드루젠, 경성삼출물, 황반원공, 유수신경섬유, 망막전막, 망막신경섬유층결손, 녹내장성 시신경유두 이상, 혈관이상, 비녹내장성 시신경유두 이상 등으로, 당뇨병성 망막병증, 황반변성, 녹내장을 비롯한 모든 망막질환 진단에 필수적인 정보를 포괄한다.

VUNO Med-Fundus AI는 딥러닝 기반 알고리즘을 통해 안저 이미지에서 질병 관련 특징을 추출하고, 이를 기반으로 질병의 유무와 심각도를 판단한다. 한국 다수의 의료기관과의 협력을 통해 확보한 대규모 학습 데이터는 VUNO Med-Fundus AI의 높은 정확도와 신뢰성을 뒷받침한다. 또한 사용자 친화적인 인터페이스와 빠른 분석 속도는 의료진의 업무 효율성을 향상시키는 데 기여한다.

한국에서 안과질환자 수는 꾸준히 증가하고 있으며, 특히 당뇨병 환자의 증가는 당뇨병성 망막병증 발병률을 높이는 주요 요인이다. VUNO Med-Fundus AI는 안과질환의 조기 진단 및 치료에 기여하여 실명 예방에 중요한 역할을 할 수 있다. 정부의 의료 AI 산업 육성 정책과 맞물려 한국 시장에서의 성장 가능성이 크다.

2024년 4월 VUNO Med-Fundus AI는 식품의약품안전처로부터 혁신의료기기 통합심사·평가 승인이라는 쾌거를 이뤄냈다. 이는 혁신의료기기의 신속한 의료 현장 도입을 위한 제도적 관문을 통과한 것으로, 기존의 순차적 심사 체계를 벗어나 식약처, 건강보험심사평가원, 한국보건의료연구원의 통합 검토를 거쳐 그 우수성을 입증했다. 이 의료기기가 3~5년간 비급여 또는 선별급여 시장에 진입할 수 있는 발판을 마련함으로써, 매출 신장이라는 가시적인 성과를 기대할 수 있게 되었다. 이는 한국 의료 AI 분야의 새로운 이정표를 제시하는 동시에 혁신의료기술 발전을 촉진하는 기폭제 역할을 할 것으로 전망된다.[220]

그러나 VUNO Med-Fundus AI는 아직 녹내장이나 황반변성 진단에 있어서는 당뇨병성 망막병증 진단만큼의 높은 정확도를 보이지 못하고 있다. 한국 시장에서는 경쟁력을 확보했지만, 글로벌 시장 진출을 위해서는 해외 의료기관과의 협력 확대 및 임상 데이터 확보가 필요하다.

뷰노는 녹내장, 황반변성 등 다양한 안과질환 진단에 대한 AI 모델의 정확도를 높이고, 전세계 의료기관과의 협력을 통해 글로벌 시장 진출을 가속화해야 한다. VUNO Med-Fundus AI와 다른 의료 AI 솔루션을 연동하여 통합적인 안과질환 관리 플랫폼을 구축하는 것도 고려해볼 만하다.

VUNO Med-Fundus AI는 현재 서울아산병원, 삼성서울병원, 세브란스병원 등 한국의 주요 대형 병원에서 사용되고 있다. 한국 안과 전문 병원 및 의원과의 협력을 확대하여 VUNO Med-Fundus

AI의 사용 저변을 넓히고 있다.[221]

메디웨일 닥터눈, 손안의 안과 검진

한국의 의료 AI 스타트업 메디웨일은 휴대용 안저 카메라와 AI 기술을 결합한 닥터눈을 통해 당뇨병성 망막병증 조기 진단 시장에 혁신을 가져왔다. 닥터눈은 의료 접근성이 낮은 지역에서도 간편하게 망막 검사를 가능하게 하여, 당뇨병 환자의 실명 예방에 기여하는 것을 목표로 한다.[222]

닥터눈의 가장 큰 강점은 휴대성과 사용 편의성이다. 스마트폰과 연동되는 소형 안저 카메라를 통해 언제 어디서든 망막 검사를 수행할 수 있으며, AI 기반 소프트웨어는 촬영된 이미지를 자동으로 분석하여 당뇨병성 망막병증의 징후를 빠르고 정확하게 판별한다. 이는 의료진의 부담을 줄이고, 환자의 검사 접근성을 높여 조기 진단율을 향상시키는 데 기여한다.[223]

전세계적으로 당뇨병 환자 수와 함께 당뇨병성 망막병증 환자 수도 급증하고 있다. 특히 개발도상국에서는 의료 접근성 부족으로 인해 망막 검사를 받지 못하는 환자가 많아 실명 위험이 높다. 닥터눈은 이러한 문제를 해결하고, 의료 취약 지역의 당뇨병 환자들에게 희망을 줄 수 있는 솔루션이다.

닥터눈은 아직 초기 단계의 기술이며, 임상 데이터 축적 및 AI 모델 고도화를 통해 진단 정확도를 더욱 향상시킬 필요가 있다. 휴대용 안저 카메라의 해상도와 이미지 품질은 전문 안저 카메라에 비해 낮을 수 있으며, 이는 진단 정확도에 영향을 미칠 수 있다.

AI 기반 안과 진단 시장은 경쟁이 치열해지고 있으며, IDx-DR, 아이아트 등 다양한 경쟁 제품이 존재한다. 닥터눈은 휴대성과 사용 편의성을 강점으로 내세워 경쟁 제품과 차별화해야 하며 지속적인 기술 개발을 통해 경쟁 우위를 확보해야 한다.

닥터눈은 AI 모델 고도화를 통해 진단 정확도를 높이고, 녹내장, 황반변성 등 다양한 안과질환 진단 기능을 추가하여 활용 범위를 넓혀야 한다. 원격 의료 플랫폼과의 연동을 통해 의료진과 환자 간의 원활한 소통을 지원하고 검사 결과에 대한 신뢰성을 높이는 노력이 필요하다.

닥터눈은 현재 한국의 여러 병원 및 안과 의원에서 사용되고 있다. 메디웨일은 국내외 여러 기관과 협력하여 닥터눈의 임상적 유효성을 검증하고 글로벌 시장 진출을 위한 노력을 지속하고 있다. 닥터눈은 휴대성과 사용 편의성을 강점으로 당뇨병성 망막병증 조기 진단 시장에 새로운 패러다임을 제시하고 있다. 지속적인 기술 개발과 시장 확대를 통해 탁터눈은 전세계 당뇨병 환자의 실명 예방에 기여하는 혁신적인 의료 솔루션으로 자리매김할 수 있을 것이다.

안과 AI가
의사의 자리를 넘볼까?

AI는 안과 분야에서도 진단의 정확성과 효율성을 높이는 데 기여하고 있다. 특히 안저 사진 분석에 특화된 AI 시스템들은 숙련된 안과 전문의와 비슷한 수준의 정확도를 보이며 의료진의 진단을 보조하고 있다. 그러나 AI가 안과의사들을 완전히 대체할 가능성은 낮다고 판단된다.

첫째, AI는 아직까지 복잡하고 미묘한 안과질환을 완벽하게 진단하기에는 한계가 있다. 안저 이미지는 단순히 질병의 유무만을 판단하는 것이 아니라, 환자의 병력, 증상, 다른 검사 결과 등을 종합적으로 고려해서 정확한 진단을 내린다. 이러한 복합적인 판단은 여전히 인간 의사의 영역이며, AI는 이 과정에서 보조적인 역할을 수행할 수 있을 뿐이다.

둘째, AI는 환자와의 소통과 공감 능력이 부족하다. 안과질환은 환자의 삶의 질에 큰 영향을 미치는 경우가 많기 때문에, 환자의 불안감을 해소하고 치료 과정에 대한 이해를 돕는 것은 매우 중요하다. AI는 이러한 측면에서 인간 의사를 대체할 수 없으며, 오히려 인간적인 소통과 공감을 통해 환자의 신뢰를 얻는 것은 의사의 중요한 역할이다.

셋째, AI는 윤리적인 판단을 내릴 수 없다. 안과질환 진단은 단순히 질병 유무의 판단을 넘어, 환자의 삶과 직결되는 중요한 결정을 포함한다. 수술 여부를 결정하거나 치료 방법을 선택하는 과정에서 발생하는 윤리적인 문제는 AI가 해결할 수 없는 영역이다. 인간 의사는 자신의 전문 지식과 경험을 바탕으로 환자에게 최선의 선택을 제시하고 윤리적인 책임을 져야 한다.

결론적으로 AI는 안과 분야에서 진단의 정확성과 효율성을 높이는 데 기여하고 있지만, 인간 의사의 역할을 완전히 대체하기는 어렵다. AI는 의사의 진단을 보조하고 업무 효율성을 높이는 도구로서 활용될 것이며, 인간 의사는 AI의 분석 결과를 토대로 환자에게 최적의 치료 계획을 수립하고, 환자와의 소통과 공감을 통해 치료 과정을 이끌어나가는 역할을 수행할 것이다.

AI와 인간 의사의 협력은 안과 진료의 질을 향상시키고 환자에게 더 나은 의료 서비스를 제공하는 데 기여할 것이다. AI는 의사들과 협력하여 더 나은 의료 환경을 만들어가는 동반자 역할을 할 것이다.

AI 기술이 안과 분야에도 빠르게 도입되면서, 안과의사들은 새로운 도전에 직면하고 있다. 하지만 AI는 진단의 정확성과 효율성을 높이는 도구로 활용될 수 있다. 따라서 안과의사들은 AI 시대에 발맞춰 끊임없이 학습하고 협력하는 자세를 가져야 한다.

기적을 만들 미래의 안과의사

AI는 질병의 단서를 찾아내는 능력으로 의료계에 혁신을 가져왔다. 이제 그 혁신의 물결은 안과 분야에도 밀려오고 있다. AI는 안과 이미지를 분석하고 질병을 진단하며, 심지어 인간의 시력을 뛰어넘는 '슈퍼 시력'까지 가능하게 할 미래를 그리고 있다.

미래의 안과는 AI의 활약으로 더욱 정확하고 효율적인 진단 시스템을 갖추게 될 것이다. AI는 수많은 안과 이미지를 빠르게 분석하여 질병의 징후를 찾아내고, 그 특징을 분석하여 진단을 돕는다. 안과의사들은 이제 현미경 대신 AI라는 최첨단 프리즘을 통해 환자의 눈 건강을 더욱 정밀하게 들여다볼 수 있게 된다.

더욱 흥미로운 것은 AI 기술이 안과를 단순한 의료 분야를 넘어 초능력을 선사하는 영역으로 탈바꿈할 가능성이다. 마블 히어로물에서나 보던 '투시 능력'이나 천리안을 위한 '인공 눈'이 현실화될 날이 머지않았다.

최근 몇 년 동안 맹인의 시력을 회복시키는 기술 개발도 활발하게 진행되고 있다. 2020년에는 미국 FDA가 SSMP(Second Sight Medical Products)의 Argus II 망막 보철 시스템을 승인했으며, 이 시스템은 망막 색소 변성증으로 시력을 잃은 환자들의 시력을 부분적으로 회복시켰다. 일각에서는 뇌의 시각 피질을 자극하는 뇌 임플란트 기술도 개발 중이며, 망막이 손상되지 않은 경우 시력 회복에 도움을 줄 수 있을 것으로 기대된다. 슈퍼 AI 시대가 오면 맹인이 없는 사회가 현실화될 수도 있을 것이다.

AI의 등장으로 안과 전문가의 역할은 더욱 확장될 것이다. 안과의사들은 AI와 협력하여 질병을 진단하고 치료하며, AI가 제공하는 정보를 바탕으로 환자에게 최적화된 치료 계획을 수립할 것이다. 또한 인간을 초능력자로 만들어줄 인공 눈 개발을 위한 AI 시스템의 개발 및 개선 과정에 참여하여 의료기술 발전에 기여할 수 있다.

AI는 안과 분야의 효율성을 높이고 더 많은 환자에게 안과 서비스를 제공하는 데 도움을 줄 것이다. AI는 안과 전문가의 업무를 대체하는 것이 아니라, 의사들이 복잡하고 어려운 사례에 집중할 수 있도록 도울 것이다.

그러나 AI 안과 기술의 발전은 윤리적 문제, 데이터 편향 문제 등 해결해야 할 과제도 안고 있다. 이러한 문제들을 해결하고 AI 기술을 올바르게 활용하는 것은 안과의사와 사회 전체의 책임이다.

안과의사 생존 전략

AI 기술의 급격한 발전은 의료 분야에도 혁신적인 변화를 가져오고 있다. 특히 안과 영역에서는 AI 기반 진단 시스템이 등장하여 질병 진단의 정확성과 효율성을 높이는 데 기여하고 있다. 이러한 변화 속에서 안과의사들은 AI 기술에 대한 이해를 높이고, 이를 적극적으로 활용하는 능력을 갖추는 것이 필수적이다.

AI 기술은 안과 분야에서 다양한 방식으로 활용되고 있다. 안저 사진 분석을 통한 당뇨병성 망막병증, 녹내장, 황반변성 등의 진단은 물론, 시야 검사 결과 분석, 백내장 수술 전후 결과 예측 등에도 활용된다. 이러한 AI 시스템들은 의료진의 진단을 보조하고, 환자에게 더욱 정확하고 신속한 진료를 제공하는 데 기여한다.

그러나 AI 기술의 발전은 안과의사들에게 새로운 도전과제를 제시하기도 한다. AI 시스템의 정확도와 신뢰성을 평가하고, AI가 제시하는 결과를 올바르게 해석하여 임상에 적용하는 능력이 요구된다. AI 기술의 발전 속도가 빠르기 때문에, 끊임없이 새로운 기술을 습득하고 변화하는 의료 환경에 적응해야 한다.

이러한 상황에서 안과의사들은 AI 기술에 대한 이해를 높이고, 이를 적극적으로 활용할 능력을 갖추는 것이 중요하다. AI 관련 교육 프로그램에 참여하거나, 관련 서적 및 논문을 읽고, 온라인 강의를 수강하는 등 다양한 방법을 통해 AI 기술을 학습할 수 있다. AI 전문가와의 교류를 통해 최신 기술 동향을 파악하고, 실제 임상 환경에서 AI 시스템을 활용하는 경험도 쌓아야 한다.

안과의사들을 위한 AI 학습분야

- 의료영상 데이터 이해: 안저 사진, OCT 이미지 등 안과에서 사용되는 다양한 의료영상 데이터의 특징과 종류, 획득 방법 등을 이해해야 한다. 이는 AI 모델의 성능을 평가하고 개선하는 데 필수적인 지식이다.
- 영상 처리 및 분석 기법 학습: 안과 영상 전처리, 특징 추출, 분할, 등록 등 다양한 영상 처리 및 분석 기법을 익혀야 한다. 이러한 기법들은 AI 모델 개발 및 활용에 필요한 기본적인 도구가 된다.
- 딥러닝 기반 의료영상 분석: CNN 등 딥러닝 알고리즘의 기본 원리를 이해하고, 이를 안과 영상 분석에 적용하는 방법을 학습해야 한다.
- 의료 AI 윤리 및 법규: 의료 데이터 활용과 관련된 윤리적 문

제와 법적 규제에 대한 이해가 필요하다. 개인정보 보호, 알고리즘 편향, 책임 소재 등 다양한 이슈에 대한 고민을 통해 윤리적인 AI 활용 방안을 모색해야 한다.

- GAN, 전이학습, 멀티모달 학습, 설명 가능한 AI, 연합학습 등: 안과 영상 분석에 특화된 AI 기술들을 학습하여, AI 모델의 성능을 향상시키고 다양한 안과질환 진단에 활용할 수 있어야 한다.
- 프로그래밍 언어 학습: 파이썬, R 등 AI 개발에 주로 사용되는 프로그래밍 언어를 익히면 직접 AI 모델을 구현하고 실험해볼 수 있으며, 기존 AI 모델을 수정하거나 개선하는 능력을 갖출 수 있다.
- 머신러닝 및 딥러닝 이론 학습: 지도, 비지도학습, 강화학습 등 다양한 머신러닝 알고리즘의 원리를 이해하고, 이를 실제 문제에 적용하는 방법을 학습해야 한다.
- AI 관련 수학 및 통계 지식 습득: 선형대수, 미적분, 확률 및 통계 등 AI 알고리즘의 기반이 되는 수학 및 통계 지식을 습득해야 한다.
- AI 관련 최신 기술 동향 파악: AI 분야는 빠르게 발전하고 있으므로, 최신 연구 동향을 파악하고 새로운 기술을 습득해야 한다.

AI 기술 학습 방법

- 온라인 강의: 코세라, 에드엑스^{edX}, 유다시티^{Udacity} 등 온라인

교육 플랫폼에서 제공하는 AI 관련 강의를 수강한다.
- 학회 및 워크숍 참석: 의료 AI 관련 학회나 워크숍에 참석하여 최신 연구 동향을 파악하고 전문가들과 교류한다.
- AI 관련 서적 및 논문 읽기: AI 관련 서적이나 논문을 읽으며 이론적인 배경 지식을 쌓는다.
- AI 커뮤니티 참여: 온라인 커뮤니티나 스터디 그룹에 참여하여 다른 사람들과 함께 AI 기술을 학습하고 정보를 공유한다.

AI 시대의 안과의사는 AI 기술을 적극적으로 활용하여 진단의 정확성과 효율성을 높이고, 환자에게 더 나은 의료 서비스를 제공해야 한다. 끊임없는 학습과 협력을 통해 AI 시대의 변화에 발맞추는 안과의사는 미래 의료를 선도하는 주역이 될 것이다.

7장

내과 AI,
만성질환 관리의 동반자

✧ ✧ ✧

　내과에서 AI는 만성질환 관리, 영상 판독 및 진단, 신약 개발 등 다양한 분야에서 활용되고 있다. 만성질환 관리 분야에서는 구글 딥마인드의 당뇨병성 망막증 진단 모델과 IBM 왓슨 헬스의 당뇨병 환자 맞춤형 치료 및 관리 모델이 대표적이다. 심혈관질환 분야에서는 심전도 데이터 분석을 통한 심방세동 예측 모델과 심혈관질환 위험요인 분석 및 예측 모델 연구가 활발히 진행되고 있다.

　영상 판독 및 진단 분야에서는 X-ray, CT, MRI 등 영상 데이터를 분석하여 폐암, 유방암 등 암을 조기에 발견하고 정확하게 진단하는 연구와 뇌 영상 데이터 분석을 통한 뇌질환 진단 연구가 활발하며, 병리 슬라이드 분석을 통한 암 진단 및 예후 예측 연구도 진행되고 있다.

　신약 개발 분야에서는 AI를 활용하여 신약 후보 물질 발굴 시간을 단축하고 효능을 예측하는 연구가 활발히 진행 중이며, 그 외에도 EHR, 유전체 데이터 등 다양한 환자 데이터를 분석하여 질병 발생 위험을 예측하고 예방하는 연구, 환자 상담 및 질병 정보 제공에 활용되는 의료 챗봇 개발 연구 등이 이루어지고 있다.

전문가들은 AI 도입 과정에서 발생할 수 있는 문제점들을 지적하고 해결 방안을 모색해야 한다. AI 모델 학습에 사용되는 의료 데이터의 품질은 AI 성능에 큰 영향을 미치므로, 고품질의 다양한 데이터를 확보하고, 데이터 편향을 최소화하기 위한 노력이 필요하다. AI 알고리즘은 학습 데이터에 내재된 편향을 반영할 수 있다. 이는 특정 인종, 성별, 사회경제적 배경을 가진 환자들에게 불공평한 결과를 초래하므로 알고리즘 편향을 최소화하기 위한 연구가 필요하다.

AI의 의료 목적 활용은 환자 정보 보호, 의료 사고 책임 소재, 알고리즘 투명성 등 다양한 윤리적 문제를 야기한다. AI 개발 및 활용 과정에서 윤리적인 문제를 고려하고, 사회적 합의를 이끌어내는 것이 중요하다. AI의 의료적 활용은 기존 의료 법규와 충돌할 수 있으니 AI 기술 발전에 맞춰 관련 법규를 정비하고, 새로운 법적 쟁점에 대한 논의가 필요하다.

엑슈타인 연구팀은 "내과 분야에서 AI의 미래 발전 방향을 제시하고, AI가 의료 시스템 전반에 미칠 영향"을 전망했다.[224] 연구자들은, "AI는 앞으로 더욱 정교하고 효율적인 의료 서비스를 제공하는 데 기여할 것으로 예상하며, 의사와 환자 간의 관계를 변화시키고, 의료 시스템의 효율성을 높이는 데 기여할 것으로 기대한다."고 주장했다.

개인 맞춤형 치료를
가능케 하는 AI

개인 맞춤형 치료는 환자 개개인의 유전체 정보, 생활습관, 질병 이력 등을 종합적으로 분석해 최적의 치료법을 제시하는 새로운 의료 패러다임이다. AI는 환자 개개인의 유전 정보, 생활습관, 질병 이력 등 방대한 의료 데이터를 효율적으로 분석하고 질병 예측 및 진단 정확도를 높여 개인 맞춤형 치료 실현에 핵심적인 역할을 한다. 이는 치료 효과를 높이고 부작용을 줄이는 데 기여한다.

정밀의료 분야에서
AI의 역할

메슈코는 정밀 의료 분야에서 AI의 역할과 잠재력을 포괄적으로 연구했다.[225] 먼저 정밀 의료의 개념을 설명하고, 개인의 유전체 정보, 환경, 생활습관 등 다양한 요인을 고려하여 맞춤형 의료를 제공하는 것이 목표임을 밝혔다. 이어 AI 기술이 정밀 의료 실현에 핵심적인 역할을 할 수 있음을 강조하며, AI가 의료 데이터 분석, 질병 예측 및 진단, 치료 선택 및 최적화, 신약 개발 등 다양한 영역에서 어떻게 활용될 수 있는지 설명했다.

구체적으로 AI는 유전체 데이터 분석을 통해 질병 발생 위험을 예측하고, 의료영상 분석을 통해 질병을 조기에 진단하며, 환자의 치료 반응을 예측하여 개인 맞춤형 치료를 제공하는 데 기여한다. AI는 방대한 의료 데이터를 분석하여 새로운 약물 표적을 발굴하고 신약 개발 과정을 가속화하는 데 활용될 예정이다.

이 연구는 AI가 정밀 의료 분야에 가져올 긍정적인 영향뿐 아니라, 전문가들이 해결해야 할 과제도 제시했다. 연구에 따르면 데이터 편향, 알고리즘 투명성, 개인정보 보호 등 윤리적 문제와 기술적 한계를 극복해야 AI가 정밀 의료 발전에 기여할 수 있다. 의료 전문가와 AI 개발자 간의 협력을 강화하고, AI 시스템의 신뢰성과 안전성을 확보하기 위한 노력이 필요하다.

결론적으로, 이 연구는 정밀 의료 분야에서 AI의 중요성을 강조하고, AI 기술이 질병 예방, 진단, 치료 전반에 걸쳐 혁신적인 변화를 가져올 수 있음을 시사했다. 동시에 AI 기술의 올바른 활용을 위한 윤리적, 기술적 과제와 정밀 의료 시대를 열기 위한 방향성을 제시했다.

예후 예측에서는 AI 모델이 환자의 임상 데이터를 분석하여 치료 결과를 예측하고, 생존율, 재발 가능성 등을 평가하는 데 사용된다. 예를 들어 머신러닝 알고리즘은 환자의 진단 데이터, 치료 반응 데이터 등을 기반으로 개별 환자의 예후를 예측할 수 있다.

딥러닝을 이용한 개인화 치료법

카츠먼 연구팀은 딥러닝을 활용한 새로운 생존 분석 모델 딥서브 DeepSurv를 제안했다.[226] 딥서브는 콕스Cox 비례 위험 모델을 기반으로 하며, 딥러닝의 강력한 비선형 모델링 능력을 통해 환자의 예후를 개인 맞춤형으로 예측했다. 특히, 딥서브는 환자의 특성과 치료 효과 간의 복잡한 상호작용을 학습하여 개별 환자에게 최적의 치료법을 추천할 수 있다.

기존의 선형 콕스 모델은 특징 엔지니어링이나 사전 의학 지식이 필요했지만, 딥서브는 이러한 제약 없이 고차원 상호작용을 모델링할 수 있다는 장점이 있다. 여러 실험을 통해 딥서브는 다른 최신 생존 모델들보다 성능이 우수하거나 동등하며, 환자의 특성과 위험 간의 복잡한 관계를 성공적으로 모델링함을 입증했다. 딥서브는 실제 임상 연구 데이터에 대해서도 개인 맞춤형 치료 권고를 제공하여 환자의 생존 시간을 연장시킬 수 있음을 보였다.

딥서브의 예측 및 모델링 능력은 의료 연구자들이 딥러닝을 통해 환자의 특성이 미치는 영향을 탐색하고 이해하며 예측하는 데 도움을 줄 수 있다. 이는 딥러닝이 의료 분야에서 개인 맞춤형 의료를 실현하는 데 중요한 역할을 할 예정이라는 점을 시사한다.

치료 계획에서는 AI가 복잡한 임상 데이터를 통합하여 최적의 치료 계획을 수립하는 데 사용된다. 이는 방사선 치료, 약물 치료 등의 치료 전략을 개인화하는 데 도움을 준다. AI 기반 시스템은 다중 요인(유전자 정보, 환자 상태, 과거 치료 결과 등)을 고려하여 가장 효과적인 치료법을 추천할 수 있다.

AI 기반
개인건강기록

한국 정부는 개인 맞춤형 의료 서비스 구현을 위해 AI 및 빅데이터를 활용한 정밀 의료 연구 개발에 투자하고 관련 법규 및 제도를 정비하는 등 국가적 차원에서 정책적 지원을 적극적으로 추진하고 있다. 주요 병원 및 연구기관은 AI 기반의 개인 맞춤형 치료 솔루션을 개발 중이다. 암, 심혈관질환, 희귀질환 등 다양한 질병 분야에서 AI를 활용한 진단 및 치료 연구가 활발히 진행된다. 또한 국내외 제약회사, 바이오 기업, IT 기업 등 다양한 기업들이 AI 기반 신약 개발, 유전체 분석 서비스, 건강관리 플랫폼 등 다양한 분야에서 협력 및 경쟁하며 개인 맞춤형 치료 시장에 진출하고 있다.

한국전자통신연구소ETRI의 박종현은 개인 맞춤형 의료에서 AI의 적용과 당면과제에 대해 보고서를 발표했다.[227] 보고서에 따르면

4차 산업혁명이라는 큰 변화 속에서 AI는 의료를 포함한 여러 산업에서 핵심 기술로 떠오르고 있다. 의료 분야에서는 "AI는 치료 중심의 전통적인 방식에서 벗어나 사전 진단, 예방, 맞춤형 의료로의 변화를 촉진하고 있다."고 보고했다.

AI는 유전체 정보, 진료 정보, 생활습관 정보 등 방대한 의료 빅데이터를 분석하여 영상 진단, 질병 예측 및 치료, 신약 개발 등에서 중요한 역할을 하고 있다. 이러한 기술은 환자의 건강과 질병 상태에 따른 보다 정확하고 효율적인 개인 맞춤형 의료 서비스를 제공하는 데 기여한다.

ETRI 보고서는 주요국의 정책 동향을 살펴보고 있다. 이 보고서에서는 "미국은 정밀의료 이니셔티브를 통해 100만 명의 코호트 인프라를 구축하고 개인 맞춤형 암 치료제 개발을 추진하고 있으며, 유럽은 FP7 및 Horizon 2020 프로그램을 통해 유전체 분석 정보를 활용한 암 맞춤형 치료를 추진하고 있다."라고 밝히고 있으며 "일본은 의료혁신 5개년 전략을 통해 개인 맞춤형 의료를 혁신 과제로 선정했고, 중국은 '국가정밀의료전략전문가위원회'를 설립하여 2030년까지 600억 위안(한화 약 11조 원)을 투자하는 등 다양한 노력을 기울이고 있다."고 전했다.

개인 맞춤형 의료 실현을 위해서는 AI 전문 인력 양성, 한국 사람의 특성을 반영한 의료 AI 플랫폼 개발이 중요하다. IBM 왓슨의 사례에서 보이듯, 미국 데이터 기반 AI 플랫폼은 한국인의 의료 데이터로 학습된 AI 플랫폼에 비해 성과가 다를 수 있기 때문이다.

정한민 연구팀은 개인 맞춤형 헬스케어 산업의 기술 동향과 관련하여 다양한 주제를 다루었다.228 개인 맞춤형 헬스케어 산업은 전통적인 진단·치료 모델에서 벗어나 개인건강기록Personal Health Record, PHR을 중심으로 발전하고 있다. PHR은 개인의 건강 관련 모든 정보를 포함하며, 이를 바탕으로 제공되는 건강관리 서비스와 플랫폼을 포함한다. 헬스케어 산업의 패러다임은 진단·치료에서 예방·관리로 이동하면서 개인 맞춤형 건강관리 서비스의 중요성이 더욱 커지고 있다. AI 기술을 활용하여 개인 맞춤형 헬스케어 서비스를 제공하려는 시도도 증가하고 있다. 이는 챗봇 상담과 같은 생활 밀착형 서비스에도 적용된다.

PHR 활용 기술 동향에서는 마이데이터MyData 개념을 설명했다. 마이데이터는 개인이 자신의 건강 데이터를 주도적으로 활용할 수 있게 하는 체계로, 다양한 기관에 분산된 개인정보를 본인이 직접 내려받거나 제3자가 사용할 수 있도록 동의를 제공하는 방식이다. 미국에서는 블루버튼, 오렌지버튼, 그린버튼 등의 이름으로 이미 시행 중이며, 일본도 비슷한 제도를 도입할 예정이라고 보고했다. 한국에서도 의료 마이데이터 플랫폼 및 검진 데이터를 활용한 건강관리 서비스 등 여러 과제를 진행 중이다.

한국의 PHR솔루션으로는 닥터앤서Dr.Answer를 소개했다. 닥터앤서는 AI 기반 정밀의료 서비스 플랫폼으로, 다양한 의료 데이터를 연계·분석하여 개인 맞춤형 질병 예측, 진단, 치료를 지원한다. 이 플랫폼은 8대 질환을 대상으로 한 21개의 소프트웨어를 개발하여 진료 현장에 적용할 계획이다. 이는 질환별 데이터뱅크, 학습 데이터, 서비스 연계 영역 등으로 구성되어 있다.

애플, 구글, 아마존 등 빅테크 기업들이 헬스케어 플랫폼을 통해 PHR을 활용하고 있는 사례도 소개했다. 애플은 헬스키트, 리서치키트, 케어키트를 통해 병원 데이터와 개인 건강 데이터를 통합하고 있으며, 구글은 구글핏과 구글 헬스를 통해 다양한 건강 데이터를 수집 및 분석하고 있다. 아마존은 필팩PillPack 인수와 아마존 케어 출시를 통해 원격 진료 및 약품 배송 서비스를 제공하고 있다.

AI 기반의 의료 데이터 구축, 빅데이터 분석, 챗봇 기술이 개인 맞춤형 헬스케어 산업에서 중요한 역할을 하고 있다. "국내에서는 다양한 규제와 개인정보 보호 문제로 인해 헬스케어 빅데이터 구축이 어려움을 겪고 있다. 이를 해결하기 위해 규제 샌드박스를 통해 데이터 활용과 헬스케어 서비스 개발이 촉진되기를 기대하고 있다."고 연구진은 주장했다.

신약 개발 가속화

AI는 신약 개발 과정의 패러다임을 혁신적으로 변화시키고 있다. 기존 신약 개발은 막대한 시간과 비용이 소요되는 복잡한 과정이었지만, AI는 데이터 분석, 예측 모델링, 자동화 등 다양한 기술을 통해 개발 효율성을 획기적으로 높이고 있다. 특히 생성형 AI의 등장은 신약 후보 물질 발굴 단계에서 혁명적인 변화를 가져왔다.

과거에는 연구자의 직관과 경험에 의존하여 후보 물질을 선별했지만, 이제는 AI가 방대한 화합물 데이터베이스를 분석하여 잠재적인 후보 물질을 효율적으로 선별한다.[229] 2015년에는 아톰와이즈의 아톰넷AtomNet 모델은 딥러닝을 활용하여 단백질-리간드 상호작용을 예측함으로써 에볼라 바이러스 치료제 개발 과정에서 48시간 만에 잠재적인 후보 물질 두 가지를 발견하는 성과를 거두었다. 이는 기존 방식으로는 수년이 걸릴 수 있는 과정을 획기적으로 단축한 것이다.

구글 딥마인드의 알파폴드는 AI를 활용하여 단백질의 3차원 구조를 예측하는 획기적인 모델이다. 단백질은 생명체의 기능을 수행하는 데 필수적인 분자로, 그 복잡한 구조를 이해하는 것은 생명과학 연구의 핵심 과제 중 하나다. 단백질 구조는 약물과의 상호 작용을 밝히는 데 중요한데 알파폴드는 이 과정을 가속화하여 신약 후보 물질 발굴에 기여한다.[230] 이 기술은 신약 개발, 질병 치료, 생명 현상 이해 등 다양한 분야에 긍정적인 영향을 미치고 있다.

알파폴드는 딥러닝 기술을 기반으로 방대한 양의 단백질 서열 데이터와 구조 데이터를 학습하여 단백질의 3차원 구조를 예측한다. 특히 기존의 실험적인 방법으로는 해결하기 어려웠던 단백질을 구성하는 아미노산 서열 간의 관계를 파악하고, 이를 통해 단백질 접힘protein folding 과정을 모델링하는 데 탁월한 성능을 보인다.

단백질은 약물의 표적이 되는 경우가 많다. 알파폴드는 단백질의 3차원 구조를 정확하게 예측함으로써 약물과의 상호 작용을 이해하는 데 도움을 주고, 이를 통해 신약 후보 물질 발굴 및 개발 과정을 가속화한다. 많은 질병은 단백질의 기능 이상과 관련이 있다. 알파폴드는 질병 관련 단백질의 구조를 밝힘으로써 질병의 발병 원인을 이해하고, 새로운 치료법 개발에 기여할 수 있다. 또 생명체 내에서 일어나는 다양한 생명 현상을 이해하는 데 도움을 줄 수 있다. 효소의 작용 메커니즘, 세포 내 신호 전달 과정, 유전자 발현 조절 등 다양한 생명 현상을 연구하는 데 활용하는 것이다.

알파폴드는 단백질 구조 예측 분야에서 혁신적인 성과를 이루었으며, 생명과학 연구의 패러다임을 바꿀 잠재력을 가지고 있다. 이미 단백질 구조 예측의 정확도와 속도를 획기적으로 향상시켰고, 이는 신약 개발, 질병 치료, 생명 현상 이해 등 다양한 분야에서 새로운 가능성을 열었다. 기술은 앞으로 더욱 발전하여 생명과학 연구의 핵심 도구로 자리매김할 것으로 기대된다.

생성적 적대 신경망을 의미하는 GAN은 기존 화합물 데이터베이스를 학습하여 새로운 화합물 구조를 생성하고, 신약 후보 물질 발굴 가능성을 높인다.[231] 이러한 생성 모델은 기존에 알려지지 않았던 새로운 화학 공간을 탐색하고 혁신적인 신약 후보 물질을 발굴하는 데 기여할 수 있다. GAN은 이안 굿펠로우 연구팀이 제안한 딥러닝 모델이다. GAN은 두 개의 신경망, 생성자Generator와 판별자Discriminator로 구성되어 있다.[232] 이 두 신경망은 서로 경쟁하면서 데이터를 생성하고 이를 평가하는 방식으로 학습한다.

GAN의 기본 원리는 다음과 같다. 생성자는 임의의 노이즈 벡터를 입력으로 받아들이고, 이를 통해 실제와 유사한 데이터를 생성한다. 생성자의 목표는 판별자가 진짜 데이터와 가짜 데이터를 구별하지 못하게 하는 것이다. 판별자는 실제 데이터와 생성자가 만든 가짜 데이터를 입력으로 받아들여, 입력 데이터가 실제 데이터인지 가짜 데이터인지를 구별한다. 판별자의 목표는 진짜 데이터와 가짜 데이터를 최대한 잘 구분하는 것이다. 이 과정을 통해 두 네트워크는 동시에 학습하게 되며, 점점 더 현실적인 데이터를 생성하게 된다.

내과 AI에서 GAN은 주로 의료영상 생성 및 향상, 데이터 증강, 질병 진단 보조 등의 다양한 분야에 활용된다. 의료영상 생성 및 화질 향상 시에 저해상도의 의료영상을 고해상도로 변환하거나 노이즈가 많은 영상을 깨끗하게 만든다. 이를 통해 MRI, CT 스캔 등 고가의 의료 장비를 통한 이미지를 저비용으로 높은 품질의 이미지로 복원할 수 있다.

의료 데이터는 수집하기 어렵다. 특히 희귀질환의 경우 데이터가 부족한 상황에서 GAN은 새로운 의료 데이터를 생성함으로써 기존의 데이터를 보강하고, 모델의 학습 성능을 향상시킨다. 질병 진단 보조에서는 GAN이 정상 조직과 병변 조직 간의 차이를 학습하여, 병변을 더 명확히 식별할 수 있도록 돕고 이를 통해 초기 단계에서 질병을 진단하는 데 큰 도움이 된다.

실제 사례로 암 진단에서 GAN은 병리학적 슬라이드 이미지를 생성하여, 암 세포와 정상 세포를 구별하는 데 사용됐다. 흑색종 진단에서 다양한 형태의 흑색종 이미지를 생성하여 진단 모델의 성능을 높였다. 또 저해상도의 MRI 영상을 고해상도로 복원하여, 더 정확한 진단을 가능하게 했다. 뇌종양 진단에서도 고해상도 이미지는 중요한 역할을 한다. 희귀질환 연구에서도 GAN는 데이터를 증강하여 더 많은 데이터를 기반으로 연구를 진행할 수 있도록 돕는다. 이는 희귀질환의 진단 및 치료법 개발에 큰 도움이 될 것이다.

GAN은 내과 AI에서 데이터 생성 및 향상, 진단 보조 등 다양한 분야에서 혁신적인 역할을 하고 있다. 앞으로도 GAN의 발전과 함께 의료 분야에서의 활용도는 더욱 증가할 것으로 기대된다

강화학습은 화합물 구조를 수정하고 개선하여 원하는 약물 특성을 가진 후보 물질을 찾는 데 도움을 주며, 약물 설계 과정을 최적화하는 데 활용될 수 있다.[233] 연구진은 신약 설계 시, 강화 학습을 사용, 원하는 특성을 가진 새로운 분자를 설계하기 위해 컴퓨터 프로그램 릴리스ReLeaSE를 사용하는 방법을 논의했다.

릴리스는 생성 모델과 예측 모델이라는 두 가지 유형의 딥러닝 모델을 사용한다. 생성 모델은 새로운 분자를 만들고, 예측 모델은 새로운 분자가 약물로서 얼마나 잘 작동할지 예측한다. 릴리스는 이러한 모델을 함께 훈련하여 생성 모델이 예측 모델에서 높은 점수를 받는 분자를 만드는 방법을 학습하도록 한다. 이 접근 방식은 기존 약물에 대한 많은 데이터가 필요하지 않다는 점에서 다른 방법과 다르다. 릴리스는 다양한 특성을 가진 분자를 만드는 데 성공적인 방법으로 입증되었다. 이 논문은 신약 설계를 위한 딥 강화 학습의 잠재력을 보여준다. 릴리스는 새로운 약물을 개발하는 데 도움이 될 강력한 도구임을 시사한다.

AI는 약물 효능 및 안전성 예측에도 활용된다. 세포, 동물 실험 데이터, 유전체 정보 등 다양한 생물학적 데이터를 분석하여 약물의 작용 기전, 효능, 독성 등을 예측하고, 임상 시험 성공 가능성을 높이는 데 기여한다. 리커전 파마슈티컬스Recursion Pharmaceuticals는 AI 기

반 이미지 분석 기술을 활용하여 약물 반응을 예측하고.[234] 엑센시아Exscientia는 AI 기반 약물 설계 플랫폼을 통해 임상 시험 단계에 진입한 신약 후보 물질을 개발하는 데 성공했다.[235] 이러한 AI 기반 예측 모델은 임상 시험 실패 위험을 줄이고, 개발 비용을 절감하며, 궁극적으로 환자들에게 더 빠르고 효과적인 치료 옵션을 제공하는 데 기여한다.[236]

AI 임상 시험 설계

임상 시험 설계 단계에서도 AI의 역할은 중요하다. AI는 환자 데이터를 분석하여 최적의 임상 시험 대상 환자를 선별하고, 임상 시험 설계를 최적화하는 데 활용된다. 임상 시험 진행 중에도 환자 데이터를 실시간으로 모니터링하고 분석하여 임상 시험의 효율성과 안전성을 높이는 데 기여할 것이다.

언런.AI^{Unlearn.AI}은 AI 기반 디지털 트윈 기술을 활용하여 임상 시험 참여 환자 수를 줄이고, 임상 시험 기간을 단축하는 데 기여하고 있다. 언런은 AI 기반 디지털 트윈 기술을 활용하여 임상 시험의 효율성을 높이는 데 기여하는 기업이다.[237] 디지털 트윈은 실제 환자의 데이터를 기반으로 만들어진 가상 환자 모델로, 임상 시험 설계 및 분석 과정에서 다양하게 활용될 수 있다.

이 기업은 이러한 디지털 트윈을 활용하여 과거 임상 시험 데이터를 기반으로 새로운 치료법의 효과를 평가하는 대조군을 생성하고, 특정 치료법에 더 잘 반응할 가능성이 높은 환자 하위 그룹을 식별한다. 또 다양한 임상 시험 시나리오를 시뮬레이션해 최적의 임상 시험 설계를 찾아낸다. 특히 임상 시험에 필요한 실제 환자 수를 줄이고, 윤리적인 문제를 해결하며, 임상 시험 기간을 단축하고 비용을 절감하는 데 기여한다.

언런의 디지털 트윈 기술은 임상 시험 효율성 향상, 윤리적 문제 해결, 개인 맞춤형 치료 등 다양한 장점을 제공한다. 아직 초기 단계에 있지만, 임상 시험 분야에 혁신을 가져올 잠재력이 있다. 본사는 샌프란시스코에 있고 주요 투자자로는 앤드리슨 호로위츠Andreessen Horowitz, 오비어스 벤처스Obvious Ventures, 8VC 등이 있다. 언런은 현재 다양한 제약 회사 및 연구 기관과 협력하여 디지털 트윈 기술을 임상 시험에 적용하는 연구를 진행하고 있다.[238]

한국에서도 AI 기반 신약 후보 물질 발굴 연구는 활발하게 진행되고 있다. 카이스트는 신약 개발 플랫폼을 개발하여 AI 기반 신약 후보 물질 발굴 기술을 상용화하기 위해 노력 중이다.[239] SK바이오팜은 AI 기반 신약 개발 플랫폼을 구축하여 신약 후보 물질 발굴 및 약효 예측에 활용하고 있다.[240]

물론 AI 기술이 신약 개발의 모든 문제를 해결할 수 있는 것은 아니다. AI 모델의 신뢰성, 데이터 편향 문제, 윤리적 문제 등 해결해야 할 과제도 많다. 하지만 지속적인 연구 개발과 협력을 통해 이러한 문제들을 해결해나간다면, AI는 신약 개발 분야에서 더욱 큰 역할을 수행하며 인류의 건강 증진에 기여할 수 있을 것이다.

의료 서비스
접근성 향상

AI 기반 의료 챗봇, 원격 진료 시스템 등은 의료 서비스 접근성을 높여 의료 불평등 해소에 기여한다. 특히 의료 인프라가 부족한 지역이나 거동이 불편한 환자들에게 큰 도움이 된다. 이러한 시스템들은 다양한 연구와 개발을 통해 발전하고 있다.

먼저 의료 챗봇은 사용자의 건강 상태를 모니터링하고 진단을 지원하는 역할을 한다. 저르칙의 기사에 따르면. 챗봇 아다Ada는 정신질환 진단에서 전문가와 유사한 정확성을 보였다. 사용자가 병원을 방문하지 않고도 필요한 정보를 얻을 수 있는 것이다. 또 병원 응급실의 혼잡을 줄이고 환자들이 적절한 시기에 적절한 치료를 받을 수 있게 한다.[241]

정신건강 문제에도 활용된다. 챗봇은 사용자의 스트레스 수준을 분석하고 감정 관리를 지원하며, 불안이나 우울증 같은 증상을 완화하는 데 도움을 준다. 이 연구는 코로나19 팬데믹 동안 원격 치료의 필요성이 증가하면서 챗봇의 활용이 더욱 중요함을 강조했다.

AI와 챗봇을 활용한 원격 의료 시스템은 전세계 여러 국가에서 연구되고 있다. 바이오메드 센트럴BioMed Central의 연구에 따르면, 건강 챗봇은 신체 활동을 촉진하고, 건강한 식단을 유지하며, 체중 감량을 지원하는 데 사용된다.[242] 이 연구는 2018~2020년 출판된 9개의 연구를 분석하여 AI 기반 챗봇이 개인의 건강 행동을 개선하는 데 효과적임을 보여주었다.

이 시스템은 사용자가 챗봇과의 대화를 통해 자신의 식습관을 파악하고, 맞춤형 식단 정보를 제공한다. 사용자와 자연어 대화를 통해 현재 섭취한 식품의 영양 분석을 수행하고, 적절한 식단을 추천한다. 이를 통해 사용자는 자신에게 맞는 식단을 쉽게 관리할 수 있다. 이는 만성질환 관리에 큰 도움이 된다.

김민수 연구팀의 연구는 당뇨병 환자들의 개인별 적절한 식단 구성과 유지의 어려움이라는 문제 인식에서 출발했다. 연구팀은 이 문제를 해결하기 위해 대화형 AI 기술을 활용하여 환자들과 상호작용하며 시스템이 개인화된 식단을 제안할 수 있게 했다.

이 시스템은 사용자의 혈당 수치, 체중, 활동량 등을 분석하고 개인의 식습관과 선호도를 고려한 맞춤형 식단을 추천한다. 또한 실시간 대화를 통해 식단 조정 및 영양 상담을 제공한다. 기술적으로는 자연어처리 기술을 활용한 사용자 친화적 인터페이스, 머신러닝 알고리즘을 통한 개인별 식단 최적화, 그리고 빅데이터 분석을 통한 식품 영양 정보 데이터베이스 구축 등의 특징을 갖고 있다.

개발된 시스템의 사용자들의 식단관리 만족도는 향상되었고, 혈당 조절에도 긍정적인 영향을 미쳤다는 결과도 보고됐다. 그러나 연구진은 더 많은 사용자 데이터를 수집하여 시스템의 정확도를 높이고 장기적인 효과를 검증하는 후속 연구의 필요성을 제시했다.

연구는 AI 기술을 실제 의료 현장에 적용한 사례로, 이 시스템이 당뇨병 환자들의 삶의 질 향상에 기여할 수 있는 가능성을 보여주었다. 이는 대화형 인터페이스를 통해 기술에 익숙하지 않은 사용자들도 쉽게 활용할 수 있는 방안을 제시했다는 점에서 의의가 있다. 이러한 연구는 앞으로 AI 기술이 의료 분야, 특히 만성질환 관리에 어떻게 기여할 수 있는지에 대한 중요한 통찰을 제공한다.

김민영의 연구는 당뇨병 환자의 자가 관리를 돕는 AI 챗봇을 개발하고 그 효과를 검증했다. 연구진은 당뇨병 환자들이 겪는 정보 부족, 관리 어려움 등의 문제를 해결하고자 했다. 이 챗봇은 환자의 혈당, 식사, 운동 등의 정보를 수집하고, 이를 바탕으로 맞춤형 정보와 피드백을 제공한다. 또 환자의 질문에 답변하고, 필요한 경우 의료진과의 상담을 연결하는 역할도 수행한다.[243]

당뇨병 환자들을 대상으로도 실험을 진행했다. 실험 결과, 챗봇을 사용한 환자들은 혈당 조절 능력, 식습관 개선, 운동량 증가 등 자가 관리 능력이 향상되었으며 삶의 질 또한 높아진 것으로 나타났다.

챗봇은 환자의 의료 접근성을 높이고, 지속적인 관리를 가능하게 하여 만성질환 관리에 큰 도움을 준다. 혈당, 식사, 운동 등의 정보를 수집하고 분석한 맞춤형 정보를 통해 환자의 자가 관리 능력 향상에도 기여했다.

딥러닝 기술을 활용하여 음식 이미지를 인식하고 영양 정보를 제공하는 시스템도 연구되었다.[244] 이 시스템은 사용자가 음식 사진을 찍어 입력하면, 딥러닝 모델이 이미지를 분석하여 음식의 종류를 인식하고, 데이터베이스에 저장된 영양 정보를 추출하여 사용자에게 제공한다. 이를 통해 사용자는 섭취하는 음식의 영양 성분을 쉽게 파악하고, 건강하게 식단관리를 할 수 있다.

연구진은 음식 이미지 인식을 위해 CNN 기반의 딥러닝 모델을 사용했으며, 다양한 음식 이미지 데이터셋을 활용하여 모델을 학습시켰다. 영양 정보 데이터베이스를 구축하여 음식 종류별 칼로리, 탄수화물, 단백질, 지방 등의 영양 성분 정보도 제공했다.

이 시스템은 기존의 영양 정보 제공 방식에 비해 사용자 편의성을 크게 향상시켰다. 사용자는 일일이 음식의 영양 정보를 검색할 필요 없이 사진 촬영만으로 간편하게 정보를 얻을 수 있다. 딥러닝 모델의 학습 데이터가 축적될수록 음식 인식 정확도가 향상되고 더욱 다양한 음식에 대한 정보를 제공할 수 있었다.

하지만 아직 해결해야 할 과제도 있다. 예를 들어 음식의 조리 방식이나 양에 따른 영양 정보 변화를 반영하지 못하는 한계가 있다. 또 딥러닝 모델의 정확도를 높이기 위해서는 더욱 다양하고 많은 양의 음식 이미지 데이터가 필요하다.

이 연구에서는 딥러닝 기술을 활용하여 음식 이미지 인식 및 영양 정보 제공 시스템을 개발했다. 개인 맞춤형 건강관리 및 식단관리 서비스 개발에도 딥러닝 기술이 활용될 수 있는 것이다. 앞으로 더욱 정확하고 다양한 정보를 제공하는 시스템이 개발되어 국민 건강 증진에 기여할 것으로 기대된다. 이미 상용화한 기업들도 있다. 대표적인 것이 상식플러스와 다이어트 카메라 AI 서비스를 제공하는 두잉랩doinglab이다.

상식플러스는 개인 맞춤형 식단관리를 통해 건강한 라이프스타일을 만들어가는 데 도움을 주는 앱이다. 나이, 성별, 키, 몸무게, 활동량, 건강 상태 등 개인정보를 기반으로 최적의 식단을 제안하고, 체중 감량, 근육 증가, 건강 유지 등 목표에 맞는 다양한 식단 정보를 제공한다. 사용자는 매일 섭취하는 음식을 기록하고 영양 성분 분석을 통해 자신의 식습관을 파악하고 개선할 수 있다. 다른 사용자들과 식단관리 경험을 공유하고, 서로에게 동기 부여를 받을 수 있는 커뮤니티 기능도 활용 가능하다. 영양 전문가와의 1대1 상담을 통한 개인별 맞춤 상담과 연계할 수도 있다. 상식플러스는 편리한 식단관리, 과학적인 데이터에 기반한 지속 가능한 건강관리를 통해 건강한 삶을 위한 현명한 선택이 될 수 있다.

다이어트 카메라 AI는 AI 기술을 활용하여 식단관리를 쉽고 간편하게 도와주는 앱이다. 음식 사진을 찍으면 AI가 자동으로 음식 종류와 칼로리를 분석하여 기록해주기 때문에 번거로운 입력 과정 없이 편리하게 식단을 관리할 수 있다. 사진 촬영만으로 다양한 음식을 인식하고 칼로리를 자동으로 계산하여 정확한 식단 기록을 돕고, 섭취한 음식 데이터를 기반으로 식사 패턴을 분석하여 건강한 식습관 개선을 위한 맞춤형 조언을 제공한다. 궁금한 음식의 칼로리 및 영양 정보를 검색하여 건강한 식단 구성에 활용할 수도 있으며, 체중 변화를 기록하고 그래프로 시각화하여 다이어트 목표 달성에 대한 동기를 진작할 수 있다.

다이어트 카메라 AI는 바쁜 일상 속 간편한 식단관리를 원하는 사람, 정확한 칼로리 계산과 식단 기록이 필요한 사람, 식습관 개선을 위한 맞춤형 조언을 원하는 사람, 체계적인 다이어트 관리를 통해 목표 달성을 원하는 사람에게 추천한다. 그러나 이들은 아직 제한점이 아직 많은 기술로, 이 기술을 활용하는 것만으로 식단관리를 수월하게 하고 국민건강증진에 도움이 될지는 미지수다.

이와 같이 AI 기반 의료 챗봇과 원격 의료 시스템은 의료 서비스 접근성을 높이고, 특히 의료 인프라가 부족한 지역이나 이동이 어려운 환자들에게 큰 혜택을 제공할 수 있다. 이러한 기술의 발전은 의료 불평등을 해결하는 데 중요한 역할을 할 것이다.

내과 AI의 강자

내과 분야에는 강자들이 많다. 구글과 같은 빅테크의 약진은 다른 기업들에게 큰 위협이다. 하지만 AI 의료 분야가 이제 막 태동하는 만큼 기회는 도처에 널려 있다. 이어지는 내용에서 우리는 다양한 내과 AI 기업들의 분투를 살펴본다.

AI의 심연을 탐험하는
구글의 비밀병기, 딥마인드

딥마인드는 2010년 데미스 하사비스, 셰인 레그, 무스타파 술레이만이 공동 창립한 영국의 AI 연구 기업이다. 2014년 구글에 인수된 이후 AI 분야에서 괄목할 만한 성과를 거두며 세상을 놀라게 했다.

바둑 세계 챔피언을 꺾은 알파고, 스타크래프트2 프로게이머를 압도한 알파스타AlphaStar, 그리고 단백질 구조 예측의 새 지평을 연 알파폴드까지, 딥마인드는 인간의 지적 능력에 도전하는 AI 개발에 앞장서고 있다.[245]

딥마인드의 핵심 역량은 딥러닝, 강화학습, 신경망 아키텍처 등 AI 기술을 능숙하게 다루는 데 있다. 특히 알파제로AlphaZero 알고리즘은 바둑, 체스, 장기 등 다양한 게임에서 인간 최고수를 뛰어넘는 성능을 보여주며 AI의 무한한 가능성을 증명했다.[246] 알파폴드는 단백질 구조 예측 분야에서 혁신적인 성과를 거두며 신약 개발 및 질병 연구에 획기적인 전환점을 마련했다.[247]

딥마인드의 경쟁력은 뛰어난 인재, 막대한 자금력, 그리고 구글의 방대한 데이터 및 인프라 지원에 있다. 이들은 세계 최고 수준의 AI 연구자들을 영입하고, 끊임없는 연구 개발을 통해 기술력을 향상시키고 있다. 구글의 자금력과 인프라 지원은 대규모 연구 프로젝트를 수행하고, 혁신적인 결과를 창출하는 데 큰 힘이 되고 있다.

그러나 몇 가지 약점과 시장 위협도 있다. 딥마인드의 AI 기술은 윤리적 문제를 야기할 수 있다. 가령 알파폴드가 악용될 경우, 생물무기를 개발하거나 인간 유전자를 조작하는 데 사용될 수 있다는 우려가 제기된다. 또 상용화 및 수익 창출 능력도 아직 검증되지 않았다. AI 기술을 활용한 다양한 서비스를 개발하고 있지만, 아직까지 뚜렷한 성공 사례를 만들어내지 못했다.

딥마인드의 미래는 희망찬 전망과 모호한 불확실성으로 가득하다. AI 기술을 활용하여 인류의 난제를 해결하고, 삶의 질을 향상시키는 데 기여할 수 있지만, AI 기술의 오용 및 남용 가능성을 극복해야 한다. 결론적으로 윤리적 문제를 해결하고, 기술력을 상용화하여 지속 가능한 성장을 이루어야 하는 것이다.

딥마인드는 현재 알파폴드를 통해 다양한 제약 회사 및 연구 기관과 협력하고 있으며, 주요 병원에서도 알파폴드를 활용하여 신약 개발 및 질병 연구를 진행하고 있다. 한국에서도 여러 대학병원 및 연구소에서 활용하고 있으며, 특히 서울대학교병원, 연세대학교 세브란스병원, 카이스트 등에서 활발하게 연구를 진행하고 있다.[248]

의료 AI의 선구자, IBM 왓슨 헬스

IBM 왓슨 헬스는 한때 의료 AI 분야의 총아였다. 2011년, 미국의 유명 퀴즈쇼 '제퍼디!'에서 인간 챔피언들을 꺾으며 화려하게 데뷔했다. 그리고 의료 분야에 진출하여 "Dr. Watson"이라는 별명을 얻으며 기대를 한 몸에 받았다.[249] 방대한 의료 데이터를 분석하고, 임상 의사결정을 지원하며, 암 진단 및 치료에 활용되는 등 혁신적인 기술을 선보였다.

왓슨 헬스의 핵심 역량은 자연어처리, 머신러닝, 데이터 분석 등 AI 기술을 의료 분야에 적용하는 데 있다. 왓슨 포 온콜로지는 암 환자의 진료 기록, 유전체 정보, 의학 논문 등 방대한 데이터를 분석하여 개인 맞춤형 치료 옵션을 제시하는 데 활용되었다. 왓슨 포 클리

니컬 트라이얼 매칭Watson for Clinical Trial Matching은 임상 시험에 적합한 환자를 찾는 과정을 자동화하여 임상 시험 효율성을 높이는 데 기여했다.

그러나 왓슨 헬스는 몇 가지 약점과 시장 위협에 직면하며 험난한 항해를 이어가고 있다. 첫째, 이 기술은 의료 현장의 복잡성을 완전히 반영하지 못한다는 비판을 받는다. 의료 데이터는 복잡하고 다양하며 환자마다 상황이 다르기 때문에 AI가 모든 것을 해결할 수는 없다. 둘째, 왓슨 헬스의 높은 가격과 복잡한 시스템은 의료기관이 선뜻 기술을 도입하기 어렵게 만들었다. 특히, 중소 병원이나 의원에서는 비용을 감당하기 어려웠다. 셋째, 경쟁 심화와 기술 발전 속도가 빨라지면서 경쟁 우위가 약화되었다. 구글, 마이크로소프트 등 글로벌 IT 기업들이 의료 AI 시장에 뛰어들면서 경쟁이 치열해졌다. 새로운 기술들이 빠르게 등장하면서 왓슨 헬스의 기술력은 상대적으로 뒤처지게 되었다.

IBM은 2022년 왓슨 헬스를 매각하며 의료 AI 시장에서 철수를 선언했다.[250] 하지만 왓슨 헬스의 기술과 경험은 여전히 의료 AI 분야에 중요한 유산으로 남아 있다. 왓슨 헬스는 의료 AI의 가능성을 보여주었고, 많은 기업들이 그 뒤를 이어 의료 AI 시장에 도전하고 있다. 왓슨 헬스의 미래는 불투명하지만, 의료 AI 기술은 계속 발전하여 의료 서비스의 질을 향상시키고, 환자들에게 더 나은 치료 옵션을 제공할 것으로 기대한다.

왓슨 헬스는 전세계 다양한 병원에 솔루션을 제공했지만, 현재는 매각되어 프란시스코 파트너스Francisco Partners라는 사모펀드 소유로 넘어갔다. 현재 왓슨 헬스 솔루션을 사용하는 병원 목록을 정확히 파악하기는 어렵다. 한국에서는 가천대 길병원, 부산대학교병원, 건양대학교병원 등에서 왓슨 포 온콜로지를 도입하여 암 환자 진료에 활용한 바 있다.[251]

암 정복에 나선
데이터 연금술사, 템퍼스

템퍼스는 2015년 에릭 레프코프스키가 설립한 미국의 헬스케어 기술 기업으로, 유전체 데이터 분석 및 AI 기술을 활용하여 개인 맞춤형 암 치료 솔루션을 제공한다. 방대한 양의 임상 및 유전체 데이터를 수집하고 분석하여 환자에게 최적의 치료법을 제시하고, 암 치료 효과를 예측하며, 신약 개발을 가속화하는 데 기여한다.[252]

템퍼스의 핵심 역량은 대규모 데이터 처리 및 분석 기술, AI 기반 예측 모델링, 그리고 의료 전문 지식의 통합에 있다. 템퍼스는 미국 내 최대 규모의 임상 및 유전체 데이터베이스를 구축한 뒤 딥러닝, 머신러닝 등 다양한 AI 기술을 활용하여 암 환자의 예후 예측, 치료 반응 예측, 약물 효능을 예측하는 모델을 개발하고 있다. 또 종양학, 병리학, 유전학 등 다양한 분야의 전문가들과 협력하여 AI 모델의 정확도와 신뢰성을 높이고 있다.

템퍼스의 경쟁력은 방대한 데이터, 뛰어난 AI 기술, 그리고 의료 시스템과의 긴밀한 협력에 있다. 미국 내 주요 병원 및 암센터와 파트너십을 맺고 있으며, 환자의 유전체 데이터 및 임상 정보를 수집하고 분석하여 맞춤형 치료 솔루션을 제공한다. 제약 회사와도 협력하여 신약 개발 과정에서 AI 기술을 활용하고, 임상 시험 설계 및 환자 모집을 지원한다.

템퍼스의 주요 제품으로는 템퍼스xT, 템퍼스xG, 템퍼스iO 등이 있다. 템퍼스xT는 차세대 염기서열 분석NGS 기반의 종합 유전체 프로파일링 검사로, 암 환자의 유전체 변이를 분석하여 맞춤형 치료 전략 수립에 활용된다. 템퍼스xG는 액체 생검 기반의 유전체 검사로, 혈액에서 암세포 유래 DNA를 분석하여 암 진단 및 치료 반응 모니터링에 활용된다. 템퍼스iO는 AI 기반 병리 이미지 분석 플랫폼으로, 병리 슬라이드 이미지를 분석하여 암 진단 및 예후 예측에 활용된다.[253]

템퍼스는 암 치료 분야에서 혁신적인 기업으로 평가받고 있지만, 몇 가지 약점과 시장 위협에 직면해 있다. 첫째, 비즈니스 모델은 데이터 의존적이며, 데이터 확보 및 관리에 대한 윤리적, 법적 문제가 발생할 수 있다. 둘째, 기술이 아직 완벽하지 않으며, AI 모델의 정확도와 신뢰성을 높이기 위한 지속적인 연구 개발이 필요하다. 셋째, 경쟁 심화로 인해 시장 점유율 확보가 어려워질 수 있다. 파운데이션 메디슨Foundation Medicine, 가단트 헬쓰Guardant Health 등 경쟁 기업들이 등장하면서 경쟁 우위를 위한 차별화된 기술과 서비스가 절실하다.

템퍼스의 미래는 암 정복을 위한 데이터 연금술사로서 성공적인 역할 수행에 달려 있다. 방대한 데이터와 AI 기술을 활용하여 암 치료의 새로운 패러다임을 제시하고, 환자들에게 더 나은 치료 옵션을 제공해야 한다. 하지만 데이터 윤리, 기술 완성도, 경쟁 심화 등 넘어야 할 산이 많다. 템퍼스는 이러한 도전과제를 극복하고, 암 정복을 위한 혁신적인 기업으로 성장하고자 한다.

템퍼스는 현재 미국 내 다양한 병원 및 암센터와 협력하고 있으며, 주요 파트너로는 메이요 클리닉Mayo Clinic, 클리블랜드 클리닉, 노스웨스턴 메디신Northwestern Medicine 등이 있다. 한국에서는 아직 템퍼스의 서비스가 공식적으로 제공되고 있지 않지만, 한국의 의료기관 및 연구 기관에서도 템퍼스의 기술에 대한 관심은 높아지고 있다.[254]

LG 엑사원 3.0이 그리는 미래 의학

LG의 AI 모델 '엑사원 3.0'은 암 진단 분야에 큰 변화를 가져오고 있다.[255] 엑사원 3.0은 폐 조직 사진을 분석해 유전자 변이를 파악하고 폐암 가능성을 진단한다. 이는 고가의 유전자 검사를 대체할 수 있는 기술로, 의료 진단 방식 자체를 바꾸는 진전이다. 이 AI 시스템은 딥러닝을 통해 방대한 의료 데이터를 분석한다. 폐 조직 이미지에서 유전자 변이 관련 특징을 추출하여 인간이 놓치기 쉬운 패턴을 발견한다. 엑사원 3.0의 핵심은 딥러닝과 의료 빅데이터의 융합이다. 수많은 환자들의 의료 기록, 영상 자료, 유전자 정보를 학습해 개별 환자의 상태를 더 정확하게 진단할 수 있게 한다.

이 기술의 활용 범위는 폐암 진단에만 국한되지 않는다. 엑사원 3.0은 의학 논문, 임상 시험 결과, 약물 상호작용 데이터를 분석해 신약 개발에 기여할 수 있으며, 환자 상태를 지속적으로 관찰하고 개인별 최적화된 치료법을 제안하는 맞춤형 의료 서비스도 가능하게 한다.

엑사원 3.0과 같은 AI 기술은 의료 윤리와 철학의 재정립을 요구한다. AI 설명 가능성, 의사결정 책임, AI와 인간 의사의 관계에 대한 고찰이 필요하다. 이러한 AI 의료기술은 의학의 본질과 건강에 대한 이해를 근본적으로 변화시킬 잠재력을 갖고 있다. AI 기술과 인간 의사의 전문성이 조화를 이룰 때 더 나은 의료 서비스가 실현될 수 있을 것이다.

직업을 잃는
내과의사가 나올까?

인간 지능을 뛰어넘는 AI의 등장은 의료계 전반에 혁신을 예고한다. 내과 분야에서 AI는 진단, 치료, 예방 등의 영역에서 더욱 뛰어난 활약을 보일 것으로 기대된다. 슈퍼 AI는 방대한 의료 데이터를 빠르게 분석하고 복잡한 질병 패턴을 파악하여 정확한 진단을 내릴 수 있다. 개인 맞춤형 치료 계획 수립 및 질병 예측 모델 개발에도 활용될 것이다.

그렇다고 슈퍼 AI가 내과의사를 완전히 대체할 가능성은 낮다. 내과 진료는 환자의 증상, 병력, 검사 결과 등 다양한 요소를 종합적으로 고려해야 하며, 환자와의 소통과 공감을 통해 신뢰를 구축하는 과정이 필수적이다. 슈퍼 AI는 이러한 인간적인 측면을 완전히 대체하기 어렵다. 특히 환자의 불안감을 해소하고 정서적인 지지를 제공하는 것은 인간 의사만이 할 수 있는 중요한 역할이다.

슈퍼 AI 시대에도 내과의사의 역할은 여전히 중요하다. AI는 의사의 진단 및 치료 결정을 돕는 도구로 활용될 것이다. 의사는 AI의 분석 결과를 바탕으로 환자에게 최적의 치료 방향을 제시하고, 환자와 소통하며 치료 과정을 함께 이끌어나갈 것이다. 인간은 AI 시스템의 개발, 관리, 감독에도 참여하여 AI 기술을 의료 현장에 효과적으로 적용하는 데 기여해야 한다.

AI 기술 발전 속도에 적응하지 못하는 내과의사는 경쟁에서 뒤처질 수 있다. AI는 빠르게 발전하고 있으며, 이러한 변화에 적응하고 AI를 활용하는 능력은 내과의사에게 필수적인 역량이다. AI는 진단 정확도를 높이고, 업무 효율성을 향상시키며, 새로운 지식 및 기술 습득 기회를 제공한다. AI를 활용하지 못하는 의사는 상대적으로 낮은 진단 정확도와 효율성을 보일 수 있으며, 환자들에게 신뢰를 잃을 것이다.

인간 의사의 전문 지식, 경험, 공감 능력과 슈퍼 AI의 뛰어난 분석 능력이 결합된다면, 미래의 내과 진료는 더욱 정확하고 효율적으로 환자 중심적인 방향으로 발전할 수 있을 것이다. AI 시대에 발맞춰 끊임없이 배우고 발전하는 자세를 갖춘 내과의사만이 미래 의료 환경에서 경쟁력을 유지하고 환자들에게 최상의 의료 서비스를 제공할 것이다.

2034년의 내과 진료실

10년 후의 내과 진료실은 AI와 떼려야 뗄 수 없는 공간으로 변모했다. 더 이상 흰 가운을 입은 의사가 청진기를 들고 다니는 모습은 찾아보기 힘들다. 대신 최첨단 AI 시스템과 연동된 스마트 글래스를 착용한 의사들이 환자와 마주한다. 스마트 글래스는 환자의 EMR 데이터를 실시간으로 분석하고, 웨어러블 기기와 연동하여 환자의 생체신호를 모니터링하며, AR 기술을 통해 환자의 몸 속을 들여다보는 듯한 경험을 제공한다.

내과의사는 더 이상 진단을 위해 수많은 검사 결과를 일일이 확인하지 않아도 된다. AI가 환자의 EMR, 유전체 정보, 생활습관 등 다양한 데이터를 종합적으로 분석하여 질병의 위험도를 예측하고, 맞춤형 진단 및 치료 계획을 제시하기 때문이다. 의사는 AI의 분석 결과를 검토하고, 환자의 상황에 맞춰 최적의 치료 방향을 결정하는 데 집중한다.

환자들은 AI 덕분에 더욱 정확하고 빠른 진단을 받을 수 있게 되었다. AI는 딥러닝 알고리즘을 통해 수많은 질병 사례를 학습하고, 미세한 증상 변화까지 감지하여 조기 진단을 가능하게 한다. 초기 당뇨병 환자의 혈당 수치 변화 패턴을 분석하여 합병증 발생 가능성을 예측하고, 개인 맞춤형 식단 및 운동 처방을 제공하는 식이다.

AI는 만성질환 관리에도 혁신을 가져왔다. AI 기반 챗봇은 환자와 24시간 소통하며, 식단관리, 운동 지도, 약물 복용 관리 등을 지원한다. 덕분에 환자들은 언제 어디서든 의사의 도움을 받을 수 있고, 의사는 환자의 건강 상태를 실시간으로 모니터링하여 적절한 치료 개입 시점을 결정할 수 있다.

AI는 내과의사의 연구 역량도 강화한다. AI 기반 연구 플랫폼은 방대한 의료 데이터를 분석하고, 새로운 질병 바이오마커 발굴, 약물 효능 예측 등 다양한 연구를 지원한다. 의사는 AI의 도움을 받아 연구 시간을 단축하고, 더욱 창의적인 연구 주제에 집중할 수 있다.

물론 AI의 발전은 새로운 윤리적, 법적 문제를 야기하기도 한다. AI의 오진 가능성, 데이터 편향 문제, 의료 정보 보안 문제 등 해결해야 할 과제가 많다. 내과의사들은 AI 전문가, 윤리학자, 법률 전문가 등과 협력하여 AI 기술을 안전하고 효과적으로 활용할 방안을 모색해야 한다. 이렇듯 AI는 내과의사의 파트너로서 진료 현장을 변화시키고 있다.

8장

정신건강의학과 AI,
마음을 치유하는 따뜻한 손길

✦ ✦ ✦

현대 사회는 빠른 변화와 복잡한 관계 속에서 수많은 사람들이 정신건강 문제를 겪고 있다. WHO에 따르면, 전세계적으로 약 2억 8,000만 명이 우울장애를 앓고 있고,[256] 약 3억 100만 명이 불안장애를 앓고 있다고 한다.[257] 이러한 정신건강 문제는 개인의 삶의 질을 저하시킬 뿐만 아니라 사회경제적으로도 막대한 손실을 초래한다. 하지만 정신건강의학 분야는 여전히 접근성이 낮고, 사회적 낙인으로 인해 치료를 기피하는 경향이 있다. 이러한 문제를 해결하고 정신건강 서비스의 질을 향상시키기 위해 AI 기술이 주목받고 있다.

AI는 방대한 데이터 분석, 패턴 인식, 자연어처리 등 다양한 기술을 통해 정신건강 문제를 진단하고 치료하는 데 새로운 가능성을 제시한다. AI는 음성 분석뿐 아니라 다양한 요인(언어 패턴, 생체 정보, 설문 등)을 종합적으로 분석하여 우울장애 환자의 언어 패턴을 분석하고, 감정 상태를 파악하고, 자살 위험을 예측한다. 또한, 챗봇이나 가상 상담 프로그램을 통해 심리 상담을 제공하고, 환자의 상태를 모니터링하여 치료 효과를 높인다.

AI는 정신건강의학 분야의 접근성을 높이는 데도 기여한다. 스마트폰 앱이나 웹 기반 플랫폼을 통해 누구나 쉽게 정신건강 정보를 얻고, 자가 진단 도구를 활용하여 자신의 상태를 점검할 수 있다. 이는 정신건강 문제를 조기에 발견하고 치료를 시작하는 데 도움을 줄 수 있다. AI 기반 챗봇은 24시간 상담 서비스를 제공하여, 시간과 공간의 제약 없이 심리적 어려움을 겪는 사람들에게도 도움을 준다.

물론 AI가 정신건강의학 분야의 모든 문제를 해결할 수 있는 것은 아니다. AI는 인간의 감정과 경험을 정량적으로 분석할 수 있지만, 정서적 공감이나 인간적인 이해는 부족할 수 있다. 따라서 AI는 정신건강 전문가를 대체하는 것이 아니라, 그들의 역할을 보완하고 지원하는 도구로 활용되어야 한다. AI는 방대한 데이터 분석과 패턴 인식을 통해 정신건강 전문가의 진단 및 치료 결정을 돕고, 환자에게 더욱 개인화된 치료 서비스를 제공하는 데 기여한다.

퀀텀 스칼펠,
두개골 너머의 디지털 혁명

신경외과학은 의학 분야 중에서도 가장 복잡하고 정교한 영역 중 하나로 인식되어 왔다. 뇌와 척수, 말초신경계를 다루는 이 분야는 인간의 가장 복잡한 기관을 대상으로 하기에, 그 진단과 치료 과정에서 높은 수준의 정확성과 주의가 요구된다. 최근 들어, AI의 급속한 발전은 이 분야에 새로운 혁명의 바람을 일으키고 있다.

AI의 신경외과적 적용은 현재 다양한 영역에서 이루어지고 있으며, 그중 가장 주목할 만한 분야 중 하나는 뇌종양 분할 기술이다. 하바에이 연구팀의 연구는 딥러닝 신경망을 이용한 뇌종양 분할 기술의 획기적인 발전을 보여준다.[258] 이 연구에서는 기존의 수동적이고 시간 소모적인 뇌종양 식별 및 분할 과정을 자동화하고 정확도를 높이는 방법을 제시했다. 연구팀은 다양한 딥러닝 아키텍처를 실험하여 최적의 모델을 찾아냈는데, 연구팀은 멀티패스 CNN 구조를 제안하여, 지역적인 특성과 전체적인 맥락을 동시에 고려할 수 있도록 했다. 이를 통해 뇌종양의 복잡한 구조와 다양한 형태를 더욱 정확하게 분할할 수 있었다.

또 다른 중요한 AI 적용 사례는 급성 두개내 출혈 감지 시스템의 개발이다. 왕 연구팀의 연구는 AI를 이용한 급성 두개내 출혈 감지 시스템의 개발과 그 임상적 유용성을 보여준다.[259] 이는 신경외과 응급 상황에서 AI의 실질적인 적용 가능성을 입증한 중요한 사례이다. 연구팀은 CNN을 기반으로 한 딥러닝 알고리즘을 개발했는데, 이 알고리즘은 두부 CT 영상을 분석하여 급성 두개내 출혈을 감지하고 분류한다. 주목할 만한 점은, 이 시스템이 단순히 출혈의 유무만을 판단하는 것이 아니라, 출혈의 유형(경막외, 경막하, 지주막하, 뇌실내, 뇌실질내)까지 구분할 수 있다는 것이다. 알고리즘의 전체적인 정확도는 98%였으며, 감도는 96%, 특이도는 97%로 높은 성능을 보였다.

신경외과 분야에서 AI의 광범위한 적용 가능성에 대한 종합적인 검토는 탕스위리몰 연구팀의 연구에서 찾아볼 수 있다.[260] 이 연구는 AI가 신경외과의 여러 영역에서 활용될 수 있음을 제시하는데, 이는 진단, 수술 계획, 로봇 보조 수술, 예후 예측, 그리고 재활 치료에 이르기까지 광범위하다. 특히 주목할 만한 점은 AI가 단순히 기존 방법을 자동화하는 데 그치지 않고, 인간 의사가 포착하기 어려운 패턴이나 관계를 발견함으로써 새로운 통찰을 제공할 수 있다는 것이다.

AI의 도입은 신경외과 진료의 여러 측면에서 혁신을 가져올 수 있다. 먼저, 진단 정확성의 향상을 들 수 있다. AI, 특히 딥러닝 모델은 인간이 인지하기 어려운 미묘한 패턴을 포착하는 데 탁월하다. AI는 뇌종양과 출혈의 조기 발견에 있어 진단 정확도를 높일 수 있다. 특히 미세한 출혈을 감지하는 데 유용하며, 뇌종양의 경우에도 특정 유형에서는 인간보다 더 빠르고 정확하게 진단할 수 있는 잠재력을 가지고 있다. AI는 일관된 기준으로 객관적인 분석을 제공할 수 있어 인간 의사의 피로나 주관적 판단에 의한 오류를 줄일 수 있다.

수술 계획 및 시뮬레이션 분야에서도 AI는 큰 혁신을 가져올 수 있다. AI는 환자의 개별적인 해부학적 구조, 종양의 위치와 크기, 주변 조직과의 관계 등을 종합적으로 분석하여 최적의 수술 경로를 제안할 것이다. 더불어 AI와 VR 또는 AR 기술을 결합하면, 신경외과 의사들은 실제 수술 전에 가상의 3D 환경에서 수술을 시뮬레이션해 볼 수 있다. 이는 복잡한 수술 절차를 미리 연습하고 최적화하는 데 도움이 된다.

예후 예측 및 개인화된 치료 계획 수립에서도 AI의 역할이 중요해질 것으로 예상된다. AI 모델은 환자의 유전적 요인, 생활습관, 의료 기록, 현재 증상 등 수많은 변수를 동시에 고려하여 예후를 예측한다. 이는 인간 의사가 수동으로 처리하기 어려운 수준의 복잡성을 다룰 수 있게 해준다. AI는 특정 치료에 대한 환자의 반응을 예측하는 데 도움을 줄 수 있어, 각 환자에게 가장 효과적일 것으로 예상되는 치료법을 선택하는 데 기여할 수 있다.

로봇 보조 수술 분야에서도 AI의 역할이 커질 것으로 예상된다. AI는 로봇 보조 수술에서 실시간으로 수술 현장의 데이터를 분석하고, 의사의 결정을 지원할 수 있다. 현재 임상에서는 AI가 수술 중

로봇 팔의 미세한 조정을 돕는 초기 단계의 기능이 실험되고 있다. 이를 통해 더 정밀한 수술이 가능할 것으로 기대된다. 이는 인간의 손 떨림을 완전히 제거하고 마이크로미터 수준의 정밀한 조작을 가능하게 한다. AI는 특정 수술 단계를 자동화하거나 수술 중 발생하는 예기치 못한 상황에 대해 실시간으로 대응 방안을 제시할 수 있다.

신경재활 분야에서도 AI는 큰 변화를 가져온다. AI는 환자의 상태, 진행 속도, 반응 등을 분석하여 개인화된 재활 프로그램을 설계하고 지속적으로 조정한다. AI와 VR 기술을 결합한 재활 시스템은 환자들에게 더 흥미롭고 효과적인 재활 경험을 제공한다. AI는 환자의 진행 상황을 실시간으로 모니터링하고, VR 환경을 적절히 조정하여 최적의 재활 효과를 달성할 수 있다.

그러나 AI의 도입에는 여러 가지 과제와 한계도 존재한다. 먼저, AI 모델의 성능은 학습에 사용된 데이터의 질과 다양성에 크게 의존한다는 점을 고려해야 한다. 현재 사용 가능한 의료 데이터는 특정 인구 집단이나 지역에 편중되어 있을 수 있으며, 이는 AI 모델이 일부 환자 그룹에 대해 부정확한 결과를 제공할 위험을 내포한다. 신경외과 분야에는 많은 희귀질환이 존재하는데, 이러한 질환에 대한 데이터는 제한적일 수밖에 없어 AI 모델의 일반화에 어려움으로 작용한다.

AI 모델의 설명 가능성 문제도 중요한 과제이다. 많은 고성능 AI 모델, 특히 딥러닝 모델은 '블랙박스' 특성을 가지고 있어 모델이 어떤 근거로 특정 결정을 내렸는지 명확히 설명하기 어렵다. 의료 윤리적 측면에서 문제가 될 수 있으며 법적 책임 소재를 가리기도 어렵게 만든다. AI의 판단 과정을 이해할 수 없다면 많은 의사들이 AI의 제안을 신뢰하고 수용하는 데 어려움을 겪을 수 있다.

의료 분야에서 AI의 사용에 대한 규제 및 인증 문제도 해결해야 할 과제이다. AI 기술의 빠른 발전 속도에 비해 규제 체계의 발전은 상대적으로 느리며, AI 의료기기에 대한 명확한 인증 기준도 아직 확립되지 않았다. AI 모델은 새로운 데이터를 통해 지속적으로 학습하고 업데이트될 수 있는데, 이 경우 어떤 기준으로 관리해야 하는지에 대한 명확한 지침이 필요하다.

윤리적 고려사항도 중요하다. AI 학습을 위해서는 대량의 환자 데이터가 필요하다. 이 과정에서 환자의 프라이버시가 침해될 수 있는 위험이 존재한다. AI 모델이 특정 집단에 대해 편향된 결과를 제공할 경우, 의료 서비스의 불평등을 초래할 수 있다. AI의 도입으로 인한 의사와 환자 관계의 변화와 그것이 치료 효과에 미칠 영향에 대해서도 심도 있는 고려가 필요하다.

마지막으로 AI 기술을 효과적으로 활용하기 위해서는 의료진의 AI 리터러시 향상이 필수적이다. 의과대학 및 전문의 수련 과정에 AI 관련 교육을 포함시켜야 하며, 현직 의료진들을 위한 지속적인 재교육 프로그램도 필요하다. AI의 효과적인 임상 적용을 위해서는 의료진, AI 전문가, 윤리학자, 법률 전문가 등 다양한 분야에서 전문가들 간의 긴밀한 협력이 필요하다.

AI는 신경외과 분야에 큰 혁신을 가져올 잠재력을 가지고 있지만, 이를 실현하기 위해서는 기술적, 윤리적, 제도적 측면에서 많은 노력이 필요하다. 앞으로의 연구는 AI의 성능을 높이는 것뿐만 아니라

이를 안전하고 윤리적으로 임상 현장에 적용할 수 있는 방법을 모색하는 데 초점을 맞추어야 할 것이다. 신경외과에서의 AI 혁명은 이제 막 시작되었으며, 이는 환자 치료의 질을 획기적으로 향상시킬 수 있는 흥미진진한 여정이 될 것이다.

향후 연구는 이러한 과제들을 해결하는 방향으로 진행되어야 할 것이다. 특히 AI 모델의 정확성과 신뢰성을 더욱 높이는 동시에 그 판단 과정을 더 투명하고 이해하기 쉽게 만드는 것이 중요하다. AI의 임상 적용을 위한 규제 체계를 개발하고 AI 사용에 따른 윤리적 문제들을 해결하기 위한 지침도 마련해야 한다.

더불어 AI와 인간 의사의 협력 모델을 개발하고 최적화하는 연구도 중요하다. AI의 장점을 최대한 활용하면서도 인간 의사의 직관과 경험을 결합할 수 있는 방법도 연구해야 할 것이다.

마지막으로 의료진의 AI 리터러시를 향상시키기 위한 교육 프로그램 개발도 중요한 연구 주제가 될 것이다. 이는 단순히 AI 사용법을 가르치는 것을 넘어 AI의 한계와 잠재적 문제점을 이해하고 비판적으로 평가할 수 있는 능력을 키우는 것을 포함해야 한다.

침묵 속의 외침을 듣다

전통적인 정신질환 진단은 환자의 주관적인 보고와 임상의의 경험에 크게 의존해왔다. 환자가 증상을 설명할 때 때로는 모호하거나 과장된다. 임상의의 주관적인 판단은 진단 결과에 영향을 미친다. 정신질환 진단은 정신건강의학과의사의 공감적 이해에 크게 의존한다. 공감적 이해를 정량화 하거나 객관화하는 것은 쉽지 않다. 하지만 AI는 새로운 가능성을 제시한다.

AI는 환자의 음성 데이터인 언어 사용 패턴, 음성 톤, 말 속도 등을 분석함으로써 우울증이나 불안 증상을 감지하는 데 도움을 줄 수 있다. 또 진단 보조 도구로 활용될 수도 있다. 소셜 미디어나 온라인 커뮤니티에 작성된 텍스트 데이터를 분석하여 자살 위험성을 예측하거나 정신질환의 조기 발견에도 기여한다.

생체 데이터 분석은 AI의 또 다른 강점이다. 심박수, 피부 전도도,

뇌파 등 생체 데이터는 환자의 감정 상태나 스트레스 수준을 객관적으로 보여주는 지표가 된다. AI는 이러한 생체 데이터를 실시간으로 분석하여 환자의 정신 상태 변화를 감지하고, 위험 신호를 조기에 파악하여 적절한 개입을 가능하게 한다.

뇌 영상 분석은 정신질환의 생물학적 기전을 밝히고, 맞춤형 치료법 개발에 기여할 수 있다. AI는 fMRI(기능적 자기공명영상)나 PET(양전자 방출 단층촬영) 등 뇌 영상 데이터를 분석하여 뇌 활동 패턴을 분석하고, 특정 정신질환과 관련된 뇌 영역의 변화를 감지할 수 있다. 이를 통해 정신질환의 진단 정확도를 높이고 개별 환자에게 최적화된 치료 전략을 수립하는 데 도움을 준다.

물론 AI가 완벽한 정신질환 진단 도구는 아니다. AI 모델의 성능은 학습 데이터의 질과 양에 크게 의존하며, 데이터의 편향성이 존재할 경우 특정 인구 집단에 대한 진단 정확도가 떨어질 수 있다. 알고리즘 편향 문제는 여전히 존재하며, AI 기반 진단 도구의 신뢰성에 영향을 준다. 하지만 끊임없는 연구 개발과 데이터 축적을 통해 AI는 정신질환 진단의 정확성과 객관성을 높일 수 있다. 결국 정신건강의학 분야의 발전을 이끌어갈 핵심 기술로 자리매김하고 인간 전문가와의 협력을 통해 더욱 효과적인 정신건강 서비스를 제공할 것이다.

음성 및 텍스트 분석

음성 및 텍스트 분석은 AI가 정신질환 진단에 활용되는 대표적인 사례이다. 환자의 음성 패턴, 어휘 선택, 문장 구조 등 미묘한 언어적 특징은 정신질환의 중요한 단서를 제공한다. 가령 우울장애 환자는 평소보다 느리고 단조로운 어조를 사용하며, 부정적인 단어를 자주 사용하는 경향이 있다. 불안장애 환자는 빠른 말투와 반복적인 표현을 사용하며, 특정 주제에 대해 과도하게 집착하는 모습을 보이기도 한다.

캐나다의 윈터라이트 랩스Winterlight Labs는 AI 플랫폼을 통해 환자의 음성 샘플을 분석하여 치매, 우울장애 등을 조기에 발견하는 기술을 개발했다. 이 플랫폼은 음성의 속도, 음높이, 강세 등 다양한 음향학적 특징을 분석하여 정신질환의 위험을 예측한다. 2020년 발표된 논문 〈기계학습을 활용한 임상의-환자 대화에서의 우울장애 환자 식별Using Machine Learning to Identify Patients with Depression from Clinician-Patient Conversations〉에서는 AI가 의사와 환자의 대화 내용을 분석하여 우울장애 환자를 식별하는 데 높은 정확도를 보였다고 보고했다. 이는 AI가 환자의 언어적 특징을 파악하고 정신질환을 예측하는 데 유용한 도구임을 시사한다.

정신건강의학과질환은 막대한 사회적 비용을 초래하지만, 객관적인 결과 측정과 치료 충실도 측정의 부재로 인해 치료에 어려움을 겪고 있다. 하지만 AI 기술, 특히 NLP는 정신건강 중재MHI를 구성하는 대화 수준에서 연구할 수 있는 도구로 떠올랐다.

말가롤리 연구팀은 NLP를 활용한 정신건강 중재 연구에 대한 체계적인 검토를 통해 NLP 모델, 임상 적용, 편향 및 간극을 평가하고자 했다.[261] 펍메드PubMed, 사이크인포PsycINFO, 스코푸스Scopus, 구글 스콜라Google Scholar, 아카이브ArXiv 등을 통해 2023년 1월까지 동료 검토된 AI 학회 논문을 포함한 후보 연구들을 수집했다. 총 102개의 기사가 포함되어 NLP 알고리즘, 오디오 기능, 머신러닝 파이프라인, 결과 측정 등의 계산 특성과 임상적 진실, 연구 표본, 임상 초점 등의 임상 특성, 그리고 연구의 한계점을 조사했다.

결과는 2019년 이후 NLP, MHI 연구가 급증했음을 보여주며, 표본 크기 증가와 LLM 사용이 특징이다. 디지털 건강 플랫폼은 MHI 데이터의 가장 큰 공급원이었다. 지도학습 모델의 근거 진실은 임상의 평가, 환자 자기 보고, 평가자 주석을 기반으로 했다. 텍스트 기반 기능은 오디오마커보다 모델 정확도에 더 많은 기여를 했다. 환자의 임상 증상, 중재 반응, 중재 모니터링, 제공자 특성, 관계 역학, 데이터 준비는 일반적으로 조사된 임상 범주였다.

검토된 연구의 한계점으로는 언어적 다양성 부족, 제한된 재현성, 인구 편향 등이 있었다. NLPxMHI라는 연구 프레임워크를 개발 및 검증하여, 임상적 유용성, 데이터 접근성, 공정성을 개선하는 목표를 가지고 NLP를 MHI에 적용하는 데 남아 있는 문제의 해결에 도움을 주고자 했다. NLP 방법은 정신건강 중재 연구와 관리 시스템을 개선하는 데 유망한 도구로 활용될 수 있다. 현재까지의 연구들은 대화 분석과 증상 모니터링 등에서 많은 가능성을 제시하며, 임상 과학자와 컴퓨터 과학자가 협력하여 중재의 맥락 의존적 특성을 포착하는 방법을 개발하는 것이 중요했다. NLPxMHI 프레임워크는 환자와 제공자의 상호작용을 이해하고 분석하는 연구 설계와 임상적 고려 사항을 통합하는 것을 목표로 한다. 안전하고 신뢰할 수 있는 데이터 세트와 표준화된 언어 분석은 공정성과 형평성을 검증하는 데 도움이 된다. 이는 임상의와 컴퓨터 과학자 간의 협력을 촉진할 것이다. 또 지속적인 연구와 발전을 통해 NLP는 정신건강 상태를 평가하고 모니터링하는 방식에 혁신을 가져올 것이다.

생체 데이터 분석

웨어러블 기기를 통해 수집된 심박수, 수면 패턴 등 생체 데이터는 정신질환의 증상을 모니터링하고 악화를 예측하는 데 활용될 수 있다. 예를 들어 우울장애 환자는 심박수가 낮고 불규칙하며, 수면 패턴이 불안정한 경향이 있다. 불안장애 환자는 심박수가 높고 변동성이 크며, 수면 중 자주 깨는 등 수면의 질이 떨어지는 경우가 많다.

스마트폰은 현대 사회에서 필수품으로 자리 잡았다. 이 작은 기기가 우리의 삶을 그대로 반영한다고 해도 과언이 아니다. 통화 기록, 문자 메시지, 웹 검색 기록, 심지어 여행 경로까지 우리의 일상은 스마트폰 안에 담겨 있다. 우울장애, 양극성장애 등의 증상을 모니터링하고 예측하는 기술을 개발했다. 스마트폰 사용 시간, 앱 사용 패턴, 타이핑 속도 등은 환자의 정신 상태를 반영하는 중요한 지표가 된다.

2017년 발표된 논문 〈스마트폰 데이터를 활용한 우울증 예측Predicting Depression using Smartphone Data〉에서는 AI 플랫폼과 스마트폰 데이터를 활용한 우울장애 예측 모델의 가능성을 제시했다. 이는 생체 데이터 분석이 정신질환 진단의 정확성과 편의성을 높이는 데 기여할 수 있음을 보여준다.[262]

연구진은 182명의 대학생으로부터 스마트폰 데이터를 수집했다. 이 데이터에는 스마트폰 센서 데이터(위치, 활동, 전화 사용량 등)와 와이파이 연결 데이터가 포함되었다. 센서 데이터는 스마트폰 앱을 통해 직접 수집되었고, 와이파이 데이터는 캠퍼스 와이파이 네트워크를 통해 수집되었다. 이렇게 수집된 데이터는 참가자들이 작성한 우울장애 설문지(PHQ-9, QIDS)의 응답과 비교 분석되었다.

연구의 핵심은 '개별 우울장애 증상의 예측'이었다. 이전 연구들은 주로 우울장애 여부를 판단하는 데 그쳤지만, 이 연구는 식욕, 에너지, 수면, 집중력, 자기비판 등의 개별 증상의 존재 여부를 예측하고자 했다.

연구 결과는 놀라웠다. 스마트폰 데이터만으로도 우울장애 증상을 상당히 정확하게 예측할 수 있었다. 특히 위치 정보는 행동 패턴과 관련된 우울장애 증상뿐 아니라 감정, 흥미, 집중력 등 인지 증상 예측에도 유용했다. 우울장애나 흥미 상실은 이동 감소, 방문 장소 감소, 특정 장소에 머무는 시간 증가로 이어질 수 있는데, 이러한 정보는 위치 데이터에 고스란히 드러났다.

이 연구는 스마트폰 데이터를 활용할 가능성을 보여주는 중요한 단계였다. 스마트폰 데이터는 사용자 노력이 필요 없이 행동 패턴을 모니터링할 수 있으며, 정신건강 상태에 대한 간접적인 정보를 제공하는 장점이 있다. 와이파이 데이터도 캠퍼스와 같은 특정 공간 내 구성원의 정신건강 상태를 파악하는 데 유용할 수 있다. 물론 개인정보 보호와 데이터의 책임 있는 사용은 중요한 문제로 고려되어야 한다.

그러나 이 연구는 스마트폰 데이터를 이용한 우울장애 증상 예측 가능성을 보여주는 초기 단계에 불과하다. 앞으로는 더 다양한 종류의 데이터(활동, 문자 메시지, 웹 브라우징 기록 등)를 활용하고, 다양한 연령대의 사람들을 대상으로 연구를 확대할 필요가 있다. 스마트폰이 우리의 정신건강을 지키는 미래를 생각하면 흥미롭지 않은가?

뇌 영상 분석의 새로운 지평

뇌 영상 분석은 정신질환 진단의 새로운 지평을 열고 있다. MRI, fMRI 등 뇌 영상 데이터는 뇌의 구조적, 기능적 변화를 시각화하여 정신질환의 생물학적 마커를 발견하고 진단의 정확도를 높이는 데 활용된다. 예를 들어 우울장애 환자는 전두엽과 해마의 활동이 감소하고 편도체의 활동이 증가하는 경향이 있다. 조현병 환자는 뇌의 백질 연결성이 감소하고 뇌실의 크기가 증가하는 등 뇌 구조의 변화를 나타내기도 한다.

정신질환은 인간의 주관적인 경험을 바탕으로 발전해온 임상 진단 기준에 의존하여 진단과 치료가 이루어진다. 다시 말해 질병의 객관적인 지표가 아니라 전문가들의 의견을 바탕으로 DSM-5 및 ICD-10과 같은 매뉴얼에 포함된 기준에 따라 진단을 내리는 것이다. 하지만 이러한 접근 방식에는 여러 한계점이 있고 면담 방법에 따라 진단이 달라질 수 있으며 임상적으로 동일한 증상이라도 기저 질환은 다를 수 있다.

최근 딥러닝이 뇌 영상 분석에 기존의 표준 기계학습^{SML}보다 못하다는 비판이 제기되었지만, 아브롤의 연구팀은 이러한 비판이 딥러닝의 핵심 강점인 '표현학습'을 제대로 활용하지 못한 데서 비롯되었다고 주장한다.[263] 그들은 방대한 규모의 sMRI 이미지 데이터를 사용하여 10가지 연령 및 성별 분류 과제를 통해 딥러닝의 잠재력을 입증했다.

연구 결과 올바른 딥러닝 방식으로 훈련된 모델은 표준 기계학습 방법보다 월등히 뛰어난 성능을 보였고, 상대적인 계산 시간 또한 딥러닝 모델이 더 짧았다. 이는 딥러닝이 뇌 영상 데이터 내의 복잡한 패턴을 더 잘 학습하여 더욱 정확하고 효율적인 분석을 가능하게 함을 시사한다.

딥러닝은 단순히 성능을 넘어 뇌 영상 데이터를 새로운 시각으로 바라볼 수 있게 해준다. 딥러닝 모델이 생성한 '임베딩'은 특정 작업에 대한 뇌의 반응을 이해하기 쉬운 형태로 보여주며 뇌 영상 분석의 해석 가능성을 높인다.

연구자들은 딥러닝 모델이 다음과 같은 핵심 기술을 통해 뇌 영상 데이터를 분석한다고 주장한다.

- 표현학습Representation Learning: 딥러닝 모델은 뇌 영상 데이터의 복잡한 패턴을 스스로 학습하여 데이터를 표현하는 최적의 특징을 찾아낸다. 이는 사람이 직접 특징을 추출하는 표준 기계학습 방법과의 가장 큰 차이점이다. 딥러닝은 뇌 영상 데이터의 고차원적인 특징을 효과적으로 학습하고, 이를 저차원 공간에 표현하여 분석을 용이하게 한다.
- CNN: 3차원 뇌 영상 데이터 분석에 특화된 딥러닝 모델의 일종으로 이미지의 공간적인 정보를 효과적으로 학습한다. 뇌 영상의 각 영역 간의 관계를 파악하고, 특정 질병과 관련된 패턴을 감지하는 데 탁월한 성능을 보인다.
- GPUGraphics Processing Unit 가속화: 딥러닝 모델은 일반적으로 많은 계산량을 요구한다. GPU를 사용하여 연산 속도를 높여 뇌 영상 데이터와 같이 방대한 데이터를 효율적으로 처리한다.
- 전이학습: 이미 학습된 딥러닝 모델을 다른 뇌 영상 데이터 분석에 적용하여 학습 시간을 단축하고 성능을 향상시킨다. 특정 질병 진단에 사용된 모델을 다른 질병 진단에 활용하거나, 특정 인구 집단에 대해 학습된 모델을 다른 인구 집단에 적용할 수 있다.

이러한 딥러닝 기반 기술을 통해 뇌 영상 데이터를 분석함으로써, 정신질환 진단의 정확도를 높이고 질병 예측 및 개인 맞춤형 치료법 개발에 기여할 수 있다.

이 연구는 딥러닝이 뇌 영상 데이터에 내재된 비선형적인 특성을 효과적으로 활용하여, 인간 뇌를 더욱 정확하게 특징짓는 표현을 생성할 수 있음을 보여준다. 이는 딥러닝이 뇌 영상 분석 분야의 게임 체인저가 될 수 있음을 시사하며, 뇌 과학 연구의 새로운 지평을 여는 중요한 연구 결과다.

데이터로 마음을 읽다

AI는 단순한 기술적 진보를 넘어 인간 삶의 모든 영역에 스며들어 혁신을 일으키고 있다. 특히, 그동안 베일에 싸여 있던 정신질환 치료 분야에서도 AI는 새로운 가능성을 제시하며 희망의 빛을 밝히고 있다. 마치 어둠 속을 헤매는 방랑자에게 등불을 비추듯, AI는 정신질환으로 고통받는 이들에게 새로운 치유의 길을 열어준 것이다.

워봇Woebot과 같은 인지행동치료CBT 기반 챗봇은 우울장애, 불안장애 환자들의 마음을 어루만지며 증상 완화에 기여하고 있다. 단순한 대화 상대를 넘어 AI는 환자의 감정을 이해하고 공감하며 치료적인 개입을 제공한다. 이는 마치 숙련된 치료자와 대화하는 듯한 경험을 선사하며 언제 어디서든 접근 가능한 정신건강 서비스를 제공한다.

페어 테라퓨틱스Pear Therapeutics의 리셋reSET과 같은 디지털 치료제는 약물 중독 치료에 새로운 지평을 열었다. 게임, 앱 등 디지털 형태의 치료 프로그램은 환자의 참여도를 높이고 치료 효과를 극대화한다. 이는 마치 게임을 하듯 즐겁게 치료에 참여하며, 스스로 변화를 이끌어내는 힘을 얻는 것과 같다.

진저Ginger와 같은 AI 기반 플랫폼은 개인 맞춤형 치료의 가능성을 보여준다. 환자 개개인의 특성과 상황에 맞춰 최적화된 치료 계획을 수립하고, 실시간으로 치료 효과를 모니터링하며 개입한다. 마치 맞춤형 의상을 제작하듯 환자에게 딱 맞는 치료를 제공하여 치료 효과를 극대화하는 것이다.

이처럼 AI는 정신질환 치료의 접근성, 효율성, 개인 맞춤화를 가능하게 하며, 정신건강 서비스의 패러다임을 바꾸고 있다. 하지만 이는 시작에 불과하다. AI는 끊임없이 발전하며 더욱 정교하고 효과적인 치료 방법을 제시할 것이다.

챗봇 및 가상 치료자

챗봇 및 가상 치료자는 환자와의 대화를 통해 정신질환 증상을 완화하고 치료를 돕는 역할을 한다. 이들은 인지행동치료와 같은 검증된 치료 기법을 기반으로 환자의 생각과 감정을 탐색하고, 건강한 대처 방법을 시한다. 익명성이 보장되는 환경에서 24시간 이용 가능하다는 점은 챗봇 및 가상 치료자의 큰 장점이다. 특히, 정신건강의학과 방문에 대한 부담감이나 사회적 낙인 때문에 치료를 망설이는 환자들에게 유용한 대안이 될 수 있다.

워봇은 AI 기반 챗봇으로, 인지행동치료 원리를 활용하여 사용자의 정신건강을 지원한다. 스탠퍼드대학교 연구팀이 우울장애, 불안, 스트레스 등 다양한 정신건강 문제를 겪는 사람들에게 도움을 주기 위해 설계, 개발했다.[264]

워봇은 사용자와 일상적인 대화를 나누며 감정, 생각, 행동 패턴을 파악하고, 인지행동치료 기반 기술을 활용하여 사용자의 부정적인 생각을 인지하고 건강한 사고방식으로 전환하도록 돕는다. 사용자의 개별적인 필요에 맞춰 맞춤형 지원도 제공하며, 24시간 언제든지 이용 가능하고 익명성을 보장하여 사용자가 편안하게 대화하게 한다.

워봇은 다양한 연구를 통해 우울장애, 불안 증상 완화에 효과적인 것으로 입증되었으며, 기존의 정신건강 서비스에 대한 접근성이 낮은 사람들에게 유용한 대안으로 평가받고 있다.[265] 스마트폰 앱 형태로 제공되어 언제 어디서든 쉽게 이용할 수 있으며, 익명으로 사용할 수 있어 개인정보 노출에 대한 부담 없이 이용할 수 있다. 또한 기존의 정신건강 치료보다 저렴한 비용으로 이용할 수 있으며, 24시간 언제든지 이용 가능하여 즉각적인 지원을 받을 수 있다.

그러나 워봇이 전문적인 정신건강 치료를 대체할 수는 없으며, 심각한 정신질환의 경우 전문가의 도움이 필요하다. 또 모든 사람에게 효과적인 것은 아니며 개인차에 따라 효과가 다를 수 있다. 워봇은 정신건강 문제를 겪는 사람들에게 유용한 도구가 될 수 있지만,

전문적인 정신건강 치료를 대체할 수는 없다. 필요한 경우 전문가의 도움을 받는 것이 중요하다.[266]

코로나19 팬데믹이 한창이던 2022년, 우울 증상을 보이는 청소년들을 대상으로 한 챗봇 치료 가능성에 대한 연구가 발표되었다. 팬데믹은 청소년들의 우울장애와 불안 증상을 위기 수준으로 급증시켰다. 주치의들은 이러한 청소년들에게 1차 치료를 제공해야 했지만, 효과적인 치료법은 부족했다.

이에 노엘의 연구팀은 AI 챗봇을 활용한 모바일 앱을 개발하여 청소년 치료의 가능성을 연구했다. 13~17세 청소년 18명을 대상으로 진행된 이 연구에서, 참여자들은 우울장애 치료 앱 사용 그룹과 대기 리스트 관리 그룹으로 나뉘었다.

4주 후, 앱 사용 그룹은 우울장애 점수가 평균 3.3점 감소한 반면, 대기 리스트 관리 그룹은 2점 감소에 그쳤다. 비록 연구 규모는 작았지만, 챗봇을 활용한 치료가 잠재적 효과가 있을 수 있으며, 청소년과 부모 모두에게 사용하기 편리하다는 가능성을 보여주었다.[267]

그러나 이 연구는 챗봇 치료의 효과를 완벽하게 입증하지는 못했으며, 더 많은 연구가 필요하다. 특히 농촌 지역, 사회경제적으로 불우한 청소년, 소수 민족 청소년들을 대상으로 연구를 확대하여 챗봇 치료의 일반화 가능성을 높이고 치료 도입 시 필요한 조정 방법을 찾아야 한다.

결론적으로 이 연구는 청소년 우울장애 치료에 챗봇을 활용하는 것이 가능하다는 희망적인 초기 결과를 제시한다. 물론 더 많은 연구를 통해 챗봇 치료의 효과를 검증하고 발전시켜야 한다. 챗봇 치료는 효과적이고 안전하며 접근성이 높다는 장점이 있지만, 모든 청소년에게 효과적인 것은 아니며 전문가의 도움이 필요하다는 한계도 존재한다.

이 연구는 청소년 우울장애 치료에 새로운 가능성을 제시하며, 앞으로 더 많은 연구를 통해 챗봇 치료의 효과를 검증하고 청소년들에게 더 나은 치료 서비스를 제공할 수 있기를 기대한다.

AI 디지털 치료제, DTx

AI 디지털 치료제[DTx]는 게임, 앱 등 디지털 형태의 치료 프로그램을 통해 정신질환자의 증상 완화 및 치료 효과를 높이는 새로운 치료 방식이다. 디지털 치료제는 치료 과정을 더 직관적이고 쉽게 접근할 수 있도록 설계되어, 환자의 참여도를 높이고 치료 효과를 증대한다. 또 환자의 데이터를 실시간으로 수집하고 분석하여 치료 계획을 조정하고 개인 맞춤형 치료를 제공한다.

후 연구팀은 AI를 이용한 DTx의 경쟁력에 대해 연구했다.[268] 이 연구에 의하면 AI DTx는 편리함, 개인 맞춤화, 효율성을 특징으로 의료계에 널리 활용되고 있으며, 웨어러블 기기와 통합되어 더욱 정밀한 치료를 가능하게 하여 각 환자에게 맞춤형 치료 계획을 제공한다고 주장했다.

DTx의 역사는 1960년대로 거슬러 올라가는데, 당시 최초의 DTx

프로토타입 가상심리치료자인 엘리자가 탄생했다. 이후 컴퓨터 기술과 네트워크 기술의 발전과 더불어 DTx는 점차 주목받고 발전해왔다. 특히, 2017년경 FDA가 질병 중재 앱을 의료 규제와 임상 적용을 통해 DTx 제품으로 승인하면서, 2020년에는 전세계 DTx 시장이 급격히 성장했고 수십 개의 DTx 제품이 빠르게 추가적으로 승인 및 인증을 받았다.

현재 DTx는 AI 알고리즘을 도입하여 질병 예방 및 선별과 같은 분야에서 높은 처리량을 보여주고 있다. DTx와 AI의 결합은 개인 맞춤형 치료 계획 수립과 치료 결과 향상에 기여하며, 의료 데이터 분석을 통해 더욱 정확하고 효율적인 치료를 가능하게 한다. 하지만 AI 기반 DTx는 여전히 정확성, 신뢰성, 데이터 확보 및 처리, 개인정보 보호, 윤리적 문제 등 해결해야 할 과제가 많다.

DTx의 발전은 기술적 지원뿐 아니라 임상 연구와의 긴밀한 통합도 필요로 한다. 과거의 디지털 의료는 건강관리에 중점을 두었지만, 미래에는 치료 기능에 초점을 맞출 것이다. 따라서 각 DTx 제품의 안전성과 효능을 검증하기 위한 포괄적인 임상 연구가 필요하며, 연구의 신뢰성과 재현성을 보장하기 위한 관련 규범과 표준을 확립해야 한다.

연구자들은 "AI와 컴퓨팅 기술이 통합된 DTx는 미래 의료 산업의 표준이 될 것이다."라고 주장했다. DTx는 단순한 디지털 치료를 넘어 지능형 DTx^{iDTx} 시대로 진입하고 있다. 디지털 치료와 지능형 기술의 교차점에 대한 연구는 더 활발하게 이루어질 것이다. 하드웨어 기술의 발전과 함께 iDTx는 환자들에게 더 많은 혜택을 제공한다. 이를 위해 기술 연구와 정책 개발을 강화하여 DTx 연구 및 적용을 표준화하고 사회적 인식을 높여 대중의 신뢰와 수용을 증진해야 한다.

AI 기술을 접목한 개인 맞춤형 치료

개인 맞춤형 치료는 AI 기술을 활용하여 환자 개개인에게 최적화된 치료 계획을 수립하고 치료 효과를 극대화하는 것을 목표로 한다. 환자의 데이터를 기반으로 개인의 특성, 증상, 치료 반응 등을 고려하여 맞춤형 치료 프로그램을 제공한다. 이는 치료 효과를 높이고 치료 기간을 단축하는 데 기여할 수 있다.

진저는 AI 기반 플랫폼을 통해 환자에게 맞춤형 치료 프로그램과 상담 서비스를 제공한다. 환자의 데이터를 분석하여 개인에게 가장 적합한 치료 방식을 추천하고, 환자의 치료 과정을 모니터링하며 피드백을 제공한다.

2023년 발표된 논문 〈정신건강을 위한 개인맞춤 의학: 인공지능의 역할 Personalized Medicine for Mental Health: The Role of Artificial Intelligence〉은 AI 기반 개인 맞춤형 정신건강 치료의 가능성을 제시했다.[269] 이 연구는 AI가 정신질환 치료의 효율성과 만족도를 높이는 데 기여할 수 있음을 보여준다고 했다. AI는 정신질환의 조기 발견과 진단에 혁신적인 변화를 가져왔으며, 다양한 정신건강 데이터 세트를 분석하고 질병 패턴을 예측하는 능력은 AI의 강점이다.

AI 모델 EMPaSchiz는 기능적 MRI를 기반으로 조현병 환자를 90% 이상의 정확도로 분류하며, 다중 인스턴스 학습MIL AI 모델은 MRI 프로토콜을 사용하여 중증 정신질환자를 높은 정확도로 식별한다고 조사되었다. 또한, AI 기반 의사결정 지원 시스템은 28개의 질문만으로 약 90%의 정신질환을 진단할 수 있다는 연구 결과도 있다고 한다.

AI는 정신질환의 조기 개입과 치료에도 새로운 지평을 열었다. 지능형 알고리즘을 통해 개인 맞춤형 치료 계획을 수립하고, 환자의 유전적, 환경적, 개인적 변수를 분석하여 최적의 치료법을 제시한다. 가상 치료자와 챗봇은 사용자와 실시간으로 소통하며 정신질환 증상 완화를 돕는다. 예를 들어 마일로MYLO 챗봇은 청소년의 정신건강 증진에 기여하며, AI 기반 플랫폼 리오라Leora는 경도 및 중등도의 불안과 우울장애 환자에게 정신건강을 지원한다.

AI는 정신건강관리의 효율성을 높이고 치료 결과를 향상시키는 데 기여하지만, 여전히 몇 가지 과제가 남아 있다. 개인정보 보호, 데이터 보안, 인간 상호 작용 부족, 규제 문제 등은 AI 기술 도입에 대한 우려를 불러일으킨다. 특히 AI 알고리즘의 편향성은 부정확한 예측과 불평등을 야기하거나, 의료 데이터의 사이버 보안 문제는 심각한 결과를 초래할 수 있다. 문화적 민감성과 언어 장벽은 AI 기반 정신건강관리 서비스 제공에 있어 고려해야 할 중요한 요소다.

AI는 정신건강관리 분야에서 엄청난 잠재력을 지니고 있지만, 윤리적 문제, 데이터 편향, 인간 상호 작용 부족 등 해결해야 할 과제도 많다. 앞으로 더 많은 연구와 노력을 통해 AI 기술을 발전시키고 정신질환으로 고통받는 사람들에게 더 나은 치료 환경을 제공할 수 있기를 기대한다.

디지털 발자국

물론 AI 기술의 발전과 함께 윤리적, 사회적 문제에 대한 우려도 제기되고 있다. 하지만 AI는 정신건강의학 분야에서 긍정적인 변화를 가져올 잠재력이 크다. 앞으로 AI는 정신질환의 조기 진단, 예방, 치료에 더욱 중요한 역할을 할 것으로 기대되며, 정신건강 서비스의 접근성을 높이고 치료 효과를 향상시키는 데 기여할 것이다.

정신질환 예측 및 예방

앞으로 AI는 인간의 복잡한 정신 세계를 이해하고, 미래의 건강 상태를 예측하는 데 있어 AI는 핵심적인 역할을 수행할 것이다.

AI는 개인의 유전 정보를 분석하여 정신질환 발병 위험을 예측한다. 특정 유전자 변이, 유전자 발현 패턴, 후성 유전학적 변화 등은 정신질환 발병에 영향을 미칠 수 있다. AI는 방대한 유전체 데이터를 분석하여 개인의 유전적 취약성을 파악하고, 특정 정신질환에 대한 발병 위험을 예측한다. 특정 유전자 변이가 우울장애 발병 위험을 높이는 것으로 알려진 경우, AI는 해당 유전자 변이를 가진 사람에게 우울장애 예방 프로그램을 추천하거나 조기 진단을 위한 검사를 권유할 수 있다.

AI는 웨어러블 기기, 스마트폰, IoT 센서 등을 통해 수집된 다양한 생체 데이터를 분석하여 정신건강 상태를 실시간으로 모니터링한다. 심박수, 혈압, 수면 패턴, 활동량, 호르몬 수치 등 생체 데이터는 정신질환의 조기 경고 신호를 제공한다. 심박 변이도 감소, 수면 패턴 변화, 코르티솔 수치 증가 등은 스트레스, 불안, 우울 등 정신건강 문제의 징후일 수 있다. AI는 이러한 생체 데이터 변화를 감지하여 정신질환 발병 위험을 예측하고, 조기 개입을 통해 질병 악화를 예방한다.

AI는 개인의 생활 환경, 사회적 관계, 직업 스트레스 등 다양한 환경요인을 분석하여 정신건강에 미치는 영향을 평가한다. 예를 들어, 소음 공해, 대기 오염, 주거 환경 불안정 등은 스트레스를 유발하고 정신질환 발병 위험을 높인다. 사회적 지지 부족, 가정 불화, 직장 내 갈등 등도 우울장애, 불안장애 등 정신질환 발병의 중요한 요인이 된다. AI는 이러한 환경요인을 분석하여 개인의 정신건강 취약성을 파악하고, 환경 개선을 위한 맞춤형 조언을 제공한다.

AI는 음성, 표정, 언어 사용 패턴 등을 분석하여 개인의 심리 상태를 파악하고 정신질환 발병 위험을 예측한다. 예를 들어 우울장애 환자는 목소리가 낮고 단조로우며, 표정이 어둡고 긍정적인 단어 사용이 감소하는 경향을 보인다. AI는 이러한 심리 상태 변화를 감지하여 정신질환 조기 발견 및 예방에 기여한다. 또한 AI는 환자와의 상담 내용을 분석하여 환자의 심리적 어려움을 이해하고, 적절한 치료 방향을 제시하는 데 도움을 줄 수 있다.

AI는 개인의 라이프스타일을 분석하여 정신건강에 미치는 영향을 평가한다. 식습관, 운동 습관, 수면 습관, 음주 및 흡연 여부 등은 정신건강에 큰 영향을 미치는 요인이다. 불규칙한 식습관, 운동 부족, 수면 부족, 과도한 음주 및 흡연은 스트레스를 증가시키고 정신질환 발병 위험을 높일 수 있다. AI는 개인의 라이프스타일을 분석하여 건강한 생활습관을 위한 맞춤형 조언을 제공하고, 정신질환 예방에 기여한다.

AI는 이처럼 다양한 데이터를 통합적으로 분석하여 개인의 정신건강 상태를 종합적으로 평가하고, 정신질환 발병 가능성을 예측하는 데 핵심적인 역할을 수행할 것이다. 이를 통해 정신질환의 조기 발견, 예방, 맞춤형 치료가 가능해지고, 궁극적으로 인류의 정신건강 증진에 기여할 것이다.

개인 최적화
정밀 치료

미래에 AI는 정신질환 치료의 '맞춤형 재단사'가 될 것이다. 환자 개개인의 특성을 고려한 최적의 치료법을 제시하고, 마치 옷을 맞추듯 치료 과정을 세밀하게 조정한다. 이러한 개인 맞춤형 정신 치료는 다음과 같은 과정을 통해 이루어진다.

AI는 환자의 뇌 활동, 유전 정보, 생체 데이터, 치료 반응 등 다양한 데이터를 수집하고 통합적으로 분석한다. 뇌 영상 데이터는 뇌의 구조적, 기능적 변화를 파악하고, 유전 정보는 정신질환 발병 위험과 약물 반응성을 예측하는 데 활용된다. 웨어러블 기기를 통해 수집된 심박수, 수면 패턴, 활동량 등 생체 데이터는 환자의 일상생활 속 정신건강 상태를 파악하는 데 도움을 준다. 과거 치료 이력, 약물 반응, 부작용 등 치료 반응 데이터는 개인에게 최적화된 치료법을 찾는 데 중요한 정보를 제공한다.

AI는 방대한 의료 데이터와 임상 연구 결과를 학습하여 다양한 정신질환에 대한 치료 예측 모델을 구축한다. 이 모델은 환자의 개별 데이터로 특정 치료법에 대한 예상 치료 효과와 부작용 발생 가능성을 예측한다. 우울장애 환자에게 항우울제 A와 B를 투여했을 때 예상되는 치료 효과와 부작용을 비교하여 환자에게 더 적합한 약물을 선택할 수 있다.

AI는 치료 예측 모델을 기반으로 환자에게 최적화된 치료 계획을 수립한다. 약물 치료, 심리 치료, 뇌 자극 치료 등 다양한 치료법을 조합하여 개인에게 가장 효과적인 치료 전략을 제시한다. 치료 과정 중 환자의 상태 변화를 실시간으로 모니터링하고, 치료 계획을 유연하게 조정하여 치료 효과를 극대화한다. 환자의 증상이 호전되지 않거나 부작용이 발생하면 AI는 즉시 치료 계획을 수정하여 환자에게 최적의 치료 환경을 제공한다.

AI는 환자의 치료 과정을 지속적으로 모니터링하고, 환자에게 맞춤형 피드백을 제공한다. 웨어러블 기기, 스마트폰 앱 등을 통해 수집된 데이터를 분석하여 환자의 증상 변화, 약물 복용 여부, 치료 순응도 등을 파악하고, 필요에 따라 치료 계획을 조정하거나 추가적인 지원을 제공한다. AI는 환자에게 치료 진행 상황에 대한 정보를 제공하고, 치료 동기를 부여하여 치료 효과를 높인다.

AI는 방대한 의료 데이터와 임상 연구 결과를 지속적으로 학습하여 치료 예측 모델을 개선하고, 새로운 치료법을 개발한다. 또 환자의 치료 데이터를 분석하여 치료 효과를 높이는 새로운 지식을 발견하고 이를 다른 환자의 치료에 적용하여 정신건강의학 분야의 발전에 기여한다.

정신건강의 새 패러다임, VR 치료

VR 치료는 정신건강의학의 새로운 지평을 열 것이다. VR 헤드셋을 착용하는 순간 환자는 현실과 완벽히 분리된 가상 공간으로 이동한다. 이곳은 단순한 시각적 체험을 넘어 오감을 자극하는 실감 나는 치료 공간이다.

AI는 환자의 심리 상태, 증상, 치료 목표 등을 분석하여 개인 맞춤형 가상 환경을 생성한다. 예를 들어 고소공포증 환자는 고층 건물 옥상에 서 있는 상황을, 대인기피증 환자는 붐비는 파티장에 참석하는 상황을 VR로 경험하며 불안감을 극복하는 훈련을 할 수 있다.

환자의 심박수, 뇌파 등 생체 데이터를 실시간으로 분석하여 가상 환경의 난이도를 조절한다. 환자의 불안 수준이 높아지면 좀 더 편안한 환경으로 전환하고, 불안 수준이 낮아지면 점차 어려운 상황에 노출시켜 단계적으로 불안을 극복하도록 돕는다.

가상 환경 속에는 AI 치료자가 함께한다. AI 치료자는 환자의 감정 변화를 실시간으로 파악하고, 적절한 시점에 개입하여 지지와 격려를 제공한다. 더불어 환자의 행동을 분석하여 잘못된 대처 방식을 교정하고 새로운 대처 기술을 습득하도록 돕는다. AI 치료자는 인간 치료자처럼 공감하고 소통하며, 환자와의 신뢰 관계를 형성하여 치료 효과를 높인다.

미래에는 다양한 정신질환에 특화된 VR 치료 프로그램이 제공될 것이다. PTSD 환자는 트라우마 관련 상황을 VR로 재현하여 트라우마를 극복하는 노출 치료를 받을 수 있다. 사회 불안장애 환자는 VR 속 가상 인물과 대화하며 사회적 기술을 훈련하고, 발표 연습을 통해 자신감을 향상시킬 수 있다. ADHD 환자는 VR 게임을 통해 집중력과 주의력을 향상시키는 훈련을 할 수 있다.

VR 치료는 기존의 치료 방식에 비해 여러 가지 장점을 가지고 있다. VR 환경은 안전하고 통제된 환경이기 때문에 환자는 실제 상황에서 느끼는 불안과 공포 없이 치료에 집중할 수 있다. VR 치료는 실제 치료 환경에서는 구현하기 어려운 다양한 상황을 시뮬레이션하여 치료 효과를 높일 수 있다. VR 치료는 시간과 장소에 구애받지 않고 이용할 수 있어 치료 접근성을 높인다. VR 치료는 환자의 개별적인 특성과 필요에 맞춰 치료 환경을 조절할 수 있어 개인 맞춤형 치료가 가능하다.

VR 치료는 아직 초기 단계이지만, 미래에는 더욱 발전된 형태로 우리 곁에 다가올 것이다. 더욱 실감 나는 가상 환경, 정교한 AI 치료자, 다양한 치료 프로그램 등이 개발되어 정신질환 치료의 새로운 패러다임을 제시할 것이다.

뇌-컴퓨터 인터페이스

뇌-컴퓨터 인터페이스와 AI의 만남은 정신질환 치료의 새로운 패러다임을 제시할 것이다. 초소형 센서와 AI 알고리즘이 탑재된 BCI 장치는 신경 신호를 실시간으로 모니터링하고 분석하여 환자의 뇌 활동을 평가한다. 뇌파, 신경전달물질, 혈류 변화 등 다양한 생체신호를 감지하여 환자의 정신 상태, 감정 변화, 질병 진행 상황 등을 정확하게 파악한다. 이를 통해 정신질환의 조기 발견, 예측, 맞춤형 치료가 가능해진다. 우울장애 환자의 경우 뇌 특정 영역의 활동 감소를 조기에 감지하여 우울증상 악화를 예방하고, 개인 맞춤형 치료 계획을 수립할 수 있다.

BCI는 단순히 뇌 활동을 측정하는 데 그치지 않고, 뇌 활동을 직접 조절하여 정신질환을 치료하는 데 활용된다. AI 알고리즘은 환자의 뇌 활동 패턴을 분석하고, 정신질환 증상을 완화하기 위한 최적의 뇌 자극 패턴을 생성한다. 이 자극 패턴은 BCI를 통해 뇌에 전달되어 뇌 활동을 조절하고, 정신질환 증상을 완화시킨다. 불안장애 환자에게는 과도하게 활성화된 편도체 활동을 억제하고, 전두엽 활동을 강화하여 불안감을 줄이는 데 도움을 준다.

BCI와 AI는 폐쇄 루프 시스템을 구축하여 정신질환 치료의 효과를 극대화한다. 폐쇄 루프 시스템은 환자의 뇌 활동을 실시간으로 모니터링하고, AI 알고리즘은 이 정보를 바탕으로 뇌 자극 패턴을 조절한다. 이 과정은 실시간으로 반복되며, 환자의 뇌 활동 변화에 따라 치료 강도를 조절하여 최적의 치료 효과를 유지한다. 이러한 폐쇄 루프 시스템은 만성 정신질환자에게 지속적인 치료 효과를 제공하고 재발 가능성을 낮출 수 있다.

AI는 환자의 뇌 활동 패턴, 유전 정보, 생활습관 등 다양한 데이터를 분석하여 개인에게 최적화된 뇌 자극 치료를 제공한다. 환자마다 뇌 활동 패턴과 질병 특성이 다르기 때문에 개인 맞춤형 치료는 치료 효과를 극대화하고 부작용을 최소화하는 데 중요하다. AI는 환자의 데이터를 기반으로 뇌 자극의 종류, 강도, 위치, 주파수 등을 조절하여 개인에게 가장 효과적인 치료법을 찾아낸다.

BCI와 AI의 결합은 정신질환뿐 아니라 뇌졸중, 파킨슨병, 알츠하이머병 등 다양한 뇌질환 치료에도 새로운 가능성을 열어줄 것이다. 그러면 뇌 활동을 직접 조절하여 뇌 손상을 복구하고, 뇌 기능을 향상시키는 치료법 개발이 가능해진다. BCI는 뇌와 외부 기기를 연결하여 마비 환자의 운동 기능 회복, 감각 기능 대체, 의사소통 지원 등 다양한 분야에 활용될 수 있을 것이다.

물론 BCI와 AI 기술의 발전은 윤리적, 사회적 문제를 야기할 수 있다. 개인정보 보호, 뇌 해킹 가능성, 인간 존엄성 훼손 등 다양한 문제에 대한 심층적인 논의와 사회적 합의가 필요하다. 하지만 BCI와 AI 기술은 정신건강의학 분야의 발전을 위한 핵심적인 도구가 될 것이며, 미래에는 뇌질환으로 고통받는 수많은 사람들에게 새로운 희망을 줄 수 있을 것이다.

디지털 표현형

디지털 표현형Digital Phenotype은 개인이 디지털 기기를 사용하면서 남긴 다양한 데이터를 통해 그 사람의 행동과 심리적 경향, 건강 상태를 추정하는 개념이다. 스마트폰 사용 패턴, 소셜 미디어 활동, 검색 기록, GPS 위치 정보 등이 디지털 표현형을 구성하는 데이터에 해당된다.

디지털 표현형은 우울장애, 불안장애, 조현병 등 정신질환의 조기 발견 및 진단에 활용된다. 예를 들어 소셜 미디어 게시글의 내용이나 어조 변화, 스마트폰 사용 시간 감소 등은 정신건강 악화의 신호일 수 있다. AI는 이러한 디지털 표현형을 분석하여 정신질환의 조기 발견, 예방, 치료에 활용할 수 있을 것이다.

AI 정신건강 플랫폼

가상의 AI 기반 정신건강 플랫폼 루멘Lumen을 상상해보자. 루멘은 단순한 앱이 아닌, 개인의 정신건강을 종합적으로 관리하고 증진하는 맞춤형 동반자다. 루멘은 누구나 쉽게 접근할 수 있는 클라우드 기반 플랫폼이다. 스마트폰, 컴퓨터, VR 헤드셋 등 다양한 기기를 통해 언제 어디서든 이용 가능하다. 가입 절차는 간단하며, 익명성을 보장하여 정신건강 문제에 대한 사회적 낙인 없이 서비스를 이용할 수 있다.

루멘은 개인의 유전 정보, 생체 데이터, 디지털 표현형, 심리 검사 결과 등 다양한 데이터를 통합적으로 분석하여 개인 맞춤형 정신건강관리 서비스를 제공한다. AI는 개인의 성격, 생활습관, 스트레스 요인 등을 파악하여 맞춤형 콘텐츠, 운동, 명상, 수면 관리 프로그램 등을 추천한다. 또한 개인의 정신건강 상태 변화를 실시간으로 추적하고, 필요에 따라 전문가 상담을 연결해준다.

루멘에는 다양한 성격과 전문성을 가진 AI 챗봇 및 가상 치료자가 존재한다. 사용자는 자신에게 맞는 AI 치료자를 선택하여 언제든지 상담을 받을 수 있다. AI 치료자는 CBT, 수용전념치료ACT, 변증법적 행동치료DBT 등 다양한 치료 기법을 활용하여 정신질환 증상을 완화하고 정신건강을 증진시킨다. AI 치료자는 사용자의 감정을 공감하고 지지하며 치료 동기를 부여하는 역할을 한다.

루멘은 VR 기술을 활용하여 다양한 정신질환 치료 프로그램을 제공한다. 공황장애 환자는 VR 환경에서 안전하게 공황 발작 상황을 경험하고 대처 방법을 훈련할 수 있으며, PTSD 환자는 트라우마 관련 상황을 VR로 재현하여 트라우마를 극복하는 데 도움을 받을 수 있다. VR 치료는 사회 불안장애 환자의 사회성 향상, 중독 환자의 충동 조절 능력 강화 등 다양한 치료 효과를 제공한다.

루멘은 BCI 기술을 활용하여 뇌 활동을 직접 조절하는 치료 서비스를 제공한다. 뇌파 측정 헤드셋을 착용하면 사용자의 뇌 활동을 실시간으로 분석하고, AI 알고리즘은 이 정보를 바탕으로 뇌 자극 패턴을 생성한다. 이 자극 패턴은 뇌 활동을 조절하여 우울장애, 불안장애, ADHD 등 다양한 정신질환 증상을 완화시키는 데 도움을 준다.

루멘은 사용자 간의 소통과 지지를 위한 커뮤니티 기능을 제공한다. 사용자는 익명으로 자신의 경험을 공유하고, 다른 사용자의 이야기에 공감하며 위로를 얻을 수 있다. 전문가가 운영하는 온라인 세미나, 워크숍, 그룹 치료 프로그램 등 다양한 커뮤니티 활동에도 참여하여 정신건강 정보를 얻고 사회적 지지를 받을 수 있다.

루멘은 AI 기술의 발전과 함께 지속적으로 진화한다. 새로운 치료 기법, VR 콘텐츠, BCI 기술 등을 도입하여 더욱 효과적이고 다양한 정신건강 서비스를 제공할 것이다. 또한 사용자의 피드백을 반영하여 서비스를 개선하고 사용자 중심의 플랫폼으로 발전해나갈 것이다.

루멘은 단순한 정신건강관리 앱을 넘어, 개인의 정신건강을 종합적으로 관리하고 증진하는 맞춤형 동반자로 자리매김할 것이다. 정신질환으로 고통받는 사람들에게 희망을 주고, 더 나아가 인류의 정신건강 증진에 기여할 것이다.

물론 AI 기술의 발전과 함께 윤리적, 사회적 문제에 대한 우려도 제기되고 있다. AI의 오류 가능성, 데이터 편향, 개인정보 보호 문제 등은 해결해야 할 과제이다. 하지만 AI는 정신건강의학 분야에서 긍정적인 변화를 가져올 잠재력이 크다. 앞으로 AI는 정신질환으로 고통받는 사람들에게 희망을 주고 더 나아가 인류의 정신건강 증진에 기여할 것이다.

AI 정신건강의학
솔루션의 강자

정신건강의학 분야에서는 의사, 환자, 연구자 등 의료행위에 참여하는 모든 행위자들이 AI 기술에 뜨거운 관심을 보이고 있다. 인간 정신이라는 난해한 영역에 AI가 명쾌한 솔루션들을 제시하고 있기 때문이다. 이어지는 내용에서는 그에 부응하여 AI 기술로 솔루션을 만드는 기업들을 소개한다.

마음을 어루만지는 AI 심리 상담가, 워봇헬스

스탠퍼드대학교에서 출발한 워봇헬스는 실리콘밸리의 따스한 햇살 아래 탄생한 디지털 치료제 개발 기업이다. 이들의 야심작 워봇은 정신건강 문제로 어려움을 겪는 이들을 24시간 지켜주는 AI 챗봇이다. 마치 친근한 친구처럼 다가와 따뜻한 위로와 격려를 건넨다. 워봇은 단순한 챗봇을 넘어, 정신건강 문제로 어려움을 겪는 이들에게 효과를 입증한 디지털 치료 도구 중 하나로 자리매김했다.[270]

워봇헬스의 핵심 역량은 첨단 AI 기술과 심리 치료 기법의 절묘한 조화에 있다. 방대한 심리학 데이터를 학습한 워봇은 인간의 감정을 이해하고 공감하는 능력을 갖췄다. 또한 CBT 기반의 대화를 통해 사용자의 부정적인 생각 패턴을 변화시키고 건강한 습관 형성을 돕는다.

워봇헬스는 경쟁사들과 차별화되는 몇 가지 강점을 지니고 있다. 우선 사용자의 프라이버시를 철저히 보호하며 언제 어디서든 편리하게 이용할 수 있다는 장점이 있다. 또 사용자 데이터를 기반으로 개인 맞춤형 치료 프로그램을 제공하며 지속적인 업데이트를 통해 성능을 향상해나가고 있다.[271]

하지만 약점도 존재한다. AI 챗봇이 인간 치료자를 완전히 대체하기에는 아직 한계가 있으며 심각한 정신질환을 겪는 이들에게는 워봇만으로 충분한 치료 효과를 기대하기 어렵다.[272] 디지털 치료제 시장의 경쟁이 심화되면서 워봇헬스는 끊임없는 혁신과 차별화된 서비스를 제공해야 하는 과제를 안고 있다.

미래는 밝다. 정신건강 문제에 대한 사회적 관심이 높아지고 디지털 치료제 시장이 빠르게 성장하면서 더욱 많은 사람들에게 도움을 줄 수 있게 됐다. 워봇은 단순한 챗봇을 넘어, 인간의 마음을 치유하는 동반자로서 우리 곁에 함께할 것이다.

워봇헬스는 현재 미국 내 다양한 의료기관 및 기업들과 협력하여 워봇을 제공하고 있다. 하지만 한국에서는 아직 워봇을 공식적으로 사용할 수 있는 곳은 없다. 다만 워봇헬스는 글로벌 시장 진출에 적극적으로 나서고 있으며, 한국 시장 진출 가능성도 열려 있다.

워봇헬스는 AI 기술을 활용하여 정신건강 문제 해결에 앞장서는 혁신적인 기업이다. 따뜻한 마음을 가진 AI 심리 상담가 워봇은 앞으로 더욱 많은 사람들에게 희망과 용기를 선물할 것이다.

맞춤형 큐레이션, 스프링헬스

스프링헬스Spring Health는 정신건강관리의 새로운 패러다임을 제시하는 기업이다. 옷을 고르듯 당신의 마음에 딱 맞는 치료자와 프로그램을 AI가 큐레이션 해준다. 데이터 분석을 통해 개인의 특성과 필요에 맞는 최적의 솔루션을 제공하여 마음을 온전히 치유하는 데 집중한다.[273]

스프링헬스의 핵심 역량은 정신건강관리에 대한 깊이 있는 이해와 첨단 AI 기술의 결합에 있다. 방대한 데이터를 기반으로 개인의 정신건강 상태를 정확하게 진단하고 맞춤형 치료 계획을 수립한다. 또한 치료 과정을 지속적으로 모니터링하고 피드백을 제공하여 치료 효과를 극대화한다.

스프링헬스의 경쟁력은 차별화된 서비스와 뛰어난 기술력에 있다. 특히 개인 맞춤형 치료 솔루션은 사용자 만족도를 높이는 데 크게 기여하고 있다. 이는 기업 임직원 정신건강관리 솔루션으로도 활용되면서 B2B 시장에서도 빠르게 성장하고 있다.

하지만 스프링헬스에게도 몇 가지 약점은 존재한다. AI 기반 솔루션에 대한 의존도가 높아 인간적인 교류와 공감이 부족하다는 지적도 있다. 개인정보 보호 및 데이터 보안 문제에 대한 우려도 제기되고 있다.

여전히 미래는 긍정적이다. 정신건강관리에 대한 사회적 관심이 높아지고, 디지털 헬스케어 시장이 빠르게 성장하면서 성장 가능성은 무궁무진해졌다. 기업들의 임직원 복지에 대한 투자가 증가하면서 B2B 시장에서의 성장세도 가속화될 것으로 예상된다.

스프링헬스는 현재 미국 내 다양한 의료기관 및 기업들과 협력하여 서비스를 제공하고 있다. 하지만 한국에서는 아직 공식적으로 서비스를 제공하고 있지 않다. 다만 글로벌 시장 진출에 대한 의지를 보이고 있으며, 한국 시장 진출 가능성도 열려 있다.

스프링헬스는 정신건강관리 분야에 혁신을 가져온 기업이다. AI 기술을 활용하여 개인 맞춤형 치료 솔루션을 제공하며, 정신건강관리의 새로운 지평을 열었다. 스프링헬스가 앞으로 어떤 모습으로 우리 곁에 다가올지 기대된다.

AI와 인간의 환상적인 콜라보,
K헬스

K헬스는 AI 기술과 의료 전문가의 협진을 통해 건강관리의 새로운 지평을 여는 혁신적인 기업이다. 마치 셜록 홈즈와 왓슨 박사가 힘을 합쳐 사건을 해결하듯, K헬스는 AI 챗봇과 의료 전문가의 협업을 통해 사용자에게 최적의 건강관리 솔루션을 제공한다.[274]

K헬스의 핵심 역량은 AI 기술과 의료 전문 지식의 완벽한 조화에 있다. 방대한 의료 데이터를 학습한 AI 챗봇은 사용자의 증상을 분석하고, 관련 정보를 제공하며, 필요한 경우 의료 전문가와의 상담을 연결한다. 이를 통해 사용자는 시간과 비용을 절약하면서도 전문적인 의료 서비스를 받을 수 있다.

K헬스의 경쟁력은 편리성, 접근성, 전문성의 삼박자에 있다. 언제 어디서든 쉽게 이용할 수 있는 챗봇 서비스는 사용자의 건강관리 문턱을 낮추고, 의료 전문가와의 협진은 신뢰성과 전문성을 보장한다. 개인 맞춤형 건강 정보 제공 및 관리 기능은 사용자 만족도를 높이는 데도 크게 기여한다.

하지만 K헬스에게도 몇 가지 약점은 존재한다. AI 챗봇이 모든 질병을 진단하고 치료할 수 있는 것은 아니며, 의료 전문가의 역할을 완전히 대체하기에는 아직 한계가 있다. 개인정보 보호 및 데이터 보안 문제에 대한 우려도 제기되고 있다.

그럼에도 K헬스의 미래는 밝다. 디지털 헬스케어 시장의 성장과 함께 더욱 많은 사람들에게 도움을 줄 수 있을 것이다. 특히 만성질환 관리, 정신건강관리 등 다양한 분야로 서비스 영역이 확장되면 성장 가능성은 무궁무진하다.

K헬스는 현재 미국 내 다양한 의료기관 및 기업들과 협력하여 서비스를 제공하고 있다. 하지만 한국에서는 아직 공식적으로 서비스를 제공하고 있지 않다. 다만 글로벌 시장 진출에 대한 의지를 보이고 있으며, 한국 시장 진출 가능성도 열려 있다.

K헬스는 AI 기술과 의료 전문 지식의 융합을 통해 건강관리의 새로운 패러다임을 제시하는 혁신적인 기업이다. AI 닥터와 인간 닥터의 환상적인 콜라보는 앞으로 우리의 건강을 더욱 스마트하게 관리하는 데 크게 기여할 것이다.

한국 정신건강의학
AI 솔루션

마음을 숫자로 보여주는 옴니씨앤에스

옴니씨앤에스는 우리 몸이 속삭이는 신호를 숫자로 변환하여 마음의 건강 상태를 엿보는 마법 같은 기술을 가진 기업이다.[275] 맥박과 뇌파를 측정하여 스트레스, 불안, 우울 등 눈에 보이지 않는 감정들을 가시화하는 옴니씨앤에스는 마치 마음 속에 CCTV를 설치한 듯, 당신의 정신건강을 낱낱이 파헤친다.

옴니씨앤에스의 핵심 역량은 생체신호 측정 기술과 AI 분석 기술의 환상적인 융합에 있다. 맥박과 뇌파라는 두 가지 생체신호를 동시에 측정하고, 이를 AI로 분석하여 개인의 정신건강 상태를 정확하게 파악한다. 이러한 기술력을 바탕으로 탄생한 옴니핏 마인드케

어와 옴니핏 브레인은 스트레스 관리, 집중력 향상, 우울장애 예방 등 다양한 분야에서 활용되고 있다.276

옴니씨앤에스의 경쟁력은 독보적인 기술력과 다양한 활용 분야에 있다. 맥박과 뇌파를 동시에 측정하는 기술은 세계적으로도 드물며, 이를 통해 얻은 데이터는 높은 정확도와 신뢰성을 자랑한다. 기업, 학교, 병원 등 다양한 분야에서도 활용되면서 폭넓은 고객층을 확보하고 있다.277

하지만 옴니씨앤에스에게도 몇 가지 약점은 존재한다. 생체신호 측정 기술은 외부 환경에 영향을 받기 쉽고, 개인차가 크다는 한계가 있다. 정신건강관리 분야의 경쟁이 심화되면서 끊임없는 기술 개발과 서비스 혁신을 통해 경쟁 우위를 유지해야 하는 과제도 안고 있다.

그럼에도 옴니씨앤에스의 미래는 밝다. 정신건강에 대한 사회적 관심이 높아지고, 디지털 헬스케어 시장이 빠르게 성장했다. 옴니씨앤에스의 기술은 더욱 많은 사람들에게 도움을 줄 수 있을 것이다. 특히 개인 맞춤형 정신건강관리 서비스에 대한 수요가 증가하면서 옴니씨앤에스의 역할은 더욱 중요해질 것으로 예상된다.

옴니씨앤에스의 제품은 현재 다양한 병원 및 의료기관에서 사용되고 있다. 국민건강보험공단, 서울 금천구 보건소, 대구 및 경산시 보건소 등 공공기관을 비롯하여 다수의 기업체에서도 옴니핏을 활용하고 있다.

옴니씨앤에스는 생체신호 측정 기술과 AI 분석 기술을 통해 정신건강관리의 새로운 지평을 여는 혁신적인 기업이다. 옴니씨앤에스의 기술은 앞으로 우리의 삶을 더욱 건강하고 행복하게 만들어줄 것이다.

뇌파 속에 숨겨진 마음

아이메디신은 뇌파라는 미지의 영역을 탐험하여 정신질환 진단과 치료의 새로운 지평을 여는 혁신적인 기업이다.[278] 마치 뇌 속에 설치된 블랙박스를 해독하듯, 아이메디신은 뇌파 데이터를 분석하여 ADHD, 우울장애, 치매와 같은 다양한 정신질환의 신경학적 기전을 밝혀내고 진단 정확도를 높이고 있다.[279]

아이메디신의 핵심 역량은 고도화된 아이싱크브레인iSyncBrain 뇌파 분석 기술과, 정신질환의 신경생리학적 특성을 이해하고 맞춤형 솔루션을 제공하는 능력에 있다. 뇌파 데이터를 수집하고 분석하여 뇌 기능 이상을 감지하고, 이를 바탕으로 개인 맞춤형 치료 방향을 제시한다. 치료 경과를 지속적으로 모니터링하여 치료 효과를 극대화하고 재발 가능성도 예측한다.

아이메디신의 경쟁력은 독보적인 기술력과 혁신적인 접근 방식에 있다. 뇌파 분석 기술은 정신질환 진단의 정확도와 객관성을 높이는 데 기여하고, 개인 맞춤형 치료 방향 제시는 치료 효과를 극대화하는 데 도움을 준다. 아이싱크브레인이라는 뇌파 측정 및 분석 플랫폼은 사용자 편의성을 높이고 의료진에게 유용한 정보를 제공한다.

하지만 아이메디신에게도 몇 가지 약점은 존재한다. 뇌파 분석 기술은 여전히 발전 중이기에 해석에 있어 전문가의 판단이 필수적이다. 정신질환 진단 및 치료 분야의 경쟁이 심화되면서 아이메디신은 끊임없는 기술 개발과 서비스 혁신을 통해 경쟁 우위를 유지해야 하는 과제를 안고 있다.

아이메디신의 미래는 밝다. 뇌 과학 연구의 발전과 함께 뇌파 분석 기술은 더욱 정교해지고, 정신질환 진단 및 치료에 대한 새로운 가능성을 열어줄 것이다. 특히, 개인 맞춤형 의료 시대의 도래와 함께 아이메디신의 기술은 더욱 주목받을 것으로 예상된다.

아이메디신은 현재 다양한 병원 및 의료기관과 협력하여 아이싱크브레인 플랫폼을 제공하고 있다. 한국에서는 삼성서울병원, 서울아산병원, 세브란스병원 등 주요 대학병원을 비롯하여 전국 100여 개 의료기관에서 아이메디신의 솔루션을 활용하고 있다.

아이메디신은 뇌파 분석 기술을 통해 정신건강관리의 새로운 패러다임을 제시하는 혁신적인 기업이다. 뇌파 속에 숨겨진 당신의 마음을 읽고, 당신의 정신건강을 지켜주는 아이메디신의 기술은 앞으로 우리의 삶을 더욱 건강하고 행복하게 만들어줄 것이다.

마음을 어루만지는 마인즈에이아이

마인즈에이아이(구 마인즈랩)는 AI 기술을 활용하여 정신건강관리의 새로운 지평을 여는 혁신 기업이다. 이들의 야심작 '마음e'는 단순한 챗봇을 넘어, CBT 기반의 콘텐츠와 AI 기술의 시너지를 통해 사용자의 마음을 어루만지는 디지털 치료제다.[280] 따뜻한 친구처럼 곁에서 위로와 격려를 건네는 마음e는 현대인의 지친 마음을 치유하는 데 든든한 지원군이 되어준다.

마인즈에이아이의 핵심 역량은 뛰어난 AI 기술력과 정신건강 분야에 대한 깊이 있는 이해에 있다. 자연어처리, 음성인식, 텍스트 분석 등 다양한 AI 기술을 활용하여 사용자의 감정을 분석하고 맞춤형 콘텐츠를 제공한다. 전문가의 검수를 거친 인지행동치료 기반 콘텐츠는 사용자의 부정적인 생각 패턴을 변화시키고 건강한 습관 형성을 돕는다.

마인즈에이아이의 경쟁력은 기술력과 콘텐츠의 조화, 그리고 편리한 접근성에 있다. AI 기술을 통해 사용자 맞춤형 서비스를 제공하며, 검증된 인지행동치료 콘텐츠는 신뢰성을 높인다. 앱 형태로 제공되는 마음e는 언제 어디서든 편리하게 이용할 수 있을 만큼 접근성이 뛰어나다.

- 마음e: 인지행동치료 기반의 콘텐츠와 AI 챗봇의 상호작용을 통해 사용자의 정신건강 증진을 돕는 디지털 치료제
- 마인즈랩: 정신건강관리를 위한 다양한 프로그램과 서비스를 제공하는 플랫폼
- 마인즈케어: 기업의 임직원 정신건강관리를 위한 맞춤형 솔루션을 제공

하지만 마인즈에이아이에게도 몇 가지 약점은 존재한다. AI 챗봇이 인간 치료자를 완전히 대체하기에는 아직 한계가 있다. 심각한 정신질환을 겪는 사용자에게는 마음e만으로 충분한 치료 효과를 기대하기 어렵다. 디지털 치료제 시장의 경쟁이 심화되면서 마인즈에이아이는 끊임없는 혁신과 차별화된 서비스를 제공해야 하는 과제를 안고 있다.

마인즈에이아이의 미래는 밝다. 정신건강에 대한 사회적 관심이 높아지고 디지털 치료제 시장이 빠르게 성장하면서 마인즈에이아이는 더욱 많은 사람들에게 도움을 줄 수 있을 것이다. 마음e는 단순한 챗봇을 넘어, 인간의 마음을 이해하고 치유하는 동반자로서 우리 곁에 함께할 것이다.

마인즈에이아이는 현재 다양한 기업 및 기관과 협력하여 마음e를 제공하고 있다. 주요 협력 기관으로는 강북삼성병원, 보령제약, 삼성전자 등이 있으며, 마음e는 이들 기관의 임직원 정신건강관리 프로그램에 활용되고 있다. 마음e는 일반 사용자를 위한 앱 서비스로도 제공되고 있으며, 구글 플레이 스토어와 애플 앱스토어에서 다운로드할 수 있다.

마인즈에이아이는 AI 기술을 활용하여 정신건강 문제 해결에 앞장서는 혁신적인 기업이다. 따뜻한 마음을 가진 AI 챗봇 마음e는 앞으로 더욱 많은 사람들에게 희망과 용기를 선물할 것이다.

AI가 마음을 치유할 수 있을까?

AI 기술의 발전은 눈부시다. 체스 챔피언을 꺾고, 소설을 쓰고, 그림을 그리는 AI는 이제 인간의 영역으로 여겨졌던 정신건강관리에도 발을 들여놓았다. 하지만 AI가 과연 인간 정신건강의학과의사를 대체할 수 있을까?

AI는 이미 정신건강관리 분야에서 다양한 역할을 수행하고 있다. 챗봇 상담, 우울장애 진단, 치료 효과 예측 등에서 AI는 인간의 능력을 뛰어넘는 모습을 보여주기도 한다. 방대한 데이터를 기반으로 학습한 AI는 환자의 말과 행동 패턴을 분석하여 정신 상태를 파악하고, 개인 맞춤형 치료 방향을 제시할 수 있다. 24시간 즉각적인 상담이 가능하다는 점도 AI의 큰 장점이다.

하지만 AI가 정신건강의학과의사를 완전히 대체하기에는 아직 넘어야 할 산이 많다. 첫째, AI는 인간의 복잡하고 미묘한 감정을 완벽하게 이해하고 공감하기 어렵다. 정신질환은 단순한 증상의 집합이 아니라, 개인의 경험과 환경, 사회적 관계 등 다양한 요인이 복합적으로 작용한 결과다. AI는 이러한 복잡한 맥락을 파악하고 환자에게 진정한 위로와 공감을 제공하기 어렵다.

둘째, AI는 윤리적 판단력과 책임감을 가질 수 없다. 정신건강의학과 치료는 환자의 삶에 큰 영향을 미칠 수 있는 중요한 결정을 수반한다. AI는 데이터 분석을 통해 최적의 치료 방향을 제시할 수 있지만, 윤리적 딜레마에 직면했을 때 인간처럼 판단하고 책임질 수 없다.

셋째, AI는 인간관계의 중요성을 간과할 수 있다. 정신건강의학과 치료는 치료자와 환자 사이의 신뢰와 라포 형성이 중요하다. AI는 환자에게 편리하고 효율적인 서비스를 제공할 수 있지만, 인간적인 교류와 정서적 지지를 대체하기는 어렵다.

결론적으로, AI는 정신건강의학과의사를 대체하기보다는 보완하는 역할을 할 것이다. AI는 정신질환 진단과 치료 과정에서 유용한 도구로 활용될 수 있지만, 인간 정신건강의학과의사의 역할을 완전히 대체하기는 어렵다. AI와 인간의 협력을 통해 정신건강관리의 효율성과 접근성을 높이는 것이 바람직한 방향일 것이다.

AI는 정신건강의학과의사의 조력자로서, 인간은 AI가 제공하는 정보와 분석 결과를 바탕으로 환자에게 최적의 치료를 제공하는 역할을 수행할 것이다. AI와 인간의 지혜가 조화롭게 결합된 미래의 정신건강관리 시스템은 더 많은 사람들에게 희망과 행복을 선물할 수 있을 것이다.

정신건강의학과의사는 어떻게 진화할 것인가?

AI의 눈부신 발전은 정신건강의학 분야에도 거대한 파도를 몰고 왔다. 머지않은 슈퍼 AI 시대를 맞이한 정신건강의학과의사들의 모습은 어떻게 변화할까?

미래의 정신건강의학과의사는 AI를 진단과 치료의 동반자로 삼아 '초능력 의사'로 거듭날 것이다. AI는 환자의 음성, 표정, 생체신호 등 다양한 데이터를 실시간으로 분석하여 감정 상태, 스트레스 지수, 심리적 취약성 등을 파악한다. 이를 통해 정신건강의학과의사는 환자의 내면을 더욱 깊이 이해하고, 개인 맞춤형 치료 계획을 수립할 수 있다. 마치 X-ray로 뼈를 보듯, AI는 환자의 마음을 투명하게 비춰주는 역할을 할 것이다.

AI는 정신질환의 조기 발견과 예방에도 혁신적인 변화를 가져올 것이다. 스마트폰 사용 패턴, 소셜 미디어 활동, 수면 패턴 등 일상생활 데이터를 분석하여 정신질환의 초기 징후를 포착하고, 예방적 개입을 가능하게 한다. AI는 VR 치료, 디지털 치료제 등 새로운 치료 방식을 통해 환자의 치료 효과를 극대화하고, 재발 가능성을 낮추는 데 기여할 것이다.

하지만 AI가 아무리 발전해도 인간 정신건강의학과의사의 역할은 여전히 중요하다. AI는 데이터 분석과 정보 제공에 탁월하지만, 인간만이 가진 공감 능력과 직관, 윤리적 판단 능력은 대체 불가능하다. 미래의 정신건강의학과의사는 AI가 제공하는 정보를 바탕으로 환자와 깊이 있는 소통을 통해 진정한 치유를 이끌어내는 역할을 수행할 것이다.

AI 기술 발전은 정신건강관리의 접근성을 획기적으로 높일 것이다. 원격 진료 시스템을 통해 시간과 공간의 제약 없이 누구나 쉽게 정신건강의학과 상담과 치료를 받을 수 있게 된다. 특히, 정신건강의학과 치료에 대한 사회적 편견과 낙인으로 인해 치료를 망설이는 사람들에게 AI는 익명성과 편리성을 제공하여 치료 문턱을 낮추는 역할을 할 것이다.

결론적으로 슈퍼 AI 시대의 정신건강의학과의사는 AI와 협력하여 환자에게 최적의 치료를 제공하는 '마음 치유 전문가'로 거듭날 것이다. AI는 정신건강의학과의사의 조력자이자 동반자로서, 인간의 마음을 더욱 깊이 이해하고 치유하는 데 기여할 것이다. AI와 인간의 지혜가 조화롭게 결합된 미래의 정신건강관리 시스템은 더 많은 사람들에게 희망과 행복을 선물할 것이다.

정신건강의학과의사들의
필수 학습

AI 시대, 정신건강의학과의사는 AI 전문가로 거듭나기 위한 여정에 나서야 한다. 이 여정은 단순히 AI 기술을 배우는 것을 넘어, 정신건강의학 분야에 대한 깊이 있는 이해와 AI 기술의 융합을 통해 새로운 가능성을 모색하는 과정이다.

우선 정신건강의학과의사는 AI 모델 학습에 사용되는 다양한 데이터, 즉 뇌파, 생체신호, 음성, 텍스트 등의 특징과 종류, 획득 방법 등을 깊이 이해해야 한다. 이러한 데이터는 환자의 정신 상태를 파악하고, 개인 맞춤형 치료 계획을 수립하는 데 중요한 역할을 한다. 뇌파 데이터는 환자의 뇌 기능 이상을 감지하고, 생체신호는 스트레스 수준을 측정하는 데 활용될 수 있다. 이러한 데이터에 대한 이해는 AI 모델의 성능을 평가하고 개선하는 데 필수적이며, 궁극적으로 환자에게 더 나은 치료를 제공하는 데 기여할 것이다.

정신건강의학과의사는 딥러닝 기반의 정신건강 데이터 분석 능력을 갖춰야 할 것이다. 딥러닝은 인공 신경망을 통해 데이터를 학습하고 패턴을 찾아내는 기술로, 정신건강 데이터 분석에 매우 유용하게 활용될 수 있다. 딥러닝 모델은 환자의 음성 데이터를 분석하여 우울장애이나 불안장애 등을 진단하고, 치료 경과를 예측할 수 있다. 정신건강의학과의사는 CNN, RNN 등 다양한 딥러닝 알고리즘의 기본 원리를 이해하고, 이를 정신건강 데이터 분석에 적용하는 방법을 습득해야 한다. 이를 통해 AI 모델의 작동 원리를 파악하고, 결과를 해석하며, 필요에 따라 모델을 수정하거나 개선해야 한다.

AI 관련 수학 및 통계 지식도 필수적이라고 할 수 있다. 선형대수, 미적분, 확률 및 통계 등은 AI 알고리즘의 기반이 되는 학문이다. 이러한 지식은 AI 모델의 작동 원리를 이해하고 성능을 평가하는 데 도움을 준다. 선형대수는 뇌파 데이터를 분석하는 데 사용되는 행렬 연산의 기초가 되며 통계 지식은 연구 결과의 신뢰성을 확보하는 데 필수적이다.

AI 기술을 윤리적으로 활용하는 방법에 대한 고민도 필요하다. 정신건강 데이터는 민감한 개인정보이므로, 데이터 활용과 관련된 윤리적 문제와 법적 규제에 대한 깊이 있는 이해가 필요하다. 개인정보 보호, 알고리즘 편향, 책임 소재 등 다양한 이슈에 대한 고민을 통해 윤리적인 AI 활용 방안을 모색해야 한다. AI 모델이 특정 집단에 대한 편향된 결과를 도출하지 않도록 주의해야 하며, 환자의 개인정보를 안전하게 보호하기 위한 기술적, 제도적 장치를 마련해야 한다.

이러한 지식과 기술을 습득하기 위해 정신건강의학과의사는 다양한 경로를 활용할 수 있다. 대학 및 대학원의 AI 관련 학과, 온라인 강의 플랫폼(코세라, 에드엑스, 유다시티 등), AI 관련 서적 및 논문, AI 관련 학회 및 세미나 참석 등을 통해 AI 기술에 대한 이해를 높일 수 있다. 의료 AI 관련 학회나 연구회에 참여하여 최신 연구 동향을 파악하고, 다른 전문가들과 교류하며 지식을 공유하는 것도 좋은 방법이다.

슈퍼 AI 시대, 정신건강의학과의사는 AI 기술을 적극적으로 활용하여 정신건강관리의 새로운 지평을 열어갈 것이다. AI는 정신건강의학과의사의 조력자이자 동반자로서, 인간의 마음을 더욱 깊이 이해하고 치유하는 데 기여할 것이다.

9장

재활 AI, 회복의 마법사

✦✦✦

 인류의 역사는 끊임없는 도전과 극복의 연속이었다. 그중에서도 재활의학은 인간의 불굴의 의지와 과학의 진보가 만나는 특별한 장場이었다. 고대 그리스의 아스클레피오스 신전에서부터 현대의 첨단 재활 센터에 이르기까지, 우리는 언제나 상처 입은 몸과 마음을 치유하고자 노력해왔다. 그리고 이제 우리는 재활의학의 새로운 지평을 열어줄 탁월한 동반자를 맞이하고 있다. 바로 AI다.
 AI는 더 이상 공상과학 영화 속 이야기가 아니다. 그것은 이미 우리의 일상 깊숙이 파고들어, 우리의 삶을 변화시키고 있다. 스마트폰 속 음성 비서는 우리의 일정을 관리하고, 자율주행 자동차는 우리를 목적지로 안전하게 인도한다. 이제 AI는 의료 분야, 특히 재활의학에서 그 무한한 잠재력을 펼치려 하고 있다. 방대한 데이터를 순식간에 분석하고, 사람의 몸에 잠재한 복잡한 패턴을 찾아내며 정확한 예측을 제시하는 AI의 능력은 재활 치료의 패러다임을 완전히 바꿔놓을 것이다.

우리는 그 흥미진진한 변화의 여정을 탐험하고자 한다. 그 과정에서 AI가 어떻게 환자 개개인의 고유한 상태를 정밀하게 분석하고, 그에 맞는 최적의 치료 계획을 수립하는지 살펴볼 것이다. 또한 AI가 어떻게 재활 치료의 효과를 극대화하고, 환자의 회복 속도를 가속화시키는지 알아볼 것이다. 그러나 이는 단순한 기술적 진보에 대한 이야기가 아니다. 이는 인간의 존엄성과 삶의 질에 대한 깊이 있는 탐구이며, 동시에 인간과 기계의 공존에 대한 철학적 고찰이다.

우리는 AI와 인간 의사 사이의 이상적인 협력 모델을 모색할 것이다. AI가 가진 무한한 정보 처리 능력과 인간 치료사의 직관과 공감 능력이 만나 어떤 시너지를 낼 수 있을지, 그리고 그 과정에서 발생할 수 있는 윤리적, 사회적 쟁점은 무엇인지 심도 있게 논의할 것이다. 이는 단순히 의학적 담론에 그치지 않고, 우리 사회의 미래와 인간의 본질에 대한 근본적인 질문으로 이어질 것이다.

많은 재활의학과의사들이 궁금해하는 것이 AI가 주도하는 재활 치료의 미래상이다. 우리는 지금보다 더 빠르고, 더 정확하며, 더 효과적인 치료를 기대할 수 있을까? 그 과정에서 우리가 지켜야 할 가치는 무엇일까? AI와 로봇이 우리의 자리를 빼앗을 것인가? 이런 질문들에 답을 찾아보고자 한다.

그러나 내용은 단순히 전문가들을 위한 학술용어로 채워지지 않을 것이다. 이는 우리 모두의 이야기다. 누구나 언제든 재활이 필요한 상황에 처할 수 있다. 사고로 인한 부상이든 질병으로 인한 기능 저하든 단순히 나이 들어가면서 겪는 신체적 변화든 우리는 모두 언젠가는 재활의 도움을 필요로 할 것이다. 따라서 이 내용은 재활의학 전문가뿐 아니라, AI에 관심 있는 일반인, 미래 의료기술에 호기심을 가진 학생, 그리고 더 나은 삶을 꿈꾸는 모든 이들에게 새로운 통찰과 영감을 줄 것이다.

우리는 AI가 어떻게 우리의 삶을 변화시키고 있는지, 그리고 앞으로 어떻게 변화시킬 것인지를 생생하게 경험하게 될 것이다. AI의 눈으로 인체를 들여다보고 AI의 두뇌로 치료 계획을 세우며 AI의 손으로 재활 훈련을 수행하는 놀라운 경험을 하게 될 것이다. 동시에 이 모든 과정에서 인간의 역할과 가치를 재확인하게 될 것이다. AI는 우리의 능력을 증폭시키고 우리의 한계를 극복하게 해주는 도구임을 깨닫게 될 것이다.

이제 우리는 새로운 시대의 문턱에 서 있다. AI와 함께하는 재활의학의 미래는 우리가 상상했던 것보다 더 밝고 희망찬 것일지도 모른다. 이 책은 그 희망찬 미래로 가는 길잡이가 되어줄 것이다.

재활 치료

삶의 희망을 되찾고 일상으로 복귀하는 과정은 환자에게 험난한 여정과도 같다. 하지만 AI 기술의 눈부신 발전은 이러한 재활의 패러다임을 혁신적으로 변화시키고 있다. AI는 단순히 치료를 돕는 도구를 넘어 환자 개개인에게 최적화된 맞춤형 재활 프로그램을 제공하고 치료 효과를 극대화하는 핵심적인 역할을 수행한다. 뿐만 아니라 재활 과정에 게임 요소를 도입하여 환자의 흥미를 유발하고 적극적인 참여를 유도하며, 원격으로 환자의 상태를 모니터링하고 치료를 지원함으로써 의료 서비스의 질을 한 단계 끌어올린다.

    AI 기반 재활 치료는 환자의 운동 능력, 질병 상태, 생체신호 등 다양한 데이터를 정밀하게 분석하여 환자에게 최적화된 재활 프로그램을 제공한다. 이는 숙련된 재활 전문가가 환자의 상태를 면밀히 파악하고 개별적인 특성에 맞춰 치료 계획을 수립하는 것과 같다.

AI는 환자의 데이터를 실시간으로 분석하고 피드백을 제공함으로써 치료 효과를 극대화하고, 환자의 빠른 회복을 돕는다.

뿐만 아니라 AI는 환자의 데이터를 기반으로 재활 치료의 효과를 예측하고, 치료 계획을 수정하거나 조정하는 데 활용된다. 경험 많은 의사가 환자의 상태 변화를 예측하고 치료 방향을 결정하는 것과 유사하다. AI는 방대한 양의 의료 데이터를 학습하고 분석하여 치료 효과를 예측함으로써 치료 효율성을 높이고, 환자의 만족도를 향상시킨다.

AI는 재활 치료에 게임 요소를 도입하여 환자의 흥미를 유발하고, 적극적인 참여를 유도한다. 지루하고 반복적인 재활 운동은 환자에게 큰 부담으로 다가올 수 있다. 하지만 AI는 게임을 통해 재활 운동을 즐거운 경험으로 변화시킨다. 환자는 게임을 통해 재활 목표를 달성하고 성취감을 느끼며 치료 과정에 대한 긍정적인 인식을 갖게 된다. 이는 치료 효과를 높이고 환자의 동기 부여를 강화하는 데 중요한 역할을 한다.

AI는 원격으로 환자의 상태를 모니터링하고 재활 치료를 지원한다. 이는 병원에 직접 방문하기 어려운 환자나 거동이 불편한 환자에게 특히 유용하다. 환자는 집에서 편안하게 재활 치료를 받을 수 있으며, 의료진은 원격으로 환자의 상태를 확인하고 치료 계획을 조정할 수 있다. 이는 환자의 접근성을 높이고 의료 서비스의 질을 향상시키는 데 기여한다.

개인 맞춤형 재활의
시대를 열다

재활 치료는 환자의 신체적, 정신적 회복을 돕는 중요한 과정이지만, 모든 환자에게 동일한 방식으로 적용할 수 없다는 한계가 존재한다. 환자마다 질병의 종류, 심각도, 운동 능력, 회복 속도 등이 다르기 때문에 개인의 특성을 고려한 맞춤형 치료가 필수적이다. 이러한 요구에 부응하여 AI 기술은 환자 맞춤형 재활 프로그램을 제공하는 혁신적인 도구로 주목받고 있다.

AI는 환자의 운동 능력, 질병 상태, 생체신호 등 다양한 데이터를 수집하고 분석하여 개인에게 최적화된 재활 프로그램을 설계한다. 뇌졸중 환자의 경우 AI는 환자의 뇌 손상 부위, 마비 정도, 근력 등을 분석하여 개인에게 맞는 운동 강도, 횟수, 종류를 제시한다. 또한, 환자의 생체신호를 실시간으로 모니터링하여 운동 중 발생할 수 있는 위험을 예측하고 예방한다. 이러한 AI 기반 맞춤형 재활 프로그램은 환자의 치료 효과를 극대화하고, 빠른 회복을 돕는다.

AI 기반 맞춤형 재활 프로그램의 효과는 최근 다양한 연구를 통해 그 유효성이 입증되고 있다. 이러한 프로그램들은 전통적인 재활 방식에 비해 더 효과적이고 개인화된 접근법을 제공함으로써 환자들의 회복 과정을 최적화한다.

주 연구팀의 연구는 뇌졸중 후 상지 기능 장애를 가진 환자들을 대상으로 AI 기반 재활 기술의 효과를 조사했다.[281] 이 네트워크 메타분석 연구는 다양한 AI 재활 기술들을 비교 분석하여, 이러한 접근법이 전통적인 재활 방식에 비해 상지 기능 회복에 더 효과적임을 밝혔다. 연구진은 가상 현실, 로봇 보조 훈련, 뇌-컴퓨터 인터페이스 등 다양한 AI 기반 기술들을 평가했으며, 이들 중 일부가 특히 뇌졸중 환자의 상지 기능 개선에 유의미한 효과를 보이는 것을 확인했다.

이 연구는 AI 기반 재활 프로그램이 단순히 기능 회복 속도를 높이는 것에 그치지 않고, 환자들의 삶의 질 향상에도 기여할 수 있음을 시사한다. 개인화된 AI 알고리즘을 통해 각 환자의 상태와 진전 속도에 맞춘 재활 프로그램을 제공함으로써, 더욱 효과적이고 효율적인 재활 치료가 가능해진 것이다.

이 연구는 AI 기반 맞춤형 재활 프로그램이 단순히 신체적 기능 회복에만 국한되지 않음을 보여준다. 연구진은 로봇-보조 보행 치료Robot-Assisted Gait Training, RAGT가 환자들의 우울감과 불안감 감소에도 도움이 될 수 있다고 제안했다. 이는 AI 기반 재활 프로그램이 환자의 신체적, 정신적 건강을 포괄적으로 개선할 수 있는 잠재력을 가지고 있음을 시사한다.

두 연구 모두 AI 기반 맞춤형 재활 프로그램의 효과성을 입증하고 있지만, 동시에 이 분야에서 더 많은 연구가 필요함을 보여준다. 즉, 장기적인 효과와 비용 효율성에 대한 연구가 진행되어야 한다. 이러한 기술들을 실제 임상 현장에 효과적으로 도입하기 위한 방안에 대한 연구도 필요할 것이다.

AI 기반 맞춤형 재활 프로그램은 아직 초기 단계에 있지만, 그 잠재력은 무궁무진하다. 앞으로 더욱 정교한 AI 알고리즘 개발, 다양한 질병에 대한 적용 확대, 웨어러블 기기와의 연동 등을 통해 환자 맞춤형 재활 치료의 효과를 더욱 높일 수 있을 것으로 기대된다.

특히 웨어러블 기기와의 연동은 환자의 일상생활 속에서 재활 치료를 가능하게 함으로써 치료 효과를 극대화하고, 환자의 편의성을 높이는 데 기여할 것이다. AI는 환자의 데이터를 지속적으로 학습하고 분석하여 치료 효과를 예측하고, 치료 계획을 수정하는 데 활용될 수 있다. 이는 환자에게 최적의 치료를 제공하고 치료 효율성을 높이는 데 기여할 것이다.

AI 기반 맞춤형 재활 프로그램은 단순히 치료 효과를 높이는 것을 넘어 환자 중심의 재활 치료 패러다임을 구축하는 데 중요한 역할을 할 것이다. 환자는 자신의 상태와 목표에 맞는 맞춤형 치료를 받고, 의료진은 AI의 도움을 받아 더욱 효율적이고 효과적인 치료를 제공할 수 있을 것이다.

AI 재활 치료 효과 예측과
초개인화 재활

재활 치료는 환자의 기능 회복을 위한 필수적인 과정이지만, 치료 효과는 환자 개인의 특성, 질병 종류 및 중증도, 치료 방법 등 다양한 요인에 따라 달라진다. 따라서 치료 효과를 미리 예측하고 이를 바탕으로 치료 계획을 수립하는 것은 치료 효율성을 높이고 환자의 만족도를 향상시키는 데 중요한 역할을 한다. 최근 AI 기술의 발전은 방대한 양의 환자 데이터를 분석하고, 이를 기반으로 재활 치료 효과를 예측하는 새로운 가능성을 제시하고 있다.

AI 기반 재활 치료 효과 예측 모델은 현대 의료기술의 첨단을 보여주는 혁신적인 접근법이다. 이 모델들은 복잡하고 다양한 환자 데이터를 종합적으로 분석하여 개인화된 치료 효과를 예측함으로써, 재활 의학 분야에 새로운 지평을 열고 있다.

쭈 연구팀의 체계적 문헌고찰 연구는 뇌졸중 환자의 재활 치료 결과를 예측하는 데 있어 머신러닝의 활용에 대해 깊이 있는 통찰을 제공한다.[282] 이 연구는 다양한 머신러닝 기법들이 뇌졸중 환자의 재활 결과를 예측하는 데 효과적으로 사용될 수 있음을 보여준다.

연구진은 뇌졸중 환자의 재활 치료 결과 예측에 사용되는 다양한 입력 변수들을 분석했다. 이들 변수에는 뇌 영상 데이터, 운동 기능 평가 결과, 연령, 성별 등이 포함된다. 이러한 다차원적 데이터를 활용함으로써, AI 모델은 단순한 통계적 예측을 넘어 각 환자의 독특한 특성과 상황을 고려한 정교한 예측이 가능해진다. 이는 재활 치료 계획 수립에 있어 중요한 의미를 갖는다. 의료진은 이러한 예측 결과를 바탕으로 각 환자에게 가장 적합한 치료 방법과 강도를 결정할 수 있으며, 치료 과정에서 발생할 수 있는 잠재적 문제들을 미리 예측하고 대비할 수 있다.

그러나 이 연구는 이러한 AI 모델들의 한계점도 지적하고 있다. 대부분의 연구들이 단일 기관에서 수행되었고 표본 크기가 제한적이었다는 점은 이 모델들의 일반화 가능성에 대한 의문을 제기한다. 모델의 해석 가능성과 관련된 문제도 제기되었다. AI가 어떤 근거로 특정한 예측을 했는지를 의료진이 명확히 이해하기 어려운 경우가 있다는 것이다.

이러한 한계에도 불구하고 AI 기반 재활 치료 효과 예측 모델은 재활 의학의 미래를 밝히는 중요한 도구로 자리잡았다. 이 모델들은 의료진의 의사결정을 보조하고, 환자 개개인에게 최적화된 치료 계획을 수립하는 데 큰 도움을 줄 수 있다. 이러한 예측 모델은 의료 자원의 효율적 배분에도 기여할 수 있다. 회복 가능성이 높은 환자들에게는 더 집중적인 치료를, 회복이 더딜 것으로 예상되는 환자들에게는 다른 형태의 지원을 제공하는 등 맞춤형 의료 서비스 제공이 가능해지는 것이다.

향후 연구 방향으로는 더 큰 규모의 다기관 연구를 통해 모델의 일반화 가능성 향상, 모델의 해석 가능성을 개선, 그리고 환자 상태 변화를 실시간으로 반영할 수 있는 동적 예측 모델을 개발 등이 제시될 수 있다. 뇌졸중 외의 다른 질환이나 손상에 대해서도 유사한 예측 모델을 개발하는 것이 중요한 과제가 될 것이다.

AI 기반 재활 치료 효과 예측 모델은 '정밀 의료'의 이상을 실현하는 중요한 도구가 될 것이다. 이는 단순히 치료의 효과를 예측하는 것을 넘어 각 환자에게 가장 적합한 맞춤형 치료를 제공하고, 궁극적으로는 환자의 삶의 질을 크게 향상시키는 데 기여할 것이다. 앞으로 AI 기술의 발전과 함께 이러한 예측 모델은 더욱 정교해지고 신뢰성이 높아질 것으로 기대된다.

뇌졸중 재활 치료에서 AI 기반 예측 모델의 활용은 개인화된 의료의 새로운 지평을 열고 있다. 특히 머신러닝 기술을 활용한 기능적 결과 예측은 환자 맞춤형 재활 계획 수립과 잠재적 회복 수준 예측에 중요한 역할을 하고 있다. 이러한 접근법은 전통적인 재활 치료 방식에 혁신적인 변화를 가져오고 있다.

임영명 연구팀의 연구는 VR 기반의 원격재활 효과에 대한 체계적 고찰을 통해 또 다른 혁신적인 접근법을 제시한다. VR 기술을 활용한 원격재활은 전통적인 재활 치료의 한계를 극복하고, 환자들에게 보다 접근성 높고 효과적인 재활 서비스를 제공할 수 있는 가능성을 보여준다. 이 연구는 VR 기반 원격재활이 뇌졸중 환자의 기능 회복에 긍정적인 영향을 미칠 수 있음을 시사한다.

뇌졸중 후 재활 평가에서 웨어러블 센서와 머신러닝의 활용은 재활 의학 분야에 혁신적인 변화를 가져오고 있다. 부켄누파 연구팀의 체계적 문헌고찰은 이 분야의 최신 동향과 잠재력을 포괄적으로 분석하고 있다.[283]

이 연구에 따르면, 웨어러블 센서 기술과 머신러닝 알고리즘의 결합은 뇌졸중 환자의 재활 과정을 더욱 정확하고 객관적으로 평가할 수 있는 가능성을 제시한다. 웨어러블 센서는 환자의 움직임, 생체신호, 일상활동 등에 대한 연속적이고 상세한 데이터를 수집할 수 있으며, 이는 기존의 간헐적이고 주관적인 임상 평가 방법을 보완할 수 있다.

연구진은 다양한 유형의 웨어러블 센서가 뇌졸중 재활 평가에 활용되고 있음을 확인했다. 가속도계, 자이로스코프, 압력 센서 등이 주로 사용되며, 이들은 환자의 보행 패턴, 상지 기능, 균형 능력 등을 측정하는 데 효과적이다. 이러한 센서들은 착용이 간편하고 일상생활에서의 연속적인 모니터링이 가능하다는 장점이 있다.

머신러닝 알고리즘은 이렇게 수집된 방대한 양의 데이터를 분석하여 의미 있는 정보를 추출하는 데 중요한 역할을 한다. 연구에서는 서포트 벡터 머신, 랜덤 포레스트, 인공 신경망 등 다양한 머신러닝 기법이 활용되고 있음을 보고했다. 이러한 알고리즘들은 환자의 현재 기능 상태를 평가하고, 향후 회복 정도를 예측하는 데 사용될 수 있다.

이 문헌고찰은 웨어러블 센서와 머신러닝의 결합이 개인화된 재활 치료 계획 수립에 큰 기여를 할 수 있음을 강조한다. 이 기술들은 각 환자의 특성과 진전 상황에 맞춘 맞춤형 재활 프로그램을 개발하는 데 도움을 주며, 이는 재활 치료의 효과성을 크게 향상시킨다.

그러나 동시에 이 분야에서 여전히 해결해야 할 과제들이 있음을 지적한다. 예를 들어 웨어러블 센서의 정확성과 신뢰성 향상, 대규모 임상 연구를 통한 유효성 검증, 다양한 환자 그룹에 대한 적용 가능성 확인 등이 필요하다. 데이터의 프라이버시와 보안 문제, 의료진의 기술 수용성 향상 등도 중요한 과제다.

이 문헌고찰은 웨어러블 센서와 머신러닝 기술이 뇌졸중 재활 평가 분야에 가져올 혁신적 변화를 보여준다. 이러한 기술의 발전은 더욱 정확하고 개인화된 재활 치료를 가능하게 하며, 궁극적으로는 뇌졸중 환자의 회복과 삶의 질 향상에 기여할 것으로 기대된다.

향후 연구 방향으로는 더욱 다양한 센서 기술의 개발, 더 정교한 머신러닝 알고리즘의 적용, 그리고 이러한 기술들의 실제 임상 환경에서의 효과성 검증 등이 제시된다. 웨어러블 센서와 머신러닝을 활용한 재활 평가 시스템을 실제 의료 현장에 통합하는 방안에 대한 연구도 필요할 것이다.

결론적으로 웨어러블 센서와 머신러닝의 결합은 뇌졸중 재활 평가에 새로운 지평을 열고 있다. 이는 단순히 평가 방법의 개선을 넘어, 재활 의학 전반에 걸친 패러다임의 변화를 가져올 수 있는 잠재력을 가지고 있다. 앞으로 이 분야의 지속적인 연구와 발전을 통해 뇌졸중 환자들에게 더 나은 재활 서비스를 제공할 수 있게 될 것이다.

이러한 딥러닝 기반 예측 모델은 기존의 머신러닝 모델보다 더 높은 예측 정확도를 보이는 것으로 나타났다. AI 기반 재활 치료 효과 예측 모델은 실제 임상 현장에서 환자 맞춤형 치료 계획 수립 및 치료 효과 모니터링에 활용될 수 있다. 예측 모델을 통해 치료 효과가 낮을 것으로 예상되는 환자에게는 조기에 치료 방법을 변경하거나 추가적인 중재를 제공할 수 있다. 예측 모델을 통해 환자의 기능 회복 정도를 지속적으로 모니터링하고 치료 목표를 조정함으로써 환자의 치료 효과도 극대화할 수 있다.

AI 기반 재활 치료 효과 예측 모델은 아직 초기 단계에 있으며, 더욱 발전된 모델 개발을 위해 해결해야 할 과제들이 남아 있다. 우선, 다양한 질병 및 환자 특성을 반영하는 대규모 데이터셋 구축이 필요하다. 예측 모델의 정확도를 높이기 위한 알고리즘 개발 및 검증 연구가 지속적으로 이루어져야 한다.

뿐만 아니라, AI 기반 예측 모델의 결과를 해석하고 임상적으로 활용하기 위한 가이드라인 개발도 중요하다. 예측 모델의 결과는 환자의 치료 계획 수립에 중요한 정보를 제공하지만, 의료진의 판단을 대체할 수는 없다. 따라서 의료진은 예측 모델의 결과를 참고하여 환자의 개별적인 특성을 고려한 종합적인 판단을 내려야 한다.

AI 기반 재활 치료 효과 예측 모델은 개인 맞춤형 재활 치료 시대를 여는 핵심 기술로 주목받고 있다. 앞으로 더욱 정교하고 신뢰성 있는 예측 모델 개발을 통해 환자 중심의 재활 치료가 실현될 수 있을 것으로 기대된다.

게임 기반 인지 재활 프로그램

AI는 재활 치료에 게임 요소를 도입하여 환자의 흥미를 유발하고 적극적인 참여를 유도하며, 이를 통해 치료 효과를 높이고 환자의 동기 부여를 강화한다. 이러한 게임 기반 재활 치료의 효과는 다양한 연구를 통해 입증되어 왔다.

박서아와 김혜영 연구팀은 뇌졸중 환자의 기능 회복에 대한 VR 운동 프로그램의 효과를 체계적으로 분석했다.[284] 이 연구는 VR 기술을 활용한 재활 접근법이 뇌졸중 환자의 상지 기능, 균형 능력, 그리고 일상생활 활동ADL에 미치는 영향을 조사했다.

연구 결과, VR 운동 프로그램은 뇌졸중 환자의 상지 기능, 균형 능력, 그리고 일상생활 활동 수행 능력을 향상시키는 데 긍정적인 효과를 보였다. 특히 VR 기술은 환자의 흥미와 참여도를 높여 재활 치료의 효과를 증진시키는 데 기여했다.

이 연구는 VR 기술이 뇌졸중 환자의 재활 치료에 효과적으로 활용될 수 있음을 시사하며, 재활 치료 분야에서 VR 기술의 잠재력을 보여준다.

파리아 연구팀은 만성 뇌졸중 환자를 대상으로 두 가지 개인화된 적응형 인지 재활 접근법의 효과를 비교 분석했다.[285] 이 연구는 게임 기반 인지 재활 프로그램의 실현 가능성과 효능을 탐구하는 데 중점을 두었다. 뇌졸중 후 인지 기능 장애는 환자의 삶의 질에 지대한 영향을 미치는 흔한 후유증이다. 연구진은 전통적인 인지 재활 치료의 한계점, 특히 반복적이고 지루한 특성으로 인한 환자 참여도 저하 문제를 인식하고, 이를 해결하기 위한 대안으로 게임 기반 접근 방식을 제안했다.

연구는 무작위 대조 시험 방식으로 진행되었으며, 참가자들은 두 그룹으로 나뉘어 각각 다른 유형의 게임 기반 인지 재활 프로그램에 참여했다. 두 프로그램 모두 환자의 수행 능력에 따라 난이도가 자동으로 조절되는 적응형 시스템을 갖추고 있었다. 이는 각 환자의 개별적인 능력과 진전 상황에 맞춘 최적화된 훈련을 가능하게 했다.

연구 결과, 게임 기반 인지 재활 프로그램은 환자들의 참여도를 높이는 데 효과적이었다. 게임 요소의 도입으로 인해 환자들의 동기 부여가 증가했고, 이는 더 지속적이고 적극적인 치료 참여로 이어졌다. 인지 기능 개선 측면에서도 유의미한 효과가 관찰되었다. 특히 주의력, 기억력, 실행 기능 등의 영역에서 눈에 띄는 향상이 있었다.

이 연구의 주요 의의는 게임 기반 접근 방식이 인지 재활 치료의 효과성을 높일 수 있다는 가능성을 보여주었다는 것이다. 개인화된 적응형 시스템의 도입은 각 환자의 특성과 요구에 맞는 맞춤형 치료를 가능하게 했고, 이는 전통적인 방식에 비해 더 효율적인 인지 기능 개선으로 이어졌다.

그러나 연구진은 이 연구의 한계점도 인정했다. 비교적 소규모로 진행된 점, 장기적인 효과에 대한 추가 검증이 필요한 점 등이 지적되었다. 이는 향후 더 큰 규모의 장기 연구를 통해 보완될 필요가 있음을 시사한다.

결론적으로 이 연구는 게임 기반 인지 재활 프로그램이 뇌졸중 환자의 인지 기능 개선에 효과적이며, 치료 참여도를 높이는 데 도움이 된다는 것을 보여준다. 이는 전통적인 인지 재활 치료의 한계를 극복하고, 더 효과적이고 참여도 높은 치료 방식의 가능성을 제시한다는 점에서 큰 의의가 있다.

레이버 연구팀이 발표한 〈뇌졸중 재활에 대한 VR 적용 Virtual reality for stroke rehabilitation〉은 뇌졸중 재활에 VR을 활용하는 것에 대한 문헌을 체계적으로 연구했다.[286] 뇌졸중은 전세계적으로 주요 사망 및 장애 원인이며, 뇌졸중 생존자들은 종종 운동 기능, 인지 기능 및 일상생활 활동 능력에 장애를 겪는다. 재활은 뇌졸중 회복에 중요한 역할을 하며, VR은 뇌졸중 재활에 혁신적인 접근 방식을 제공할 잠재력이 있다.

이 연구는 뇌졸중 재활에 VR을 사용하는 효과를 평가하기 위해 무작위 대조 시험RCT을 체계적으로 검토했다. 저자들은 2017년 5월까지 발표된 관련 연구를 포괄적으로 검색했다. 뇌졸중 환자를 대상으로 VR 중재를 사용하고, 기능적 결과, 일상생활 활동 능력, 인지 기능 및 삶의 질에 대한 데이터를 보고한 RCT만이 포함 기준을 충족했다.

문헌 검색 결과, 총 72개의 RCT가 포함 기준을 충족했다. 이 연구들은 다양한 VR 시스템과 중재 프로토콜을 사용했으며, 뇌졸중 환자의 상지 기능, 하지 기능, 균형 및 보행 능력 개선에 VR이 긍정적인 효과를 보일 수 있음을 시사했다. 일부 연구에서는 VR 중재가 인지 기능 및 일상생활 활동 능력 향상에도 도움이 될 수 있음을 보여주었다.

그러나 저자들은 연구 간의 이질성, 일부 연구의 작은 표본 크기 및 결과 측정의 다양성과 같은 몇 가지 제한점을 지적했다. 이러한 제한점은 연구 결과를 해석하고 일반화하는 데 어려움을 야기할 수 있다. VR 중재의 장기적인 효과 및 비용 효과성에 대한 추가 연구가 필요하다.

결론적으로 이 연구는 뇌졸중 재활에 VR을 사용하는 것이 뇌졸중 환자의 운동 기능, 인지 기능 및 일상생활 활동 능력을 향상시키는 데 잠재적인 이점을 제공할 수 있음을 보여준다. 그러나 연구 결과를 일반화하고 VR 중재의 효과를 완전히 이해하기 위해서는 더 많은 고품질 연구가 필요하다. 특히 VR 중재의 장기적인 효과, 최적의 중재 프로토콜 및 다양한 뇌졸중 환자 하위 그룹에 대한 효과를 평가하는 연구가 필요하다.

이처럼 국내외 다양한 연구 결과를 통해 게임 기반 재활 치료는 환자의 흥미와 참여도를 높여 치료 효과를 극대화하고, 다양한 질환 및 장애에 대한 재활 치료에 효과적으로 적용될 수 있음이 입증되었다. 특히 AI 기술의 발전과 함께 게임 기반 재활 치료는 더욱 개인화되고 효과적인 치료 방법으로 발전할 것으로 기대된다.

이동 제한 없는 원격 재활 치료

원격 재활 치료는 정보통신기술ICT을 활용하여 환자의 상태를 원격으로 모니터링하고 재활 치료를 지원하는 혁신적인 의료 서비스 방식이다. 이 방식은 환자의 의료 서비스 접근성을 높이고 치료의 질을 향상시키는 데 기여한다. AI 기술의 발전으로 인해 원격 재활 치료의 효과성과 효율성이 크게 개선되고 있으며, 이는 물리적 거리나 이동의 제한으로 인해 정기적인 병원 방문이 어려운 환자들에게 큰 혜택을 제공한다.

아베디 연구팀은 지역사회에 거주하는 환자를 위한 AI 기반 가상 재활AI-driven VRehab의 적용과 효과에 대한 문헌을 체계적으로 고찰했다.[287] 연구팀은 2023년 6월까지 발표된 관련 연구들을 분석하여, AI 기반 가상 재활이 환자의 운동 능력 평가 및 피드백 제공, 재활 프로그램 개인화, 그리고 원격 모니터링 등 다양한 측면에서 긍정적인 영향을 미칠 수 있음을 확인했다. 특히 AI 알고리즘은 AI 기반 가상재활 시스템에서 수집된 다양한 센서 데이터를 분석하여 환자의 운동 품질을 평가하고 실시간 피드백을 제공함으로써 재활 효과를 높이는 데 기여했다. AI는 환자 개개인의 특성과 요구에 맞춘 맞춤형 재활 프로그램을 설계하고, 환자의 진행 상황을 지속적으로 모니터링하여 치료 효과를 극대화하는 데 활용될 것이다.

그러나 연구진은 AI 기반 가상재활 분야의 연구가 아직 초기 단계이며, 표준화된 평가 방법, 공동 설계 프레임워크, 개인정보 보호 기술 등 몇 가지 해결해야 할 과제들이 남아 있다고 지적했다. 향후 연구에서는 다양한 환자 집단과 이해 관계자들의 요구를 고려하여 AI 기반 가상재활의 효과성과 실현 가능성을 평가하고, 이를 통해 지역사회 기반 재활 서비스의 질을 향상시키는 방안을 모색해야 할 것이다.

AI 기반 재활 솔루션의 효과성과 동향에 대한 칼리드 연구팀의 연구가 2024년 3월 국제 일반 의학 저널에 게재되었다.[288] 이 연구는 2018~2023년의 문헌을 광범위하게 검토했으며, 다수의 무작위 대조 시험과 수천 명의 환자 데이터를 분석했다.

연구 결과 AI 기반 재활 솔루션은 전통적인 방법에 비해 여러 장점을 보였다. 개인화된 치료 계획 수립과 실시간 조정, 지속적인 환자 모니터링, 대규모 데이터 기반의 의사결정, 향상된 접근성, 그리고 환자 참여도 증가 등이 주요 이점으로 확인되었다. AI 시스템은 환자의 진행 상황을 24시간 분석하고 즉각적인 피드백을 제공하며, 시간과 장소에 구애받지 않는 재활 서비스를 가능케 한다.

그러나 이 연구는 몇 가지 제한점과 향후 과제도 지적했다. 대부분의 연구가 선진국에서 수행되었기에 개발도상국에서도 적용 가능 여부에 대한 추가 연구가 필요하다. 특정 질환에 집중된 연구가 많아 다양한 질환에 대한 AI 기반 재활의 효과성 연구가 더 필요하다. AI 시스템의 윤리적 사용과 데이터 보안에 대한 명확한 가이드라인 개발, 장기적인 경제성 평가, 그리고 AI의 의사결정 과정에 대한 투명성과 설명 가능성 향상도 중요한 과제로 제시되었다.

결론적으로 이 연구는 AI 기반 재활 솔루션이 환자의 임상적 결과를 크게 개선할 수 있는 잠재력을 가지고 있음을 보여준다. 그러나 이 기술의 광범위한 적용을 위해서는 여러 과제들을 해결해야 하며, 다양한 환경에서의 추가 연구가 필요할 것이다.

VR 재활 치료

최근 재활 치료 분야에서는 딥러닝, 강화학습 등의 첨단 AI 기술을 활용하여 치료 효과를 극대화하는 연구가 활발히 진행되고 있다. 특히 웨어러블 기기와 VR 기술을 AI와 융합한 혁신적인 재활 치료 시스템 개발이 주목받고 있다. 이러한 기술 융합은 환자 맞춤형 치료 제공, 실시간 피드백, 그리고 몰입도 높은 재활 환경의 조성을 가능하게 하여 치료의 효율성과 효과성을 크게 향상시키고 있다.

유 연구팀은 척수 손상 후 보행 회복을 예측하는 딥러닝 기반 모델을 개발했다.[289] 이 연구는 천 연구팀의 연구와 유사한 맥락에서 신경학적 손상 환자의 재활에 AI 기술을 적용했다는 점에서 주목할 만하다. 유 연구팀의 연구는 척수 손상 환자를 대상으로 했으며 딥러닝 모델을 사용하여 보행 회복을 예측했다. 이 모델은 환자의 초기 상태, 손상 정도, 치료 반응 등 다양한 요인을 고려하여 개인화된 예후를 제시할 수 있도록 설계되었다.

연구팀이 개발한 딥러닝 모델은 천 연구팀의 연구에서 사용된 CNN과 LSTM의 하이브리드 구조와 유사한 방식으로, 시간에 따른 환자 데이터의 복잡한 패턴을 분석할 수 있었다. 이 모델은 보행 속도, 균형 능력, 근력 등 다양한 지표를 종합적으로 분석하여 환자의 회복 궤적을 예측했다.

연구 결과 딥러닝 모델은 전통적인 통계 모델에 비해 더 높은 정확도로 환자의 보행 회복을 예측할 수 있었다. 특히 손상 후 초기 6개월 동안의 회복 패턴을 정확히 예측하는 데 뛰어난 성능을 보였다.

유 연구팀은 이 AI 시스템의 주요 이점으로 다음을 강조했다.

- 정밀 예측: 딥러닝 모델은 개별 환자의 특성을 세밀하게 고려하여 보다 정확한 회복 예측을 제공했다.
- 동적 재평가: 시스템은 환자의 진전에 따라 예측을 지속적으로 업데이트하여 재활 계획의 실시간 조정을 가능케 했다.
- 자원 최적화: 정확한 예후 예측을 통해 의료진은 각 환자에게 필요한 자원을 더 효율적으로 할당할 수 있었다.
- 환자 상담 개선: AI 시스템은 환자와 가족에게 보다 구체적이고 개인화된 회복 전망을 제시하여 재활 과정에 대한 이해를 높였다.

그러나 이 연구도 몇 가지 제한점을 가지고 있다. 연구 대상이 특정 유형의 척수 손상 환자로 제한되어 있어, 다양한 손상 유형에 대한 모델의 일반화 가능성은 추가 검증이 필요하다. 모델의 블랙박스 특성으로 인해 예측 과정의 해석이 어렵다는 점도 지적되었다.

연구팀은 향후 연구 방향으로 다음을 제안했다.

- 다양한 척수 손상 유형에 대한 모델 적용 확대
- 장기적인 회복 궤적 예측을 위한 모델 개선
- 설명 가능한 AI 기술을 통한 모델 해석력 향상
- 재활 치료 전략 수립에 AI 예측을 통합하는 방안 연구

이 연구는 척수 손상 환자의 재활 치료에 AI 기술을 적용함으로써 개인화된 치료 계획 수립과 정확한 예후 예측이 가능함을 보여주고 있다. 이는 천 연구팀의 연구와 마찬가지로 신경학적 손상 환자의 재활 분야에서 AI 기술의 잠재력을 확인하는 중요한 사례라고 할 수 있다.

레빈, 바이스, 케슈너 연구팀은 상지 재활을 위한 VR 기술의 잠재력을 조기에 인식하고, 운동 제어와 운동 학습 원리를 VR 재활에 통합하는 중요성을 강조했다.[290] 이러한 초기 연구의 발견은 최근의 AI와 VR을 결합한 혁신적인 재활 시스템 개발로 이어졌다.

이 시스템은 연구팀이 강조한 운동 학습 원리를 적용하여, VR 환경에서 일상생활 활동을 시뮬레이션하고 강화학습 알고리즘을 통해 과제의 난이도를 실시간으로 조절했다. 이는 '도전-기술 균형'의 개

념을 구현한 것으로, 환자의 능력에 맞는 적절한 난이도를 제공하여 학습 효과를 극대화했다.

연구 결과 AI-VR 시스템을 사용한 실험군이 전통적 치료를 받은 대조군에 비해 상지 기능(후글-메이어 평가 Fugl-Meyer Assessment, FMA)과 일상생활 활동 수행 능력(바델지수 Barthel Index)에서 더 큰 개선을 보였다. 이는 연구가 예측한 VR의 잠재적 이점, 즉 높은 몰입도와 반복 연습의 기회의 증가가 실제로 재활 효과 향상으로 이어졌음을 보여준다.

특히 실험군에서 치료 참여도와 만족도가 크게 높았던 점은 VR의 동기 부여 효과를 실증적으로 입증한 것이다. 실험군에서 재활 효과의 유지 기간이 더 길었다는 점도 VR 훈련의 전이 효과에 대한 가설을 지지한다.

그러나 이 연구에서도 연구팀이 우려했던 VR의 한계점들이 일부 관찰되었다. 고령 환자의 기기 사용 어려움과 멀미 증상 등은 연구팀이 언급한 VR 기술의 접근성과 사용성 문제와 일맥상통한다.

향후 연구 방향으로 제시된 다양한 연령대와 질환에 대한 적용, 사용성 개선, 원격 재활 시스템 개발 등은 VR 재활 기술의 지속적인 발전과 개선의 필요성을 반영하고 있다. 이러한 노력들은 연구팀이 제시한 비전, 즉 VR을 통한 개인화되어 효과적인 상지 재활 치료의 실현을 한 단계 더 앞당기고 있다.

재활 로봇

AI 기술의 발전과 함께 로봇 재활 치료 분야가 급속도로 발전하고 있다. AI는 재활 로봇의 자동화, 환자 맞춤형 치료, 그리고 치료 효과 분석 등 다양한 측면에서 중요한 역할을 하고 있다. 로봇 재활의 자동화를 통해 치료사의 부담을 줄이고 치료 효율성을 높이며, 환자 개개인의 상태에 맞춘 최적화된 재활 치료를 제공한다. AI는 로봇 재활 과정에서 수집된 방대한 데이터를 분석하여 환자의 회복 정도를 정확하게 평가하고 치료 계획을 조정하는 데 활용된다. 현재 착용형 로봇, 외골격 로봇 등 다양한 형태의 재활 로봇 개발이 활발히 진행되고 있으며, AI 기술을 통해 이러한 로봇 재활의 효과를 극대화하는 연구가 주목받고 있다.

크리슈넌 연구팀은 뇌졸중 후 보행 재활을 위한 소프트 엑소슈트의 혁신적인 설계 접근법을 제시한다.[291] 이 연구에서는 인간 중심

설계 원칙을 적용하여 사용자의 요구와 편의성을 최우선으로 고려한 소프트 엑소슈트를 개발했다. 뇌졸중으로 인한 편마비와 보행 장애는 많은 환자들의 삶의 질을 저하시키는 주요 요인이다. 연구팀은 기존 엑소슈트의 한계점, 특히 착용감과 사용자 의도 파악의 문제를 해결하고자 했다.

이 연구에서 개발된 소프트 엑소슈트는 유연한 소재를 사용하여 착용감을 크게 개선했다. 더불어 사용자의 생체역학적 특성을 고려한 설계로 자연스러운 움직임을 방해하지 않으면서도 효과적인 보조력을 제공할 수 있게 했다.

연구팀은 뇌졸중 환자의 다양한 보행 패턴을 분석하고, 이를 바탕으로 실시간 적응형 제어 알고리즘을 개발했다. 이 알고리즘은 근전도EMG, 관절 각도, 보행 속도 등 다양한 생체신호를 통합적으로 분석하여 사용자의 보행 의도를 정확히 파악하고, 이에 맞춰 보조력을 최적화한다.

임상 실험 결과, 이 소프트 엑소슈트는 보행 속도, 보폭, 대칭성 등 주요 보행 지표에서 유의미한 개선을 보였다. 특히 사용자 만족도 조사에서 높은 평가를 받았는데, 이는 인간 중심 설계 접근법의 효과를 입증하는 결과라고 볼 수 있다.

이 연구는 소프트 엑소슈트 기술이 뇌졸중 환자의 보행 재활에 새로운 가능성을 제시한다는 점에서 큰 의의가 있다. 개인화된 보행 보조를 통해 환자의 기능 회복을 촉진하고 일상생활의 자립성을 높일 수 있을 것으로 기대된다.

그러나 연구팀은 몇 가지 한계점도 지적했다. 적응형 제어 알고리즘의 정확도와 안정성 향상, 다양한 중증도의 뇌졸중 환자에 대한 효과 검증, 그리고 장기간 사용에 따른 효과와 안전성 평가 등이 추가로 필요하다고 언급했다.

결론적으로, 이 연구는 인간 중심 설계를 통한 소프트 엑소슈트 개발이 뇌졸중 환자의 보행 재활에 긍정적인 영향을 미칠 수 있음을 보여준다. 이 연구는 재활 공학 분야에 새로운 방향을 제시하며, 향후 보다 효과적이고 사용자 친화적인 재활 기술 개발에 기여할 것으로 전망된다.

안 연구팀은 뇌졸중 후 상지 재활에 있어 로봇 보조 치료의 효과를 검증하는 다기관 무작위 대조 시험을 수행했다.[292] 이 연구는 다양한 중증도의 뇌졸중 환자를 대상으로 아급성기부터 로봇 보조 상지 재활의 이점을 평가했다는 점에서 주목할 만하다. 뇌졸중은 상지 기능 장애를 유발하여 일상생활 활동에 큰 제약을 가져온다. 연구팀은 로봇 보조 재활이 이러한 상지 기능 회복을 촉진할 수 있는지 검증하고자 했다.

이 연구에서는 기존의 로봇 재활 시스템을 사용했지만, 환자 개개인의 특성을 고려한 맞춤형 치료 프로토콜을 적용했다. 로봇 시스템은 환자의 움직임 데이터를 수집하고, 이를 바탕으로 치료사가 개별 환자에게 적합한 운동 난이도와 강도를 조절할 수 있도록 했다.

연구진은 여러 의료기관에서 모집된 다양한 중증도의 뇌졸중 환자들을 대상으로 무작위 대조 시험을 실시했다. 실험군은 로봇 보조 재활 치료와 함께 기존의 재활 치료를 받았으며, 대조군은 기존의 재활 치료만을 받았다. 치료 기간 동안 환자들의 상지 기능 변화를 평가하기 위해 FMA와 같은 다양한 임상 평가 도구를 사용했다.

　연구 결과 로봇 보조 재활을 받은 실험군은 대조군에 비해 상지 기능 평가에서 유의미한 향상을 보였다. 특히 중등도 및 중증 뇌졸중 환자들에게서 더 큰 개선 효과가 나타났다. 또 로봇 보조 재활은 상지 기능 회복 속도를 가속화하는 것으로 나타났다.

　그러나 연구진은 몇 가지 제한점도 언급했다. 장기적인 치료 효과에 대한 추적 관찰이 필요하며, 로봇 보조 재활의 비용 효과성에 대한 추가 연구도 필요하다고 지적했다. 또한, 로봇 시스템의 기술적 개선과 더 넓은 범위의 뇌졸중 환자군에 대한 효과 검증도 제안되었다.

　결론적으로 이 연구는 로봇 보조 상지 재활이 뇌졸중 환자, 특히 중등도 및 중증 환자의 기능 회복에 긍정적인 영향을 미칠 수 있음을 보여준다. 이 연구는 뇌졸중 재활 분야에 새로운 증거를 제시하며, 향후 로봇 기술과 재활 의학의 통합을 통해 더욱 효과적인 재활 치료법 개발에 기여할 것으로 기대된다.

　루오 연구팀은 하지 재활 외골격 로봇의 강건한 보행 제어를 위해 딥 강화학습을 적용한 혁신적인 접근 방식을 제시한다.[293] 이 연구는 근골격 모델과 결합된 외골격 로봇의 제어에 초점을 맞추고 있다. 하지 마비나 운동 기능 장애는 다양한 신경학적 질환으로 인해 발생할 수 있으며, 이는 보행 능력을 심각하게 제한한다. 외골격 로봇은 이러한 환자들의 보행 재활을 위한 유망한 도구로 주목받고 있지만, 개인별 맞춤형 제어와 다양한 환경에 대한 적응 능력이 부족하다는 한계가 있었다.

연구팀은 이러한 문제를 해결하기 위해 딥 강화학습 알고리즘을 적용한 외골격 로봇 제어 시스템을 개발했다. 이 시스템은 근골격 모델과 결합되어 있어, 환자의 생체역학적 특성을 정확히 반영할 수 있다. 강화학습 모델은 환자의 근력, 관절 가동 범위, 보행 속도 등 다양한 요인을 고려하여 실시간으로 외골격의 보조력을 최적화한다.

연구진은 시뮬레이션 환경에서 다양한 보행 조건과 외부 교란을 고려한 실험을 수행했다. 실험 결과, 개발된 제어 시스템은 기존의 고정된 제어 방식보다 더 안정적이고 효율적인 보행을 가능하게 했다. 특히, 예상치 못한 외부 교란에 대해서도 빠르게 적응하여 안정적인 보행을 유지할 수 있었다.

이 연구의 주요 성과는 다음과 같다.

- 근골격 모델과 외골격 로봇의 결합을 통한 정확한 생체역학적 모델링
- 딥 강화학습을 통한 적응형 제어 정책 개발
- 다양한 보행 조건과 외부 교란에 대한 강건한 성능 입증
- 에너지 효율성과 보행 안정성의 동시 최적화

이 연구는 딥 강화학습 기반 적응형 외골격 제어가 하지 재활에 혁신적인 변화를 가져올 수 있음을 시사한다. 이는 환자의 보행 능력 회복을 촉진하고 삶의 질을 향상시키는 데 기여할 뿐만 아니라, 향후 다양한 재활 로봇 분야에도 적용될 수 있는 가능성을 제시한다.

그러나 연구진은 몇 가지 한계점과 향후 연구 방향도 제시했다. 실제 환자를 대상으로 한 임상 실험의 필요성, 더 복잡한 보행 환경에서의 성능 검증, 그리고 개인화된 근골격 모델 구축 방법 등이 향후 과제로 언급되었다.

결론적으로 이 연구는 하지 재활 외골격 로봇 제어에 있어 딥 강화학습의 잠재력을 보여주는 중요한 연구이다. 이는 재활 로봇 공학과 AI의 융합을 통해 더욱 효과적이고 개인화된 재활 치료의 가능성을 제시하고 있다.

재활 평가

AI 기반 재활 평가는 환자의 운동 기능과 인지 기능을 객관적이고 정확하게 평가하는 AI 모델의 개발과 적용을 포함한다. 이 분야의 연구는 전통적인 평가 방법의 한계를 극복하고, 보다 정밀하고 개인화된 재활 치료 계획을 수립하는 데 기여한다. AI 모델은 다양한 센서 데이터, 영상 정보, 음성 데이터 등을 분석하여 환자의 상태를 종합적으로 평가한다. 운동 기능 평가에서는 움직임의 질, 속도, 정확성 등을 분석하며, 인지 기능 평가에서는 언어 능력, 기억력, 주의력, 실행 기능 등을 평가한다.

이러한 AI 기반 평가 시스템은 연속적이고 객관적인 데이터를 제공하여 환자의 진전 상황을 더욱 정확하게 추적할 수 있게 한다. 대규모 데이터 분석을 통해 개인별 예후 예측과 맞춤형 치료 계획도 수립할 수 있게 된다. 현재 이 분야의 연구는 딥러닝, 컴퓨터 비전,

자연어처리 등 다양한 AI 기술을 활용하여 더욱 정교하고 포괄적인 평가 모델을 개발하는 방향으로 진행되고 있다. 그러나 AI 모델의 정확성과 신뢰성 검증, 다양한 환자군에 대한 일반화 가능성, 그리고 임상 현장에서의 실용성 등이 주요 과제로 남아 있다.

캄파냐니 연구팀은 뇌졸중 후 재활에서 기능 회복 예측과 예후를 위한 기계학습 방법에 대한 체계적 문헌고찰을 수행했다.[294] 이 연구는 AI 기술, 특히 기계학습이 뇌졸중 환자의 재활 과정에서 어떻게 활용되고 있는지를 포괄적으로 분석했다. 연구팀은 다양한 데이터베이스를 검색하여 2010~2021년에 발표된 관련 연구들을 분석했다. 주요 결과는 다음과 같다.

- 데이터 유형: 분석된 연구들은 임상 데이터, 영상 데이터, 센서 기반 데이터 등 다양한 유형의 데이터를 사용했다. 특히 운동 기능과 관련된 센서 데이터의 활용이 증가하는 추세를 보였다.
- 기계학습 알고리즘: 지도학습 방법이 가장 널리 사용되었으며, 그중에서도 SVM, 랜덤 포레스트, 인공 신경망 등이 자주 활용되었다.
- 예측 목표: 대부분의 연구는 운동 기능 회복을 예측하는 데 초점을 맞추었으며, 일부 연구는 일상생활 활동 능력이나 인지 기능 회복을 예측하고자 했다.
- 모델 성능: 기계학습 모델들은 대체로 전통적인 통계 방법보다 높은 예측 정확도를 보였다. 특히 단기 예측에서 우수한 성

능을 나타냈다.
- 임상적 유용성: 일부 연구에서 기계학습 모델이 개별 환자의 재활 계획 수립이나 자원 할당 최적화를 도와줄 수 있음을 제시했다.

기계학습 방법의 주요 장점으로 다음을 강조했다.

- 복잡한 패턴 인식: 기계학습 모델은 다양한 요인 간의 복잡한 상호작용을 고려하여 예측할 수 있다.
- 개인화된 예측: 환자 개개인의 특성을 반영한 맞춤형 예측이 가능하다.
- 실시간 업데이트: 새로운 데이터가 추가됨에 따라 모델을 지속적으로 업데이트하여 예측 정확도를 개선할 수 있다.
- 다양한 데이터 통합: 임상, 영상, 센서 데이터 등 다양한 유형의 데이터를 통합하여 분석할 수 있다.

그러나 연구팀은 몇 가지 한계점과 과제도 지적했다.

- 데이터 품질과 표준화: 연구 간 데이터 수집 방법과 품질의 차이가 있어 결과 비교가 어렵다.
- 모델의 해석 가능성: 일부 복잡한 모델은 예측 과정을 설명하기 어려워 임상 현장에서의 수용성이 떨어질 수 있다.
- 외적 타당도: 대부분의 연구가 단일 기관에서 수행되어 다른

환경에서의 일반화 가능성이 제한적이다.
- 장기 예측의 한계: 대부분의 모델이 단기 예측에 집중되어 있어 장기적인 회복 궤적 예측에는 한계가 있다.

향후 연구 방향으로는 다음을 제안했다.

- 대규모 다기관 연구를 통해 모델의 일반화 가능성 검증한다.
- 설명 가능한 AI 기술을 활용해 모델 해석력을 향상한다.
- 장기적인 회복 궤적 예측을 위한 종단 연구를 수행한다.
- 임상 의사결정 지원 시스템으로의 통합 및 실제 임상 환경에서의 유효성을 검증한다.

이 체계적 문헌고찰은 뇌졸중 재활 분야에서 기계학습 기술의 잠재력과 현재의 한계점을 포괄적으로 분석하여, 향후 연구 방향을 제시하는 중요한 기초 자료로 활용될 수 있을 것이다.

재활 예측과
재활 훈련

AI 기반 재활 예측 모델 개발은 환자의 회복 가능성 및 합병증 발생 가능성을 예측하는 데 중점을 두고 있다. 이러한 모델은 환자의 치료 계획을 개인 맞춤형으로 최적화하고, 빠른 회복과 삶의 질 향상을 목표로 한다. 최근 AI과 기계학습 기술의 발전은 의료 분야에서 환자의 데이터를 분석하고 예측하는 데 큰 역할을 하고 있다.

재활 치료는 환자의 기능 회복과 삶의 질 향상에 중요한 역할을 한다. 하지만 환자마다 회복 속도와 예후가 다르기 때문에 개인별 맞춤형 재활 전략 수립이 어려운 실정이다. 이에 따라 AI 기술을 활용하여 환자의 회복 가능성, 합병증 발생 가능성 등을 예측하는 모델 개발이 활발히 진행되고 있다. AI 기반 재활 예측 모델은 환자의 다양한 데이터(의료 기록, 영상 자료, 생체신호 등)를 분석하여 개인별 예후를 예측하고, 이를 바탕으로 최적의 재활 치료 계획을 수립하는 데 도움을 줄 수 있다. AI 기반 재활 예측 모델은 다음과 같은 잠재적인 이점을 제공한다.

- 개인 맞춤형 재활 치료: 환자의 개별적인 특성과 예후를 고려하여 최적의 치료 계획을 수립하고, 치료 효과를 극대화할 수 있다.
- 조기 예측 및 중재: 합병증 발생 가능성을 조기에 예측하여 적절한 중재를 통해 합병증 발생을 예방하거나 최소화할 수 있다.
- 재활 자원의 효율적인 활용: 환자의 예후에 따라 재활 자원을 효율적으로 배분하고, 불필요한 치료를 줄여 의료 비용을 절감할 수 있다.
- 환자 및 의료진의 의사결정 지원: 환자와 의료진에게 객관적인 정보를 제공하여 치료 계획 수립 및 의사결정에 도움을 줄 수 있다.

왕 연구팀은 급성 허혈성 뇌졸중 환자의 예후를 예측하기 위한 기계학습 기반 위험 층화 모델을 개발하고 검증했다.[295] 연구진은 2017~2019년 중국의 한 3차 병원에서 치료받은 677명의 급성 허혈성 뇌졸중 환자의 데이터를 활용했다. 연구팀은 환자의 인구통계학적 특성, 임상 증상, 실험실 검사 결과, 영상 검사 결과 등 총 72개의 변수를 포함하는 광범위한 데이터셋을 구축했다. 이 데이터를 바탕으로 여러 기계학습 알고리즘(로지스틱 회귀, 랜덤 포레스트, XG부스트,

라이트GBM)을 훈련시켜 90일 후 불량한 예후(수정된 랜킨 척도Modified Rankin Scale 점수 3~6)를 예측하는 모델을 개발했다.

연구팀은 이 모델을 바탕으로 환자들을 저위험, 중간위험, 고위험 그룹으로 층화하는 위험 점수 시스템을 개발했다. 이 시스템은 임상 현장에서 쉽게 사용할 수 있도록 웹 기반 인터페이스로 구현되었다.

연구는 기계학습 기술이 급성 허혈성 뇌졸중 환자의 예후 예측에 효과적으로 활용될 수 있음을 보여준다. 개발된 모델은 기존의 임상 점수 시스템보다 더 정확한 예측을 제공하며, 개별 환자에 대한 맞춤형 치료 계획 수립과 자원 할당 최적화에 도움을 줄 수 있을 것으로 기대된다.

그러나 연구진은 몇 가지 한계점도 언급했다. 단일 기관의 데이터만을 사용했다는 점, 일부 중요한 변수(혈전용해제 치료 여부 등)가 포함되지 않았다는 점 등이다. 따라서 향후 다기관 연구를 통한 추가 검증과 모델 개선이 필요할 것으로 보인다.

이 연구는 기계학습 기술이 뇌졸중 환자의 예후 예측과 관리에 중요한 역할을 할 수 있음을 시사하며, 향후 정밀 의료 실현에 기여할 수 있는 가능성을 제시한다.

카라 연구팀은 중증 외상성 뇌손상 환자에서 유해한 두개내압 상승의 조기 예측을 위한 기계학습 모델을 개발하고 외부 검증을 수행했다.[296] 연구팀은 CENTER-TBI 연구의 고해상도 중환자실 하위 연구에서 수집된 데이터를 활용했다. 290명의 환자 데이터를 사용하여 모델을 개발했고, 264명의 환자 데이터로 외부 검증을 수행했다. 모델의 목표는 향후 30분 동안 20mmHg 이상의 두개내압이 누적 60분 이상 지속될 위험을 예측하는 것이었다.

개발된 모델은 XG부스트 알고리즘을 기반으로 하며, 환자의 인구통계학적 특성, 임상 변수, 그리고 시간에 따른 생리학적 지표 변화를 입력 데이터로 사용했다. 모델은 매시간마다 예측을 수행하여 실시간 위험 평가가 가능하도록 설계되었다. 연구 결과 개발된 모델은 내부 검증에서 AUC 0.90, 외부 검증에서 AUC 0.85의 높은 예측 성능을 보였다. 특히 모델은 두개내압, 평균 동맥압, 뇌관류압 등의 변수를 중요한 예측 인자로 식별했다. 이 연구의 주요 의의는 다음과 같다.

- 실시간 예측: 모델이 시간에 따라 변화하는 생리학적 지표를 고려하여 실시간으로 위험을 평가할 수 있다.
- 조기 예측: 유해한 두개내압 상승을 24시간 전에 예측함으로써 예방적 중재의 가능성을 제시한다.
- 외부 검증: 독립적인 데이터셋을 사용한 외부 검증을 통해 모델의 일반화 가능성을 입증했다.
- 임상적 활용 가능성: 모델의 예측 결과를 임상의가 쉽게 해석할 수 있도록 설계되었다.

그러나 연구진은 몇 가지 한계점도 언급했다. 상대적으로 작은 샘플 크기, 특정 치료 프로토콜을 따르는 센터에서의 데이터 수집 등이 그것이다. 따라서 더 큰 규모의 다기관 연구를 통한 추가 검증이 필요할 것으로 보인다.

연구에 따르면 기계학습 기술이 중증 외상성 뇌손상 환자의 관리에도 중요한 역할을 할 수 있다. 이러한 예측 모델은 임상의의 의사결정을 지원하고, 개별화된 치료 전략 수립에 도움을 줄 것으로 기대된다.

전통적인 재활 훈련은 치료사의 경험과 지식에 의존하여 진행되어 왔다. 하지만, 환자 개개인의 특성과 상태 변화를 고려하기 어려워 효과적인 훈련 프로그램 설계에 한계가 있었다. 하지만 오늘날엔 AI 기술을 활용하여 환자 맞춤형 재활 훈련 프로그램을 개발하려는 시도가 활발하게 이루어지고 있다.

AI 기반 재활 훈련은 환자의 운동 능력, 생체신호, 움직임 패턴 등 다양한 데이터를 실시간으로 분석하고, 이를 바탕으로 개인별 최적의 훈련 강도, 빈도, 내용 등을 조절하여 제공한다. 또 AI는 환자의 훈련 수행 과정을 모니터링하고 피드백을 제공하여 훈련 효과를 극대화하고, 환자의 참여도를 높이는 데 기여한다. AI 기반 재활 훈련은 다음과 같은 잠재적인 이점을 제공한다.

- 개인 맞춤형 훈련: 환자의 개별적인 특성과 상태 변화에 맞춰 훈련 프로그램을 제공하여 재활 효과를 극대화할 수 있다.
- 실시간 피드백 및 동기 부여: 환자의 훈련 수행 과정을 실시간으로 모니터링하고 피드백을 제공하여 훈련 효과를 높이고, 환자의 참여도와 동기 부여를 향상시킬 수 있다.
- 객관적인 평가 및 진행 상황 추적: 환자의 운동 능력 변화를 객관적으로 평가하고 진행 상황을 추적하여 치료 효과를 정량

화하고, 치료 계획 수정에 활용할 수 있다.
- 원격 재활 훈련 가능: 환자가 집에서도 효과적인 재활 훈련을 수행할 수 있도록 지원하여 접근성을 높일 수 있다.

라흐만 연구팀은 AI 기반 뇌졸중 재활 시스템과 평가에 대해 체계적으로 문헌을 고찰했다. 이 연구는 뇌졸중 재활 분야에서 AI 기술의 적용 현황과 효과성을 종합적으로 분석했다.[297] 연구팀은 2010~2022년 발표된 관련 연구들을 검토했으며, 최종적으로 52개의 연구를 분석에 포함시켰다. 주요 결과는 다음과 같다.

- AI 기술 적용 분야: 분석된 연구들은 주로 운동 기능 재활, 인지 기능 재활, 언어 치료 등의 영역에서 AI 기술을 활용했다. 특히 운동 기능 재활에 초점을 맞춘 연구가 가장 많았다.
- 사용된 AI 기술: 머신러닝, 딥러닝, 컴퓨터 비전, 자연어처리 등 다양한 AI 기술이 적용되었다. 특히 딥러닝 기술의 활용이 증가하는 추세를 보였다.
- 재활 시스템 유형: 로봇 보조 재활, VR 기반 재활, 게임화된 재활 프로그램 등 다양한 형태의 시스템이 개발되었다. 이들 시스템은 AI 기술을 통해 개인화된 훈련과 실시간 피드백을 제공했다.
- 평가 방법: 대부분의 연구가 임상 평가 척도(후글-메이어 평가, 버그 균형 검사 Berg Balance Scale)를 사용하여 시스템의 효과성을 평가했다. 일부 연구에서는 AI 기술을 활용한 자동화된 평가 시

스템도 개발되었다.
- 효과성: AI 기반 재활 시스템은 전반적으로 기존의 재활 방법에 비해 더 나은 결과를 보였다. 특히 환자의 참여도와 동기부여 측면에서 긍정적인 효과가 관찰되었다.

AI 기반 재활 시스템의 주요 장점으로 다음을 강조했다.

- 개인화된 훈련: AI 기술이 환자의 상태와 진행 상황에 맞춰 재활 프로그램을 실시간으로 조정할 수 있다.
- 객관적 평가: AI 기술을 통해 환자의 수행을 정밀하게 측정하고 분석할 수 있다.
- 접근성 향상: 원격 재활 시스템을 통해 재활 서비스에 대한 접근성을 높일 수 있다.
- 비용 효율성: 장기적으로 재활 비용을 줄일 수 있는 잠재력이 있다.

그러나 연구팀은 몇 가지 한계점과 과제도 지적했다.

- 표준화 부족: 연구 간 방법론과 결과 보고의 일관성이 부족하여 직접적인 비교가 어렵다
- 장기 효과 검증 부족: 대부분의 연구가 단기 효과만을 가졌으며, 장기적인 효과에 대한 연구가 부족하다.
- 윤리적 고려사항: AI 시스템의 의사결정 과정에 대한 투명성

과 책임성 문제가 제기된다.
- 임상 적용의 어려움: 기술적 복잡성과 비용 문제로 실제 임상 현장에서의 적용이 제한적이다.

연구팀은 향후 연구 방향으로 다음을 제안했다.

- 대규모 무작위 대조 시험을 통해 AI 기반 재활 시스템의 효과성을 검증한다.
- 다양한 뇌졸중 유형과 중증도에 대해 AI 시스템의 적용 가능성 연구한다.
- AI 시스템과 전통적 재활 방법을 결합한 하이브리드 접근법을 개발한다.
- AI 기반 재활 시스템의 비용 효과성에 대한 장기적인 연구를 수행한다.

이 체계적 문헌고찰은 AI 기술이 뇌졸중 재활 분야에 혁신적인 변화를 가져올 수 있는 잠재력을 가지고 있음을 보여준다. 그러나 이러한 기술의 효과적인 임상 적용을 위해서는 더 많은 연구와 개발이 필요함을 강조한다.

데 미겔 루비오 연구팀은 척수 손상 후 기능적 수행 능력에 대한 VR의 효과를 평가하기 위한 체계적 문헌고찰 및 메타분석을 수행했다.[298] 이 연구는 VR 기술이 척수 손상 환자의 재활에 미치는 영향을 종합적으로 분석했다. 연구팀은 2010~2020년 발표된 무작위 대조 시험을 검토했으며, 최종적으로 10개의 연구를 메타분석에 포함시켰다. 주요 결과는 다음과 같다.

- 기능적 수행 능력: VR 훈련은 전통적인 재활 방법에 비해 전반적인 기능적 수행 능력 향상에 더 효과적인 것으로 나타났다.
- 보행 능력: VR 훈련은 보행 속도, 보폭, 6분 보행 검사 등의 지표에서 유의미한 개선을 보였다.
- 균형 능력: 정적 및 동적 균형 능력 모두에서 VR 훈련의 긍정적인 효과가 관찰되었다
- 상지 기능: 일부 연구에서 VR 훈련이 상지 기능 향상에도 도움이 되는 것으로 나타났다.
- 삶의 질: VR 훈련은 환자의 전반적인 삶의 질 향상에도 기여하는 것으로 보고되었다.

VR 훈련의 주요 장점으로 다음을 강조했다.

- 몰입감: 가상 환경은 환자에게 높은 몰입감을 제공하여 훈련 동기를 높인다.
- 안전성: 실제 환경에서 위험할 수 있는 활동을 안전하게 연습할 수 있다.
- 다양성: 다양한 상황과 난이도의 훈련을 제공할 수 있다.
- 피드백: 즉각적이고 객관적인 피드백을 통해 학습 효과를 높

일 수 있다.

그러나 연구팀은 몇 가지 한계점과 과제도 지적했다.

- 연구의 이질성: 포함된 연구들 간에 중재 방법, 결과 측정 방법 등의 차이가 있어 결과 해석에 주의가 필요하다.
- 장기 효과 검증 부족: 대부분의 연구가 단기 효과만을 평가했으며, 장기적인 효과에 대한 연구가 부족하다.
- 샘플 크기: 대부분의 연구가 작은 샘플 크기로 수행되어 결과의 일반화에 제한이 있다.
- 기술적 한계: 일부 환자들은 VR 기기 사용에 어려움을 겪을 수 있다.

향후 연구 방향으로 다음을 제안했다.

- 대규모 무작위 대조 시험을 통한 VR 훈련의 효과성을 검증한다.
- 다양한 척수 손상 수준과 유형에 대한 VR 훈련의 효과를 연구한다.
- 장기적인 효과와 전이 효과에 대한 연구를 수행한다.
- VR과 다른 재활 방법을 결합한 하이브리드 접근법을 개발한다.

이 메타분석은 VR 기술이 척수 손상 환자의 재활에 긍정적인 영향을 미칠 수 있음을 보여준다.

AI 재활의학기기 글로벌 기업

글로벌 AI 재활의학 기기 시장은 AI 기술의 발전과 뇌졸중, 척수 손상, 신경질환 등으로 인한 운동 기능 장애 환자 수 증가로 급속한 성장세를 보이고 있다. 이에 따라 재활 치료에 대한 수요가 높아지면서 AI 기반 재활 로봇, VR 및 AR 재활 시스템, 웨어러블 기기, 원격 재활 플랫폼 등 다양한 AI 재활의학 기기가 개발되어 시장 규모는 지속적으로 확대될 것으로 전망된다.

마케츠앤마케츠, 리하케어REHACARE 등 최근 보고서에 따르면[299] AI 헬스케어 시장은 급속한 성장세를 보이고 있으며, 2023년 144억 달러 규모에서 2032년 2,812억 달러로 확대될 전망이다. 이는 39.2%의 높은 연평균 성장률을 의미하며, 의료기술의 발전과 디지털 헬스케어 수요 증가가 주요 원동력이 되고 있다.

AI 기술은 의료영상 및 진단, 약물 발견, 치료 계획, 병원 워크플로우, 웨어러블 기기, 가상 보조 등 다양한 영역에서 활용되고 있다. 특히 의료영상 분석과 진단 분야에서 AI의 역할이 두드러지며, 정확성과 효율성 향상에 크게 기여하고 있다. 시장은 크게 소프트웨어와 서비스로 구분되는데, 2023년 기준 소프트웨어 부문이 117억 달러로 시장의 약 81%를 차지하며 주도적 위치를 점하고 있다.

재활 분야에서의 AI 응용은 더욱 다양해지고 있다. 재활 로봇 시장은 2022년 2억 3,910만 달러에서 2030년 10억 2,600만 달러로 성장할 전망이며, 이는 연평균 20% 이상의 높은 성장률을 보여준다. AI 기술을 접목한 재활 로봇은 환자의 운동 패턴을 분석하고 개인화된 치료를 제공하는 데 활용되고 있다. 또한, AI와 센서 기술을 결합한 외골격 시스템과 웨어러블 장치가 개발되어 척수 손상이나 뇌졸중 환자의 이동성 회복을 돕고 있다.

코로나19 팬데믹 이후 AI 기반의 홈케어 및 원격 재활 서비스는 크게 확대되었다. 이는 환자들에게 편리하고 접근성 높은 재활 서비스를 제공하며, AI 알고리즘을 통해 환자의 진행 상황을 모니터링하고 맞춤형 운동 프로그램을 제안하는 데 활용된다.

향후 AI 헬스케어 시장은 더욱 발전할 전망이다. AI와 기계학습 기술을 활용한 개인화된 치료법 개발이 가속화될 것이며, 5G 기술의 보급과 함께 의료 데이터 네트워킹이 개선되면서 원격 모니터링 및 온라인 재활 서비스가 더욱 확대될 것으로 예상된다. 고령화 사회에 대응하여 노인 케어를 위한 AI 기반 도구의 개발이 활발해질 전망이다.

결론적으로 재활 분야에서의 AI 적용은 전체 헬스케어 AI 시장의 성장 트렌드를 따라갈 것으로 예상된다. 개인화된 치료, 원격 모니터링, 로봇 공학 등이 주요 성장 동력이 될 것이며, 이는 재활 치료의 효과성과 접근성을 크게 향상시킬 것으로 기대된다. 다만, 데이터 보안, 윤리적 문제, 규제 정책 등의 과제도 함께 해결해나가야 할 것이다.

이러한 노력을 통해 AI 기술은 재활 의학 분야에 혁신을 가져오고, 환자들의 삶의 질 향상에 크게 기여할 수 있을 것이다. 전세계적으로 고령화가 진행되면서 뇌졸중, 치매, 파킨슨병 등 노인성 질환 발병률도 증가하고 있다. 이는 재활 치료에 대한 수요 증가로 이어져 AI 재활의학 기기 시장 성장을 촉진한다. 비만, 당뇨병, 고혈압 등 만성질환 증가는 뇌졸중, 심혈관질환 등 합병증 발생 위험을 높여 재활 치료의 필요성을 증대시키며, AI 재활의학 기기는 만성질환 관리 및 합병증 예방에도 기여할 수 있다. 더불어, 재활 치료에 대한 사회적 인식이 개선되면서 환자들의 재활 치료 참여율이 높아지고 있다는 점도 AI 재활의학 기기 시장 성장에 긍정적인 요인으로 작용한다.

글로벌 AI 재활의학 기기 시장에서는 다양한 기업들이 경쟁한다. 주요 기업으로는 네오펙트neofact, 마인드메이즈MindMaze, 리워크 로보틱스ReWalk Robotics, 푸리에 인텔리전스Fourier Intelligence, 엑소 바이오닉스Ekso Bionics, 바이케리어스 서지컬Vicarious Surgical, 호코마Hocoma 등이 있다. 이들은 뇌졸중, 척수 손상, 신경계질환자들을 위한 재활 솔루션과 외골격 로봇, VR과 AR 기반 재활 시스템 등을 제공하며 시장을 선도하고 있다.

글로벌 AI 재활의학 기기 시장은 기술 경쟁, 가격 경쟁, 마케팅 경쟁 등 다양한 형태의 경쟁이 치열하게 전개되고 있다. 기업들은 혁신적인 기술 개발을 통해 제품 차별화를 시도하고, 시장 점유율 확보를 위해 노력한다. 하지만 AI 재활의학 기기의 높은 가격이 환자들의 접근성을 제한할 수 있어 제품 가격을 낮추고, 보험 적용 확대를 위해 노력하고 있다. 더불어 의료진, 환자, 보험사 등 다양한 이해관계자를 대상으로 적극적인 마케팅 활동을 펼치고 있다.

글로벌 AI 재활의학 기기 시장은 앞으로도 지속적인 성장세를 이어갈 것으로 전망된다. AI 기술의 발전은 재활의학 기기의 성능 향상, 새로운 기능 추가, 개인 맞춤형 치료 제공 등 다양한 측면에서 시장 성장을 촉진할 것이다. 전세계적인 고령화 추세는 뇌졸중, 치매, 파킨슨병 등 노인성질환 발병률 증가로 이어져 재활 치료에 대한 수요를 더욱 증가시킬 것이다. 만성질환 관리 및 합병증 예방에 대한 관심이 높아지면서 AI 재활의학 기기의 활용 범위가 확대될 것으로 예상되며, 코로나19 팬데믹 이후 원격 의료에 대한 관심이 높아지면서 AI 기반 원격 재활 플랫폼 시장도 빠르게 성장할 것으로 전망된다.

그러나 시장 성장과 함께 몇 가지 과제도 해결해야 한다. AI 재활의학 기기의 높은 가격은 환자들의 접근성을 제한하는 요인으로 작용하므로, 제품 가격을 낮추고, 보험 적용 확대를 위한 노력이 필요하다. AI 재활의학 기기의 효과적인 활용을 위해서는 의료진의 전문성 확보가 중요하므로, 기업들은 의료진 교육 및 지원 프로그램을 강화해야 한다. 마지막으로, AI 알고리즘은 학습 데이터에 내재된 편향을 반영할 수 있으므로, 데이터 편향을 최소화하고, 알고리즘의 투명성을 확보하기 위한 노력이 필요하다.

네오펙트, 뇌졸중 재활의 게임 체인저

뇌졸중은 전세계적인 주요 사망 및 장애 원인 중 하나이며, 뇌졸중 생존자들은 종종 운동 기능, 인지 기능, 그리고 일상생활 활동 능력에 심각한 제약을 겪는다. 이러한 뇌졸중 환자의 재활은 삶의 질 향상을 위해 필수적이지만, 기존의 재활 치료는 단조롭고 반복적인 훈련으로 인해 환자의 참여도와 흥미를 유발하기 어려웠다. 이러한 문제점을 해결하기 위해 등장한 네오펙트는 게임 기반의 스마트 재활 솔루션을 개발하여 뇌졸중 재활 분야에 새로운 패러다임을 제시하고 있다.[300]

네오펙트의 핵심 역량은 재활 치료를 게임처럼 즐겁게 만들어 환자의 적극적인 참여를 유도하는 데 있다. 이를 위해 이들은 다양한 센서 기술, AI 기반 알고리즘, 그리고 사용자 친화적인 인터페이스 디자인을 활용하여 혁신적인 재활 솔루션을 개발하고 있다. 특히, 대표 제품인 라파엘 스마트 글러브는 손 기능 회복을 위한 다양한 게임 콘텐츠를 제공하며, 환자의 움직임 데이터를 실시간으로 분석하여 개인 맞춤형 재활 훈련을 제공한다. 이는 환자의 흥미와 동기를 유발하여 능동적인 재활 참여를 이끌어내고 치료 효과를 극대화하는 데 기여한다.

네오펙트의 경쟁력은 뇌졸중 재활 분야에서 독보적인 게임 기반 솔루션을 제공한다는 점이다. 기존의 단순하고 반복적인 재활 훈련과 달리, 네오펙트의 솔루션은 다양한 게임 콘텐츠를 통해 환자의 흥미를 유발하고, 능동적인 참여를 이끌어내 재활 효과를 높인다. 또 AI 기반 움직임 분석 기술을 통해 환자의 상태를 정확하게 파악하고, 개인별 맞춤형 재활 훈련을 제공함으로써 치료 효율성을 극대화한다. 이러한 혁신적인 접근 방식은 국내외 다수의 임상 연구를 통해 그 효과를 입증했으며, 뇌졸중 재활 분야의 새로운 표준으로 자리매김하고 있다.

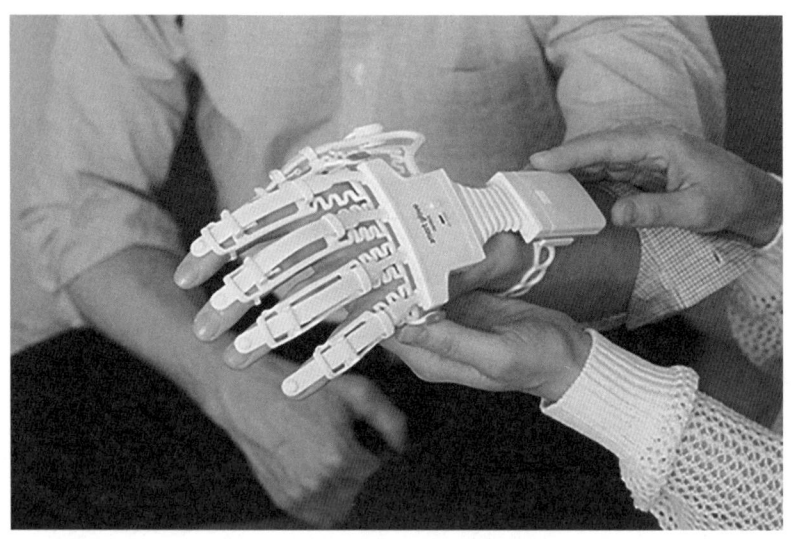

| 손과 팔의 재활을 위해 개발된 네오펙트의 스마트 글로브.

네오펙트는 라파엘 스마트 글러브 외에도 다양한 재활 솔루션을 제공한다. 라파엘 스마트 보드는 상지 및 인지 기능 재활을 위한 다양한 게임 콘텐츠를 제공한다. 라파엘 스마트 키즈는 소아 뇌성마비 환자를 위한 맞춤형 재활 솔루션이다. 이처럼 다양한 제품 라인업을 통해 뇌졸중 환자뿐 아니라 다양한 신경질환자의 재활을 지원하고 있다.

하지만 네오펙트는 몇 가지 약점과 시장 위협에 직면해 있다. 게임 기반 솔루션에 대한 의료계의 인식 부족은 여전히 극복해야 할 과제이며 높은 가격으로 인해 환자들의 접근성이 제한될 수 있다. 경쟁 기업들의 등장과 뇌졸중 재활 시장의 포화 가능성도 네오펙트의 성장에 걸림돌이 될 수 있다.

그럼에도 불구하고 네오펙트는 혁신적인 기술과 끊임없는 연구 개발을 통해 이러한 어려움을 극복하고 있다. 앞으로 더욱 다양한 재활 솔루션을 개발하고 글로벌 시장에서의 입지를 강화하여 뇌졸중 환자의 삶의 질 향상에 기여할 것으로 기대된다.

마인드메이즈, 뇌를 깨우는 VR 신경 재활 솔루션

마인드메이즈는 스위스 로잔에 본사를 둔 글로벌 신경 기술 기업으로, VR과 AR 기술을 활용하여 신경 재활 분야의 혁신을 주도하고 있다.[301] 이들의 핵심 기술은 BCI를 통해 환자의 뇌 활동을 실시간으로 분석하고, 이를 가상 환경에 반영하여 몰입감 높은 재활 훈련을 제공하는 것이다. 이러한 혁신적인 접근 방식은 뇌졸중, 뇌 손상, 척수 손상 등 다양한 신경질환자의 운동 기능 및 인지 기능 회복에 긍정적인 영향을 미치는 것으로 나타났다.

마인드메이즈의 핵심 역량은 VR·AR 기술과 BCI 기술의 융합에 있다. 이들은 환자의 뇌파, 근전도, 안구 운동 등 다양한 생체신호를 수집하고 분석하여 환자의 의도를 파악하고, 이를 가상 환경 속 아바타의 움직임으로 변환한다. 환자의 수행 능력에 따라 실시간으로도 피드백을 제공하여 훈련 효과를 극대화하고, 환자의 능동적인 참여를 유도한다.[302] 이러한 혁신적인 재활 접근 방식은 기존의 재활 치료보다 더욱 효과적이고 흥미로운 치료 경험을 제공하며, 환자의 재활 의지를 고취시키는 데 기여한다.[303]

마인드메이즈의 경쟁력은 신경 재활 분야에서 독보적인 VR·AR 기반 솔루션을 제공한다는 점이다. 이들은 다년간의 연구 개발을 통해 뇌졸중, 뇌 손상, 척수 손상 등 다양한 신경질환자의 재활에 특화된 다양한 솔루션을 개발해왔다. 또한 세계적인 병원 및 연구 기관과의 협력을 통해 다수의 임상 연구를 수행하며 제품의 효과와 안전성을 입증했다. 이러한 노력은 마인드메이즈를 신경 재활 분야의 선두 주자로 자리매김하게 했다.

마인드메이즈의 대표적인 제품으로는 마인드모션프로MindMotion-PRO, 마인드모션고MindMotionGO, 마인드팟MindPod 등이 있다. 마인드모션프로는 병원 및 재활 센터에서 사용되는 전문가용 재활 솔루션으로 다양한 신경질환자의 맞춤형 재활 훈련을 제공한다. 마인드모션고는 가정에서도 사용 가능한 휴대용 재활 솔루션으로, 환자가 언제 어디서든 편리하게 재활 훈련을 할 수 있도록 지원한다. 머앤드팟은 뇌 건강 증진을 위한 VR·AR 기반 솔루션으로, 인지 기능 훈련, 스트레스 관리, 집중력 향상 등 다양한 프로그램을 제공한다.

하지만 마인드메이즈는 몇 가지 약점과 시장 위협에 직면해 있다. 높은 가격으로 인해 환자들의 접근성이 제한될 수 있으며, VR·AR 기술에 대한 의료계의 인식 부족은 시장 확대에 걸림돌이 될 수 있다. 경쟁 기업들의 등장과 VR·AR 기술 발전에 따른 빠른 기술 변화는 마인드메이즈가 지속적인 혁신을 추구해야 할 이유다.

마인드메이즈는 VR 속에서 뇌를 깨우는 혁신적인 기술을 통해 신경 재활 분야의 새로운 지평을 열고 있다. 앞으로 더욱 정교한 BCI 기술 개발과 다양한 재활 콘텐츠 확보를 통해 신경질환자들의 삶의 질 향상에 기여할 것으로 기대된다. 의료진과의 협력을 강화하고, 환자 중심의 서비스를 제공함으로써 신경 재활 분야의 선두 주자로서 입지를 더욱 공고히 할 것이다.

리워크 로보틱스, 하지 마비 환자에게 희망을 선물하는 웨어러블 로봇의 선두주자

리워크 로보틱스는 이스라엘에 본사를 둔 글로벌 의료기기 회사로, 척수 손상으로 인한 하지 마비 환자의 보행 능력 회복을 위한 혁신적인 웨어러블 로봇 기술을 개발하고 있다.[304] 이들의 대표 제품인 리워크^{ReWalk}는 착용형 외골격 로봇으로, 센서와 모터를 통해 사용자의 움직임을 감지하고 보조하여 걷기, 서기, 앉기 등의 동작을 가능하게 한다. 이러한 혁신적인 기술은 하지 마비 환자들에게 다시 걷는 희망을 선물하며, 전세계적으로 많은 환자들의 삶의 질을 향상시키는 데 기여하고 있다.[305]

리워크 로보틱스의 핵심 역량은 웨어러블 로봇 개발에 필요한 다양한 기술을 통합하는 데 있다. 센서 기술, 모터 제어 기술, 인체 공학적 설계, 그리고 사용자 맞춤형 보행 보조 기능 등 다양한 분야의 기술을 융합하여 혁신적인 웨어러블 로봇을 개발하고 있다. 특히 센서 기술을 통해 사용자의 움직임 의도를 정확하게 파악하고 모터 제어 기술을 통해 자연스러운 보행 패턴을 구현하는 것이 핵심이다. 사용자의 신체 조건과 보행 능력에 맞춰 보조력을 조절하는 사용자 맞춤형 보행 보조 기능은 차별화된 경쟁력을 보여준다.

리워크 로보틱스는 척수 손상 환자를 위한 웨어러블 로봇 시장을 선도하는 기업으로, FDA 승인 및 CE 인증을 획득하며 제품의 안전성과 효과를 입증했다.[306] 다수의 임상 연구는 리워크 로봇이 척수 손상 환자의 보행 능력 회복, 근력 강화, 심혈관 건강 증진, 뼈 건강 개선 등 다양한 긍정적인 효과를 가져다준다는 것을 확인했다. 이러한 연구 결과는 이 제품이 단순한 보행 보조 기구를 넘어 척수 손상 환자의 재활 치료에 핵심적인 역할을 할 수 있음을 시사한다.

| 하지 마비 환자들을 다시 걷게 하는 리워크 퍼스널 엑소스켈레톤.

    리워크 로보틱스는 현재 리워크 퍼스널ReWalk Personal과 리워크 리해비리테이션ReWalk Rehabilitation 두 가지 모델을 제공한다. 리워크 퍼스널은 일상생활에서 사용 가능한 개인용 모델로, 사용자가 집, 직장, 학교 등 다양한 환경에서 독립적인 이동을 할 수 있도록 돕는다. 리워크 리해비리테이션은 병원 및 재활 센터에서 사용되는 재활용 모델로, 치료사가 환자의 보행 훈련을 돕고, 재활 과정을 모니터링 하는 데 활용된다.

    리워크 로보틱스는 혁신적인 기술과 제품으로 척수 손상 환자의 삶의 질 향상에 기여하고 있지만, 몇 가지 약점과 시장 위협에 직면해 있다. 높은 가격으로 인해 환자들의 접근성이 제한될 수 있으며, 착용의 불편함과 배터리 수명 제한은 개선해야 할 과제이다. 경쟁 기업들의 등장과 웨어러블 로봇 기술 발전에 따른 빠른 기술 변화는 리워크 로보틱스가 지속적인 혁신을 추구해야 하는 이유다.

리워크 로보틱스는 이러한 문제점을 인지하고, 더욱 가볍고 편리하며, 다양한 기능을 갖춘 웨어러블 로봇 개발에 박차를 가하고 있다. 또한 배터리 수명 연장, 착용 편의성 개선, 가격 경쟁력 확보 등 다양한 노력을 통해 척수 손상 환자들의 접근성을 높이고, 삶의 질 향상에 기여하고자 한다.

아이픽셀, 재활 운동의 새로운 지평을 열다

아이픽셀AiPIXEL은 AI 기술을 기반으로 재활 및 운동 코칭 플랫폼을 개발하는 한국의 헬스케어 스타트업이다.[307] 이들은 컴퓨터 비전 기술과 AI 알고리즘을 활용하여 사용자의 운동 자세를 실시간으로 분석하고 맞춤형 피드백을 제공하는 혁신적인 솔루션을 제공한다.

아이픽셀의 핵심 역량은 독자적인 AI 기술을 통해 사용자의 운동 자세를 정확하게 분석하고, 이를 바탕으로 개인 맞춤형 운동 프로그램과 실시간 피드백을 제공하는 데 있다. 이러한 기술은 컴퓨터 비전, 딥러닝, 강화학습 등 다양한 AI 기술을 융합하여 개발되었으며, 사용자의 운동 수행 능력을 향상시키고 부상 위험을 줄이는 데 기여한다.

아이픽셀의 경쟁력은 독자적인 AI 기술 기반 운동 자세 분석 및 코칭 솔루션을 제공한다는 점이다. 이는 기존의 재활 및 운동 코칭 서비스와 차별화되는 요소로, 사용자에게 더욱 정확하고 효과적인 운동 경험을 제공한다.[308] 또한, 다양한 운동 콘텐츠 및 재활 프로그램을 제공하며, 사용자 친화적인 인터페이스와 높은 접근성을 통해 사용자 편의성을 극대화한다. 이러한 강점을 바탕으로 아이픽셀은 빠르게 성장하며 재활 운동 시장에서 주목받는 기업으로 자리매김하고 있다.[309]

아이픽셀의 대표적인 제품으로는 '엑서사이트'와 '엑서사이트 케어'가 있다. 엑서사이트는 일반 사용자를 위한 AI 기반 운동 코칭 플랫폼으로, 사용자의 운동 목표와 수준에 맞는 다양한 운동 프로그램을 제공한다. 엑서사이트 케어는 의료진이 환자에게 재활 운동을 처방하고 관리할 수 있는 플랫폼으로, 환자의 운동 데이터를 실시간으로 모니터링하고 분석하여 효과적인 재활 치료를 지원한다.

그러나 아이픽셀은 몇 가지 약점과 시장 위협에 직면해 있다. 재활 운동 데이터 부족은 AI 알고리즘의 성능 향상을 위한 과제이며, 의료 전문성 부족은 의료기관과의 협력 및 신뢰 구축에 어려움을 야기할 수 있다. 개인정보 보호 및 데이터 보안 문제는 민감한 건강 정보를 다루는 헬스케어 기업에게 중요한 과제이다. 더불어, 경쟁 기업들의 등장과 AI 기술 발전에 따른 빠른 기술 변화는 아이픽셀이 지속적인 혁신을 추구해야 하는 이유다.

아이픽셀은 AI 기술을 통해 재활 운동 분야에 새로운 활력을 불어넣고 있다. 앞으로 더욱 정교한 운동 자세 분석 알고리즘 개발과 다양한 재활 프로그램 개발을 통해 재활 운동 시장에서의 입지를 더욱 강화할 것으로 기대된다. 의료 전문성을 강화하고, 개인정보 보호 및 데이터 보안 문제를 해결하여 신뢰성 있는 서비스를 제공하는 것이 중요하다. 아이픽셀은 세종병원, 일산백병원, 대전을지대학교병원 등 한국의 주요 병원에 솔루션을 공급하며, 재활 운동 시장을 선도하고 있다.

AI는 친구일까 적일까?

AI 기술의 발전은 재활의학 분야에도 큰 영향을 미치고 있다. AI 기반 재활 로봇, VR 재활 시스템, 웨어러블 기기 등은 이미 환자의 운동 기능 회복을 돕고 있으며, AI는 환자 데이터 분석을 통해 맞춤형 재활 계획 수립에도 활용되고 있다. 이러한 AI의 발전은 재활의학과 의사들의 역할을 위협할 수 있을까?

AI는 방대한 데이터를 분석하고 패턴을 인식하는 데 탁월한 능력을 보여준다. 가령 환자의 움직임 데이터를 분석하여 운동 기능 장애 정도를 평가하고, 개인별 맞춤형 재활 프로그램을 제시한다. 웨어러블 기기와 연동하여 환자의 생체신호를 실시간으로 모니터링하고, 이상 징후를 조기에 감지하여 의사에게 알린다. 이러한 AI의 능력은 재활의학과의사들의 업무 부담을 줄이고 치료 효과를 높이는 데 기여한다.

하지만 AI가 재활의학과의사들을 완전히 대체할 수 있을지는 의문이다. 재활 치료는 환자의 신체적 기능 회복뿐 아니라 심리적, 사회적 요인까지 고려해야 하는 복잡한 과정이다. AI는 데이터 분석과 패턴 인식에는 뛰어나지만, 환자의 감정을 이해하고 공감하며 환자와의 소통을 통해 치료 동기를 부여하는 능력은 부족하다. 예상치 못한 상황에 대한 대처 능력이나 윤리적 판단 능력도 아직 인간 의사에 미치지 못한다.

따라서 AI는 재활의학과의사들의 역할을 보완하고 증강하는 방향으로 발전할 것이다. AI는 의사들이 더욱 효율적으로 업무를 수행하고 환자에게 더 나은 치료를 제공할 수 있도록 돕는 도구로 활용될 것이다. AI는 방대한 의료 데이터를 분석하여 의사에게 치료 계획 수립에 필요한 정보를 제공하거나 반복적인 업무를 자동화하여 의사가 환자와의 소통에 더 많은 시간을 할애할 수 있도록 지원한다.

AI와의 협업 능력은 미래 재활의학과의사들에게 필수적인 역량이 될 것이다. AI 기술을 잘 활용하는 의사들은 더욱 효율적이고 정확한 진료를 제공하고 환자의 신뢰를 얻을 수 있을 것이다. 반면 AI를 이해하지 못하고 활용하지 않는 의사들은 경쟁에서 뒤처질 가능성이 크다.

결론적으로 AI와 인간의 지혜가 조화롭게 결합된 재활 치료 환경에서 의사들이 대체되는 대신 AI와 의사들은 더 나은 의료 서비스를 제공하는 동반자 관계가 될 것이다.

엑소스켈레톤 시대와
인간 플랫폼

2040년 슈퍼 AI가 인간의 지적 능력을 뛰어넘는 시대를 상상해보자. 인간은 AI의 도움을 받아 복잡한 문제를 해결하고, 엑소스켈레톤을 착용하여 신체 능력을 강화하며 살아간다. 이러한 변화는 재활의학 분야에도 혁신적인 변화를 가져왔다.

과거 재활의학과의사들은 환자의 운동 기능 회복을 위해 직접적인 치료를 제공하는 역할을 주로 담당했다. 하지만 엑소스켈레톤과 AI 기술의 발전은 재활의학과의사의 역할을 단순한 치료 제공자에서 벗어나 다양한 분야의 전문가로 확장시켰다.

엑소스켈레톤은 이제 단순한 보행 보조 기구가 아닌 환자의 운동 기능을 향상시키는 핵심 도구가 되었다. 이 기기만 착용하면 누구나 슈퍼히어로와 같은 힘을 발휘한다. 재활의학과의사들은 다양한 종류의 엑소스켈레톤에 대한 전문 지식을 갖추고 환자의 상태에 맞는 최적의 엑소스켈레톤을 선택하고 조절하는 역할을 수행한다. 엑소스켈레톤 사용 중 발생할 수 있는 문제점을 해결하고 환자에게 올바른 사용 방법을 교육하는 역할도 담당한다.

AI는 환자의 움직임 데이터, 생체신호 등을 분석하여 개인 맞춤형 재활 프로그램을 개발하는 데 활용된다. 재활의학과의사들은 AI 전문가와 협력하여 환자의 특성과 목표에 맞는 최적의 재활 프로그램을 설계하고 AI 알고리즘을 지속적으로 개선하여 치료 효과를 극대화한다. 또한 AI가 생성한 재활 프로그램의 효과를 평가하고, 필요에 따라 수정하는 역할도 수행한다.

BCI 기술은 뇌파를 이용하여 엑소스켈레톤을 제어하거나 VR 환경에서 재활 훈련을 제공하는 데 활용된다. 재활의학과의사들은 BCI 기술에 대한 전문 지식을 갖추고, 환자의 뇌파를 분석하여 엑소스켈레톤 제어 정확도를 높이고, VR 훈련의 효과를 극대화하는 방안을 연구한다. 이와 같은 엑소스켈레톤을 가장 고도로 개발할 수 있고 유지 보수할 수 있는 사람들은 바로 재활의학과의사들이다. 기기 개발로 재벌의 반열에 오른 의사들도 많다.

엑소스켈레톤과 AI 시스템은 환자의 재활 과정에서 방대한 데이터를 생성한다. 재활의학과의사들은 이러한 데이터를 분석하여 환자의 상태 변화를 추적하고 치료 효과를 평가하며, 향후 재활 계획을 수립하는 데 활용한다. 또한 빅데이터 분석을 통해 새로운 재활 치료법 개발에 기여하고 재활 분야의 연구 발전을 이끌어나간다.

AI 기술의 발전은 재활의학 분야에 긍정적인 영향을 미치지만, 동시에 윤리적 문제를 야기할 수 있다. AI의 판단에 대한 책임 소재,

엑소스켈레톤 사용으로 인한 안전 문제, 개인정보 보호 문제 등이 대두될 수 있다. 재활의학과의사들은 이러한 윤리적 문제에 대한 깊이 있는 이해를 바탕으로, 환자의 안전과 권리를 보호하고, AI 기술이 윤리적으로 사용될 수 있도록 노력해야 한다.

2040년의 재활의학과의사는 AI와 엑소스켈레톤 기술을 적극적으로 활용하여 환자에게 최적의 재활 서비스를 제공하는 슈퍼 재활 전문가로 거듭날 것이다. 이들은 단순한 치료 제공자를 넘어, 엑소스켈레톤 전문가, AI 기반 재활 프로그램 개발자, BCI 전문가, 재활 데이터 분석가, 윤리적 문제 해결사 등 다양한 역할을 수행하며 재활의학 분야의 발전을 이끌어나갈 것이다.

AI 학습 가이드

이 가이드는 AI 시대에 재활의학과의사들이 갖춰야 할 핵심 역량과 학습 방향을 제시한다. 먼저, 영상의학 관련 AI 지식을 쌓기 위해 의료영상 데이터 이해, 영상 처리 및 분석 기법, 딥러닝 알고리즘, 의료 AI 윤리 및 법규 등 기본적인 내용부터 학습해야 한다. 나아가 GAN, 전이학습, 멀티모달 학습 등 심화된 AI 기술을 습득하여 영상 분석 능력을 고도화하고, 새로운 치료법 개발에 기여할 수 있다.

   AI 기술을 제대로 이해하고 활용하기 위해서는 일반적인 AI 지식도 필요하다. 파이썬, R 등 프로그래밍 언어 학습을 통해 직접 AI 모델을 구현해 실험하고, 머신러닝 및 딥러닝 이론 학습을 통해 AI 모델의 작동 원리를 파악해 성능을 평가할 수도 있다. AI 관련 수학 및 통계 지식을 습득하여 AI 알고리즘의 기반을 다지고, 최신 AI 기술 동향을 꾸준히 파악하여 변화하는 의료 환경에 발 빠르게 대응해야 한다.

AI 기술은 재활의학과의사의 역할에도 변화를 요구한다. 컴퓨터 과학자, 데이터 과학자 등 다양한 분야의 전문가들과 협력하여 AI 시스템을 설계하고 구현하는 과정에 참여해야 한다. AI 모델의 결과를 정확하게 해석하고 임상에 적용하는 능력도 물론 갖춰야 할 것이다. 환자에게 AI 기반 진단 및 치료 과정을 설명하고 동의를 얻는 과정도 중요하다.

이 가이드는 재활의학과의사들이 AI 시대에 필요한 역량을 함양하고, AI 기술을 적극적으로 활용하여 환자에게 더 나은 의료 서비스를 제공할 수 있도록 돕는 것을 목표로 한다. 다양한 학습 자료와 실습 기회를 통해 AI 전문성을 키우고, 끊임없이 변화하는 의료 환경에 발맞춰 혁신을 주도하는 의료인으로 성장하기를 기대한다.

10장

치과 AI, 치의학의 재정의

✦ ✦ ✦

치의학 역시 AI와 만나 큰 변화를 겪고 있다. 과거 단순히 치아를 뽑고 때우던 시대는 지나가고, 현대 치과 진료실은 첨단기술의 중심지가 되었다. 이는 치의학 분야의 근본적인 패러다임 전환을 의미한다. AI의 등장은 치과계에 특히 큰 영향을 미치고 있다. 이는 단순한 새 도구의 출현이 아니라 치의학 전체를 재정의하는 계기가 되고 있다. AI 기술은 치과 진료에 새로운 가능성을 열어주고 있다.

이러한 변화는 기술적 진보를 넘어 치과 진료의 본질을 재고하게 하며 환자 경험을 크게 개선하고 있다. 과거 환자들이 치과 방문을 두려워하던 시대는 점차 사라지고, AI의 도움으로 더 정확하고 덜 고통스러우며 예측 가능한 치료가 가능해졌다. 현대 치과의사들은 AI 기술을 활용해 구강 건강을 더 효과적으로 관리할 수 있게 되었다. 디지털 기술을 활용한 치과 진료는 단순히 치아를 고치는 것을 넘어 환자의 삶의 질을 향상시키는 방향으로 발전하고 있다.

하지만 이러한 발전은 새로운 도전도 가져온다. 기술 발전에 따른 윤리적 문제, 개인정보 보호 문제, 그리고 인간 의사의 역할 재정립 등 여러 과제가 존재한다. 우리는 AI 기술을 치의학에 어떻게 현명하게 적용할지 깊이 생각해야 한다. AI가 이끄는 치의학의 새 시대 역시 기회와 도전이 공존하는 분야다. 분명한 것은 이러한 발전이 인류의 구강 건강과 삶의 질 향상이라는 목표를 위한 중요한 과정이라는 점이다.

빅데이터 치과 혁명

최근 가장 주목받는 슈벤디케 연구팀의 연구에 의하면, AI는 치과 진단의 정확도를 인간 전문가 수준으로 끌어올렸다.[310] 이는 마치 현미경으로 세균을 발견한 것처럼 혁명적인 사건이다. AI의 날카로운 눈은 인간이 놓칠 수 있는 미세한 병변까지 포착하여, 치아 우식증과 치주질환을 조기에 발견하는 데 탁월한 성과를 보이고 있다. 이러한 AI의 능력은 단순히 질병을 찾아내는 것에 그치지 않는다. 환자의 구강 내 모든 정보를 종합적으로 분석하여 질병의 원인과 진행 과정, 그리고 가능한 치료 방법까지 제시하는 수준에 이르렀다.

이러한 AI의 진단 능력은 치과의사들의 업무 방식을 근본적으로 변화시키고 있다. 과거에는 의사의 경험과 직관에 크게 의존했던 진단 과정이 이제는 객관적인 데이터와 과학적 분석을 기반으로 이루어지고 있다. 이는 마치 중세 시대의 연금술사가 현대의 화학자로 진화한 것과 같은 변화다. 그러나 이것이 의사의 역할을 축소시키는 것은 아니다. 오히려 AI는 의사의 판단을 보조하고 강화하는 도구로 작용하여, 궁극적으로는 진단을 더 정확하고 신뢰할 수 있도록 돕는다.

한국의 치과 의료 현장에서 AI 기술은 급속도로 도입되고 있으며, 이는 진단, 치료 계획, 환자 관리 등 다양한 영역에서 혁신적인 변화를 가져오고 있다. 이 연구에서 제시된 AI의 치과 진단 능력은 한국의 임상 현장에서도 활발히 적용되고 있기에 이에 대한 심도 있는 검토가 필요한 시점이다.

한국의 치과 의료 현장에서 AI의 활용은 의료진과 환자 모두에게 긍정적인 변화를 가져오고 있다. 그러나 이러한 AI의 도입이 모든 문제를 해결해주는 것은 아니다. AI 알고리즘의 신뢰성, 데이터 보안, 의료 윤리 등에 대한 우려의 목소리가 제기되고 있다. 특히 AI의 진단이나 치료 제안이 의사의 판단과 다를 경우 누구의 의견을 따라야 하는지에 대한 명확한 가이드라인이 필요하다는 지적이 있다.

이에 AI 윤리 가이드라인을 제정하고 AI의 책임 있는 사용을 위한 기준을 마련이 필요하다. 이 가이드라인에는 AI의 진단과 치료 제안을 의사의 판단을 보조하는 도구로 활용하고, 최종 결정은 반드시 의사가 내려야 한다는 점을 명기해야 한다. 또한 AI 시스템의 오류 가능성을 환자에게 충분히 설명하고, 환자의 개인정보 보호에 만전을 기해야 한다는 내용도 포함해야 한다.

서울대학교치과병원은 AI를 연구와 진료에 적극 활용 중이다. 구강질환 판별을 위한 AI 모델 개발에 14만 건 이상의 합성 데이터를 구축했으며, 스마트 심미 보철·교정 영역의 진단 및 치료 계획을 위한 AI 학습용 데이터 세트 구축 사업도 진행했다.[311]

영상치의학 분야에서는 MRI 화질 개선, 파노라마 영상을 이용한 연령 감정, 개인 식별 등에 AI를 활용하고 있다. 치아우식증, 치주질환, 종양의 검출 및 감별진단을 위한 AI 소프트웨어 개발도 진행 중이다. 보철과에서는 구강스캐너에 AI를 접목해 스캔 속도와 정확도를 높이고 환자의 불편함을 줄인다. 임플란트 수술 가이드 디자인과 치과 캐드 작업에도 AI가 활용되고 있다.

전문가들은 AI가 치과 임상의 효용성과 정확성을 높이며 치의학 발전에 크게 기여할 것으로 전망하고 있다. 향후 임플란트 수술 보조 로봇, 진료 보조 로봇 등의 형태로 AI 활용이 확대될 것으로 예상된다.

한국의 치과대학들은 AI 시대에 맞는 새로운 교육 커리큘럼을 개발하고 있다. AI 기술의 이해와 활용, 데이터 분석, 의료 윤리 등의 과목이 새롭게 추가되고 있으며, 실제 AI 시스템을 활용한 실습 과정도 늘어났다. 현직 치과의사들을 위한 AI 활용 교육 프로그램도 운영되는 중이다.

한국의 치과 의료 현장에서 AI의 도입은 진단의 정확성 향상, 치료 계획의 최적화, 환자 관리의 개인화 등 다양한 측면에서 긍정적인 변화를 가져오고 있다. 그러나 이러한 기술의 도입이 윤리적, 법적 문제를 동반할 수 있다는 점에서 신중한 접근이 필요하다. AI는 의사의 판단을 완전히 대체하는 것이 아니라, 의사의 전문성을 보완하고 강화하는 도구로 활용되어야 한다.

앞으로 한국의 치과 의료계는 AI 기술을 더욱 발전시키고 효과적으로 활용하기 위해 지속적인 연구와 투자를 이어나갈 것으로 보인다. 특히 한국의 뛰어난 IT 인프라와 의료기술을 결합한 새로운 형태의 AI 기반 치과 의료 서비스 개발이 기대된다. 이를 통해 한국의 치과 의료기술이 세계적인 수준으로 도약할 수 있는 기회가 될 것이다.

치과 영상
분석의 달인

딥러닝 기술이 치과 방사선 영상 분석에 혁명적인 변화를 가져오고 있다. 이는 단순한 기술 혁신을 넘어 치과 의료의 패러다임을 바꾸는 중대한 전환점이 될 것으로 보인다.

김의 연구는 인공 신경망을 기반으로 하는 딥러닝이 대량의 데이터를 학습하여 놀라운 수준의 이미지 분석 능력을 보여주고 있음을 밝혔다.[312] 치과 분야에서 AI 기술은 충치, 치주질환, 매복 사랑니 등 다양한 질환의 자동 탐지와 진단에 활용되고 있다. 더 나아가 턱뼈, 치아, 신경관 등 복잡한 해부학적 구조를 정확히 분석하여 임플란트 시술이나 신경관 치료에 필요한 중요한 정보를 제공한다. 교정 치료 분야에서도 딥러닝은 측면 두부 방사선 사진의 자동 분석을 통해 치료 계획 수립을 지원하고 있다.

이러한 기술의 발전은 진단 정확도 향상, 치료 계획의 효율적 수립, 환자 치료 결과 예측 등 다방면에서 치과 의료 서비스의 질적 향상을 가져올 것으로 기대된다. 그러나 이 기술이 가진 한계점도 간과해서는 안 된다. 딥러닝 모델의 복잡한 구조로 인한 해석의 어려움, 대량의 학습 데이터 필요성, 그리고 새로운 데이터에 대한 일반화 능력 부족 등은 여전히 극복해야 할 과제로 남아 있다.

그럼에도 불구하고 딥러닝 기술의 미래는 밝다. 의료 인터뷰 데이터 분석, 감염병 발생 예측, 환자 예후 예측 등 더욱 다양한 분야로의 확장이 예상된다. 이는 단순히 의료기술의 발전을 넘어 환자들에게 더 나은 치료 경험을 제공하는 데 크게 기여할 것이다.

우리는 지금 치과 의료의 새로운 시대를 목격하고 있다. 딥러닝 기술은 의료진의 판단을 보조하고, 환자에게는 더 정확하고 효과적인 치료를 제공할 것이다. 그러나 이 기술이 의료진을 완전히 대체할 수 있다고 보기는 어렵다. 오히려 의료진의 전문성과 딥러닝 기술의 시너지를 통해 더 나은 의료 서비스가 구현될 것이다.

따라서 우리는 딥러닝 기술의 발전과 함께 이를 올바르게 활용할 수 있는 의료진의 교육과 윤리적 가이드라인 마련에도 주목해야 한다. 기술과 인간의 조화로운 결합을 통해 우리는 더 건강하고 행복한 사회를 만들어갈 것이다. 딥러닝이 열어갈 치과 의료의 새로운 지평을 기대해본다.

AI는 X-ray, CT, MRI 등 다양한 의료영상을 분석하여 인간의 시각적 인지 능력으로는 식별하기 어려운 미세한 변화까지 감지해낸다. 이는 마치 천문학자가 망원경을 통해 새로운 별을 발견하는 것과 같은 경이로운 경험이다. 치아 우식, 치주질환, 악안면 기형 등 다양한 치과질환의 조기 진단 및 정확한 진단에 기여하며, 이는 치료의 성공률을 높이고 환자의 삶의 질을 향상시키는 데 결정적인 역할을 한다.

한국의 치과계는 AI 영상 분석 기술 도입에 적극적으로 나서고 있다. 다수의 치과 병원 및 연구 기관은 AI 기반 영상 분석 시스템을 도입하여 진단의 정확성과 효율성을 높이고 있으며, 관련 연구 개발에도 활발히 투자하고 있다. 서울대학교 치과병원은 AI를 활용하여 MRI 등 특수 영상의 화질을 개선하고 진단 정확도를 높이는 연구를 진행하고 있으며, 연세대학교 치과대학은 AI 기반 치아 교정 진단 시스템을 개발하여 임상에 적용하고 있다.[313]

임플란트 시술은 고도의 정밀성과 숙련된 기술을 요구하는 치과 치료 분야 중 하나이다. AI는 임플란트 시술 계획 수립 및 시술 과정 전반에 걸쳐 혁신적인 변화를 가져오고 있다. AI는 환자의 3차원 CT 영상을 분석하여 최적의 임플란트 식립 위치, 각도, 깊이를 정확하게 결정하고, 시술 후 결과를 시뮬레이션하여 성공률을 높인다. 또 임플란트 주변 뼈의 골융합상태를 정확하게 예측하여 합병증 발생 가능성을 예측하고 예방하는 데도 도움을 준다.[314]

AI는 치아 교정 분야에서도 괄목할 만한 성과를 보여주고 있다. AI는 환자의 얼굴 사진과 구강 내 사진을 분석하여 최적의 교정 계획을 수립하고, 치료 결과를 예측하여 환자에게 맞춤형 치료를 제공한다. AI는 교정 장치의 디자인 및 제작 과정을 자동화하여 치료 기간 단축 및 비용 절감에도 기여한다.[315]

AI는 치과 진료의 미래를 밝히는 등불과 같다. AI는 진단의 정확성과 효율성을 높이고, 치료 계획 수립을 최적화하며, 환자 중심의 맞춤형 치료를 가능하게 한다. 물론 AI 기술의 발전과 함께 윤리적, 법적, 사회적 문제들도 발생할 수 있다. 하지만 이러한 문제들을 해결하기 위한 노력과 함께 AI 기술을 적극적으로 수용하고 활용한다면 치과 진료는 새로운 차원으로 발전할 수 있을 것이다. AI는 치과의사의 능력을 증강시키고 환자에게 더 나은 치료를 제공하는 도구로 활용될 수 있다. AI와 인간의 협력은 치의학 발전의 새로운 원동력이 될 것이며, 이는 궁극적으로 인류의 구강 건강을 증진시킬 것이다.[316]

스마트 교정

AI가 마치 숙련된 조각가가 대리석을 다루듯 환자의 얼굴과 치열을 분석하여 최적의 교정 계획을 수립하는 믿기 힘든 교정의 신세계가 열렸다. 이는 단순히 치아를 이동시키는 것을 넘어, 환자의 얼굴 미학까지 고려한 총체적 접근법을 가능케 한다. AI는 수천 가지의 치료 시나리오를 순식간에 시뮬레이션하여 가장 효과적이고 효율적인 치료 방법을 제시한다.

천의 연구진은 AI가 교정 치료 분야에 가져온 혁명적 변화를 종합적으로 분석하고 있다.[317] 이들에 의하면, "AI의 능력은 교정 치료의 결과를 더욱 예측 가능하고 안정적으로 만든다."고 한다. 환자는 치료 시작 전에 이미 자신의 치료 후 모습을 VR 기술을 통해 미리 볼 수 있게 되었다. 이는 단순한 시각적 효과를 넘어, 환자가 치료 과정에 더욱 적극적으로 참여하고 높은 만족도를 얻을 수 있게 해준다.

또한 AI는 치료 과정 중 발생할 수 있는 문제점들을 미리 예측하고 대비책을 마련하여 치료의 성공률을 높이고 부작용을 최소화한다.

이 연구의 핵심 내용을 바탕으로 한국의 치과 교정 분야에서 AI의 적용 현황과 그 영향을 살펴보면 AI 기술이 한국의 치과 교정 치료를 어떻게 변화시키고 있는지 더욱 명확히 알 수 있다. 한국의 치과 교정 분야에서 AI의 활용은 빠르게 확산되고 있다.

서울대학교 치과병원의 김영호 교수팀은 AI 기반의 3D 안면 분석 시스템을 개발하여 임상에 적용했다. 이 시스템은 환자의 3D 안면 스캔 데이터를 AI 알고리즘으로 분석하여 최적의 교정 계획을 수립한다. 김영호 교수팀의 연구에 따르면, AI 시스템을 활용한 교정 치료의 경우 치료 기간이 평균 20% 단축되었으며, 환자의 만족도도 30% 이상 향상되었다.[318]

연세대치과대학두개안면기형연구소 치과교정과의 차정열 교수팀과 포항공과대학교 AI대학원 연구진들이 참여한 AI 기반의 디지털 모델 분석 시스템의 신뢰도 및 시간기준 효율성에 관한 연구 결과, 치과 교정 진단 과정에 정밀함을 더하면서도 간소화할 수 있는 시스템이 개발되었다. 이 시스템은 환자의 치아 모델과 두개안면 구조를 AI로 분석하여 수천 가지의 치료 시나리오를 생성하고, 그중 최적의 치료 방법을 제안한다. 차정열 교수는 "AI 시뮬레이션을 통해 치료의 결과를 더욱 정확히 예측할 수 있게 되었으며, 이는 환자와의 상담 과정에서 큰 도움이 된다."고 밝혔다.[319]

경희대학교 치과병원에서는 AI와 VR 기술을 결합한 교정 치료 시스템을 도입했다. 이 시스템은 AI가 분석한 교정 치료 계획을 VR

로 구현하여 환자에게 보여준다. 환자는 VR 기기를 통해 자신의 치료 후 모습을 미리 체험할 수 있다. 이지원 교수팀의 연구에 따르면, 이 시스템을 경험한 환자들의 치료 동의율이 40% 이상 증가했으며, 치료 과정 중 중도 포기율도 50% 이상 감소했다.[320]

AI의 활용은 교정 치료의 정확성과 효율성을 크게 향상시켰다. 부산대학교 치과병원의 최동훈 교수팀은 AI 기반의 교정 와이어 밴딩 시스템을 개발했다. 이 시스템은 환자의 치아 모델을 AI로 분석하여 최적의 와이어 형태를 설계하고, 로봇 팔을 이용해 정확하게 와이어를 밴딩한다. 최동훈 교수는 "AI 시스템의 도입으로 와이어 밴딩의 정확도가 인간 술자에 비해 30% 이상 향상되었으며, 작업 시간도 60% 단축되었다."고 밝혔다.[321]

AI는 교정 치료 중 발생할 수 있는 문제를 예측하고 대비하는 데에도 큰 역할을 한다. 전남대학교 치과병원의 박성호 교수팀은 AI를 활용한 교정 치료 위험 예측 시스템을 개발했다. 이 시스템은 환자의 의료 기록, 치아 상태, 골밀도 등 다양한 데이터를 분석하여 치근 흡수, 치주질환 등의 위험을 예측한다. 박성호 교수는 "AI 시스템의 도입으로 교정 치료 중 발생할 수 있는 부작용을 70% 이상 감소시킬 수 있었다."고 말했다.[322]

그러나 AI의 도입이 모든 문제를 해결해주는 것은 아니다. 한국 치과계에서도 AI의 한계와 윤리적 문제에 대한 논의가 활발히 이루어지고 있다. 서울대학교 치의학대학원 윤리위원회는 〈치의학의 모든 것 AI in Dentistry: 윤리적 고려사항〉 보고서를 통해 AI 사용의 윤리적 지침을 제시했다. 이 보고서는 AI 시스템의 판단을 맹신하지 말고 항상 인간 의사의 판단이 최종적이어야 함을 강조하고 있다. 또한 AI 시스템의 오류 가능성을 환자에게 충분히 설명해야 하며, 환자의 개인정보 보호에 만전을 기해야 한다고 권고하고 있다.[323]

의사의 조력자,
치과 AI 기업

치과의사의 손길이 이제 AI의 섬세한 알고리즘과 조우하며 새로운 혁신의 시대를 맞이하고 있다. AI는 차가운 금속 기구가 아닌, 따뜻한 인간미를 더욱 빛나게 하는 조력자로서 치과 진료의 패러다임을 변화시키고 있다.

해외에서는 이미 얼라인 테크놀로지Align Technology, 덴탈모니터링DentalMonitoring, 펄Pearl과 같은 글로벌 기업들이 AI를 활용한 혁신적인 치과 솔루션을 선보이며 시장을 선도하고 있다. 얼라인 테크놀로지는 AI 기반 투명 교정 장치로 세계 시장을 석권하고 있으며, 덴탈모니터링은 원격 치아 교정 모니터링 솔루션으로 새로운 치료 패러다임을 제시하고 있다. 펄은 AI 기반 치과 진단 플랫폼으로 진단의 정확성과 효율성을 획기적으로 높이고 있다.

이러한 글로벌 기업들의 활약은 한국 치과 AI 시장에도 강력한 자극제가 되고 있다. 바텍Vatech, 디오DIO, 메디파트너Medipartner 등 한국 기업들은 세계적인 기업들과 어깨를 나란히 하며 치과 AI 기술 개발에 박차를 가하고 있다. 바텍은 AI 기반 치과 영상 분석 소프트웨어를 통해 진단의 정확성을 높였으며, 디오는 AI 기반 임플란트 시술 계획 소프트웨어로 시술의 안전성과 성공률을 향상시켰다. 메디파트너는 AI 기반 치과 진료 지원 시스템을 통해 진료 효율성을 극대화했다.

이처럼 한국 기업들은 AI 기술을 활용하여 치과 진료의 질을 향상시키고 환자에게 더 나은 치료 경험을 제공하기 위해 끊임없이 노력하고 있다. 이들의 혁신적인 노력은 한국 치과 AI 산업의 성장을 견인하고 있으며 머지않아 세계 시장에서도 그 위상을 드높일 것으로 기대된다.

투명 교정계의 거인
인비절라인

캘리포니아 산호세에서 탄생한 얼라인 테크놀로지는 투명 교정 장치 시장의 절대 강자다. 그들의 대표 제품인 인비절라인Invisalign은 전세계 수백만 명의 미소를 변화시켰으며, 치아 교정의 패러다임을 바꿔 놓았다. 인비절라인은 단순한 교정 장치가 아닌, 첨단기술과 예술적 감각이 결합된 작품이다.[324] 3D 스캐닝 기술과 AI 기반 치아 이동 시뮬레이션을 통해 환자 맞춤형 교정 계획을 수립하고, 투명하고 탈부착이 가능한 교정 장치를 제작한다. 이는 마치 마법사가 주문을 외워 치아를 움직이는 것처럼 신비롭고 효과적이다.

얼라인 테크놀로지의 핵심 역량은 혁신적인 기술력과 탄탄한 브랜드 파워다. 그들은 끊임없는 연구 개발을 통해 치아 교정 기술의 한계를 뛰어넘고 있으며, 인비절라인 브랜드를 통해 전세계 소비자들의 신뢰를 얻고 있다. 또한 숙련된 치과의사 네트워크를 구축하여 환자들에게 최상의 치료 경험을 제공하고 있다.[325]

하지만 얼라인 테크놀로지에도 약점은 존재한다. 높은 가격과 긴 치료 기간은 일부 소비자들에게 부담으로 작용할 수 있다. 경쟁 업체들의 등장과 기술 발전은 시장 점유율 유지에 위협이 될 수 있다.

그럼에도 불구하고, 얼라인 테크놀로지의 미래는 밝다. 그들은 끊임없는 혁신을 통해 새로운 성장 동력을 발굴하고 있으며, 디지털 치의학 시장의 확대와 함께 더욱 성장할 것으로 예상된다. 특히 AI 기술을 활용한 치료 계획 수립 및 결과 예측 기술은 미래 치과 교정 시장을 선도할 핵심 기술로 주목받고 있다. 인비절라인은 전세계 수많은 치과 병원에서 사용되고 있다. 한국에서도 많은 치과 병원에서 인비절라인을 이용한 치료를 제공하고 있으며, 그 수는 지속적으로 증가하는 추세다.[326] 얼라인 테크놀로지는 인비절라인을 넘어, 치과 진료의 미래를 혁신하는 기업으로 거듭날 것이다.

스마트폰 앱으로 치아 교정
셀카 찍듯 간편하게

파리에서 탄생한 덴탈모니터링은 치아 교정의 새로운 패러다임을 제시하는 혁신 기업이다.[327] 그들의 핵심 기술은 스마트폰 앱을 이용한 원격 치아 교정 모니터링 솔루션이다. 환자는 앱을 통해 자신의 치아 사진을 찍어 전송하고, AI 알고리즘은 이를 분석하여 치아 이동 상태를 실시간으로 추적한다. 마치 셀카를 찍듯 간편하게 치아 교정 과정을 관리할 수 있는 것이다.

덴탈모니터링의 핵심 역량은 혁신적인 AI 기술과 사용자 친화적인 앱 디자인이다. 그들의 AI 알고리즘은 수백만 개의 치아 데이터를 학습하여 높은 정확도로 치아 이동 상태를 분석하고 예측한다. 직관적이고 편리한 앱 디자인은 환자들이 쉽게 치료 과정에 참여하고 관리할 수 있도록 돕는다. 이러한 기술력과 사용자 경험은 경쟁사들과 차별화하는 핵심 요소이다.

하지만 역시 약점이 있다. 원격 모니터링 시스템의 특성상, 환자의 적극적인 참여와 협조가 필수적이다. 규제 환경 변화와 데이터 보안 문제도 잠재적인 위협요인이다. 이런 위협요인을 가지고 있는 기업의 첫 번째 선택지는 끊임없는 기술 개발과 시장 확장, 이 회사 역시 이 선택지에 매진하고 있다.

덴탈모니터링의 AI 기술을 활용한 치료 예측 및 개인 맞춤형 치료 솔루션 개발은 미래 치과 교정 시장을 선도할 핵심 기술로 주목받고 있다. 단순한 원격 모니터링 기업을 넘어 치과 교정의 미래를 혁신하는 기업으로 거듭날 가능성이 있다.

덴탈모니터링은은 전세계 수많은 치과 병원과 협력하여 서비스를 제공하고 있다. 한국에서는 아직 공식 파트너 병원 목록이 공개되어 있지 않지만, 몇몇 치과에서 이들의 시스템을 도입하여 활용하고 있는 것으로 알려져 있다.[328]

빛나는 미소를 선물하는
치과 진단의 새로운 진주

실리콘 밸리의 심장부에서 탄생한 펄은 AI 기반 치과 진단 플랫폼으로 치과 진료의 미래를 밝히는 혁신 기업이다.[329] 펄은 방사선 사진 분석, 치주질환 진단, 치아 우식 감지 등 다양한 기능을 제공하며, 마치 진주처럼 숨겨진 치아 문제를 찾아내는 능력을 갖추고 있다.

펄의 핵심 역량은 딥러닝 기반의 강력한 AI 엔진과 방대한 치과 데이터다. 수백만 개의 치과 영상 데이터를 학습한 AI는 숙련된 치과의사의 눈보다 더 정확하고 빠르게 질병을 진단할 수 있다. 또 사용자 친화적인 인터페이스와 클라우드 기반 플랫폼을 통해 치과의사들이 언제 어디서든 편리하게 진단 결과를 확인하고 환자와 소통할 수 있도록 돕는다.

펄의 경쟁력은 FDA 승인을 받은 기술력과 뛰어난 사용자 경험이다. 세컨드 오피니언Second Opinion, 프랙티스 인텔리전스Practice Intelligence, 및 리빌Reveal과 같은 제품들은 치과의사들에게 정확하고 효율적인 진단 도구를 제공하며 환자들에게는 더욱 신뢰할 수 있는 치료 경험을 선사한다. 이는 펄이 북미 시장을 중심으로 빠르게 성장하고 있는 이유이기도 하다.

펄에게도 몇 가지 도전과제가 있다. 높은 초기 도입 비용과 경쟁 심화는 시장 확대에 걸림돌이 될 수 있다. AI 기술에 대한 의존도가 높아짐에 따라 발생할 수 있는 오류 및 윤리적 문제는 펄이 풀어야 할 숙제다.

그럼에도 펄은 끊임없는 연구 개발과 혁신을 통해 기술력을 강화하고 있으며, 글로벌 시장 진출을 가속화하고 있다. 특히 AI 기반 예방 치료 및 맞춤형 치료 솔루션 개발은 펄의 미래 성장 동력이 될 것이다. 펄은 단순한 진단 도구를 넘어, 치과 진료의 모든 단계를 혁신하는 플랫폼으로 발전할 잠재력을 가지고 있다.

펄은 현재 미국과 캐나다의 수많은 치과 병원에 제품을 공급하고 있으며 한국에는 아직 공식적으로 출시하지 않았다. 하지만 한국 치과계에서도 펄에 대한 관심이 높아지고 있으며 머지않아 한국 시장에도 진출할 것으로 예상된다.

한국 치과 AI 기업

한국의 치과 기업들도 새로운 시대에 기술 헤게모니를 쥐기 위해 지속해서 기술에 투자하고 시장을 공략하고 있다.

바텍, X-ray 속 비밀을 파헤치는 AI 탐정, 치과 진단의 새로운 시대를 열다

한국 치과 영상 장비 시장의 절대 강자, 바텍은 AI 기반 치과 영상 분석 소프트웨어 이지쓰리디아이Ez3D-i를 통해 X-ray 속에 숨겨진 치아의 비밀을 파헤치는 탐정 역할을 자처한다. 이지쓰리디아이는 마치 셜록 홈즈처럼 날카로운 분석력으로 치아 우식, 치주질환, 신경관 이상 등 다양한 질환을 조기에 발견하고 정확하게 진단한다.330 이는 치과 의사의 진단 능력을 향상시키고 환자에게 더욱 정확하고 효과적인 치료를 제공하는 데 기여한다.

바텍의 핵심 역량은 30년 이상 축적된 치과 영상 기술 노하우와 첨단 AI 기술의 결합이다. 이지쓰리디아이는 바텍의 오랜 경험과 전문성을 바탕으로 개발되었으며, 딥러닝 기술을 통해 지속적으로 성능을 향상시키고 있다. 사용자 친화적인 인터페이스와 다양한 편의 기능도 제공하여 치과 의사들의 진료 효율성을 높이는 데 기여한다.

바텍은 한국의 치과 영상 장비 시장 점유율 1위를 차지하며 탄탄한 입지를 구축하고 있다. 하지만 글로벌 기업과의 경쟁 심화와 AI 기술 발전에 따른 빠른 기술 변화는 끊임없는 혁신을 요구한다.

이에 맞서 바텍은 끊임없는 연구 개발과 투자를 통해 AI 기술을 고도화하고 있으며, 글로벌 시장 진출에도 박차를 가하고 있다. 특히, AI 기반 치과 진단 및 치료 계획 통합 솔루션 개발은 바텍의 미래 성장 동력이 될 것이다. 이지쓰리디아이는 한국 대부분의 치과 병·의원에서 사용되고 있으며, 서울대학교 치과병원, 연세대학교 치과대학병원, 경희대학교 치과병원 등 주요 대학병원에서도 활용되고 있다. 바텍은 단순한 영상 장비 제조업체를 넘어 치과 진료의 미래를 선도하는 혁신 기업으로 거듭날 것이다.

디오, AI 네비게이션으로 디지털 임플란트 시술의 새로운 지평을 열다

디오는 디지털 임플란트 분야의 선구자로서 AI 기반 임플란트 시술 계획 소프트웨어 디오나비DIOnavi를 통해 임플란트 시술의 정확성과 안전성을 획기적으로 높이고 있다.[331] 디오나비는 숙련된 조종사가 비행기를 안전하게 착륙시키듯, 치과의사가 임플란트를 정확한 위치에 식립할 수 있도록 안내한다. 이는 시술 시간 단축, 합병증 발생률 감소, 환자 만족도 향상 등 다양한 긍정적인 효과를 가져온다.

디오의 핵심 역량은 오랜 임플란트 기술 노하우와 첨단 디지털 기술의 융합이다. 디오나비는 경험과 전문성을 바탕으로 개발되었으며, AI 기술을 통해 지속적으로 성능을 향상시키고 있다. 디오는 자체 개발한 디지털 덴티스트리 플랫폼을 통해 임플란트 시술 전 과정을 디지털화하여 효율성을 극대화하고 있다.

디오는 국내외 임플란트 시장에서 높은 점유율을 확보하고 있으며, 특히 디지털 임플란트 분야에서는 독보적인 기술력을 자랑한다. AI 기반 맞춤형 임플란트 디자인 및 제작 솔루션 개발을 미래 성장 동력으로 삼고 있다. 디오나비는 한국 다수의 치과 병·의원에서, 특히 연세대학교 치과대학병원, 서울아산병원, 삼성서울병원 등 주요 대학병원에서 활용되고 있다.

메디파트너, 치과 진료의 만능 도우미, 원클릭으로 스마트한 진료 환경을 구축하다

메디파트너는 치과 소프트웨어 전문 기업으로, AI 기반 치과 진료 지원 시스템 원클릭OneClick을 통해 치과 진료의 효율성을 극대화하고 있다.[332] 원클릭은 마치 만능 도우미처럼 치과의사의 진료를 돕는 다양한 기능을 제공한다. 환자 정보 관리, 진료 기록 작성, 영상 자료 분석, 보험 청구 등 복잡하고 번거로운 업무를 자동화하여 치과의사가 환자 치료에 집중할 수 있도록 돕는다.

메타파트너의 핵심 역량은 20년 이상 축적된 치과 소프트웨어 개발 노하우와 첨단 AI 기술의 융합이다. 원클릭은 오랜 경험과 전문성을 바탕으로 개발되었으며, AI 기술을 통해 지속적으로 성능을 향상시키고 있다. 또한, 사용자 친화적인 인터페이스와 클라우드 기반 서비스를 제공하여 편의성을 극대화하고 있다. 원클릭은 한국 다수의 치과 병·의원에서 사용되고 있으며, 특히 개인 치과 의원에서 높은 점유율을 보이고 있다.

AI와 치과의사는 대척점에 서는가?

"과연 AI와 치과의사는 대척점에 서게 될 것인가?"는 최근 치과 분야에서 뜨겁게 논의되고 있는 질문이다. AI의 도입은 이미 우리의 일상 속에서 다양한 변화를 가져오고 있으며 치과 역시 예외가 아니다. AI는 진단의 정확성, 치료 계획의 최적화, 그리고 환자 관리에서 큰 역할을 하고 있다. 하지만 AI가 치과의사를 완전히 대체할 수 있을 것인가에 대해서는 여전히 의견이 분분하다.

현재 AI는 치과 교정 분야에서 매우 유용하게 사용되고 있다. AI는 환자의 데이터를 분석하여 최적의 치료 계획을 수립하고, 치료 과정을 시뮬레이션하여 치료 결과를 예측하는 데 도움을 준다. 이러한 기술은 환자의 만족도를 높이고 치료 시간을 단축시키는 등의 긍정적인 효과를 가져오고 있다. 그러나 AI의 능력에는 한계가 있다. AI가 데이터 분석에 뛰어난 것은 사실이지만, 인간의 직관과 경험,

그리고 환자와의 감정적 교감을 대체할 수는 없다.

AI의 도입이 모든 문제를 해결해주지는 않는다. 예를 들어 AI 시스템은 종종 학습된 데이터의 편향성을 가지며, 이는 진단 및 치료 계획에 영향을 미칠 수 있다. 시스템 오류 가능성은 여전히 존재하며 이에 대한 충분한 논의와 대비가 필요하다. AI 시스템의 판단을 맹신해서는 안 된다. 항상 인간 의사의 최종 판단이 중요하다. 환자의 개인정보 보호 문제도 간과해서는 안 된다. AI가 제공하는 데이터와 분석 결과는 치과 의사의 결정을 돕는 도구로 사용되어야 한다.

미래를 상상해보면 AI와 치과의사가 협력하는 모습이 그려진다. AI는 방대한 데이터를 빠르게 처리하고, 인간이 미처 파악하지 못한 세부적인 부분까지 분석해줄 수 있다. 그러나 최종적으로 치료 계획을 수립하고 환자와 소통하며, 치료를 진행하는 것은 치과의사의 몫이다. AI가 교정 치료를 위해 와이어를 설계하고, 로봇 팔이 이를 정확히 밴딩하는 시대가 오더라도 환자의 고통을 이해하고 치료 과정을 설명하고 최선의 결정을 내리는 것은 여전히 인간 치과 의사일 것이다.

AI는 치과 의사의 역할을 완전히 대체하기보다는 보완할 가능성이 크다. 치과 의사는 AI를 효과적으로 활용하여 환자에게 더 나은 치료를 제공할 수 있을 것이다. AI는 치료 과정에서도 발생할 수 있는 문제를 예측하고 이를 사전에 대비하는 데 큰 역할을 할 수 있다. 이는 환자의 안전을 높이고 치료 결과를 향상시키는 데 기여할 것이다. AI는 치료 중 발생할 수 있는 합병증을 예측하고 이를 미리 경고하여 치과 의사가 적절한 조치를 취할 수 있도록 돕는다. 그러나 환자는 여전히 인간 치과 의사의 신뢰와 돌봄을 필요로 한다. AI가 아무리 발전해도, 인간의 감정과 경험을 대체할 수는 없다.

앞으로 치과의사는 AI 기술을 효과적으로 활용하는 능력을 갖추어야 할 것이다. 이를 위해 치과대학들은 AI와 디지털 치의학에 대한 교육을 강화하고 있으며 이는 매우 고무적인 일이다. AI와 인간 치과의사의 협력이 최적의 치료 결과를 도출할 수 있는 방법임을 인식하고 이를 위해 노력해야 할 것이다.

결론적으로 AI 기술은 치과 교정 분야에 혁명적인 변화를 가져오고 있으며, 진단의 정확성 향상, 치료 계획의 최적화, 환자 만족도 증가 등 다양한 측면에서 긍정적인 영향을 미치고 있다. 물론 AI는 방대한 데이터를 처리하고 분석하는 데 뛰어나지만, 인간의 직관과 경험, 그리고 환자와의 상호작용을 대체할 수 없다. 따라서 AI와 인간 치과 의사의 협력이 최적의 치료 결과를 도출할 수 있는 방법이라고 할 수 있다. 앞으로 AI 기술이 발전함에 따라 치과 의사들은 AI를 효과적으로 활용하는 능력을 갖추어야 하며 이를 통해 더욱 향상된 치료를 제공할 수 있을 것이다.

이러한 변화는 우리 사회에 큰 영향을 미칠 것이다. AI와 치과 의사의 협력이 가져올 미래는 환자들에게 더 나은 치료 경험을 제공할 것이며 치과 의사들에게는 새로운 도전과 기회를 안겨줄 것이다. AI와 인간의 조화로운 협력을 통해 치과 분야는 더욱 발전하고 환자들에게 더 나은 서비스를 제공할 수 있을 것이다. 이는 궁극적으로 우리 모두에게 이익이 되는 방향으로 나아가는 길이다.

한국의 치과 AI 교육

AI의 영향력은 임상 진료실을 넘어 치과 교육과 연구 분야에도 미치고 있다. 과거에는 교정 의사의 경험과 직관이 중요했다면, 이제는 AI 시스템을 효과적으로 활용하고 그 결과를 해석하는 능력이 중요해지고 있다. 이에 따라 한국의 치과대학들은 교육 과정을 개편하고 있다.

치과대학 학생들은 이제 AI 기반의 시뮬레이션 시스템을 통해 실제 환자를 대하기 전에 다양한 임상 상황을 경험하고 훈련할 수 있게 되었다. 이는 마치 비행기 조종사가 실제 비행에 앞서 시뮬레이터로 훈련하는 것과 같은 원리다. AI는 방대한 양의 의료 데이터를 분석하여 새로운 치료법이나 약물을 개발하는 데도 큰 도움을 주고 있다. 이는 인류의 구강 건강을 증진시키는 새로운 발견의 속도를 가속화하고 있다.

한국의 치과 AI 교육은 아직 초기 단계이지만, 다양한 교육기관과 기업에서 AI 기술을 치과 분야에 접목하기 위해 활발히 노력 중이다. 연세대학교 치과대학은 AI 기반 치과 진단 및 치료 계획 수립 교육을 진행하며, 학생들에게 AI 기술의 기본 개념부터 임상 적용까지 폭넓은 교육을 제공한다.

대한치과의사협회는 AI 관련 세미나 및 워크숍을 개최하여 치과 의사들에게 AI 기술의 최신 동향과 임상 적용 사례를 소개하고 있으며, 대한디지털치의학회는 디지털 치의학 분야의 최신 기술과 연구 동향을 공유하며 AI 관련 교육 프로그램 개발에 힘쓰고 있다.

치과 영상 장비 전문 기업인 바텍은 자체 개발한 AI 기반 영상 분석 소프트웨어 교육 프로그램을 제공하고 있으며, 디지털 임플란트 전문 기업인 디오는 AI 기반 임플란트 시술 계획 소프트웨어 교육 프로그램을 운영하고 있다. 치과 소프트웨어 전문 기업인 메디파트너는 AI 기반 치과 진료 지원 시스템 교육 프로그램을 제공하여 치과 의료진의 AI 활용 능력 향상을 돕고 있다.

코세라, 에드엑스 등의 온라인 교육 플랫폼에서는 해외 유명 대학의 AI 관련 강의를 수강할 수 있다. 치과 분야에 특화된 AI 교육 프로그램도 점차 증가하는 추세이다. 이러한 플랫폼을 통해 치과 의료진은 시간과 공간에 제약 없이 AI 기술을 학습하고 자신의 역량을 강화할 수 있다. 이는 특히 바쁜 일정으로 인해 정규 교육 과정을 수강하기 어려운 치과 의료진에게 큰 도움이 된다.

한국의 치과 AI 교육은 앞서 밝힌 기반을 토대로 더욱 발전할 것이다. 치과 의료진은 AI 기술을 활용하여 환자에게 더 나은 진료 서비스를 제공할 것이다. AI는 치과의사의 능력을 증강시키고 환자에게 더 나은 치료를 제공하는 도구로 활용될 수 있다. AI와 인간의 협력은 치의학 발전의 새로운 원동력이 될 것이며 이는 궁극적으로 인류의 구강 건강 증진에 기여할 것이다.

   AI 기술은 한국의 치과 교정 분야에 혁명적인 변화를 가져오고 있다. 진단의 정확성 향상, 치료 계획의 최적화, 환자 만족도 증가 등 다양한 측면에서 긍정적인 영향을 미치고 있다. 그러나 동시에 윤리적 문제, 의사의 역할 변화, 교육 시스템의 개편 등 새로운 과제도 제시하고 있다. 앞으로 한국의 치과 교정 분야가 AI 기술을 어떻게 발전시키고 활용해나갈지, 그리고 이를 통해 어떤 새로운 가치를 창출해낼지 주목할 필요가 있다.

11장

**외과 AI,
메스를 든 낯선 존재**

✦ ✦ ✦

　서지컬 AI, 즉 외과적 AI는 현대 의학에서 가장 흥미롭고 혁신적인 분야 중 하나로 떠오르고 있다. AI 기술이 의료 분야에 미치는 영향은 매우 크다. 외과적 절차의 혁신에 있어서 AI의 역할은 날로 중요해지고 있다.

　외과적 AI는 주로 외과 수술 절차에서의 정밀도 향상, 수술 시간 단축, 환자의 회복 기간 단축, 그리고 전반적인 의료 서비스의 질 향상을 목표로 한다. 이러한 목적을 달성하기 위해, 연구자들은 다양한 AI 기술을 개발하고 적용하고 있다. 기계학습 알고리즘은 수술 절차 중 발생할 수 있는 다양한 시나리오를 예측하고, 로봇 보조 수술 시스템은 수술의 정확성을 높이며, 이미징 기술과 결합된 AI는 수술 전 계획을 보다 정밀하게 수립할 수 있도록 돕는다.

　외과적 AI는 네 가지 주요 연구 분야로 나눌 수 있다.

- 수술 계획 및 시뮬레이션: 수술 전 환자의 데이터를 분석하여 최적의 수술 경로를 설계하고, 이를 시뮬레이션하여 예상되는 결과를 미리 검토할 수 있다. 이는 수술의 성공률을 높이고, 수술 중 발생할 수 있는 위험을 최소화하는 데 큰 도움이 된다.
- 수술 중 실시간 모니터링 및 지원: 수술 중 환자의 생체신호를 실시간으로 분석하여, 외과의사에게 즉각적인 피드백을 제공함으로써 더 나은 결정을 내릴 수 있도록 돕는다.
- 수술 후 관리 및 예후 예측: AI는 수술 후 환자의 회복 과정을 모니터링하고, 예후를 예측하여 필요한 조치를 신속하게 취할 수 있도록 한다.
- AI 로봇 수술: AI가 결합된 로봇 수술 시스템은 외과의사의 수술을 보조하거나 일부 절차를 자율적으로 수행함으로써 수술의 정확성과 효율성을 크게 향상시킨다.

특히, 외과 분야는 로봇 수술을 가장 많이 활용하는 분야이기 때문에 AI의 역할이 더욱 중요하다. 로봇 수술 시스템은 외과의사에게 정밀하고 일관된 수술 절차를 가능하게 하며, 이를 통해 수술의 성공률과 안전성을 크게 향상시킨다. 이러한 로봇 수술 시스템에 AI가 결합되면, 수술 계획의 정밀도가 더욱 높아지고, 실시간 모니터링과 피드백 기능이 강화되며, 수술 후 관리가 체계적으로 이루어질 수 있다.

실제로 AI 로봇 수술이 더 효율적인 수술을 수행하는 사례들이 늘어나고 있다. 예를 들어 다빈치 수술 시스템은 AI 기반의 정교한 제어 알고리즘을 통해 외과의사의 손동작을 더욱 정밀하게 재현하며, 이를 통해 복잡한 수술도 안정적으로 수행할 수 있다. 또 다른 사례로, AI 기반의 수술 로봇인 스마트 조직 자율 로봇Smart Tissue Autonomous Robot, STAR은 자율적으로 연조직을 봉합하는 데 있어 인간 외과의사보다 더 높은 정확도를 보여주었다.[333] 이러한 혁신적인 기술들은 외과 수술의 미래를 밝게 비추고 있다.

이러한 연구를 가능하게 하는 주요 기업들과 그들이 개발한 기기들은 외과적 AI의 발전에 핵심적인 역할을 하고 있다.

- 인튜이티브 서지컬: 세계 최초의 로봇 보조 수술 시스템인 다빈치 수술 시스템을 개발하여 외과 수술의 혁신을 이끌고 있다.
- 버브 서지컬Verb Surgical: 구글과 존슨앤존슨의 합작 회사로, 로봇 수술 시스템과 AI를 결합하여 차세대 수술 플랫폼을 개발하고 있다.
- 메드트로닉, 스트라이커Stryker, 지멘스 헬시니어스: 다양한 AI 기반의 수술 기기를 개발하여 시장에 선보이고 있다.

한국에서도 외과적 AI 분야에서 두각을 나타내고 있는 기업들이 있다.

- 뷰노: AI 기반의 의료영상 분석 솔루션을 제공하여 외과적 진단과 수술 계획 수립에 도움을 주고 있다.

- 루닛: AI를 활용한 암 진단 및 치료 솔루션을 개발하고 있으며, 이로 인해 외과적 암 수술의 정확성과 효율성을 크게 향상시키고 있다.

기술의 발전과 더불어, 외과적 AI의 윤리적 문제와 법적 규제도 중요한 이슈로 떠올랐다. AI가 의료 결정에 깊숙이 관여하게 되면서, 환자의 프라이버시 보호와 AI 시스템의 투명성, 책임성 등이 중요한 논의 주제로 부각되었다. 이를 해결하기 위해 각국 정부와 학계, 산업계는 협력하여 관련 법규와 윤리 지침을 마련하고 있다.

패러다임을 전환시킨 외과 AI

AI는 현대 의학의 지평을 넓히는 핵심 동력으로, 특히 외과 분야에서의 잠재력은 무궁무진하다. AI는 정교한 알고리즘과 방대한 데이터 분석 능력을 통해 외과적 개입의 계획, 시뮬레이션, 실행 및 평가 전반에 걸쳐 혁신적인 변화를 일으키고 있다.

수술 계획 및 시뮬레이션은 환자 개개인의 특성을 고려한 맞춤형 수술 전략을 수립하고, 수술 결과를 예측함으로써 외과적 개입의 성공률을 높이고 합병증 발생률을 감소시키는 데 기여한다. 특히 딥러닝, 강화학습 등 고도화된 AI 기술은 환자의 의료영상 데이터를 정밀하게 분석하고 다양한 수술 시나리오를 시뮬레이션하여 최적의 수술 경로를 제시하는 데 활용된다. 이러한 기술적 진보는 외과의사의 의사결정을 지원하고, 수술의 정확성과 안전성을 향상시키는 데 핵심적인 역할을 수행한다.

우리는 수술 계획 및 시뮬레이션 분야의 주요 연구 동향을 소개하고자 한다. 더하여 AI 기반 수술 계획 및 시뮬레이션 기술의 임상적 효용성과 한계점을 논의하고, 해결해야 할 과제를 제시하고자 한다. 나아가 외과 AI 기술 발전이 외과의사의 역할 변화와 의료 시스템에 미칠 영향을 전망하고, 미래 외과 의료의 발전 방향을 모색해보겠다.

AI가 계획하는 수술

딥러닝 기술은 의료영상 분석, 질병 진단, 치료 계획 수립 등 다양한 의료 분야에서 혁신적인 변화를 가져오고 있다. 특히 수술 계획 분야에서 딥러닝은 환자 맞춤형 수술 전략 수립, 수술 위험 예측, 수술 결과 예측 등에 활용되어 수술 성공률을 높이고 합병증 발생률을 감소시키는 데 기여한다.

디아오 연구팀은 수술 계획 분야에서 딥러닝 기술의 중요성과 적용 사례를 포괄적으로 분석했다.[334] 이 연구에 따르면, 딥러닝 모델은 의료영상 데이터 분석, 수술 결과 예측, 수술 로봇 제어 등 다양한 영역에서 활용되고 있으며, 대량의 의료 데이터를 학습하여 복잡한 패턴을 인식하고 의사결정을 지원하는 데 큰 역할을 하고 있다.

연구는 수술 계획 분야에 적용되는 주요 딥러닝 모델로 CNN, RNN, GAN을 소개했다. CNN은 의료영상 분석에 널리 사용되어 종양 위치 탐지, 장기 분할, 수술 부위 식별 등에 활용되고 있다. RNN은 시계열 데이터 분석에 특화되어 수술 과정 예측, 수술 결과 예측 등에 사용된다. GAN은 새로운 데이터 생성에 활용되어 부족한 의료 데이터를 보완하거나 환자 맞춤형 수술 시뮬레이션 환경을 생성하는 데 기여하고 있다.

각 모델의 장단점도 분석되었는데, CNN은 이미지 분석에 강점이 있지만 3차원 의료영상 처리에 한계가 있고, RNN은 시계열 데이터 분석에 강점이 있으나 장기 의존성 문제로 학습에 어려움이 있을 수 있다. GAN은 새로운 데이터 생성에 강점이 있지만 학습 불안정성 문제가 존재한다고 지적했다.

기술의 미래 발전 방향으로는 멀티모달 데이터 융합, 설명 가능한 AI, 실시간 수술 계획 기술 개발 등을 제시했다. 이를 통해 더욱 정확하고 포괄적인 수술 계획 수립, 의사결정의 신뢰성 확보, 수술 중 실시간으로 변화하는 환자 상태 반영 등이 가능해질 것으로 전망했다.

결론적으로 이 연구는 딥러닝 기술이 수술 계획의 정확성, 효율성, 안전성을 높이는 데 크게 기여할 것으로 예상된다. 앞으로 더욱 정교하고 다양한 딥러닝 모델 개발을 통해 수술 결과를 향상시키고 환자 맞춤형 의료 서비스를 제공하는 데 중요한 역할을 할 것으로 기대된다고 강조했다.

모리스 연구팀은 수술 분야에서 AI의 현재 및 미래 응용에 대한 포괄적인 분석을 제시했다. 이 연구는 AI 기반 수술 계획 시스템의 구성 요소, 다양한 적용 사례, 그리고 AI가 수술 계획에 미치는 영향

을 상세히 설명하고 있다.[335]

연구진에 따르면 AI 기반 수술 계획 시스템은 크게 세 가지 구성 요소로 나눌 수 있다. 데이터 수집 및 전처리, AI 모델 학습 및 추론, 그리고 결과 시각화 및 의사결정 지원이다. 이러한 시스템은 환자의 의료영상, 병리 보고서, 수술 기록 등 다양한 데이터를 활용하여 최적의 수술 방법을 결정하고, 3D 모델링을 통한 수술 시뮬레이션을 가능하게 한다.

연구팀은 AI 기술이 수술 전 계획, 수술 중 실시간 가이드, 그리고 수술 후 결과 예측 등 수술의 전 과정에 걸쳐 활용될 수 있음을 강조했다. 특히 AI는 방대한 의료 데이터를 분석하여 인간이 파악하기 어려운 미세한 패턴을 발견하고, 이를 통해 수술의 정확성, 효율성, 안전성을 크게 향상시킬 수 있다고 주장한다.

연구팀은 AI 기반 수술 계획의 주요 이점으로 수술 시간 단축, 합병증 감소, 환자 회복 촉진 등을 제시했다. 환자 개개인의 특성을 고려한 맞춤형 수술 계획 수립이 가능해져 수술 성공률과 환자 만족도를 높일 수 있다고 설명했다. 더불어 AI 시스템은 수술 중 발생 가능한 위험 요소를 사전에 예측하고 대비할 수 있게 하며, 의료 접근성이 낮은 지역에서도 표준화된 고품질의 수술 계획을 제공할 수 있다고 강조했다.

그러나 AI 기반 수술 계획 시스템의 개발 및 임상 적용에 있어 여전히 해결해야 할 과제들이 있음을 지적했다. 고품질의 의료 데이터 확보와 표준화, AI 모델의 설명 가능성 향상, 학습 데이터의 편향성 문제, AI 시스템 오류에 대한 책임 소재 규명, 그리고 환자 데이터 보안 및 개인정보 보호 등이다. AI 도입에 따른 외과의사의 역할 변화에 대비한 적절한 교육 및 훈련 시스템 구축의 필요성도 언급했다.

결론적으로 연구팀은 AI 기반 수술 계획이 외과 분야에 혁신적인 변화를 가져올 잠재력을 지니고 있지만, 이를 안전하고 효과적으로 활용하기 위해서는 지속적인 연구 개발과 사회적 논의가 필요하다고 강조했다. AI 기술의 장점을 극대화하고 한계점을 보완해 나가는 균형 잡힌 접근이 중요하며, 이를 통해 AI 기반 수술 계획이 환자 맞춤형 의료 서비스 제공 및 수술 결과 향상에 크게 기여할 수 있을 것으로 전망했다.

수술을 시뮬레이션하는 AI

수술 시뮬레이션은 실제 수술 환경을 모방하여 외과의사의 훈련 및 교육, 수술 계획 수립, 새로운 수술 기법 개발 등에 활용되는 중요한 기술이다. 덩킨 연구팀의 논문 〈외과 시뮬레이션: 최신 사례 Surgical Simulation: A Current Review〉는 수술 시뮬레이션 기술의 현황, 다양한 플랫폼, 모델링 기술, 평가 방법, 그리고 외과 교육 및 훈련에 미치는 영향을 정리했다.[336]

연구팀은 수술 시뮬레이션 기술이 외과 교육 및 훈련에 필수적인 도구로 자리 잡았으며, 실제 수술 환경을 모방하여 외과의사의 기술 향상, 수술 합병증 감소, 환자 안전 증진에 기여한다고 강조했다. 또한 수술 시뮬레이션 기술은 새로운 수술 기법 개발 및 평가, 수술 계획 수립, 의료기기 개발 등 다양한 분야에서 활용될 수 있다고 설명한다.

논문에서는 다양한 수술 시뮬레이션 플랫폼을 소개한다. 대표적인 플랫폼으로는 VR 기반 시뮬레이터, AR 기반 시뮬레이터, 로봇 기반 시뮬레이터, 그리고 컴퓨터 기반 시뮬레이터가 있다. 각 플랫폼은 고유한 장점과 단점을 가지고 있으며, 수술 종류, 훈련 목표, 예산 등에 따라 적절한 플랫폼을 선택해야 한다.

수술 시뮬레이션의 핵심은 실제 수술 환경을 얼마나 정확하게 모방하는가에 달려 있다. 논문에서는 다양한 시뮬레이션 모델링 기술을 소개하며, 물리 기반 모델링, 통계 기반 모델링, 이미지 기반 모델링, 그리고 하이브리드 모델링 등이 있다. 각 모델링 기술은 장단점을 가지고 있으며, 수술 종류, 시뮬레이션 목표, 사용 가능한 데이터 등에 따라 적절한 기술을 선택해야 한다.

수술 시뮬레이션의 효과를 평가하는 것은 훈련 프로그램 개발 및 개선에 필수적이다. 논문에서는 다양한 시뮬레이션 평가 방법을 소개한다. 기술 평가, 비기술 평가, 그리고 결과 평가 등이 있다. 기술 평가는 수술 기술 숙련도를 평가하며, 비기술 평가는 의사결정 능력, 상황 판단 능력 등을, 결과 평가는 시뮬레이션 훈련이 실제 수술 결과에 미치는 영향을 평가한다.

연구에 따르면 수술 시뮬레이션 기술은 외과 교육 및 훈련에 긍정적인 영향을 미친다. 시뮬레이션 훈련은 실제 환자에게 위험을 초래하지 않으면서 반복적인 연습을 가능하게 한다. 그래서 수술 기술 숙련도를 향상시키고, 수술 합병증 발생률을 감소시키며, 환자 안전을 증진시킨다. 시뮬레이션 훈련은 의사결정 능력, 상황 판단 능력, 팀워크 능력 등 비기술적인 측면도 향상시킬 수 있다.

연구팀은 수술 시뮬레이션 기술의 현황과 미래 발전 가능성도 종합적으로 제시한다.[337] 수술 시뮬레이션 기술은 외과 교육 및 훈련뿐 아니라 수술 계획 수립, 새로운 수술 기법 개발, 의료기기 개발 등 다양한 분야에서 활용될 수 있는 잠재력을 지니고 있다. 앞으로 더욱 정교하고 현실적인 시뮬레이션 모델의 개발, 효과적인 평가 방법의 개발, 그리고 다양한 분야로의 기술 확장을 통해 수술 시뮬레이션 기술은 외과 분야의 발전에 기여할 것으로 기대된다.

VR 기술은 외과 교육 및 훈련 분야에서 혁신적인 변화를 가져오고 있다. 실제 수술 환경을 모방한 VR 시뮬레이션은 외과의사의 기술 습득 및 향상, 수술 합병증 감소, 환자 안전 증진에 기여할 수 있다.[338]

마오의 연구팀은 VR 기반 수술 시뮬레이션이 외과의사의 수술 기술 습득 및 향상에 효과적이라는 다수의 연구 결과를 제시한다. VR 시뮬레이션은 실제 수술 환경과 유사한 환경을 제공하여 반복적인 연습을 가능하게 하고, 실시간 피드백을 제공하여 학습 효과를 높인다. VR 시뮬레이션은 수술 중 발생할 수 있는 다양한 상황에 대한 대처 능력을 향상시키고 수술 합병증 발생률을 감소시키는 데 기여한다.

연구팀은 VR 기반 수술 시뮬레이션은 다음과 같은 장점을 가지고 있다고 했다.

- 현실적인 몰입감: VR 기술은 실제 수술 환경과 유사한 시각, 청각, 촉각적 경험을 제공하여 높은 몰입감을 제공한다. 이는 외과의사의 학습 효과를 높이고, 실제 수술에 대한 자신감을 향상시키는 데 기여한다.
- 반복적인 연습: VR 시뮬레이션은 실제 환자에게 위험을 초래하지 않으면서 반복적인 연습을 가능하게 한다. 이는 외과의사의 수술 기술 숙련도를 향상시키는 데 효과적이다.
- 다양한 수술 시나리오 제공: VR 시뮬레이션은 다양한 난이도의 수술 시나리오를 제공하여 외과의사의 숙련도에 맞춰 훈련을 진행할 수 있다. 응급 상황, 합병증 발생 상황 등 다양한 상황에 대한 대처 능력을 향상시키는 데도 도움을 준다.
- 객관적인 평가 및 피드백 제공: VR 시뮬레이션은 수술 과정을 기록하고 분석하여 객관적인 평가 및 피드백을 제공한다. 이는 외과의사의 학습 효과를 높이고, 부족한 부분을 개선하는 데 도움을 준다.

그러나 연구팀은 VR 기반 수술 시뮬레이션은 다음과 같은 한계점을 가지고 있다고 주장했다.

- 높은 비용: VR 시뮬레이션 시스템 구축 및 운영에는 높은 비용이 소요된다. 이는 VR 시뮬레이션의 보급 및 활용에 제약이

될 수 있다.
- 제한적인 촉각 피드백: 현재 VR 기술은 시각 및 청각 피드백은 제공하지만, 촉각 피드백은 제한적이다. 이는 실제 수술 환경과의 차이를 발생시켜 훈련 효과를 저해할 수 있다.
- 표준화된 평가 기준 부족: VR 시뮬레이션 훈련의 효과를 평가하는 표준화된 기준이 부족하다. 이는 VR 시뮬레이션 훈련의 효과를 객관적으로 평가하고 비교하는 것을 어렵게 만든다.

VR 기반 수술 시뮬레이션 기술의 발전을 위한 미래 연구 방향도 제시한다.

- 저비용 VR 시뮬레이션 시스템 개발: VR 시뮬레이션의 보급 및 활용을 위해 저렴하고 접근성이 높은 VR 시뮬레이션 시스템 개발이 필요하다.
- 촉각 피드백 기술 개선: 실제 수술 환경과 유사한 촉각 피드백을 제공하여 훈련 효과를 높이는 기술 개발이 필요하다.
- 표준화된 평가 기준 개발: VR 시뮬레이션 훈련의 효과를 객관적으로 평가하고 비교할 수 있는 표준화된 평가 기준 개발이 필요하다.
- AI 기술과의 융합: AI 기술을 활용하여 VR 시뮬레이션의 현실감과 몰입감을 높이고, 개인 맞춤형 훈련 프로그램 제공 및 자동 평가 시스템 개발 등 다양한 분야에서 협력 연구가 필요하다.

VR 기반 수술 시뮬레이션은 외과 교육 및 훈련 분야에서 혁신적인 기술로 주목받고 있다. VR 시뮬레이션은 실제 수술 환경과 유사한 환경을 제공하여 외과의사의 기술 습득 및 향상, 수술 합병증 감소, 환자 안전 증진에 기여할 수 있다. 하지만 높은 비용, 제한적인 촉각 피드백, 표준화된 평가 기준 부족 등 해결해야 할 과제들이 남아 있다. 앞으로 저비용 VR 시뮬레이션 시스템 개발, 촉각 피드백 기술 개선, 표준화된 평가 기준 개발, 그리고 AI 기술과의 융합 연구를 통해 VR 기반 수술 시뮬레이션 기술은 더욱 발전하고 외과 분야에 혁신을 가져올 것으로 기대된다.

일라이자 연구팀은 복강경 수술에서의 VR과 AI 기술의 적용에 대해 포괄적인 분석을 제시했다.[339] 이 연구는 복강경 담낭절제술을 포함한 다양한 복강경 수술에서 VR과 AI 기반 시뮬레이션 시스템의 잠재적 이점과 현재의 한계점을 탐구했다.

연구팀에 따르면, AI 기반 수술 시뮬레이션 시스템은 실제 수술 환경을 높은 정확도로 모방할 수 있는 잠재력을 가지고 있다. 이러한 시스템은 일반적으로 물리 기반 시뮬레이션 엔진, AI 기반 수술 튜터, 다양한 수술 시나리오 등의 요소로 구성된다. 물리 기반 시뮬레이션은 실제 수술 도구와 장기의 물리적 특성을 모방하여 현실적인 피드백을, 그리고 수술 과정을 실시간으로 분석하고 평가하여 맞춤형 지도를 제공한다.

연구팀은 이러한 시스템이 외과 전공의들의 수술 기술 향상에 유의미한 영향을 미칠 수 있다고 보고했다. 시뮬레이션 훈련을 받은 전공의들은 수술 시간 단축, 정확도 향상, 합병증 발생률 감소 등의 개선을 보였다. 이 시스템은 다양한 난이도와 합병증 상황을 포함한 여러 수술 시나리오를 제공하여 폭넓은 훈련 경험을 가능하게 한다.

그러나 연구팀은 현재 시스템의 한계점도 지적했다. 제한적인 햅틱 피드백, 다양한 수술 시나리오의 부족, 장기적인 훈련 효과 검증의 어려움 등이 주요 과제로 언급되었다. 특히, 현실적인 촉각 피드백 제공의 어려움은 실제 수술 환경과의 차이를 완전히 극복하기 어렵게 만드는 요인이다.

연구팀은 이러한 한계에도 불구하고 AI 기반 수술 시뮬레이션 기술이 외과 교육 및 훈련 분야에서 혁신적인 도구로 자리잡을 것으로 전망했다. 이 기술은 외과의사의 수술 기술 숙련도를 향상시키고, 다양한 상황에 대한 대처 능력을 키우는 데 기여할 수 있다. 객관적인 평가와 피드백 제공을 통해 학습 효과를 높이고 개선점을 파악하는 데도 도움을 줄 수 있다.

결론적으로, 이 연구는 AI 기반 수술 시뮬레이션 시스템이 복강경 수술 훈련에 효과적으로 활용될 수 있음을 보여준다. 앞으로 햅틱 피드백 기술 개선, 다양한 수술 시나리오 개발, 장기적인 훈련 효과 검증 등을 통해 시스템을 발전시켜 나간다면, 외과의사의 수술 기술 향상에 더욱 크게 기여할 수 있을 것으로 기대된다.

수술실의 혁신

수술은 외과의사의 경험과 기술에 크게 의존하는 고도의 전문 분야다. 하지만 아무리 숙련된 의사라도 수술 중 발생하는 모든 변수를 예측하고 대응하기는 어렵다. 이러한 한계를 극복하기 위해 AI 기반 실시간 모니터링 및 지원 시스템이 등장했다. AI는 환자의 생체신호, 수술 영상 등 다양한 데이터를 실시간으로 분석하여 외과의사에게 즉각적인 피드백을 제공하고 의사결정을 지원하여 수술의 안전성과 효율성을 높이는 데 기여한다.

AI 기반 실시간 모니터링 기술은 수술 중 환자의 생체신호(심박수, 혈압, 호흡수 등)와 수술 영상 데이터를 실시간으로 분석하여 이상 징후를 조기에 감지하고 외과의사에게 경고를 제공한다. 이는 수술 중 발생할 수 있는 합병증이나 응급 상황에 대한 신속한 대처를 가능하게 하여 환자 안전을 증진시키는 데 기여한다.

생체신호 분석

AI 기술, 특히 딥러닝과 머신러닝 알고리즘은 환자의 생체신호 패턴을 학습하고 분석하여 정상 범위를 벗어나는 이상 징후를 조기에 감지하는 데 혁신적인 역할을 하고 있다. 이러한 기술은 의료 분야에서 예방 의학과 개인화된 치료의 새로운 지평을 열고 있으며, 환자 모니터링의 정확성과 효율성을 크게 향상시키고 있다.

AI 알고리즘은 대량의 환자 데이터를 학습함으로써 개인의 고유한 생체신호 패턴을 이해하고, 이를 바탕으로 미세한 변화나 이상을 감지할 수 있다. 이는 전통적인 모니터링 방식으로는 놓치기 쉬운 조기 경고 신호를 포착할 수 있게 해준다. 예를 들어 ECG 데이터에서 AI는 인간 전문가가 쉽게 식별하지 못하는 미묘한 패턴 변화를 감지하여 심장 질환의 조기 징후를 알려줄 수 있다.

AI 기반 시스템은 실시간으로 대량의 데이터를 처리할 수 있어 연속적인 모니터링도 가능하다. 이는 특히 중환자실이나 원격 의료 환경에서 중요한 역할을 한다. 환자의 상태가 급격히 변할 수 있는 상황에서 AI는 24시간 지속적으로 모니터링하며 즉각적인 경고를 제공할 수 있다.

AI의 또 다른 강점은 다양한 생체신호를 통합적으로 분석할 수 있다는 점이다. 심박수, 혈압, 호흡률, 체온 등 여러 생체신호를 동시에 고려하여 보다 정확한 건강 상태 평가를 수행할 수 있다. 이는 단일 지표만으로는 파악하기 어려운 복잡한 건강 상태나 질병의 조기 발견에 도움을 준다.

더불어, AI 알고리즘은 학습을 통해 지속적으로 성능을 개선할 수 있다. 새로운 데이터가 추가될수록 알고리즘의 정확도와 신뢰성이 향상되며, 이는 보다 정밀한 이상 징후 감지로 이어진다. 이러한 특성은 의료기술의 발전과 함께 AI 시스템의 성능이 계속해서 향상될 수 있음을 의미한다.

로리첸 연구팀은 〈전자건강기록 사건 시퀀스에 대한 딥러닝을 활용한 패혈증 조기 탐지Early detection of sepsis utilizing deep learning on electronic health record event sequences〉 연구에서 EHR의 이벤트 시퀀스를 활용한 딥러닝 모델을 개발하여 패혈증의 조기 감지를 시도했다.[340] 연구팀은 덴마크의 지역 병원에서 수집한 대규모 EHR 데이터를 사용하여 RNN 기반의 딥러닝 모델을 구축했다. 이 모델은 환자의 생체신호, 검사 결과, 투약 정보 등을 시간 순서대로 분석하여 패혈증 발생 위험을 예측했다. 연구 결과 개발된 AI 모델은 기존의 임상 점수 시스템보다 높은 정확도로 패혈증을 조기에 감지할 수 있었으며, 특히 발병 전 평균 36시간 전에 높은 예측 성능을 보여주었다. 이는 중환자실에서의 신속한 중재와 치료 결정에 큰 도움을 줄 수 있는 가능성을 제시했다

AI 기반 생체신호 모니터링 시스템의 발전은 의료기기 및 소프트웨어 업계에도 큰 영향을 미치고 있다. 필립스 헬스케어Philips Healthcare, GE 헬스케어, 지멘스 헬시니어스와 같은 글로벌 의료기기 기업들은 AI 기술을 적극적으로 도입하여 자사의 모니터링 시스템을 고도화하고 있다. 이들 기업은 센서 기술, 데이터 분석 능력, AI 알고리

즘 개발 등에서 핵심 역량을 보유하고 있으며, 지속적인 연구 개발을 통해 시장을 선도하고 있다.

한편, 애플, 구글, 삼성전자 등 기술 기업들도 웨어러블 디바이스와 AI를 결합한 건강 모니터링 솔루션을 개발하며 이 분야에 진출하고 있다. 이들 기업은 소비자 기기에 대한 전문성과 대규모 사용자 데이터를 바탕으로, 일상생활에서의 지속적인 건강 모니터링 서비스를 제공하고 있다. 특히 애플의 경우, 애플워치를 통한 심전도 측정과 부정맥 감지 기능으로 주목받고 있으며, FDA 승인을 받아 의료기기로서의 위상을 확보했다.

AI 기반 생체신호 모니터링의 발전은 의료 서비스의 패러다임을 변화시키고 있다. 이는 질병의 조기 발견과 예방, 개인화된 치료, 원격 의료의 확대 등을 가능하게 하며, 궁극적으로 의료의 질 향상과 비용 절감에 기여할 것으로 전망된다. 그러나 이러한 기술의 광범위한 적용을 위해서는 데이터의 정확성, 알고리즘의 신뢰성, 환자 프라이버시 보호 등의 과제를 해결해야 한다.

이 연구는 AI를 활용한 생체신호 분석의 잠재력을 잘 보여주는 사례이다. 특히 패혈증과 같이 신속한 진단과 치료가 중요한 질환에서 AI의 활용 가능성을 입증했다는 점에서 의의가 있다. 또한, 이 연구는 실제 임상 데이터를 사용하여 모델을 개발하고 검증했다는 점에서 실용성이 높다. 그러나 이 연구는 단일 지역의 데이터만을 사용했다는 한계가 있으며, 다양한 인구 집단과 의료 환경에서의 검증이 필요하다. AI 모델의 의사결정 과정에 대한 설명 가능성을 높이는 것도 향후 과제로 남아 있다. 이러한 한계점들을 극복하고 AI 기술을 더욱 발전시켜나간다면, 환자의 생체신호 모니터링과 질병 예방에 있어 획기적인 진전을 이룰 수 있을 것이다.

AI 기반
실시간 지원 기술

AI 기반 실시간 지원 기술은 수술 중 외과의사에게 필요한 정보를 제공하고, 의사결정을 지원하여 수술의 정확성과 효율성을 높인다. AI는 수술 전 계획된 정보와 실시간 수술 영상을 비교 분석하여 수술 도구의 위치 및 이동 경로를 안내한다.[341] 이는 수술의 정확성을 높이고, 주변 조직 손상을 최소화하는 데 도움을 준다.

연구진은 외과 데이터 과학 분야의 개념부터 임상 적용까지 포괄적인 내용을 연구했다. 이 논문은 외과 데이터 과학을 수술 중 생성되는 방대한 데이터를 수집, 분석, 모델링하여 수술 결과를 향상시키는 새로운 연구 분야로 정의했다. 특히, 데이터 획득, 저장, 접근을 위한 기술적 인프라, 데이터 주석 및 공유, 데이터 분석 등 외과 데이터 과학의 주요 구성 요소를 자세히 밝혔다. 규제 제약, 데이터 품질 및 표준화, 개인정보 보호 등 외과 데이터 과학 분야의 현재 과제를 제시하고, 이를 해결하기 위한 기술 개발 및 임상 적용 로드맵도 제시했다. 더불어 외과 데이터 과학 분야의 발전이 수술 결과 향상, 환자 안전 증진, 의료 비용 절감 등 다양한 긍정적인 영향을 가져올 수 있음을 강조하며, 미래 외과 분야의 혁신을 위한 중요한 연구 방향을 제시했다.

AI 기술은 수술 영상을 분석하여 현재 수술 단계를 자동으로 인식하고, 다음 단계에 필요한 정보나 도구를 추천하는 데 활용되고 있다. 이러한 기술은 수술 시간 단축 및 효율성 향상에 크게 기여하고 있으며, 수술실에서의 의사결정 지원 시스템으로서 중요한 역할을 하고 있다.

진 연구팀은 〈SV-RCNet: 순환 합성곱 신경망을 이용한 수술 영상의 워크플로우 인식SV-RCNet: Workflow Recognition From Surgical Videos Using Recurrent Convolutional Network〉이라는 연구에서 수술 비디오에서 워크플로우를 인식하기 위한 새로운 딥러닝 모델인 SV-RCNet을 제안했다. 연구팀은 복강경 수술 비디오 데이터를 사용하여 수술 단계를 자동으로 인식하는 시스템을 개발했다. SV-RCNet은 CNN과 RNN을 결합한 하이브리드 모델로, 수술 비디오의 공간적 특성과 시간적 특성을 동시에 학습할 수 있도록 설계되었다. CNN 컴포넌트는 각 프레임에서 시각적 특징을 추출하고, RNN 컴포넌트는 이러한 특징들의 시간적 순서를 학습하여 수술 단계를 예측했다. 연구 결과, SV-RCNet은 기존의 방법들보다 높은 정확도로 수술 단계를 인식할 수 있었으며, 특히 복잡한 수술 워크플로우에서도 강건한 성능을 보여주었다.

이러한 AI 기반 수술 워크플로우 인식 기술은 여러 가지 측면에서 수술 분야에 혁신을 가져올 수 있다. 첫째, 실시간 수술 단계 인식을 통해 수술팀에게 현재 상황에 대한 객관적인 정보를 제공할 수 있다. 이는 특히 긴 시간 동안 진행되는 복잡한 수술에서 팀원들의 상황 인식을 향상시키고 의사소통을 개선하는 데 도움이 된다.

둘째, 수술 훈련 및 평가 분야에서 중요한 도구로 활용될 수 있다. AI 시스템이 수술 비디오를 자동으로 분석하고 각 단계별 수행 시간과 정확성을 평가한다면, 외과 전공의들의 수술 기술 향상을 위한 객관적이고 상세한 피드백의 제공이 가능해진다.

셋째, 수술 로봇 시스템과의 통합을 통해 더욱 정교한 로봇 보조 수술을 수행할 수 있다. AI가 수술 단계를 인식하고 다음 단계를 예측할 수 있다면, 로봇 시스템이 적절한 시점에 필요한 도구를 준비하거나 최적의 위치로 이동하는 등의 지능적인 보조가 가능해진다.

넷째, 수술 계획 수립과 자원 관리 최적화에도 기여할 수 있다. 수술 단계별 소요 시간을 정확히 예측할 수 있다면, 수술실 스케줄링과 인력 배치를 더욱 효율적으로 관리하게 된다.

이 분야의 발전은 의료기기 및 소프트웨어 업계에도 큰 영향을 미치고 있다. 인튜이티브 서지컬, 메드트로닉, 스트라이커와 같은 수술 로봇 제조사들은 AI 기반 워크플로우 인식 기술을 자사의 로봇 시스템에 통합하려는 노력을 기울이고 있다. 이들 기업은 로봇 공학, 컴퓨터 비전, AI 알고리즘 개발 등에서 핵심 역량을 보유하고 있으며, 이를 바탕으로 더욱 지능적이고 자율적인 수술 보조 시스템을 개발하고 있다.

구글 헬스 같은 대형 기술 기업들도 의료 AI 분야에 진출하여 수술 워크플로우 분석과 의사결정 지원 시스템 개발에 참여한다. 이들 기업은 대규모 데이터 처리 능력과 첨단 AI 기술을 바탕으로, 의료진들이 더 나은 결정을 내리도록 지원하는 솔루션을 제공한다.

연구팀은 AI를 활용한 수술 워크플로우 인식 기술의 발전 가능성을 잘 보여주는 사례다.[342] SV-RCNet 모델은 복잡한 수술 과정을 자동으로 인식하고 분류할 수 있는 능력을 입증했으며, 이는 수술실에서의 AI 활용을 한 단계 더 발전시킨 것으로 평가할 수 있다. 특히 CNN과 RNN을 결합한 하이브리드 접근 방식은 수술 비디오의 공간적, 시간적 특성을 동시에 고려할 수 있게 해주어 보다 정확하고 강건한 워크플로우 인식을 가능하게 했다.

그러나 이 연구에도 몇 가지 한계점이 있다. 첫째, 연구에 사용된 데이터셋이 제한적이어서 모델의 일반화 능력에 대한 추가적인 검증이 필요하다. 둘째, 실제 수술실 환경에서의 실시간 성능에 대한 평가가 이루어지지 않았다. 셋째, 모델의 의사결정 과정에 대한 설명 가능성이 부족하여 의료진들이 AI 시스템의 판단을 완전히 신뢰하기 어려울 수 있다.

이러한 한계점들을 극복하기 위해서는 더 많은 수술 데이터의 수집과 공유, 실제 임상 환경에서의 장기간 테스트, 그리고 설명 가능한 AI 기술의 개발 등이 필요할 것이다. AI 시스템의 오류 가능성을 고려한 안전 메커니즘의 구축과 의료진의 최종 판단을 존중하는 보조적 역할에 대한 명확한 가이드라인 수립도 중요한 과제이다.

결론적으로, 이 연구는 AI 기반 수술 워크플로우 인식 기술의 발전 가능성을 잘 보여주고 있으며, 이는 수술의 안전성과 효율성을 크게 향상시킬 수 있는 잠재력을 가지고 있다. 앞으로 이 분야의 지속적인 연구와 발전을 통해 AI 기술이 수술실에서 더욱 중요한 역할을 담당하게 될 것으로 전망된다.

구니 연구팀은 AI가 수술 계획, 영상 분석, 로봇 수술, 수술 후 관리 등 다양한 영역에서 활용되고 있음을 보여준다.[343] 특히 딥러닝, 머신러닝, 자연어처리 등 AI 기술은 "외과의사의 의사결정을 지원하고, 수술 정확도와 효율성을 높이며, 환자 안전을 증진시키는 데 기여한다."고 주장했다. 수술 중 발생하는 다양한 상황에 대한 정보를 제공하고, 가능한 치료 옵션을 제시하여 외과의사의 의사결정을 지원한다는 것이다. 이들의 연구는 외과 분야에서 AI의 현재 응용과 미래 가능성을 조망했다. 저자들은 AI가 외과 분야에 혁신적인 변화를 가져올 잠재력을 강조하며, AI 기반 수술 로봇의 발전, 개인 맞춤형 수술 계획, 수술 후 예후 예측 등을 통해 외과 수술이 더욱 정밀하고 안전하며 효율적으로 발전할 것으로 전망했다.

외과 AI
미래 전망

AI 기반 실시간 모니터링 및 지원 시스템은 아직 초기 단계이지만, 미래 외과 수술에 혁신적인 변화를 가져올 잠재력이 크다. 앞으로 더욱 정교하고 다양한 AI 기술이 개발되고 적용될 것으로 예상된다.

- 개인 맞춤형 수술 지원: AI는 환자 개개인의 특성을 고려하여 맞춤형 수술 계획, 실시간 모니터링, 의사결정 지원을 제공할 수 있다. 이는 수술 결과를 향상시키고 합병증 발생률을 감소

시키는 데 기여할 것이다.
- 자율 수술 로봇: AI 기술 발전은 외과의사의 개입을 최소화하는 자율 수술 로봇 개발로 이어질 수 있다. 하지만 이는 윤리적, 법적 문제를 야기할 수 있으며, 충분한 사회적 논의와 합의가 필요하다.
- AR과 VR 기술과의 융합: AR 및 VR 기술은 수술 시뮬레이션 및 훈련뿐 아니라 실제 수술 환경에서도 활용될 수 있다. 두 기술의 융합은 수술 정확도와 효율성을 더욱 향상시킬 것이다.
- 빅데이터 및 클라우드 기반 플랫폼: 방대한 의료 데이터를 효율적으로 저장, 분석, 활용할 수 있는 빅데이터 및 클라우드 기반 플랫폼 구축은 AI 기반 수술 시스템의 발전에 필수적이다. 이는 의료 데이터 공유 및 협력 연구를 촉진하고, AI 모델의 성능을 향상시키는 데 기여할 것이다.

예후 예측과
맞춤형 치료

 수술 후 관리는 환자의 빠른 회복과 합병증 예방에 있어 매우 중요한 단계다. 하지만 개별 환자의 특성과 수술 종류에 따라 회복 과정과 예후는 다르게 나타날 수 있으며, 이러한 변수를 모두 고려하여 최적의 치료 계획을 수립하는 것은 쉽지 않다. 최근 AI 기술은 수술 후 환자의 회복 과정을 모니터링하고, 예후를 예측하여 맞춤형 치료 계획을 수립하는 데 활용되면서 수술 후 관리 분야에 새로운 가능성을 제시하고 있다.
 AI 기반 수술 후 관리 시스템은 현대 의료기술의 혁신적인 발전을 보여주는 중요한 사례. 이 시스템은 환자의 다양한 데이터를 실시간으로 수집하고 분석하여 회복 과정을 세밀하게 모니터링하고, 잠재적인 합병증을 예측하는 데 중요한 역할을 한다. 이는 단순한 기술적 진보를 넘어, 환자 중심의 의료 서비스를 구현하는 핵심 도구로 자리잡고 있다.

수술 후 관리는 환자의 완전한 회복과 삶의 질 향상을 위해 매우 중요하다. 전통적인 방식에서는 의료진의 경험과 주기적인 검사에 의존해왔지만, AI 기반 시스템의 도입으로 이 과정이 더욱 정밀하고 효율적으로 변화하고 있다. AI는 환자의 생체신호, 검사 결과, 수술 기록, 투약 정보 등 다양한 데이터를 통합적으로 분석하여 환자의 현재 상태를 정확히 파악하고, 향후 발생 가능한 문제를 예측한다.

이러한 AI 시스템의 가장 큰 장점은 개별 환자에 대한 맞춤형 관리가 가능하다는 점이다. 각 환자의 고유한 특성과 회복 패턴을 학습한 AI는 개인화된 치료 계획을 제안할 수 있다. 예를 들어, 특정 환자의 혈압이 수술 후 정상 범위를 벗어나는 경향이 있다면, AI는 이를 조기에 감지하고 적절한 조치를 권고한다. 이는 합병증 예방과 빠른 회복에 크게 기여한다.

AI 기반 시스템은 24시간 연속적인 모니터링이 가능하다는 점에서 큰 이점을 가진다. 인간 의료진의 한계를 보완하여 밤낮없이 환자의 상태를 감시하고, 이상 징후가 발견되면 즉시 알림을 보낼 수 있다. 이는 특히 중환자 관리에서 중요한 역할을 한다. 한순간의 방심이 환자의 생명을 위협할 수 있다. AI의 지속적인 감시는 환자 안전을 크게 향상시킨다.

더불어 AI 시스템은 방대한 의료 데이터를 학습하여 인간 전문가가 놓칠 수 있는 미세한 패턴이나 관계를 발견할 수 있다. 이는 합병증 예측의 정확도를 높이고, 새로운 의학적 통찰을 제공하는 데 기여한다. 가령 특정 유형의 수술 후 발생하는 합병증과 환자의 유전적 특성 사이의 연관성을 발견할 수 있다.

스탬 연구팀은 AI를 활용한 수술 합병증 예측에 대한 체계적 문헌 고찰을 수행했다.[344] 연구팀은 주요 복부 수술을 받은 환자들을 대상으로 한 AI 기반 합병증 예측 모델에 관한 연구들을 분석했다. 그들은 20개의 관련 연구를 검토했고 이 중 대부분의 연구에서 AI 모델이 전통적인 통계 모델보다 우수한 예측 성능을 보였다고 보고했다. 특히 심부 정맥 혈전증, 수술 부위 감염, 폐렴 등의 합병증 예측에서 AI 모델이 높은 정확도를 보였다. 그러나 연구팀은 대부분의 연구가 단일 기관에서 수행되었고, 외부 검증이 부족하다는 한계점도 지적했다.

AI 기반 수술 후 관리 시스템의 발전은 의료기기 및 소프트웨어 산업에도 큰 영향을 미치고 있다. 필립스 헬스케어, GE 헬스케어, 지멘스 헬시니어스와 같은 글로벌 의료기기 기업들은 AI를 접목한 환자 모니터링 시스템을 개발하고 있다. 이들 기업은 센서 기술, 데이터 분석, AI 알고리즘 개발 등에서 핵심 역량을 보유하고 있으며 지속적인 연구 개발을 통해 더욱 정교한 시스템을 선보이고 있다.

IBM 왓슨 헬스, 구글 헬스 등 대형 기술 기업들도 의료 AI 분야에 진출하여 수술 후 관리 솔루션을 개발하고 있다. 이들 기업은 빅데이터 처리 능력과 첨단 AI 기술을 바탕으로 더욱 정확하고 효율적인 환자 관리 시스템을 구축하고 있다.

그러나 AI 기반 수술 후 관리 시스템의 광범위한 도입을 위해서는 여전히 해결해야 할 과제들이 있다. 첫째, 데이터의 정확성과 표준화 문제이다. 다양한 의료기관에서 수집되는 데이터의 형식과 품질을 일관되게 유지하는 것이 중요하다. 둘째, 환자 개인정보 보호와 데이터 보안 문제이다. 민감한 의료 정보를 다루는 만큼, 철저한 보안 체계 구축이 필요하다. 셋째, AI 시스템의 판단에 대한 설명 가능성 문제이다. 의료진과 환자가 AI의 의사결정 과정을 이해하고 신뢰할 수 있어야 한다.

이 연구는 AI 기반 수술 합병증 예측 모델의 잠재력을 종합적으로 평가했다는 점에서 의의가 있다. 이 연구는 AI 모델이 전통적인 방법보다 우수한 예측 성능을 보일 수 있음을 확인했다. 그러나 이 연구에서도 몇 가지 한계점이 지적되었다. 첫째, 분석된 연구들 간의 이질성이 높아 직접적인 비교가 어렵다는 점이다. 둘째, 대부분의 연구가 후향적 데이터를 사용했기 때문에, 실제 임상 환경에서의 성능을 완전히 반영하지 못할 수 있다. 셋째, AI 모델의 설명 가능성에 대한 평가가 부족했다.

AI 기반 수술 후 관리 시스템은 환자 안전과 의료 서비스 질 향상에 큰 기여를 할 수 있는 유망한 기술이다. 연구 결과는 이러한 시스템의 잠재력을 뒷받침한다. 앞으로 더 많은 전향적 연구와 다기관 검증을 통해 AI 모델의 일반화 가능성을 높이고, 실제 임상 환경에서의 효과를 입증해야 할 것이다. AI 모델의 설명 가능성을 향상시키고, 윤리적, 법적 문제들을 해결해나가는 노력도 필요하다. 기술은 인간의 능력을 확장한다. AI 시스템은 의료진의 역량을 더욱 강화하여 궁극적으로 환자에게 더 나은 치료를 제공하는 데 기여할 것이다.

AI 로봇 수술

로봇 수술은 외과 분야에서 혁신적인 변화를 가져온 기술이다. 특히, AI와의 결합은 로봇 수술의 가능성을 더욱 확장시키고 있다. AI 로봇 수술 시스템은 외과의사의 손을 넘어 더욱 정밀하고 안전한 수술을 가능하게 한다. AI는 수술 계획 수립, 로봇 제어, 실시간 영상 분석, 수술 후 관리 등 다양한 단계에서 외과의사를 보조하거나 일부 절차를 자율적으로 수행하며 수술의 정확성과 효율성을 크게 향상시킨다.

여기서는 AI 로봇 수술의 현재와 미래를 조망하고, 관련 연구 동향, 기술적 발전, 임상 적용 사례, 그리고 극복해야 할 과제를 살펴본다.

AI 로봇 수술 시스템의 구성 요소

AI 로봇 수술 시스템은 외과의사의 손길을 대신하여 정교하고 안전한 수술을 수행하는 마법과도 같은 존재다. 이 마법의 중심에는 바로 로봇 플랫폼이 자리한다. 로봇 플랫폼은 인간의 한계를 뛰어넘는 정밀성과 섬세함으로 수술 도구를 자유자재로 움직이며, 마치 예술 작품을 창조하듯 수술을 진행한다. 로봇 플랫폼의 핵심 구성 요소는 다음과 같다.

- 로봇 팔: 로봇 플랫폼의 손이라고 할 수 있는 로봇 팔은 인간의 손목보다 더 자유로운 움직임을 구현하며, 좁은 공간에서도 정밀한 수술 동작을 수행한다. 마치 뱀처럼 유연하게 움직이는 로봇 팔은 360도 회전, 꺾임, 떨림 없는 안정적인 움직임을 통해 외과의사의 손길을 완벽하게 재현한다.
- 3차원 영상 시스템: 로봇 플랫폼의 눈이라고 할 수 있는 3차원 영상 시스템은 수술 부위를 다양한 각도에서 고화질로 보여준다. 이는 마치 수술 부위를 확대경으로 들여다보는 것과 같아, 외과의사는 더욱 정확하고 안전하게 수술을 진행할 수 있다. 3차원 영상 시스템은 수술 부위의 깊이 정보를 제공하여 로봇 팔의 움직임을 정확하게 제어하는 데도 도움을 준다.
- 제어 콘솔: 로봇 플랫폼의 두뇌라고 할 수 있는 제어 콘솔은 외과의사가 로봇 팔을 원격으로 조작하고 수술 과정을 실시간

으로 모니터링할 수 있도록 한다. 외과의사는 편안한 자세로 콘솔에 앉아 3차원 영상을 보면서 로봇 팔을 조작하며, 마치 비디오 게임을 하듯 수술을 진행한다. 제어 콘솔은 외과의사의 손동작을 로봇 팔의 움직임으로 변환하는 역할을 하며, 햅틱 피드백 기능을 통해 외과의사가 수술 도구를 통해 느끼는 감각을 전달하기도 한다.

로봇 수술의 영혼, AI 알고리즘

AI 로봇 수술 시스템은 로봇 플랫폼이라는 육체에 AI 알고리즘이라는 영혼을 불어넣어 비로소 완성된다. AI 알고리즘은 수술 계획 수립, 로봇 제어, 영상 분석 등 다양한 작업을 수행하며, 로봇 플랫폼의 잠재력을 극대화한다. AI 알고리즘은 마치 로봇 플랫폼의 조력자이자 스승과도 같아, 수술의 정확성과 효율성을 높이는 데 결정적인 역할을 한다. AI 알고리즘의 주요 기능은 다음과 같다.

- 수술 계획 수립: AI 알고리즘은 환자의 의료영상 데이터를 분석하여 종양의 위치, 크기, 주변 조직과의 관계 등을 파악하고, 이를 바탕으로 최적의 수술 계획을 수립한다. 이는 마치 건축가가 건물 설계도를 그리듯, 외과의사가 수술 전략을 세우는 데 도움을 준다.

- 로봇 제어: AI 알고리즘은 수술 중 실시간으로 수술 영상을 분석하고, 로봇 팔의 움직임을 정밀하게 제어한다. 이는 마치 자동차의 자율 주행 시스템처럼, 로봇 팔이 스스로 판단하고 움직여 수술을 진행하는 것을 가능하게 한다.
- 영상 분석: AI 알고리즘은 수술 영상에서 종양, 혈관, 신경 등 중요한 구조물을 자동으로 식별하고, 이를 기반으로 수술 도구의 위치를 추적하고 안내한다. 이는 마치 내비게이션 시스템처럼 외과의사가 수술 부위를 정확하게 파악하고 수술 도구를 안전하게 조작하는 데 도움을 준다.

로봇 수술의 소통 창구, 사용자 인터페이스

AI 로봇 수술 시스템의 사용자 인터페이스는 외과의사와 로봇 플랫폼 사이의 소통 창구 역할을 한다. 직관적이고 사용하기 쉬운 인터페이스는 외과의사가 로봇 시스템을 효과적으로 제어하고, 수술 과정을 실시간으로 모니터링할 수 있도록 돕는다. 사용자 인터페이스의 주요 기능은 다음과 같다.

- 로봇 팔 조작: 외과의사는 조이스틱, 터치스크린 등 다양한 입력 장치를 통해 로봇 팔을 조작한다. 사용자 인터페이스는 외과의사의 손동작을 로봇 팔의 움직임으로 변환하여 정밀하고

섬세한 수술 동작을 가능하게 한다.
- 3차원 영상 시각화: 사용자 인터페이스는 수술 부위의 3차원 영상을 고화질로 제공하여 외과의사가 수술 부위를 정확하게 파악하고, 수술 도구의 위치를 확인할 수 있도록 돕는다.
- 수술 정보 제공: 사용자 인터페이스는 수술 계획, 환자 정보, 수술 진행 상황 등 다양한 정보를 실시간으로 제공하여 외과의사의 의사결정을 지원한다.
- 햅틱 피드백: 일부 사용자 인터페이스는 햅틱 피드백 기능을 제공하여 외과의사가 수술 도구를 통해 느끼는 감각을 전달한다. 이는 수술의 정확성과 안전성을 높이는 데 도움을 준다.

AI 로봇 수술의 미래 전망

AI 로봇 수술은 아직 초기 단계이지만, 미래 외과 수술에 혁신적인 변화를 가져올 잠재력이 크다. 다음과 같이, 더욱 정교하고 다양한 AI와 로봇 기술이 개발되고 적용될 것으로 예상된다.

개인 맞춤형 수술 지원

AI는 환자 개개인의 특성을 고려하여 맞춤형 수술 계획, 실시간 모니터링, 의사결정 지원을 제공할 수 있다. 이는 수술 결과를 향상시키고 합병증 발생률을 감소시키는 데 기여할 것이다. 린 연구팀은 현대 이미지 유도 수술 분야의 의료영상 처리 및 시각화 기술에 대한 포괄적인 개요를 제시했다.345 이 연구는 이미지 유도 수술에서의 최신 기술 동향과 딥러닝을 포함한 AI 기술의 적용에 대해 상세히 설명하고 있다.

이미지 유도 수술은 수술 중 실시간으로 촬영된 영상을 활용하여 수술 도구의 위치를 추적하고 수술 부위를 정확하게 파악함으로써 수술의 정확성과 안전성을 높이는 기술이다. 연구팀은 이 분야에서 딥러닝 기술이 영상 분할, 수술 도구 추적, 수술 단계 인식, 수술 결과 예측 등 다양한 작업에 활용되어 수술 효율성을 높이고 환자의 예후를 개선하는 데 기여하고 있다고 설명한다.

연구팀은 다양한 딥러닝 모델(CNN, RNN, GAN 등)이 이미지 유도 수술에 어떻게 적용되고 있는지 자세히 분석했다. CNN은 수술 부위 분할, 장기 및 해부학적 구조물 인식에 널리 활용되고 있으며, RNN은 수술 도구의 움직임을 추적하고 예측하는 데 사용되고 있다. GAN은 부족한 의료영상 데이터를 생성하거나 수술 시뮬레이션 환경을 구축하는 데 활용될 잠재력이 있다.

연구팀은 특히 의료영상 처리 기술의 발전이 이미지 유도 수술의 정확성과 효율성을 크게 향상시켰다고 강조한다. 가령 수술 전 계획 단계에서의 3D 영상 재구성 기술, 수술 중 실시간 영상 정합 기술, AR을 활용한 수술 내비게이션 시스템 등이 이미지 유도 수술의 핵심 요소로 자리잡고 있다고 설명한다.

연구팀은 딥러닝 기반 이미지 유도 수술 기술의 임상적 적용 사례들도 소개하고 있다. 신경외과, 정형외과, 복강경 수술 등 다양한 분야에서 딥러닝 기술이 적용되어 수술의 정확성과 안전성을 높이고 있다는 점을 구체적인 예시와 함께 설명한다.

그러나 이러한 기술의 발전 가능성을 높이 평가하면서도 몇 가지 해결 과제를 제시한다. 딥러닝 모델 학습에 필요한 대규모의 고품질 의료영상 데이터 확보, 딥러닝 모델의 해석 가능성 및 신뢰성 확보, 그리고 다양한 수술 환경에 적용 가능한 범용적인 딥러닝 모델 개발 등이 앞으로 해결해야 할 과제로 지적됐다. 특히, 의료영상의 특수성(개인정보 보호, 데이터의 희소성 등)으로 인한 데이터 확보의 어려움과 실시간 처리의 필요성으로 인한 계산 효율성 문제 등이 주요 과제로 언급됐다.

더불어 연구팀은 이미지 유도 수술 기술의 윤리적, 법적 측면에 대해서도 논의했다. AI 시스템의 의사결정에 대한 책임 소재, 환자 데이터의 보안과 프라이버시 보호, 그리고 AI 시스템의 오류 가능성에 대한 대비책 등이 중요한 고려사항으로 제시됐다.

이 연구는 이미지 유도 수술 분야에서의 최신 기술 동향과 향후 발전 방향을 포괄적으로 제시했다는 점에서 큰 의의가 있다. 특히 딥러닝 기술의 적용 사례와 잠재력을 상세히 분석함으로써 이 분야의 연구자들과 임상의들에게 유용한 통찰을 제공하고 있다.

그러나 이 연구에도 몇 가지 한계점이 있다. 첫째, 서술적 리뷰의 특성상 체계적인 문헌 검색과 분석이 이루어지지 않았을 수 있다. 둘째, 기술의 임상적 효과성에 대한 정량적 분석이 부족하다. 셋째, 신기술 도입에 따른 비용-효과성 분석이 충분히 다루어지지 않았다.

결론적으로 이 연구는 이미지 유도 수술 분야에서 딥러닝 기술의 중요성과 잠재력을 잘 보여주고 있다. 앞으로 이 분야에서는 더욱 정교한 AI 모델 개발, 대규모 다기관 임상 연구를 통한 효과성 검증, 그리고 윤리적, 법적 문제에 대한 대응 방안 마련 등이 중요한 연구 주제가 될 것으로 보인다. 이미지 유도 수술 기술은 외과의사의 역량을 더욱 강화하여 궁극적으로 환자에게 더 안전하고 효과적인 수술 서비스를 제공하는 데 기여할 것으로 기대된다.

자율 수술 로봇

AI 기술의 급속한 발전은 의료 분야에 혁명적인 변화를 가져오고 있으며, 특히 외과 영역에서 그 영향력이 두드러지고 있다. 외과의사의 개입을 최소화하는 자율 수술 로봇의 개발은 이러한 변화의 정점에 있다고 할 수 있다. 이는 수술의 정확성과 효율성을 획기적으로 향상시킬 수 있는 잠재력을 가지고 있지만, 동시에 복잡한 윤리적, 법적 문제를 야기할 수 있는 양면성을 지니고 있다.

자율 수술 로봇의 개발은 인간의 한계를 뛰어넘는 정밀성과 지속성을 제공할 수 있다. 예를 들어 인간의 손 떨림이나 피로로 인한 오류를 최소화하고 24시간 연속 작업이 가능한 로봇의 특성을 활용하여 수술의 질을 높일 수 있다. AI 기술을 통해 방대한 의료 데이터를 분석하고 최적의 수술 방법을 선택할 수 있는 능력은 인간 의사의 경험과 지식을 보완하고 확장할 수도 있다.

그러나 이러한 기술의 발전은 동시에 심각한 윤리적, 법적 문제를 제기한다. 가장 큰 문제는 책임 소재의 불명확성이다. 자율 수술 로봇이 오작동하거나 예상치 못한 상황에서 잘못된 판단을 내릴 경우 그 책임을 누구에게 물을 것인가? 로봇 제조사? 프로그래머? 병원? 수술을 감독한 의사에게 책임을 물어야 하는가? 이는 단순한 법적 문제를 넘어서 의료 윤리의 근본적인 재정립을 요구하는 문제다.

환자의 동의와 선택권 문제도 중요하게 대두된다. 환자가 인간 의사 대신 로봇에 의한 수술을 선택할 권리가 있는가? 혹은 로봇 수술을 거부할 권리는 어떻게 보장될 수 있는가? 이는 환자의 자기결정권과 의료 서비스 접근성 사이의 균형을 어떻게 맞출 것인가에 대한 복잡한 문제를 제기한다.

더불어, 의료 데이터의 프라이버시와 보안 문제도 간과할 수 없다. AI 기반 의료 시스템은 방대한 양의 개인 의료 정보를 처리하게 되는데 이 과정에서 데이터 유출이나 해킹의 위험성이 존재한다. 특히, 수술 로봇이 네트워크에 연결되어 있다면 이는 심각한 보안 위협이 될 수 있다.

이러한 문제들을 해결하기 위해서는 충분한 사회적 논의와 합의가 필요하다. 의료계, 법조계, 윤리학자, 기술 전문가, 그리고 일반 시민들이 참여하는 광범위한 토론을 통해 AI 의료기술의 발전 방향과 한계를 설정해야 한다. 기술은 양날의 검일 수 있다. AI 의료기술의 혜택을 최대화하면서도 그 위험성을 최소화할 수 있는 균형점을 찾아야 한다.

한편, AI 기술은 수술 로봇 외에도 의료영상 분석, 질병 진단, 치료 계획 수립, 예후 예측 등 다양한 영역에서 의료 서비스의 질을 향상시키고 의료진의 업무 효율성을 높이는 데 크게 기여하고 있다. 특히 딥러닝 기술은 의료 데이터 분석에 혁신적인 변화를 가져왔다.

의료영상 분석 분야에서 AI는 이미 인간 전문가의 능력을 뛰어넘는 성과를 보여주고 있다. 딥러닝 알고리즘은 X-ray, CT, MRI 등의 의료영상에서 종양이나 질병의 징후를 높은 정확도로 감지할 수 있다. 이는 조기 진단율을 높이고 치료 성공률을 향상시키는 데 크게 기여한다.

질병 진단 영역에서도 AI의 활용이 확대되고 있다. 다양한 임상 데이터와 유전체 정보를 종합적으로 분석하여 정확한 진단을 내리고, 때로는 인간 의사가 놓칠 수 있는 희귀질환을 식별하는 데 도움을 준다.

치료 계획 수립에 있어서도 AI는 중요한 역할을 한다. 개별 환자의 특성, 질병의 진행 상태, 과거 치료 이력 등을 종합적으로 고려하여 최적의 치료 방법을 제안할 수 있다. 이는 개인화 의료의 실현을 앞당기는 핵심 기술이 될 것이다.

예후 예측 분야에서 AI의 성과는 특히 주목할 만하다. 방대한 양의 환자 데이터를 학습한 AI 모델은 개별 환자의 치료 반응과 장기적인 예후를 높은 정확도로 예측할 수 있다. 이는 의료진이 더 나은 의사결정을 내리고, 환자와 보호자에게 더 정확한 정보를 제공하는 데 도움을 준다.

이러한 AI 기술의 발전은 의료진의 업무 효율성을 크게 향상시킨다. 반복적이고 시간 소모적인 작업을 AI가 대신함으로써, 의료진은 더 중요하고 복잡한 의사결정에 집중할 수 있게 된다. 이는 결과적으로 의료 서비스의 질적 향상으로 이어진다.

그러나 AI 기술의 의료 분야 적용에는 여전히 해결해야 할 과제들이 있다. 첫째, AI 모델의 '블랙박스' 문제다. 많은 딥러닝 모델은 그 의사결정 과정을 명확히 설명하기 어려운데, 이는 의료와 같이 높은 신뢰성과 설명 가능성이 요구되는 분야에서 중요한 문제가 된다. 둘째, 데이터의 품질과 다양성 문제다. AI 모델의 성능은 학습 데이터의 질에 크게 의존하는데 의료 데이터의 경우 개인정보 보호 문제로 인해 충분한 양의 고품질 데이터를 확보하기 어려운 경우가 많다. 셋째, AI 시스템의 편향성 문제다. 학습 데이터에 내재된 편향이 AI 모델의 판단에 영향을 미칠 수 있으며 이는 의료 형평성 문제로 이어질 수 있다.

이러한 과제들을 해결하기 위해서는 기술 혁신뿐 아니라 제도적, 윤리적 측면에서의 노력도 필요하다. 설명 가능한 AI 기술 개발, 의료 데이터 공유를 위한 표준화된 프레임워크 구축, AI 시스템의 공정성을 평가하고 보장하기 위한 가이드라인 수립 등이 요구된다.

토폴은 〈고성능 의학: 인간과 인공지능의 융합 High-performance medicine: the convergence of human and artificial intelligence〉 연구에서 AI 기술과 인간 의료진의 협력이 미래 의료의 핵심이 될 것이라고 주장했다.[346] 그는 AI가 의사의 능력을 증강시켜 더 나은 의료 서비스를 제공할 수 있게 할 것이라고 전망했다. 특히 AI가 루틴한 작업을 자동화함으로써 의사들이 환자와의 소통, 복잡한 의사결정, 감정적 지원 등 인간만이 할 수 있는 영역에 더 집중할 수 있게 될 것이라고 강조했다.

결론적으로 AI 기술의 의료 분야 적용은 엄청난 잠재력과 동시에 복잡한 과제를 안고 있다. 이는 단순한 기술적 혁신을 넘어 의료의 본질과 의사의 역할에 대한 근본적인 재고를 요구한다. 기술은 우리가 어떻게 사용하는지에 따라 축복이 될 수도, 재앙이 될 수도 있다. AI 의료기술의 발전 방향을 올바르게 설정하고 관리하는 것이 우리 시대의 중요한 과제일 것이다. 앞으로 의료 분야에서 AI의 역할은 더욱 확대될 것이며, 이는 의료 서비스의 질적 향상과 효율성 증대로 이어질 것이다. 그러나 동시에 우리는 기술의 발전이 인간의 존엄성과 윤리적 가치를 훼손하지 않도록 지속적인 성찰과 논의를 이어가야 할 것이다.

AR·VR 기술과의 융합

AR와 VR 기술은 외과 수술 분야에 혁명적인 변화를 가져오고 있다. 이 기술들은 수술 시뮬레이션과 훈련에서 시작하여 이제는 실제 수술 환경에서도 활발히 활용되고 있으며, AI과의 융합을 통해 그 잠재력을 더욱 확장하고 있다.

AR 기술은 실제 수술 환경에 디지털 정보를 겹쳐 보여줌으로써 외과의사에게 중요한 해부학적 구조물, 종양의 위치, 혈관의 경로 등을 직관적으로 제시할 수 있다. 이는 마치 외과의사가 X-ray 비전을 가진 것처럼 환자의 내부 구조를 '볼 수 있게' 해준다. 이러한 기능은 특히 복잡한 수술이나 최소 침습 수술에서 큰 도움이 된다.

VR 기술은 주로 수술 훈련과 시뮬레이션에 활용되고 있다. 완전한 가상 환경에서 외과 전공의들은 실제 환자에 대한 위험 없이 다양한 수술 시나리오를 반복적으로 연습할 수 있다. 이는 실수를 통해 배우되, 환자의 희생은 없어야 한다는 의료 교육의 이상을 실현하는 데 크게 기여한다.

AI와 AR·VR 기술의 융합은 이러한 가능성을 더욱 확장시킨다. AI는 방대한 의료 데이터를 분석하여 최적의 수술 계획을 수립하고, 이를 AR을 통해 수술 현장에서 실시간으로 제공할 수 있다. 훈련 시스템에 AI를 접목하면 각 훈련생의 수행 능력을 정확히 평가하고 개인화된 피드백을 제공할 수도 있다.

테퍼 연구팀은 〈혼합 현실과 홀로렌즈: 수술실에서 VR과 AR이 만나는 지점Mixed Reality with HoloLens: Where Virtual Reality Meets Augmented Reality in the Operating Room〉 연구에서 혼합 현실 기술의 수술실 적용 가능성을 탐구했다.[347] 연구팀은 마이크로소프트 홀로렌즈Microsoft HoloLens를 사용하여 수술 중 3D 홀로그램을 통해 환자의 해부학적 정보를 시각화하는 시스템을 개발했다. 이 시스템은 외과의사가 수술 중 손을 사용하지 않고도 음성 명령이나 제스처로 필요한 정보를 확인할 수 있게 해주었다. 연구 결과 이 기술이 수술의 정확성과 효율성을 향상시킬 수 있는 잠재력을 가지고 있음을 확인했다.

AR·VR 기술의 수술 분야 적용은 아직 초기 단계에 있지만, 그 잠재력은 무궁무진하다. 앞으로 이 기술들이 더욱 발전하고 보편화됨에 따라, 우리는 보이지 않는 것을 보고, 만질 수 없는 것을 만지는 새로운 차원의 수술 경험을 하게 될 것이다. 이는 궁극적으로 환자의 안전과 치료 결과 개선으로 이어질 것이다.

딥러닝 기반 영상 분석

AI과 딥러닝 기술의 발전은 이미지 유도 수술 분야에 혁명적인 변화를 가져오고 있다. 이미지 유도 수술은 실시간으로 촬영된 영상을 활용하여 수술 도구의 위치를 정확히 추적하고 수술 부위를 명확하게 파악함으로써 수술의 정확도와 안전성을 크게 향상시키는 기술이다. AI는 이러한 과정을 더욱 정교하고 효율적으로 만들어주고 있다.

AI는 수술 중 실시간으로 촬영되는 영상을 즉각적으로 분석하여 수술 부위를 정확하게 식별한다. 이는 마치 외과의사에게 초인적인 시력을 부여하는 것과 같다. AI는 인간의 눈으로는 쉽게 구분하기 어려운 미세한 조직의 차이도 감지할 수 있으며, 종양과 정상 조직의 경계를 명확히 구분할 수 있다. AI는 수술 부위 주변의 중요한 혈관이나 신경 등의 위치를 실시간으로 파악하여 의사에게 알려줌으로써 수술 중 발생할 수 있는 심각한 합병증을 예방하는 데도 도움을 준다.

딥러닝 기술은 이미지 유도 수술의 성능을 한 단계 더 높였다. 딥러닝 모델은 수많은 수술 영상 데이터를 학습하여 다양한 상황에서의 최적의 수술 경로를 제안한다. 복잡한 뇌 수술에서 딥러닝 모델은 종양에 접근하는 가장 안전하고 효율적인 경로를 실시간으로 계산하여 제시한다.

더 나아가 AI는 수술 중 발생할 수 있는 예기치 못한 상황에 대해서도 신속하게 대응할 수 있도록 돕는다. 출혈이 발생하거나 예상치 못한 해부학적 변이가 발견될 경우 AI는 즉시 이를 감지하고 대안적인 수술 계획을 제시한다. 이를 통해 수술실에서도 계획은 항상 변한다는 군사 전략가 헬무트 폰 몰트케의 말을 진정으로 염두에 둘 수 있게 되었다.

AI와 딥러닝 기술을 활용한 이미지 유도 수술은 의료의 미래를 보여주는 중요한 지표다. 이 기술은 외과의사의 능력을 증강시켜 더 정확하고 안전한 수술을 가능케 하며, 궁극적으로 환자의 치료 결과를 개선하는 데 기여할 것이다. 기술은 의사를 대체하는 것이 아니라 더 나은 의사를 만든다. AI는 의료진의 판단을 보조하고 강화하는 강력한 도구로 자리잡을 것이다.

강화 학습 기반 로봇 제어

로봇 보조 수술 분야에서 강화 학습의 적용은 의료기술의 혁신적 발전을 이끌고 있다. 강화 학습은 AI가 환경과 상호작용하며 스스로 학습하고 최적의 행동을 선택하는 능력을 갖추게 하는 기술로, 수술 로봇의 움직임을 최적화하고 수술 도구 조작의 정확성과 안정성을 크게 향상시킨다. 치엔과 런에 따르면, 강화 학습은 수술 도구 조작, 수술 경로 계획, 수술 시뮬레이션, 그리고 수술 중 의사결정 등 다양한 영역에서 활용될 잠재력을 지니고 있다.[348]

이러한 기술의 발전은 수술의 정확성과 효율성을 높이는 데 큰 기여를 할 것으로 예상된다. 강화 학습을 통해 로봇은 복잡한 수술 환경에서도 빠르고 정확하게 대응할 수 있게 되며, 이는 궁극적으로 환자의 안전과 수술 결과 개선으로 이어질 것이다. 로봇이 메스를 들면, 인간의 손 떨림은 역사가 된다. 강화 학습 기반의 로봇 수술은 인간의 한계를 뛰어넘는 정밀성을 제공할 수 있다.

그러나 이러한 발전 가능성에도 불구하고, 몇 가지 중요한 과제가 남아있다. 보상 함수 설계, 탐험과 활용의 균형 유지, 그리고 안전성 보장 등은 여전히 해결해야 할 핵심 문제들이다. 특히 의료 분야에서는 안전성이 무엇보다 중요하기 때문에, 강화 학습 알고리즘의 신뢰성과 예측 가능성을 확보하는 것이 필수적이다. 로봇의 실수는 인간의 생명을 대가로 한다. 그렇기에 기술의 발전에 있어 무엇보다도 중요한 것은 신중함과 책임감이다.

미래에는 더욱 발전된 강화 학습 기술을 통해 수술 결과를 크게 향상시키고, 환자에게 더 나은 의료 서비스를 제공할 수 있을 것으로 기대된다. 이는 단순히 수술의 정확성을 높이는 것을 넘어, 수술 시간 단축, 회복 기간 감소, 그리고 수술 후 합병증 위험 감소 등 다양한 측면에서 환자의 삶의 질 향상에 기여할 것이다.

강화 학습은 로봇 보조 수술 분야의 미래를 혁신할 핵심 기술로 자리잡고 있다. 이는 단순한 기술적 진보를 넘어 의료의 패러다임을 변화시킬 수 있는 잠재력을 지니고 있다. AI가 의사의 손이 되고, 로봇이 환자의 수호자가 되는 날이 머지않아 현실이 될 것이다. 강화 학습과 로봇 수술의 융합에 대한 지속적인 연구와 투자는 미래 의료 기술 발전의 핵심 동력이 될 것이며, 이는 궁극적으로 인류의 건강과 웰빙 향상에 크게 기여할 것이다.

AI 로봇 수술의
윤리적, 사회적 문제

AI 로봇 수술은 기술적인 발전과 더불어 윤리적, 사회적 문제에 대한 논의도 필요하다. 특히, AI의 자율성 증가는 책임 소재, 의사결정 권한, 환자 안전 등 다양한 윤리적 문제를 야기할 수 있다. 수술 중 예상치 못한 상황 발생 시 AI와 외과의사 중 누가 책임을 져야 하는지, AI의 판단이 항상 옳은지, 환자의 개인정보는 어떻게 보호해야 하는지 등에 대한 논의가 필요하다.

AI 로봇 수술은 의료 불평등을 심화시킬 우려도 제기된다. 고가의 AI 로봇 수술 시스템은 대형 병원 위주로 도입될 가능성이 높다. 이는 의료 서비스 접근성 격차를 더욱 심화시킬 수 있다. 따라서 AI 로봇 수술 기술의 혜택이 모든 환자에게 공평하게 돌아갈 수 있도록 사회적 논의와 정책적 지원이 필요하다.

AI 로봇 수술은 외과 분야의 미래를 혁신할 핵심 기술이다. AI 기술의 발전과 함께 로봇 수술은 더욱 정밀하고 안전하며 효율적인 수술을 가능하게 할 것이다. 하지만 기술적인 한계점과 윤리적, 사회적 문제를 해결하기 위한 지속적인 연구와 논의가 필요하다. AI 로봇 수술이 인류의 건강 증진에 기여할 수 있도록 기술 발전과 더불어 사회적 책임을 다하는 노력이 필요하다.

외과 AI 솔루션의 춘추전국

외과 AI 로봇 시장은 인튜이티브 서지컬이라는 거대한 제국이 군림하는 가운데, 새로운 도전자들이 AI라는 강력한 무기를 들고 왕좌를 노리는 춘추전국시대를 방불케 한다. 인튜이티브 서지컬은 다빈치 시스템으로 시장을 선점하며 독보적인 위치를 차지하고 있지만, 지멘스 헬시니어스, 메드트로닉, 바이케리어스 서지컬 등 신흥 강자들의 등장으로 경쟁 구도는 더욱 치열해지고 있다.

인튜이티브 서지컬은 20년 이상 축적된 방대한 수술 데이터와 숙련된 기술력을 바탕으로 다빈치 시스템의 성능을 지속적으로 개선하고 있으며, 다양한 수술 분야에 적용 가능한 폭넓은 포트폴리오를 구축하여 시장 지배력을 유지하고 있다. 하지만 높은 가격과 유지보수 비용, 경쟁사의 저가 공세 등은 약점으로 지적된다.

지멘스 헬시니어스는 의료영상 분야에서 강점을 가진 기업으로,

AI 기반 영상 분석 기술을 활용하여 수술 계획 수립, 수술 중 실시간 가이드, 수술 후 결과 예측 등 다양한 솔루션을 제공하고 있다. AI 기술을 통해 수술 정확도와 효율성을 높이고 환자 맞춤형 치료를 제공하는 데 주력하고 있다.

메드트로닉은 최소 침습 수술 분야에서 강점을 가진 기업으로, AI 로봇 수술 시스템 '휴고 RAS$^{Hugo™ RAS}$'를 출시하여 로봇 수술 시장에 본격적으로 진출했다. 휴고 RAS는 모듈식 디자인과 개방형 플랫폼을 특징으로 하며 다양한 수술 환경에 적용 가능하다는 장점을 가지고 있다. 메드트로닉은 AI 기술을 활용하여 로봇 수술 시스템의 성능을 향상시키고 수술 결과를 개선하는 데 집중하고 있다.

바이케리어스 서지컬은 혁신적인 수술 로봇 시스템을 개발하여 시장에 도전장을 내밀었다. 이 회사의 로봇 시스템은 소형 로봇 팔과 9개의 카메라를 통해 인체 내부를 360도 시야로 확인할 수 있으며, VR 기술을 활용하여 외과의사에게 몰입감 있는 수술 경험을 제공한다. AI 기술을 접목하여 수술 계획 수립, 로봇 제어, 영상 분석 등을 지원하며 수술의 정확성과 안전성을 높이는 데 주력하고 있다.

미래에는 AI 기술의 발전과 함께 외과 AI 로봇 시장은 더욱 급격하게 성장할 것으로 예상된다. 인튜이티브 서지컬은 AI 기반 수술 로봇 시스템의 성능을 더욱 고도화하고, 다양한 수술 분야로 적용 범위를 확대하여 시장 지배력을 유지하려 한다. 지멘스 헬시니어스는 AI 기반 영상 분석 기술을 더욱 발전시켜 수술 계획 및 가이드의 정확도를 높이고 환자 맞춤형 치료 솔루션을 제공하는 데 주력한다. 메드트로닉은 휴고 RAS 시스템의 성능을 개선하고 AI 기반 수술 지원 기능을 강화하여 시장 점유율 확대를 시도한다. 바이케리어스 서지컬은 혁신적인 로봇 디자인과 VR 기술, AI 기반 수술 지원 기능을 결합하여 기존 로봇 수술 시스템과 차별화된 경쟁력을 확보하고 시장에 안착하려 한다.

이러한 경쟁 속에서 각 기업들은 AI 기술을 활용하여 수술 로봇의 자율성을 높이고 수술 중 실시간 의사결정 지원, 수술 후 환자 관리 등 다양한 분야에서 새로운 서비스를 마련하고 있다. 빅데이터 분석을 통해 수술 결과 예측 및 개인 맞춤형 수술 계획 수립이 가능해질 것이며 AR 기술과의 융합을 통해 외과의사의 시야를 확장하고 수술 정확도를 높이는 노력도 계속될 것이다.

결국 외과 AI 로봇 시장은 AI 기술을 얼마나 효과적으로 활용하고, 혁신적인 서비스를 제공하는지에 따라 승패가 결정된다. 이러한 경쟁은 궁극적으로 환자에게 더 나은 의료 서비스를 제공하고 외과 수술 분야의 발전을 가속화하는 데 기여한다.

지능형 로봇으로 진화 중인 다빈치

인튜이티브 서지컬은 1995년 설립된 미국의 의료기기 회사로, 로봇 보조 수술 시스템인 다빈치$^{da\ Vinci}$ 시스템으로 유명하다. 실리콘 밸리의 천재들이 모여 "어떻게 하면 외과의사들이 더 편하게 수술할 수 있을까?"라는 질문에 답을 찾다가 탄생한 회사다. 마치 비디오

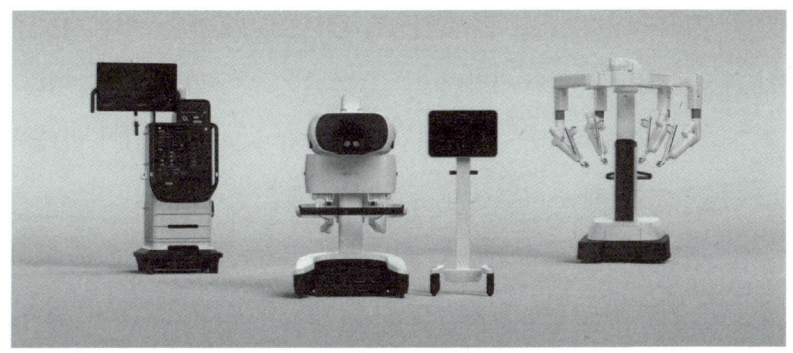
이전 세대보다 1만 배 더 강력한 컴퓨팅 성능을 가진 다빈치5.

게임을 하듯 수술할 수 있게 만들겠다는 야심 찬 목표로 시작해, 지금은 전 세계 수술실을 점령한 로봇 제국의 황제가 되었다.[349]

인튜이티브 서지컬의 핵심 역량은 정밀한 로봇 제어 기술과 3D 고해상도 영상 시스템이다. 외과의사의 손 움직임을 정확하게 로봇팔로 전달하는 기술은 마치 마법처럼 느껴질 정도다. 게다가 최근에는 AI를 결합하여 수술 중 실시간으로 중요 조직을 식별하고 최적의 수술 경로를 제안하는 기능까지 추가했다. 이 회사의 다빈치 시스템은 전립선 절제술, 자궁 절제술 등 다양한 수술에서 사용되며 최소 침습 수술을 가능케 하여 환자의 회복 시간을 크게 단축시켰다.

하지만 인튜이티브 서지컬에게도 약점은 있다. 높은 가격이 바로 그것이다. 다빈치 시스템 한 대의 가격이 수백만 달러에 달해, 많은 병원들이 선뜻 구매를 결정하지 못한다. 게다가 유지보수 비용도 만만치 않아, 일부에서는 '로봇 수술의 비용 효율성'에 의문을 제기하기도 한다. 최근에는 경쟁 업체들의 등장으로 시장 점유율 하락 위협에 직면해 있다. 특히 존슨앤존슨, 메드트로닉 같은 거대 의료기기 회사들이 로봇 수술 시장에 뛰어들면서 경쟁이 치열해지고 있다.

그럼에도 인튜이티브 서지컬의 미래는 밝아 보인다. AI와 빅데이터 기술을 접목해 스마트한 수술 로봇을 개발 중이며, 원격 수술 기술도 준비하고 있다. 미래에는 의사가 뉴욕에 앉아서 서울에 있는 환자를 수술하는 날이 올지도 모른다. 어쩌면 우리가 상상하지 못한 새로운 형태의 수술법을 만들어낼지도 모른다. '로봇이 수술하는 세상'을 꿈꾸며 시작한 회사가 'AI가 수술하는 세상'을 만들어가고 있다.

다빈치 시스템은 전세계 주요 병원에서 사용되고 있다. 미국의 메이요 클리닉, 클리블랜드 클리닉, 존스 홉킨스 병원Johns Hopkins Hospital을 비롯해 영국의 로열 마스든 병원Royal Marsden Hospital, 독일의 샤르테 베를린 의과대학Charité-Universitätsmedizin Berlin 등에서 활발히 사용 중이다. 한국에서는 서울아산병원, 세브란스병원, 서울대학교병원 등 대형 병원을 중심으로 도입되어 있으며, 최근에는 지방의 주요 대학병원으로도 확산되고 있다.

외과 수술의 미래를 밝히는
지멘스 헬시니어스

지멘스 헬시니어스는는 독일의 거대 기업 지멘스 AG Siemens AG에서 2018년 분사한 의료기기 전문 회사다. '헬시니어스'라는 이름은 'Health'와 'Engineers'를 합친 말로, '건강을 만드는 엔지니어들'이라는 뜻이다. 의료영상 장비로 유명한 이 회사가 최근 AI 기술을 접목해 개발한 영상 분석 솔루션들이 외과 AI 분야에서 큰 주목을 받고 있다.[350]

지멘스 헬시니어스의 핵심 역량은 고품질의 의료영상 획득 기술과 이를 AI로 분석하는 기술의 결합이다. CT, MRI, X-ray 등 다양한 영상 장비에서 얻은 이미지를 AI가 분석해 종양의 위치와 크기를 정확히 파악하고, 수술 계획을 세우는 데 도움을 준다. 특히 최근 출시한 AI-라드컴패니언 시리즈는 외과의사들 사이에서 디지털 어시스턴트로 불리며 인기를 끌고 있다.

이 회사의 강점은 종합적인 의료 솔루션을 제공할 수 있다는 점이다. 영상 장비부터 AI 분석 소프트웨어까지 한 번에 공급할 수 있어, 병원 입장에서는 시스템 통합이 쉽다는 장점이 있다. 오랜 기간 축적된 의료 데이터를 바탕으로 AI 모델을 지속적으로 개선하고 있어 정확도 면에서도 높은 경쟁력을 갖추고 있다.

하지만 지멘스 헬시니어스에게도 약점은 존재한다. 전통적인 의료기기 회사에서 출발했기 때문에, 순수 AI 기업들에 비해 소프트웨어 개발 속도가 다소 느리다는 평가를 받는다. 고가의 장비와 솔루션으로 인해 중소형 병원이나 개발도상국 시장 진출에는 한계가 있다. 게다가 GE 헬스케어, 필립스 같은 경쟁사들도 비슷한 AI 솔루션을 개발하고 있어, 시장 경쟁이 더욱 치열해질 전망이다.

그럼에도 지멘스 헬시니어스의 미래는 밝아 보인다. 최근 AI 스타트업들을 적극적으로 인수하며 기술력을 보강하고 있고, 클라우드 기반의 의료 AI 플랫폼도 준비 중이다. 미래에는 AI가 의사의 진단을 실시간으로 보조하고 수술 로봇과 연동해 최적의 수술을 제안하는 '전지전능한 의료 AI 비서'를 만들어낼지도 모른다. '건강을 만드는 엔지니어들'이 'AI로 건강을 지키는 세상'을 만들어가고 있다.

지멘스 헬시니어스의 솔루션은 전세계 주요 병원에서 사용되고 있다. 미국의 매사추세츠 종합병원Massachusetts General Hospital, 독일의 에센 대학병원University Hospital Essen, 영국의 가이스&세인트 토마스 영국국가보건서비스 파운데이션 트러스트Guy's and St Thomas' NHS Foundation Trust 등에서 활발히 사용 중이다. 한국에서는 서울대학교병원, 삼성서울병원, 아주대학교병원 등에서 지멘스 헬시니어스의 장비와 AI 솔루션을 도입해 사용하고 있다.

AI 로봇 수술 시장의 신흥 강자, 메드트로닉 휴고 RAS

메드트로닉은 1949년에 설립된 글로벌 의료기기 회사로, 혁신적인 의료기술을 통해 전세계 환자들의 삶을 개선하고 있다.[351] 메드트로닉의 휴고 로봇 보조 수술 시스템은 다양한 외과 수술에 적용할 수 있도록 설계되었다.[352]

메드트로닉의 핵심 역량은 광범위한 의료기기 포트폴리오와 강력한 R&D 역량이다. 휴고 시스템은 모듈식 설계와 개방형 콘솔을 특징으로 하여, 다양한 수술 환경에 유연하게 적용될 수 있다. 디지털 생태계와 데이터 기반 인사이트를 통해 수술의 정확성과 효율성을

높이고 있다.[353]

메드트로닉은 기존의 강력한 글로벌 네트워크와 브랜드 인지도와 휴고 시스템을 통해 빠르게 시장 점유율을 확대하는 중이다. 최소 침습 수술 분야에서의 선두 위치를 유지하며 새로운 기술과 제품을 지속적으로 개발하고 있다.

휴고 시스템은 외과의사들이 더 정밀하고 안전한 수술을 수행할 수 있도록 돕는 로봇 보조 시스템이다. 메드트로닉은 교육 프로그램과 글로벌 지원 네트워크를 통해 사용자의 기술 향상을 지원하고 있다.

메드트로닉의 약점은 기존 경쟁사인 인튜이티브 서지컬의 강력한 시장 지배력에 비해 상대적으로 낮은 시장 점유율이다. 기술 혁신 속도가 느려질 경우 경쟁사에 뒤처질 위험이 있다. 메드트로닉은 지속적인 기술 개발과 글로벌 시장 확대를 통해 휴고 시스템의 시장 점유율을 높일 것으로 기대된다. AI과 데이터 분석 기술을 결합한 새로운 제품을 출시하여 외과 수술의 혁신을 이어갈 것이다.

다빈치의 아성에 도전하는 바이케리어스 서지컬

바이케리어스 서지컬은 2014년 설립된 미국 기업으로, 혁신적인 수술 로봇 시스템을 개발하여 인튜이티브 서지컬의 아성에 도전하고 있다. 바이케리어스 서지컬의 로봇 시스템은 기존 로봇 수술 시스템과는 차별화된 디자인과 기능을 갖추고 있다. 특히, 소형 로봇 팔과 9개의 카메라를 통해 인체 내부를 360도 시야로 확인할 수 있으며, VR 기술을 활용하여 외과의사가 마치 환자 몸속에 직접 들어가 수술하는 듯한 몰입감을 제공한다.[354]

바이케리어스 서지컬의 핵심 역량은 혁신적인 로봇 디자인과 VR 기술, 그리고 AI 기반 수술 지원 기능에 있다. 소형 로봇 팔은 좁은 공간에서도 자유롭게 움직일 수 있으며, 9개의 카메라는 수술 부위를 다양한 각도에서 확인할 수 있도록 돕는다. VR 기술은 외과의사에게 몰입감 있는 수술 경험을 제공하고 AI는 수술 계획 수립, 로봇 제어, 영상 분석 등을 지원하여 수술의 정확성과 안전성을 높인다.

하지만 바이케리어스 서지컬은 아직 상용화 단계에 이르지 못했으며 임상적 효과를 입증하기 위한 추가적인 연구가 필요하다. 인튜이티브 서지컬과의 경쟁에서 살아남기 위해서는 기술력뿐 아니라 가격 경쟁력, 마케팅 전략 등 다양한 측면에서 차별화를 이루어야 한다.

바이케리어스 서지컬의 미래는 불확실하지만, 혁신적인 기술과 잠재력은 무시할 수 없다. 만약 기술 개발 및 상용화에 성공한다면 외과 수술 분야에 새로운 지평을 열고 로봇 수술 시장의 판도를 바꿀 수 있을 것이다.

현재 바이케리어스 서지컬의 로봇 수술 시스템은 아직 상용화되지 않았기 때문에 특정 병원에서 사용되고 있지는 않다. 하지만 회사는 2025년까지 FDA 승인을 받고 상용화하는 것을 목표로 하고 있다.

한국의 외과 수술용 AI 로봇 시장

한국의 외과 수술용 AI 로봇 시장은 아직 초기 단계이지만, 괄목할 만한 성장세를 보이며 뜨거운 경쟁이 펼쳐지고 있다.[355] 미래컴퍼니의 레보아이Revo-i, 고영테크놀러지의 카이메로KYMERO, 큐렉소의 티솔루션원Tsolution One, 그리고 코넥티브의 AI 기반 인공관절 수술 계획 소프트웨어 등이 시장을 선도하며 각축전을 벌이고 있다.[356]

미래컴퍼니의 레보아이는 한국 최초로 상용화된 복강경 수술 로봇으로 다빈치 시스템과 유사한 기능을 제공하면서도 합리적인 가격과 한국 의료 환경에 최적화된 기능으로 경쟁력을 확보했다.[357] 큐렉소의 티솔루션원은 인공관절 수술 로봇 시장에서 탄탄한 입지를 구축하고 있으며 정형외과 분야에 대한 깊은 이해와 로봇 기술, AI 기술의 융합을 통해 수술 정확도와 효율성을 높이는 데 기여하고 있다.[358]

고영테크놀러지의 카이메로는 뇌수술 로봇 시장에 도전장을 내밀었다.359 세계 최고 수준의 3차원 측정 검사 기술과 정밀 제어 기술을 바탕으로 개발된 카이메로는 뇌수술의 정확성과 안전성을 획기적으로 높일 수 있을 것으로 기대되며, 현재 임상 시험을 통해 그 가능성을 입증하고 있다.360

코넥티브는 AI 기반 인공관절 수술 계획 소프트웨어를 통해 정형외과 수술의 디지털 전환을 이끌었다.361 딥러닝 기반 의료영상 분석 기술과 로봇 수술 기술의 융합을 통해 수술 정확도와 효율성을 높이고 있으며, 혁신적인 기술력과 성장 가능성을 인정받아 투자 유치에도 성공했다.362

이들 기업은 AI 기술을 활용하여 수술 로봇 시스템의 성능을 더욱 향상시키고, 새로운 기능을 추가하며 시장 경쟁력을 강화할 것으로 예상된다.363

한국의 외과 수술용 AI 로봇은 아직 세계 시장에서 걸음마 단계에 있다.364 인튜이티브 서지컬, 메드트로닉, 존슨앤존슨 등 글로벌 기업들이 시장을 선점하고 있는 상황에서 한국 기업들은 기술력과 자본력 측면에서 열세에 놓여 있다.365 하지만 미래컴퍼니의 레보아이는 한국 최초로 상용화에 성공하며 가능성을 보여주었고, 큐렉소의 티솔루션원은 특정 분야에서 경쟁력을 인정받고 있다.366

레보아이는 다빈치 시스템과 유사한 기능을 제공하면서도 가격 경쟁력을 갖추고 있어, 가격에 민감한 시장에서 경쟁 우위를 확보했다.367 하지만 아직 글로벌 시장에서 인지도가 낮고, 임상 데이터 축적이 부족하다는 점이 약점으로 작용한다.368

티솔루션원은 인공관절 수술 분야에서 높은 정확도와 안전성을 인정받고 있으며, 한국 시장 점유율을 꾸준히 높여가고 있다.[369] 하지만 글로벌 시장 진출을 위해서는 더 많은 임상 데이터 확보와 해외 인증 획득이 필요하다.[370] 고영테크놀러지의 카이메로는 뇌수술 로봇 분야에서 혁신적인 기술력을 보유하고 있지만, 아직 임상 시험 단계에 머물러 있으며 상용화까지는 시간이 필요하다.[371] 코넥티브의 AI 기반 인공관절 수술 계획 소프트웨어는 혁신적인 기술로 주목받고 있지만, 아직 시장에서 검증되지 않았으며 경쟁 심화와 규제 강화 등 다양한 위협요인에 직면해 있다.[372]

결론적으로 한국의 외과 수술용 AI 로봇은 아직 세계 시장에서 주류로 자리 잡지 못했지만, 꾸준한 기술 개발과 임상 경험 축적을 통해 경쟁력을 확보해나가고 있다.[373] 특히 한국 기업들은 정부의 지원과 투자 유치를 통해 기술력을 강화하고 글로벌 시장 진출을 위한 노력을 지속하고 있다.[374] 앞으로 한국의 외과 수술용 AI 로봇이 세계 시장에서 어떤 성과를 거둘지 기대된다.[375]

한국의 강자
미래컴퍼니

미래컴퍼니는 한국 로봇 수술 시장의 개척자다. 2017년 한국 최초로 복강경 수술 로봇 레보아이를 개발하여 상용화에 성공했다. 외산 로봇 수술 시스템에 의존하던 한국 의료계에 새로운 바람을 불어넣었다. 레보아이는 4개의 로봇 팔, 3차원 고화질 영상 시스템, 직관적인 조작 인터페이스 등 다빈치 시스템과 유사한 구성을 갖추고 있지만, 한국 의료 환경에 최적화된 기능과 합리적인 가격으로 경쟁력을 확보하고 있다.[376]

미래컴퍼니의 핵심 역량은 로봇 기술과 의료기술의 융합에 있다. 로봇 공학, 제어 기술, 영상 처리 기술 등 다양한 분야의 전문가들이 협력하여 레보아이 시스템을 개발했으며, 한국 유수 병원들과의 협력을 통해 임상 경험을 축적하고 시스템 성능을 개선해왔다. 미래컴퍼니는 자체 개발한 AI 알고리즘을 레보아이 시스템에 탑재하여 수술 계획 수립, 로봇 팔 제어, 영상 분석 등을 지원하며 수술의 정확성과 안전성을 높이고 있다.[377]

하지만 미래컴퍼니는 아직 글로벌 시장에서 인튜이티브 서지컬과

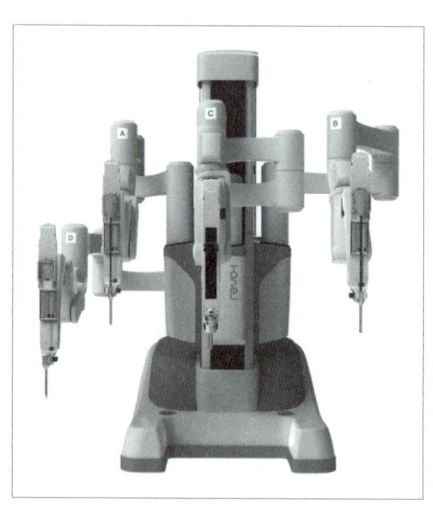

| 미래컴퍼니의 한국 최초의 복강경 수술로봇 레보아이.

의 경쟁에서 열세에 있다. 다빈치 시스템에 비해 인지도가 낮고 해외 시장 진출 경험이 부족하다는 점이 약점으로 작용한다. 한국 로봇 수술 시장의 규모가 작고, 정부의 지원 정책이 부족하다는 점도 미래컴퍼니의 성장을 제한하는 요인이다.

그럼에도 불구하고 미래컴퍼니는 끊임없는 기술 개발과 글로벌 시장 진출 노력을 통해 글로벌 로봇 수술 시장에서 입지를 확대해나갈 것으로 기대된다. 특히, AI 기술을 더욱 고도화하여 레보아이 시스템의 성능을 향상시키고, 다양한 수술 분야로 적용 범위를 넓혀 나가는 것이 중요한 과제다.

뇌수술 로봇 '카이메로', 미세 수술의 새로운 가능성

고영테크놀러지는 3차원 측정 검사 장비 분야에서 세계적인 기술력을 보유한 기업이다. 이 기업은 2011년부터 뇌수술 로봇 카이메로 개발에 착수하여, 2021년 식품의약품안전처로부터 제조 허가를 받았다. 카이메로는 뇌종양, 뇌출혈 등 뇌질환 수술에 특화된 로봇 시스템으로, 0.1mm 수준의 미세한 움직임이 가능한 로봇 팔과 고정밀 3차원 영상 시스템을 갖추고 있다.[378]

고영테크놀러지의 핵심 역량은 세계 최고 수준의 3차원 측정 검사 기술과 정밀 제어 기술에 있다. 이러한 기술력을 바탕으로 카이메로는 뇌수술의 정확성과 안전성을 획기적으로 높일 수 있을 것으로 기대된다. 고영테크놀러지는 AI 기술을 활용하여 수술 계획 수립, 로봇 팔 제어, 영상 분석 등을 지원하며, 수술 효율성을 높이고 합병증 발생률을 감소시키는 데 기여하고 있다.

하지만 고영테크놀러지는 아직 뇌수술 로봇 시장에서 후발 주자이며, 임상 경험 축적과 시장 확대가 필요하다. 뇌수술 로봇은 매우 높은 안전성과 신뢰성이 요구되는 분야이기 때문에, 기술적인 완성도를 높이고 의료진의 신뢰를 얻는 것이 중요한 과제다.

고영테크놀러지는 뇌수술 로봇 분야에서 혁신을 이끌어갈 잠재력을 지니고 있다. 카이메로 시스템의 지속적인 성능 개선과 임상 적용 확대를 통해 뇌수술 분야의 새로운 표준을 제시할 수 있을 것으로 기대된다.

카이메로는 현재 서울대학교병원, 서울아산병원 등 한국 주요 병원에서 임상 시험을 진행 중이며, 상용화를 위한 준비 단계에 있다.

뼈를 다루는 예술가
큐렉소

큐렉소는 한국 인공관절 수술 로봇 시장의 선두주자로, 2007년 국내 최초로 인공관절 수술 로봇 로보닥ROBODOC을 도입하여 로봇 수술 시대를 열었다. 이후 큐렉소는 독자적인 기술 개발을 통해 인공관절 수술 로봇 티솔루션원을 출시하며 한국 시장 점유율을 높여왔다.[379] 티솔루션원은 3차원 CT 영상 기반 수술 계획 수립, 로봇 팔을 이용한 정밀한 뼈 절삭, 실시간 위치 추적 기능 등을 갖추고 있으며, 인공관절 수술의 정확도와 안전성을 획기적으로 높였다.

큐렉소의 핵심 역량은 정형외과 분야에 대한 깊은 이해와 로봇 기술, AI 기술의 융합에 있다. 큐렉소는 오랜 기간 축적된 임상 경험과 노하우를 바탕으로 인공관절 수술 로봇 시스템을 개발했으며, 지속적인 연구 개발을 통해 시스템 성능을 개선한다. AI 기술을 활용하여 수술 계획 수립, 로봇 팔 제어, 수술 결과 분석 등을 지원하며, 수술 효율성을 높이고 환자 만족도를 향상시키는 데 기여하고 있다.[380]

하지만 큐렉소는 아직 글로벌 시장에서 스트라이커, 짐머 바이오메트Zimmer Biomet 등 글로벌 의료기기 기업과의 경쟁에서 열세에 있다. 해외 시장 진출 경험이 부족하고, 브랜드 인지도가 낮다는 점이 약점으로 작용한다. 인공관절 수술 로봇 시장의 경쟁 심화와 규제 강화 등 외부 환경 변화에 대한 대응도 중요한 과제다.

큐렉소는 한국 인공관절 수술 로봇 시장의 선두 주자로서 탄탄한 기술력과 임상 경험을 바탕으로 글로벌 시장에서도 경쟁력을 확보할 수 있을 것으로 기대된다. 특히 AI 기술을 활용한 수술 결과 예측, 재활 프로그램 개발 등 새로운 서비스를 제공하고 해외 시장 진출을 적극적으로 추진하여 글로벌 인공관절 수술 로봇 시장의 주요 플레이어로 성장할 수 있을 것이다.

티솔루션원은 현재 한국 다수 병원에서 사용되고 있으며, 인도, 호주 등 해외 시장에도 진출하여 성공적인 수술 사례를 만들어가고 있다.

인공관절 수술의 강자, 코넥티브

코넥티브는 2023년 설립된 신생 기업이지만, 짧은 시간 안에 AI 기반 인공관절 수술 분야에서 주목받는 기업으로 성장했다. 서울대학교병원 정형외과 교수가 창업한 코넥티브는 의료 AI와 로봇 수술의 결합을 통해 정형외과 수술의 디지털 전환을 이끌고 있다.[381]

코넥티브의 핵심 역량은 딥러닝 기반 의료영상 분석 기술과 로봇 수술 기술의 융합에 있다. 코넥티브는 10만 장 이상의 전문의가 직접 라벨링한 데이터를 기반으로 인공관절 수술 계획 소프트웨어를 개발했으며, 이를 통해 수술 정확도와 효율성을 높이는 데 기여하고 있다. 코넥티브는 로봇 수술 시스템과의 연동을 통해 실시간 수술 가이드를 제공하고, 수술 후 환자 맞춤형 재활 프로그램을 개발하는 등 다양한 AI 기반 서비스를 제공하고 있다.[382]

코넥티브는 아직 초기 단계 기업이지만, 혁신적인 기술력과 성장 가능성을 인정받아 카카오벤처스, 슈미트 등으로부터 투자를 유치했다. 하지만 코넥티브는 아직 시장에서 검증되지 않은 신생 기업이며, 경쟁 심화, 규제 강화 등 다양한 위협요인에 직면해 있다. 큐렉소, 인튜이티브 서지컬 등 기존 강자들과의 경쟁에서 살아남기 위해서는 기술력뿐 아니라 가격 경쟁력, 마케팅 전략 등 다양한 측면에서 차별화를 이루어야 한다.

코넥티브는 AI 기반 인공관절 수술 분야에서 새로운 가능성을 제시하고 있다. 앞으로 딥러닝 기술 고도화, 로봇 수술 시스템과의 통합 강화, 다양한 정형외과 수술 분야로의 확장 등을 통해 글로벌 시장에서 경쟁력을 확보하고, 정형외과 수술의 디지털 전환을 선도하는 기업으로 성장할 수 있을 것으로 기대한다.

외과의사의 미래

슈퍼 AI가 인간의 전문노동까지 대체한 미래, 의사들의 설자리가 점점 더 없어질 것이라는 우려의 목소리가 높아졌다. 그러나 외과의사들은 이미 변신 완료. AI와의 협력을 통해 단순한 의사를 넘어 로봇 조종 전문가이자 슈퍼닥터로 진화했다. 슈퍼 AI의 등장으로 외과 분야는 혁명적인 발전을 이루며 사람들은 그들을 '외느님'으로 부르기 시작했다.

　AI는 수술 계획부터 실행, 사후 관리까지 전 과정에 깊이 관여한다. 외과의사는 이러한 AI 시스템을 총괄하는 지휘자이자 로봇 조종 전문가로서의 역할을 수행한다. 수술 전 AI는 환자의 모든 의료 데이터를 분석하여 최적의 수술 계획을 수립하고 외과의사는 이를 바탕으로 수술 전략을 결정한다. 3D 홀로그램 시뮬레이션을 통해 의사는 실제 수술 전에 가상으로 수술을 연습하고 AI와 함께 발생 가능한 모든 시나리오에 대비한다.

수술 중에는 AI 보조 로봇이 외과의사의 손놀림을 더욱 정교하게 만들어주며, 외과의사는 로봇을 조종하여 더욱 복잡하고 정밀한 수술을 수행한다. 나노 로봇 기술의 발전으로 혈관 내 미세 수술이 가능해지고 이전에는 접근이 불가능했던 부위의 수술도 가능해진다. AI는 실시간으로 환자의 생체신호를 모니터링하며, 외과의사는 AI의 분석 결과를 토대로 최적의 의사결정을 내린다.

양자 컴퓨팅 기술을 활용한 AI는 수술 중 발생할 수 있는 모든 변수를 고려하여 최적의 의사결정을 지원하고, 외과의사는 이를 참고하여 수술의 성공률을 높인다. AR 기술을 활용한 수술 안경은 외과의사에게 환자의 내부 구조를 실시간으로 보여주며, 중요 장기나 혈관의 위치를 정확히 파악할 수 있게 해준다. 5G를 넘어선 6G 네트워크와 햅틱 피드백 기술의 발전으로, 외과의사는 지구 반대편에서도 마치 직접 수술하는 것과 같은 경험을 할 수 있게 된다. 정말 신급의 경지가 아닐 수 없다.

외과의사의 교육 방식도 크게 변화한다. VR과 AR을 활용한 시뮬레이션 훈련이 보편화되어 의대생들은 실제 환자에게 위험을 주지 않고도 다양한 수술 경험을 쌓을 수 있게 된다. AI는 각 학생의 학습 진도를 분석하여 맞춤형 교육 프로그램을 제공하며 로봇 조종 기술 교육 또한 강화될 것이다.

12장

한의학 AI, 심연에 빛을 비추다

✤ ✤ ✤

 동양의 신비로운 철학과 서양의 논리적인 과학이 만나 빚어내는 불꽃, 그것이 바로 AI과 한의학의 조우다. 인간의 직관과 경험에 의존해온 전통 의학과 객관적 데이터 분석에 능한 AI의 만남은 마치 오래된 연금술서에 적힌 비법을 현대 과학으로 풀어내는 것처럼 흥미진진하다. 이 낯설고도 매력적인 만남은 단순한 기술적 융합을 넘어 인류의 건강 증진을 위한 새로운 패러다임을 제시하며 의료계에 신선한 충격을 안겨주고 있다.
 AI는 빅데이터 분석, 패턴 인식, 예측 모델링 등 다양한 기술을 통해 한의학의 방대한 지식 체계를 과학적으로 분석하고 해석하는 데 기여하고 있다. 숙련된 한의사의 맥진과 설진 기술을 모방하여 환자의 상태를 진단하고 수천 년 동안 축적된 한약 데이터를 분석하여 개인 맞춤형 처방을 제시하는 등, AI는 한의학의 진단 및 치료 과정을 객관화하고 표준화하여 치료 효과를 극대화하고 의료 서비스의 질을 향상시키는 데 기여할 것으로 기대된다.

특히 LLM은 한의학 교육 분야에서 혁신적인 변화를 가져올 잠재력을 지니고 있다. 챗GPT와 제미나이와 같은 LLM은 방대한 의학 지식을 습득하고, 인간 의사도 놀랄 정도의 진단 및 처방 능력을 보여주면서 의료계에 혁명을 일으킨다. 이제 이러한 혁신의 물결이 한의학 교육에도 밀려오고 있다.

물론 한의학은 AI에게도 쉽지 않은 도전이다. 음양오행, 경락 등 동양 철학에 뿌리를 둔 한의학의 심오한 이론과 개념은 단순한 데이터 학습만으로는 이해하기 어렵다. 마치 서양화에 익숙한 사람이 동양화의 여백의 미를 이해하기 어려운 것처럼 AI에게 한의학은 낯설고 복잡한 세계일 수 있다.

그러나 AI는 끊임없이 학습하고 발전하는 존재다. 한의학 관련 데이터를 지속적으로 학습시키고, 한의학 전문가와의 협력을 통해 AI 모델을 개선해나간다면 AI는 한의학 교육의 든든한 조력자 역할을 할 수 있을 것이다.

옛 현인들의 지혜가 깃든 전통 동아시아 의학Traditional East Asian Medicine, TEAM이 21세기의 총아, AI와 손을 잡았다. 이 기묘한 만남을 다룬 최근의 논문은 마치 현대판 《동의보감》을 보는 듯하다. 음양오행의 오묘한 이치와 실리콘 밸리의 첨단기술이 어우러진 이 '디지털 의서'는 TEAM 연구자들에게 AI 도입을 위한 실용적인 지침서를 제공한다.

배 연구팀은 마치 옛 의서의 구성을 따르듯, 연구 목표 설정부터 데이터 수집, 모델 선택, 평가에 이르기까지 AI 모델 개발의 전 과정을 상세히 연구했다.383 특히 TEAM 데이터의 특성을 고려한 접근법은 마치 각 체질에 맞는 처방을 내리듯 섬세하다. 데이터 부족과 불균형이라는 난제에 대해서는 전이학습과 앙상블 기법이라는 묘수를 제시하니, 이는 마치 약재가 부족할 때 대체 약재를 찾는 한의사의 지혜와 같다.

더욱이 이 논문은 LLM이라는 현대의 '신의 한 수'를 강조한다. 이는 마치 고전 의서의 방대한 지식을 순식간에 흡수하고 활용할 수 있는 디지털 시대의 의학 박사와 같다. 그러나 동시에 모델의 해석 가능성을 강조하며, AI의 판단 근거를 명확히 하라고 조언한다. 이는 마치 옛 의원들이 진맥의 이유를 상세히 설명하던 관행을 계승한 것 같아 흥미롭다.

이 연구는 마지막으로 TEAM과 AI의 결합이 직면한 도전과제와 미래 방향을 제시하며 대미를 장식한다. 마치 옛 의서의 결론부가 후대 의원들에게 당부의 말을 남기듯, 이 논문 역시 데이터의 양적 확대와 질적 개선, 그리고 데이터 공유 플랫폼 구축의 필요성을 강조한다.

결국 이 논문은 전통과 현대, 동양과 서양, 인간의 지혜와 기계의 능력이 조화롭게 어우러진 새로운 의학 패러다임을 제시하고 있다. 마치 음과 양이 조화를 이루듯, TEAM과 AI의 만남은 의학의 새로운 지평을 열어갈 것이다. 이제 우리는 이 디지털 시대의 '신 의학'이 어떤 미래를 그려 나갈지 기대와 흥미로 지켜보아야 할 것이다.

주 연구팀은 AI는 빅데이터 분석, 패턴 인식, 예측 모델링 등 다양한 기술을 통해 한의학의 방대한 지식 체계를 과학적으로 분석하고 해석하는 데 기여하고 있는지 연구했다.[384] 가령 AI는 숙련된 한의사의 맥진과 설진 기술을 모방하여 환자의 상태를 진단하고 수천 년 동안 축적된 한약 데이터를 분석하여 개인 맞춤형 처방을 제시할 수 있다. 이는 한의학의 진단 및 치료 과정을 객관화하고 표준화하여 치료 효과를 극대화하고 의료 서비스의 질을 향상시키는 데 기여할 것으로 기대된다.

AI는 한의학 연구에서 새로운 지평을 열고 있다. AI 기반 자연어 처리 기술은 방대한 한의학 문헌을 분석하여 새로운 치료법 개발에 필요한 정보를 추출하고, 약물 상호작용 예측 모델을 통해 한약 처방의 안전성을 높이는 데 기여할 수 있다. 나아가 AI는 한의학과 현대 의학의 융합 연구를 촉진하여 새로운 치료법 개발 및 질병 예방에 기여할 수 있는 잠재력을 지니고 있다.

AI는 한의학의 미래를 밝히는 등불과 같다. AI는 한의학의 진단 및 치료 과정을 혁신하고 새로운 치료법 개발을 가속화하며, 한의학 연구의 새로운 지평을 열 수 있는 잠재력을 지니고 있다. AI는 환자 중심의 맞춤형 의료 서비스 제공을 가능하게 하여 환자 만족도를 높이고 의료 서비스의 질을 향상시키는 데도 기여할 수 있다.

물론 AI 기술의 도입은 한의학 분야에 새로운 과제를 제시하기도 한다. AI 알고리즘의 편향성, 데이터의 품질 및 신뢰성 문제, 윤리적 문제 등은 해결해야 할 과제로 남아 있다. 하지만 이러한 과제들을 극복하기 위한 노력과 함께 AI 기술을 적극적으로 수용하고 활용한다면, 한의학은 더욱 발전하고 인류의 건강 증진에 더욱 크게 기여할 수 있을 것이다.

AI는 한의사를 대체하는 것이 아니라 한의사의 능력을 증강시키고 환자에게 더 나은 치료를 제공하는 도구로 활용될 수 있다. AI와 한의학의 조화로운 공존을 위해서는 다음과 같은 노력이 필요하다.

- 데이터 표준화 및 품질 관리: AI 모델 학습을 위한 고품질의 한의학 데이터를 확보하고, 데이터 표준화를 통해 데이터의 호환성 및 활용성을 높여야 한다.
- AI 알고리즘의 투명성 및 설명 가능성 확보: AI 모델의 의사결정 과정을 투명하게 공개하고, 결과에 대한 설명 가능성을 높여야 한다.
- 윤리적 문제에 대한 깊이 있는 논의: AI 기술의 오용 및 남용을 방지하고, 환자의 개인정보 보호 및 자율성을 존중하는 윤리적 지침을 마련해야 한다.
- 한의사와 AI 전문가 간의 협력 강화: 한의학 지식과 AI 기술을 융합하여 새로운 가치를 창출하기 위해 긴밀한 협력이 필요하다.

AI는 한의학의 새로운 르네상스를 열 수 있는 잠재력을 지니고 있다. AI는 한의학의 진단 및 치료 과정을 혁신하고 새로운 치료법 개발을 가속화하며, 한의학 연구의 새로운 지평을 열 수 있는 가능성을 제시한다. AI는 환자 중심의 맞춤형 의료 서비스 제공을 가능하게 하여 환자 만족도를 높이고 의료 서비스의 질을 향상시키는 데 기여할 수 있다.

　AI와 한의학의 조화로운 공존을 위한 노력은 인류의 건강 증진이라는 숭고한 목표 달성에 기여할 것이다. AI는 더 이상 미래의 기술이 아닌 현재 우리 삶 속에 깊숙이 들어와 있는 현실이다. AI과 한의학의 만남은 단순한 기술적 결합을 넘어 인류의 건강을 위한 새로운 패러다임의 서막을 알리는 신호탄이 될 것이다.

1980년대의
도전과 극복

김 연구팀의 연구는 1980년대 한국의 AI 연구 초창기를 회고하며, 당시의 한의진단시스템과 한국어처리 연구를 중심으로 기술적 한계와 극복 노력을 생생하게 보여준다. 특히 당시 ETRI에서 개발된 한의진단시스템(ODS 1.0)은 AI 기술의 주류 패러다임이었던 지식 기반 시스템과 전문가 시스템을 활용하여 한의학 지식을 컴퓨터에 구현하고자 했던 노력의 결정체였다.[385]

논문에 따르면 연구진은 '변증논치'라는 한의학 진단 방법론을 컴퓨터 프로그램으로 구현하기 위해 5단계 개발 절차(문제 설정, 개념화, 표현화, 구현, 시험)를 체계적으로 따랐다. 이 과정에서 리습Lisp, MRS, 스킴Scheme 등 당시 첨단 프로그래밍 언어와 도구를 활용했으며, 한의학 전문가와의 긴밀한 협력을 통해 약 5,000개의 규칙을 포함하는 지식 베이스를 구축했다. 이러한 노력은 특허 등록, 다수의 논문

발표, 그리고 TV를 통한 대중적 관심으로 이어지며 한국 AI 연구의 초석을 다지는 데 기여했다.

척박한 환경 속에서 피어난 연구

그러나 당시 연구 환경은 오늘날과 비교할 수 없을 정도로 열악했다. 논문은 한글 입출력 문제, 표준화되지 않은 한글 코드, 부족한 한국어처리 연구 자료 등 다양한 어려움을 극복하며 연구를 진행해야 했던 연구자들의 고충을 이야기한다. 예를 들어 한글 터미널과 키보드가 없어 영어 터미널에 한글 발음을 표기하고 영어 키보드에 한글 자모를 붙여 사용해야 했다는 일화는 당시 연구 환경의 어려움을 단적으로 보여준다.

한국어처리, 언어학적 이론과의 만남

한국어처리 연구 역시 척박한 환경에서 시작되었다. 당시에는 한국어처리에 특화된 연구 자료와 도구가 거의 없었기 때문에, 연구자들은 언어학적 이론을 한국어에 적용하는 과정에서 노암 촘스키의 변형생성문법, 정형언어 이론, DCG Definite Clause Grammar 등 다양한 이론적 접근을 시도해야 했다.

그러나 이러한 이론들은 주로 언어학적 관점에서 인간의 언어 생성 과정을 설명하는 데 초점을 맞추고 있었기 때문에, 실제 컴퓨터를 이용한 자연어처리에는 한계가 있었다. 특히 형태소 분석, 구문 분석 등 핵심적인 자연어처리 기술을 구현하는 데 필요한 기본적인 한국어 말뭉치와 사전조차 부재한 상황에서 연구자들은 많은 어려움을 겪어야 했다.

불굴의 의지와 협력

이러한 어려움에도 불구하고, 연구자들은 포기하지 않았다. 그들은 언어학자, 컴퓨터 과학자 등 다양한 분야의 전문가들과 협력하며 문제 해결에 매달렸다. 직접 한국어 말뭉치를 구축하고, 사전을 만들고, 규칙 기반 시스템을 개발하는 등 끊임없는 노력과 열정으로 한의진단시스템과 한국어처리 기술 개발을 성공적으로 이끌었다.

LLM의 시대, 새로운 도약

이 논문은 과거 연구자들의 노력을 기리는 동시에 딥러닝 시대에 한의학 연구가 나아가야 할 방향을 제시한다. 딥러닝과 LLM의 발전은 과거에는 불가능했던 방대한 한의학 지식의 습득과 활용을 가능하게 한다. 한의학 교과서, 논문, 임상 기록 등 다양한 한의학 데이터를 LLM은 한의사의 진단 과정을 보조하거나, 새로운 치료법 개발을 위한 아이디어를 제공하는 등 다양한 역할을 수행할 수 있다.

한국어 자연어처리 분야에서도 LLM은 혁신적인 변화를 가져왔다. 과거에는 제한된 데이터와 기술적 한계로 인해 한국어처리가 어려웠지만, 이제는 LLM을 통해 높은 수준의 한국어 이해와 생성이 가능해졌다. 이는 한의학 정보의 디지털화 및 체계화, 한의학 관련 질의응답 시스템 개발, 한의학 교육 콘텐츠 제작 등 다양한 분야에 활용될 수 있다.

과거를 딛고 미래로

김두현 연구팀의 논문은 한국 AI 연구 초창기의 어려움과 극복 노력을 생생하게 보여주는 동시에 LLM 시대에 한의학 연구가 나아가야 할 방향을 제시하는 중요한 자료이다. 1980년대의 선구자들이 닦아 놓은 길 위에서 딥러닝과 LLM의 잠재력을 최대한 활용한다면, 한의학은 더욱 과학적이고 효과적인 의료 체계로 발전할 수 있을 것이다.

한의학의 지혜를
과학의 언어로

한의학은 어떤 측면에서는 신체와 오장육부의 조화에 대한 오랜 지혜를 오늘날의 의학 언어로 번역하는 학문이기도 하다. 그래서 과거와 현재와 미래를 연결하는 통찰은 중요하다. AI는 이 중대한 작업에 큰 힘을 실어준다.

설진 및
맥진 자동화

한의학의 꽃이라 불리는 설진舌診과 맥진脈診, 그 미묘한 인체의 신호를 읽어내는 기술은 오랜 경험과 직관을 요구한다. 하지만 AI 시대, 이 전통의 영역에도 변화의 바람이 불고 있다. 딥러닝 알고리즘은 혀의 색깔, 모양, 설태 등 방대한 설진 데이터를 학습하여 질병 예측 모델을 구축한다. 마치 베테랑 한의사처럼 혀의 미세한 변화를 감지하고, 그 안에 숨겨진 건강 정보를 추출하는 것이다.[386]

설진의 자동화를 위해 AI 연구자들은 주로 심층 신경망Deep Neural Networks, DNN과 CNN을 활용하고 있다. 베이징중의약대학교의 연구팀은 레즈넷34ResNet34 CNN 구조를 이용해 혀치흔을 인식하는 시스템을 개발했다. 이 시스템은 1,548개의 혀 이미지를 사용해 훈련되었으며, 90% 이상의 정확도를 달성했다. 다양한 장비와 조명 조건에서도 잘 작동하는 일반화 능력을 보여주었다. 이 연구는 혀치흔 인식의 객관성과 편리성을 크게 향상시켰다.[387]

맥진 자동화는 더욱 흥미롭다. 압력 센서가 맥의 파동을 감지하고, AI는 이를 분석하여 맥상脈象을 판별한다. 숙련된 한의사의 손끝 감각을 재현하는 기술이다. 하지만 맥진은 단순히 맥박수나 리듬을 넘어, 맥의 깊이, 힘, 규칙성 등 복합적인 정보를 담고 있다. AI가 이러한 미묘한 차이를 완벽히 이해하고 해석할 수 있을까?[388]

AI는 맥박 데이터를 분석하여 환자의 건강 상태를 평가할 수 있으며, 이는 맥진의 주관성을 줄이고 진단의 정확성을 높이는 데 기여한다. 예를 들어 고해상도 카메라와 그래픽 인식 기술을 결합해 맥진의 다양한 변수를 분석하는 시스템이 개발되고 있다. 이러한 기술은 맥진의 과학적 근거를 강화하고, 임상의가 보다 정확한 진단을 내릴 수 있도록 도와준다.

맥진 자동화에는 웨어러블 디바이스와 센서 기술을 결합한 접근도 이뤄지고 있다. 맥박의 강도, 리듬, 깊이 등을 정량화하여 AI 알고리즘으로 분석하는 방식이다. 한 스타트업은 손목에 착용하는 디바이스를 개발하여 전통적인 맥진 위치에서 데이터를 수집하고 이를 AI로 해석하는 시스템을 선보였다.[389] 이는 마치 현대 기술이 옛 의사의 손끝 감각을 디지털화하는 연금술 같다.

그러나 이러한 시도들이 전통 한의학의 본질을 온전히 담아낼 수 있을지에 대해서는 의문이 남는다. AI가 수천 년간 축적된 한의사들의 경험과 직관을 완벽히 모방할 수 있을까? 개인의 체질과 상태에 따라 미묘하게 달라지는 진단 결과를 AI가 얼마나 정확히 해석할 수 있을지도 앞으로 더 연구가 필요한 부분이다.

인간의 몸은 복잡하고, 질병은 다양한 요인이 복합적으로 작용하여 발생한다. 설진과 맥진은 그 복잡성을 이해하는 중요한 단서지만, 그것 만으로 모든 것을 설명할 수는 없다. AI는 강력한 도구이지만, 한의학의 깊이와 철학을 이해하는 것은 인간의 몫이다.

AI를 활용한 한의학 진단 자동화는 분명 흥미로운 발전이지만, 이것이 전통적인 진단 방식을 완전히 대체할 수 있을지 아니면 보조 수단으로 활용되는 데 그칠지는 아직 미지수이다. 미래에 AI 한의사가 등장하여 설진과 맥진을 자동으로 수행하고 질병을 진단하는 날이 올지도 모른다. 하지만 그것은 단순히 기술의 발전을 넘어 인간과 기계의 협력, 그리고 전통과 혁신의 조화를 의미하는 것으로 그칠 수 있다.

AI는 한의학의 새로운 가능성을 열어줄 수 있지만, 그 핵심 가치는 인간의 손길과 지혜 속에 있다. 앞으로 AI와 한의학의 만남이 어떤 새로운 지평을 열어갈지, 그 융합의 결과가 어떤 형태로 우리의 건강관리에 기여하게 될지 지켜보는 것도 매우 흥미로울 것이다.

체질 판별에 따른 맞춤형 치료법

한의학, 그 심오한 철학과 오랜 경험의 집합체는 이제 AI라는 새로운 파트너를 맞이하고 있다. AI 알고리즘은 환자의 체질을 판별하고, 이에 따른 맞춤형 치료법을 제시하며 한의학의 새로운 지평을 열고 있다. 마치 명탐정이 돋보기를 들고 단서를 찾듯, AI는 환자의 정보를 샅샅이 분석하여 숨겨진 체질을 밝혀낸다.[390]

AI는 설문지, 진단 검사 결과, 단순히 체질 판별에 그치지 않고 임상 한의사들이 체질 진단에 참고하고 중요하게 봐야할 정보(늑골각 coastal angle이나 소음-소양인 구분 시에 성격 관련 특징) 등을 AI 이용하여 데이터에 입각하여 제시했다. 이는 마치 퍼즐 조각을 맞추듯, 각 정보를 종합하여 환자의 체질을 정확하게 파악하는 것이다. 하지만 AI는 단순히 체질 판별에 그치지 않는다. 환자의 체질에 따른 맞춤형 치료법을 제시하며 한의사의 치료 효과를 극대화한다. 마치 맞춤 양복처럼 환자에게 딱 맞는 치료법을 제공하는 것이다.

하지만 AI 체질 판별 시스템은 아직 완벽하지 않다. 체질은 단순히 몇 가지 정보로 결정되는 것이 아니라, 환경, 생활습관 등 다양한 요인의 복합적인 결과물이다. AI는 이러한 복잡성을 완전히 이해하고 반영할 수 있을까? AI의 판단은 객관적일 수 있을까? 인간의 주관적인 판단과 경험이 배제된 AI의 판단은 과연 신뢰할 수 있을까?

AI는 한의학의 새로운 가능성을 열어주는 동시에, 풀리지 않는 질문을 던진다. AI는 한의학의 발전에 기여할 수 있지만, 그 핵심 가치는 인간의 손길과 지혜 속에 있다. AI는 도구일 뿐, 목적이 될 수 없다. 인간과 AI의 협력은 한의학의 미래를 어떻게 변화시킬까? 이는 우리 모두가 함께 고민하고 풀어나가야 할 숙제다.

박 연구팀은 사상의학 전공 한의사의 체질 진단 과정을 분석하여, 명시적 지식과 암묵적 지식의 관계를 탐구하고 AI 기반 평가 도구의 활용 가능성을 제시했다.[391] 특히 설문 조사와 면담을 통해 수집된 정성적, 정량적 데이터를 분석하여 한의사의 체질 진단 과정에 대한 깊이 있는 이해를 제공한다는 점에서 높이 평가할 수 있다. 하지만 이 연구는 LLM이 등장하기 이전에 수행되었기에, 오늘날 LLM의 발전은 연구 결과를 새로운 시각으로 바라보게 한다.

이 연구는 한의사의 체질 진단 과정에서 암묵적 지식의 중요성을 강조하며, 이를 명시적 지식과 비교 분석하여 그 차이를 규명하고자 했다. 그러나 암묵적 지식의 추출과 분석은 연구자의 주관적 해석에 의존할 수밖에 없었고, 이는 연구 결과의 객관성을 제한하는 요소로 작용했다.

반면 LLM은 대규모 텍스트 데이터 학습을 통해 암묵적 지식을 포함한 방대한 정보를 습득하고 이를 자연어 형태로 표현할 수 있다. 따라서 LLM은 한의사의 암묵적 지식을 보다 체계적이고 객관적으로 추출하고 분석하는 데 기여할 수 있다. 한의사와의 대화를 통해 체질 진단 과정에서 활용되는 암묵적 지식을 파악하고 이를 명시적 지식과 비교 분석하여 그 중요도와 차이점을 명확히 밝힐 수도 있다.

LLM은 개인 맞춤형 체질 진단 교육을 가능하게 한다. 기존의 AI 기반 평가 도구는 정해진 규칙과 알고리즘에 따라 체질 진단을 수행하는 데 그쳤다면, LLM은 학습자의 수준과 질문에 맞춰 즉각적인 피드백과 설명을 제공할 수 있다. 이는 학습자의 이해도를 높이고 암묵적 지식 습득을 촉진하여 체질 진단 능력 향상에 기여할 것이다.

이 연구는 한의학 임상 데이터의 표준화 부족이 AI 발전의 걸림돌이 될 수 있음을 지적한다. 이는 LLM 시대에도 여전히 유효한 문제이지만, LLM은 데이터 부족 문제를 완화하는 데 기여할 수 있다. LLM은 적은 데이터만으로도 효과적인 학습이 가능하며, 데이터 증강 기법을 통해 기존 데이터의 활용도를 높일 수 있다. LLM은 다양한 형태의 비정형 데이터(텍스트, 이미지, 음성 등)를 처리할 수 있어 한의학의 다양한 정보를 통합적으로 활용하는 데 유리하다.

이 연구는 LLM 시대에 한의학 체질 진단 연구와 교육이 나아가야 할 방향을 제시하는 중요한 시사점을 제공한다. LLM은 암묵지의 명시화, 개인 맞춤형 교육, 데이터 한계 극복 등 다양한 측면에서 한의학 체질 진단의 발전에 기여할 수 있다. 물론 LLM의 한의학 분야 적용에는 윤리적 문제, 데이터 편향성 등 해결해야 할 과제도 존재한다. 하지만 끊임없는 연구와 노력을 통해 이러한 과제를 극복해나간다면, LLM은 한의학 체질 진단의 새로운 미래를 여는 핵심 기술이 될 것이다.

온고이지신溫故而知新의 정신으로 전통 한의학 지식과 첨단 AI 기술의 융합을 통해 한의학은 더욱 발전할 수 있을 것이다. LLM은 한의학의 과학화와 표준화를 촉진하고, 개인 맞춤형 의료 서비스 제공에 기여함으로써, 한의학의 미래를 밝히는 중요한 역할을 할 것이다.

한약 처방 효과 예측

한의학과 AI의 융합은 전통의학의 지혜와 현대 기술의 혁신을 결합하는 흥미로운 영역이다. 환자의 건강 데이터를 분석하여 질병 발생 가능성을 예측하고 예방적 치료를 제안하는 AI 모델 개발은 한의학 연구의 새로운 지평을 열어가고 있다.

한 주목할 만한 연구에서는 기계학습 기법을 활용하여 한의학적 변증을 자동화하는 시도가 이루어졌다. 이 연구에서는 결정 트리, 랜덤 포레스트, 서포트 벡터 머신 등 다양한 알고리즘을 사용하여 환자의 증상과 체질 정보를 바탕으로 변증을 예측하는 모델을 개발했다. 특히 랜덤 포레스트 모델이 가장 높은 정확도를 보였는데, 이는 마치 AI가 수백 명의 한의사의 지식을 종합하여 판단을 내리는 것과 같은 효과를 낸다.[392]

또 다른 연구에서는 딥러닝 기술을 이용해 한약 처방의 효과를 예측하는 시스템을 개발했다. 이 시스템은 약 3,000개의 한약 처방 데이터를 학습하여, 특정 증상에 대해 가장 효과적일 것으로 예상되는 처방을 추천할 수 있다. 이는 마치 AI가 수천 년간 축적된 한의학 지

식을 순식간에 흡수하고 응용하는 것과 같은 놀라운 능력을 보여준다.[393]

이러한 연구는 단순한 진단 예측을 넘어서는 의미가 있다. 이 논문은 한의사의 의사결정과정을 이해하고 설명하기 위한 도구로서 AI 방법론을 활용할 수 있다는 새로운 프레임워크를 제안했다. 이는 의학·한의학 연구분야에서 보편적으로 사용되는 AI 방법론(진단·처방의 예측모델 구축 등)과는 차별화된 접근법이다. 논문의 핵심은 한의학의 고유한 진단과정을 AI의 차원축소 알고리즘으로 이해할 수 있으며, 한의학 변증에서의 차원축소가 정보처리 관점에서 갖는 장점과 단점을 기술한다는 점이다. 이처럼 한의사의 진단과 처방 원리를 정보처리 체계로 설명하기 위한 도구로 AI 이론을 활용함으로써, 한의학의 인지체계를 정량적으로 분석, 평가, 객관화하고 발전시킬 수 있는 가능성을 제시하고 있다.

배 연구팀은 한의학 진단 체계의 패턴 인식 과정을 AI의 관점에서 새롭게 조명하는 선구적인 연구를 했다.[394] 이 연구는 한의학의 핵심 개념인 변증 논리를 AI의 차원 축소 알고리즘을 통해 해석함으로써 한의학적 진단 과정의 본질을 탐구하고 그 과학적 근거를 마련하는 데 기여한다.

이 연구의 핵심은 한의학적 변증 과정을 고차원 데이터의 저차원 표현으로 간주하는 데 있다. 한의사는 환자의 다양한 증상과 징후를 종합적으로 분석하여 몇 가지 핵심적인 변증 유형으로 분류한다. 이는 마치 AI 알고리즘이 복잡한 데이터를 핵심 특징으로 압축하는 차원 축소 과정과 유사하다. 연구진은 이러한 유사성에 착안하여 한의학 변증의 정보 처리적 특징을 심층 분석하고, 이를 통해 한의사의 인지 과정을 정량화하고 객관화하는 방법론을 제시한다.

특히, 연구진은 차원 축소 알고리즘 중 하나인 t-SNE(t-distributed Stochastic Neighbor Embedding)를 활용하여 한의학 변증 유형 간의 관계를 시각적으로 표현하고, 각 변증 유형의 특징을 정량적으로 분석한다. 이를 통해 한의학 변증의 패턴을 객관적으로 파악하고 변증 간의 유사성과 차이점을 명확히 규명할 수 있다. 연구진은 차원 축소 과정에서 발생하는 정보 손실 문제를 분석하고, 이를 최소화하기 위한 방법론을 제시함으로써 한의학 변증의 정확성과 신뢰성을 높이는 데도 기여한다.

이 연구는 한의학 연구에 AI 방법론을 적용하는 새로운 시도를 제시했다는 점에서 학문적 의의가 크다. 기존 연구들이 주로 AI를 활용한 진단 및 처방 예측 모델 구축에 초점을 맞춘 것과 달리, 이 연구는 AI를 한의학적 사고 체계를 이해하고 발전시키는 분석 도구로 활용함으로써 한의학 연구의 새로운 지평을 열었다. 이는 한의학의 과학화 및 표준화를 위한 중요한 발걸음이며, 나아가 한의학의 세계화에도 기여할 수 있을 것으로 기대된다.

물론 이 연구는 아직 해결해야 할 과제도 많음을 시사하기도 한다. 한의학 변증은 복잡하고 다양한 요인들이 상호 작용하는 과정이므로, 이를 단순한 차원 축소 알고리즘으로 완벽하게 설명하기에는 한계가 있다. 이 연구는 주로 이론적인 틀을 제시하는 데 초점을 맞추었으며, 실제 임상 데이터에 대한 분석은 제한적으로 이루어졌다. 따라서 향후 연구에서는 더욱 다양한 임상 데이터를 수집하고 분석하여 본 연구의 결과를 검증하고 발전시켜나가야 할 것이다.

그럼에도 불구하고 이 연구는 한의학 연구에 AI 방법론을 적용하는 새로운 가능성을 제시했다는 점에서 높이 평가받아야 한다. AI 기술의 발전과 함께 한의학 연구도 새로운 전기를 맞이하고 있다. 이 연구는 이러한 변화의 중심에서 한의학의 미래를 밝히는 등불 역할을 할 것으로 기대된다.

이러한 연구들은 한의학의 예방의학적 접근과 AI 기술의 결합이 가져올 수 있는 혁신적인 가능성을 보여준다. 전통적으로 한의학은 질병이 발생하기 전에 미리 징후를 포착하고 예방하는 것을 중요시해왔다. AI 기술은 이러한 한의학의 철학을 더욱 효과적으로 실현할 도구가 될 수 있다.

그러나 이러한 AI 모델들이 한의학의 복잡한 이론과 개인의 특성을 얼마나 정확히 반영할 수 있을지에 대해서는 여전히 의문이 남는다. AI가 수천 년간 축적된 한의학적 지혜와 경험을 완벽히 이해하고 적용할 수 있을까? AI의 판단이 실제 임상에서 얼마나 신뢰성 있게 적용될지, 그리고 이를 어떻게 검증할 것인지도 앞으로 더 연구가 필요한 부분이다.

특히 한의학에서 중요시하는 '개체의 특수성'을 AI가 얼마나 잘 반영할 수 있을지는 중요한 과제다. 한의학에서는 같은 질병이라도 환자의 체질, 생활 환경, 정서 상태 등에 따라 다른 치료법을 적용하는데, 이러한 복잡한 요소들을 AI가 모두 고려할 수 있을지는 의문이다.

AI 모델의 '블랙박스' 문제도 해결해야 할 과제다. 딥러닝 모델의 경우 그 판단 과정을 인간이 이해하기 어려운 경우가 많은데, 의료 분야에서는 AI의 판단 근거를 명확히 설명할 수 있어야 한다. 이는 한의학적 진단과 치료의 투명성과 신뢰성을 확보하는 데 중요한 요소가 될 것이다.

더불어 AI 모델의 학습 데이터의 질과 다양성도 중요한 이슈다. 한의학적 진단과 치료 데이터는 표준화가 어렵고, 개인의 주관적 경험에 많이 의존하는 경향이 있다. 따라서 AI 모델 학습에 사용될 양질의 데이터를 어떻게 확보하고 표준화할 것인지가 중요한 연구 과제가 될 것이다.

한약 상호작용 예측

한약의 상호작용 예측과 부작용 최소화를 위한 AI 활용 연구는 최근 몇 년 동안 급격히 발전해왔다. 전통 의학에서 다수의 약재가 복합적으로 사용되면서 이들 간의 상호작용과 그로 인한 부작용을 예측하는 것은 매우 중요하다. AI는 이러한 복잡한 문제를 해결하는 데 강력한 도구로 자리잡았다.

한약재 간의 상호작용은 복잡하고 미묘해서 전통적으로 경험과 직관에 많이 의존해왔다. 그러나 최근 AI 기술의 발전으로 이러한 상호작용을 더욱 정확하고 체계적으로 분석할 수 있게 되었다. 마치 현미경으로 보이지 않던 미생물의 세계를 들여다보게 된 것처럼, AI는 한약재 간의 복잡한 상호작용을 새로운 시각으로 바라볼 수 있게 한다.

한 주목할 만한 연구에서는 머신러닝 알고리즘을 사용하여 한약재 조합의 효과와 부작용을 예측하는 모델을 개발했다. 이 모델은 수천 개의 한약 처방 데이터와 현대 약리학 데이터를 학습하여, 특정 한약재 조합이 어떤 효과를 낼지, 또 어떤 부작용이 있을지를 예측할 수 있다. 이는 마치 AI가 수천 년간의 한의학 지식과 현대 과학을 융합하여 새로운 통찰을 제공하는 것과 같다.395

리 연구팀은 딥러닝 기술을 활용하여 한약재의 분자 구조와 생리활성 관계를 분석했다. 이 연구는 한약재의 화학적 구조를 AI가 이해할 수 있는 형태로 변환하고, 이를 바탕으로 한약재 간의 상호작용과 효과를 예측하는 모델을 개발했다. 이는 마치 AI가 한약재의 언어를 배워 그들 간의 대화를 해석하는 것과 같은 놀라운 능력을 보여준다.396

특히 흥미로운 연구로, 왕 연구팀은 네트워크 분석과 AI를 결합하여 한약 처방의 시너지 효과와 부작용을 예측하는 시스템을 개발했다. 이 시스템은 한약재를 노드로 그들 간의 상호작용을 엣지로 표현하는 복잡한 네트워크를 구성하고, 이를 AI가 분석하여 최적의 처방을 제안한다. 이는 마치 AI가 수천 개의 한약재로 이루어진 거대한 퍼즐을 풀어내는 것과 같은 복잡한 작업을 수행하는 것이다.397

이러한 연구들은 한의학의 경험적 지식을 AI 기술로 체계화하고 검증하는 데 큰 기여를 하고 있다. 전통적으로 한의학에서는 '군신좌사君臣佐使'라는 개념으로 한약재 간의 상호작용을 설명해왔는데, AI는 이러한 개념을 현대 과학의 언어로 해석하고 확장하는 역할을 하고 있다.

그러나 이러한 AI 모델들이 한의학의 복잡한 이론과 개인의 특성을 얼마나 정확히 반영할 수 있을지에 대해서는 여전히 의문이 남는다. AI가 수천 년간 축적된 한의학적 지혜와 경험을 완벽히 이해하고 적용할 수 있을까? AI의 예측이 실제 임상에서 얼마나 신뢰성 있게 적용될 수 있을지, 그리고 이를 어떻게 검증할 것인지도 앞으로 더 연구가 필요한 부분이다.

특히 한의학에서 중요시하는 '체질'과 '변증'의 개념을 AI가 얼마나 잘 반영할 수 있을지는 중요한 과제다. 같은 한약재 조합이라도 개인의 체질과 상태에 따라 다른 효과를 낼 수 있는데, 이러한 복잡한 요소들을 AI가 모두 고려할 수 있을지는 의문이다.

AI 모델의 설명 가능성 문제도 해결해야 할 과제다. 딥러닝 모델의 경우 그 판단 과정을 인간이 이해하기 어려운 경우가 많은데, 의료 분야에서는 AI의 판단 근거를 명확히 설명할 수 있어야 한다. 이는 한약 처방의 투명성과 신뢰성을 확보하는 데 중요한 요소가 될 것이다.

더불어 AI 모델의 학습 데이터의 질과 다양성도 중요한 이슈다. 한약 처방 데이터는 지역과 학파에 따라 차이가 있을 수 있고, 현대 약리학 데이터와의 통합도 쉽지 않은 과제다. 따라서 AI 모델 학습에 사용될 수 있는 양질의 데이터를 어떻게 확보하고 표준화할 것인지가 중요한 연구 과제가 될 것이다.

결론적으로 AI를 활용한 한약재 상호작용 연구는 전통 의학의 지혜와 현대 기술의 혁신을 결합하는 매력적인 분야다. 이는 마치 고전 문학을 현대적으로 재해석하는 것과 같이, 전통의 가치를 새로운 관점에서 조명하고 확장하는 시도라고 할 수 있다. 앞으로 이 분야의 연구가 더욱 발전하여, 한약의 효능은 극대화하고 부작용은 최소화하는 새로운 패러다임을 열어갈 수 있기를 기대해본다.

개인의 특성을 고려한 맞춤형 처방

한약 처방의 최적화를 위한 AI 시스템 개발은 현대 의료와 전통 의학의 융합을 통해 의료의 새로운 패러다임을 제시하고 있다. 한의학에서는 전통적으로 '사상체질'이나 '팔강변증' 등의 개념을 통해 개인의 특성을 파악하고 맞춤형 처방을 해왔다. AI 기술은 이러한 복잡한 진단과 처방 과정을 더욱 정교하고 체계적으로 수행할 수 있는 가능성을 제시하고 있다. 마치 현미경이 육안으로 볼 수 없던 세계를 보여준 것처럼 AI는 한의학적 진단과 처방의 새로운 차원을 열어가고 있는 것이다.

첫째, 다중 그래프 합성곱 네트워크MGCN를 활용한 연구는 환자의 증상 데이터를 분석하여 맞춤형 한약 처방을 추천하는 모델을 제안하고 있다. 이 모델은 다양한 임상 데이터와 환자의 개별 특성을 고려하여 최적의 약재 조합을 추천함으로써, 부작용을 최소화하고 치료 효과를 극대화하는 데 기여한다. 이러한 접근법은 특히 복잡한 질환 치료에 있어 다중 약물 사용의 효과와 안전성을 높이는 데 유용하다. MGCN은 증상과 처방 간의 관계를 모델링하여 높은 예측 정확도를 달성한 것으로 보고되었다.[398]

둘째, 전통 의학에서의 다중 라벨 분류MLC 방법은 각 환자의 증상과 맞춤형 처방을 동시에 예측하는 데 활용된다. MLC는 텍스트, 감정, 장면 분류 등 다양한 분야에서 성공적으로 적용되고 있으며, 한약 처방 예측에서도 그 가능성이 입증되고 있다. 여러 질병의 예측과 임상 의사결정 지원 시스템에 MLC가 활용되어 높은 정확성을 보여주고 있다. MLC는 각 증상과 약재의 관계를 모델링하여 보다 정밀한 처방을 제안할 수 있는 방법을 제공한다.

셋째, 네트워크 약리학은 복잡한 생물학적 시스템 내에서 여러 약물의 상호작용을 이해하는 데 유용하다. 한약의 주요 성분 간의 상호작용을 정량화 하기 위해 네트워크 약리학적 접근이 사용되며, 이는 AI 기반의 네트워크 분석을 통해 약물 간의 시너지 효과와 길항작용을 명확히 하여 부작용을 최소화하는 데 기여한다. 이러한 접근법은 한약의 복합 처방이 각기 다른 질병에 대해 어떻게 작용하는지를 이해하는 데 중요한 정보를 제공한다.[399]

넷째, AI와 데이터 마이닝 기술을 활용한 전통 의학 문헌과 임상 데이터의 분석은 중요한 연구 영역이다. 데이터 마이닝은 방대한 양의 전통 의학 문헌과 임상 데이터를 디지털화하고 분석하여 임상 진단과 치료에 유용한 통찰을 제공한다. 전통 의학의 복잡한 이론과 경험을 AI 모델에 통합함으로써 AI가 전통 의학의 진단과 치료 과정에서 중요한 역할을 할 수도 있다. 이는 특히 전통 의학의 과학적 근거를 강화하고 보다 객관적이고 일관된 진단과 치료를 가능하게 한다.

그러나 이러한 기술의 도입에는 여전히 해결해야 할 과제들이 남아 있다. 첫째, 충분한 양질의 데이터가 필요하다. AI 모델이 높은 성능을 발휘하려면 충분한 양질의 데이터가 필요하며, 이를 위해 표준화된 데이터 수집 및 공유 플랫폼이 필요하다. 둘째, 모델의 해석 가능성이 중요하다. 의료 분야에서 AI 모델이 내린 결정을 이해하고 신뢰할 수 있어야 한다. 이는 설명 가능한 AI 기술을 통해 해결할 수 있다. 셋째, 전통 의학의 복잡한 이론과 AI 기술의 통합이 필요하다. 전통 의학의 이론적 배경을 충분히 이해하고 AI 모델에 적용할 수 있어야 한다.[400]

미래 연구는 이러한 도전과제들을 해결하는 데 중점을 두어야 한다. AI와 전통 의학의 융합을 위한 새로운 모델 개발, 데이터 품질 향상을 위한 방법론 연구, 그리고 설명 가능한 AI 기술을 통한 모델의 해석 가능성 강화 등이 필요하다.[401] 이를 통해 AI 기술이 전통 의학의 진단과 치료의 정확성과 효율성을 높이는 데 더욱 기여할 것이다.

침 치료

침술은 그 미세한 자극으로 인체의 균형을 회복하는 신비로운 치료법으로, 이제 AI라는 객관적인 관찰자를 만나 그 효과를 증명하는 새로운 시대를 맞이하고 있다. 마치 전자현미경으로 들여다보듯, AI는 침 치료 전후의 생체신호 변화를 분석하여 침술의 효과를 과학적으로 입증하고 있다.

침 치료 효과 분석과 가이드라인 제시

침술은 통증 완화, 면역력 강화, 심리적 안정 등 다양한 효과를 가져다주지만, 그 작용 기전은 여전히 베일에 싸여 있다. 하지만 AI는 이러한 베일을 벗기는 열쇠가 될 수 있다. AI는 뇌파, 심박 변이도, 피부 전도도 등 다양한 생체신호를 분석하여 침 치료가 인체에 미치는 영향을 객관적으로 평가한다.

가령 침 치료 후 뇌파의 알파파가 증가하고 베타파가 감소하는 것은 심리적 안정과 스트레스 감소를 의미한다. 심박 변이도가 증가하는 것은 자율 신경계의 균형 회복을 나타낸다. 이러한 생체신호 변화는 침 치료의 효과를 객관적으로 보여주는 증거가 된다.[402]

AI는 침 치료 효과를 평가하는 데 그치지 않고, 개인 맞춤형 침 치료를 위한 가이드라인을 제시할 수도 있다. 환자의 체질, 증상, 건강 상태 등을 고려하여 최적의 침 치료 방법을 찾아내는 것이다. 마치 맞춤 양복처럼, 환자에게 딱 맞는 침 치료를 제공하는 것이다.[403]

하지만 AI 분석에는 여전히 한계가 존재한다. 생체신호는 복잡하고 다양한 요인에 의해 영향을 받는다. 침 치료 외에도 환자의 심리 상태, 환경, 생활습관 등 다양한 변수가 작용할 수 있다. AI가 이러한 복잡성을 완전히 이해하고 반영할 수 있을까? 침 치료 효과는 단순히 생체신호 변화만으로 설명할 수 있을까? 침 치료의 효과는 환자의 주관적인 경험과도 밀접하게 관련되어 있다. AI는 이러한 주관적인 경험을 어떻게 측정하고 평가할 수 있을까?[404]

AI는 침술 연구의 새로운 지평을 열어주는 동시에, 풀리지 않는 질문을 던진다. AI는 침술의 과학적 근거를 마련하고 치료 효과를 높이는 데 기여할 수 있지만, 그 핵심 가치는 인간의 손길과 지혜 속에 있다. AI는 도구일 뿐, 목적이 될 수 없다. 인간과 AI의 협력은 침술의 미래를 어떻게 변화시킬까? 이는 우리 모두가 함께 고민하고 풀어나가야 할 숙제다.

침 치료점
예측

AI는 환자의 증상을 분석하여 최적의 침 치료점을 예측하는 디지털 탐침으로 변모하고 있다. 수많은 경혈점 중 어떤 점을 자극해야 최적의 효과를 얻을 수 있을지는 한의사에게도 쉽지 않은 숙제다. 하지만 AI는 이러한 난제를 해결하는 데 새로운 가능성을 제시한다.

AI는 방대한 한의학 문헌 데이터, 임상 데이터, 환자의 증상 정보 등을 학습하여 최적의 침 치료점을 예측하는 모델을 구축한다. 마치 빅데이터라는 거대한 바다에서 진주를 캐내듯, AI는 수많은 정보 속에서 환자에게 가장 적합한 치료점을 찾아낸다. 이를 통해 한의사는 더욱 정확하고 효과적인 침 치료를 제공할 수 있다.[405]

AI는 환자의 증상, 체질, 과거 병력, 생활습관 등 다양한 정보를 종합적으로 분석하여 맞춤형 치료점을 제시한다. 예를 들어, 두통 환자에게는 풍지, 태양, 합곡 등의 경혈점을, 소화불량 환자에게는 중완, 족삼리, 내관 등의 경혈점을 추천하는 등 증상에 따른 맞춤형 치료가 가능하다.[406]

하지만 AI 예측 모델은 아직 완벽하지 않다. 침 치료는 단순히 증상 완화뿐 아니라 환자의 전반적인 건강 상태와 삶의 질 향상을 목표로 한다. AI는 이러한 복잡하고 주관적인 요소를 완전히 이해하고 반영할 수 있을까? AI의 예측은 얼마나 정확할까? 인간의 몸은 변화무쌍하며, 침 치료 효과는 개인차가 크다. AI는 이러한 불확실성을 극복하고 정확한 예측을 할 수 있을까?407

'신의 한 수'라는 말이 있다. 바둑에서 승패를 뒤집는 결정적인 수를 일컫는 말이지만, 한의학에서는 침 치료의 핵심인 혈자리 선택을 비유할 때도 종종 쓰인다. 적재적소에 침을 놓아 환자의 고통을 덜어주는 것은 마치 신의 경지에 다다른 듯한 묘수를 찾는 것과 같기 때문이다.

하지만 이러한 혈자리 선택, 즉 경혈 선혈의 원리는 오랜 경험과 직관에 의존하는 경우가 많았다. 마치 베테랑 낚시꾼이 물고기의 습성과 날씨, 물때를 종합적으로 고려하여 낚시 포인트를 찾는 것처럼 말이다. 하지만 이제는 시대가 변했다. 4차 산업혁명의 물결 속에서 AI가라는 새로운 도구가 등장했고, 이는 혈자리 주치 연구에도 새로운 지평을 열고 있다.

AI는 방대한 데이터를 분석하고 패턴을 찾아내는 데 탁월한 능력을 지니고 있다. 이러한 능력은 한의학 고전 문헌과 임상 데이터 속에 숨겨진 혈자리 주치의 비밀을 밝혀내는 데 유용하게 활용될 수 있다.408 특정 질환에 어떤 혈자리가 주로 사용되는지를 분석하여 혈자리 선혈의 특이성을 파악하거나 특정 혈자리가 어떤 질환에 특이적으로 효과가 있는지를 분석하여 혈자리 주치의 특이성을 규명할 수 있다.

이는 마치 빅데이터 분석을 통해 소비자의 구매 패턴을 예측하고 맞춤형 상품을 추천하는 것과 유사하다. AI는 한의사의 경험과 직관을 대체하는 것이 아니라 객관적인 데이터 분석을 통해 혈자리 주치 연구를 보완하고 발전시키는 역할을 한다.

AI를 활용한 혈자리 주치 연구는 크게 순행 추론과 역행 추론 두 가지 방식으로 진행된다. 순행 추론은 특정 질환에 어떤 혈자리가 주로 사용되는지를 분석하는 방식으로 혈자리 선혈의 특이성을 파악하는 데 유용하다. 반면 역행 추론은 특정 혈자리가 어떤 질환에 특이적으로 효과가 있는지를 분석하는 방식으로 혈자리 주치의 특이성을 규명하는 데 활용된다.[409]

이는 마치 돋보기와 현미경을 번갈아 사용하여 사물을 관찰하는 것과 같다. 돋보기로는 사물의 전체적인 형태를 파악하고 현미경으로는 세부적인 구조를 관찰하듯, 순행 추론과 역행 추론은 서로 다른 관점에서 혈자리 주치의 비밀을 밝혀내는 데 기여한다.

혈자리 주치 연구의 미래는 EMR 시스템과 AI의 결합에 달려 있다. EMR 시스템은 환자의 질병 정보, 치료 과정, 치료 효과 등 다양한 정보를 담고 있는 데이터의 보고이다. AI는 이러한 방대한 데이터를 분석하여 혈자리 주치의 특이성을 파악하고, 개인 맞춤형 치료법 개발에 활용할 수 있다.

이는 마치 인공위성을 통해 지구 곳곳의 정보를 수집하고 분석하여 기후 변화를 예측하는 것과 같다. EMR 시스템은 한의학의 미래를 예측하고 발전시키는 데 필요한 정보를 제공하며, AI는 이러한 정보를 분석하여 새로운 가치를 창출하는 역할을 한다.

물론 AI를 활용한 혈자리 주치 연구는 아직 초기 단계이며 넘어야 할 산도 많다. 데이터의 정확성과 신뢰성 확보, 한의학 전문가와의 협력, 윤리적 문제 해결 등 다양한 과제가 남아 있다. 하지만 AI는 끊임없이 발전하고 있으며, 혈자리 주치 연구에 대한 기대 또한 높아지고 있다.

이는 마치 인류가 달 탐사를 통해 우주의 신비를 밝혀내는 것과 같다. 아직 가야 할 길이 멀지만, AI라는 든든한 조력자와 함께라면 혈자리 주치 연구는 새로운 차원으로 도약할 수 있을 것이다.

AI는 침술 연구의 새로운 지평을 열어주는 동시에 풀리지 않는 질문을 던진다. AI는 침 치료의 효과를 높이고 치료 과정을 표준화하는 데 기여할 수 있지만, 그 핵심 가치는 인간의 손길과 지혜 속에 있다. AI는 도구일 뿐 목적이 될 수 없다. 인간과 AI의 협력은 침술의 미래를 어떻게 변화시킬까? 이는 우리 모두가 함께 고민하고 풀어나가야 할 숙제이다.

한의학 교육의
새로운 맥

21세기의 신약神藥, 생성형 AI가 한의학의 오래된 지혜와 만났다. 이는 마치 현대 과학의 첨단 현미경으로 고대 의서를 들여다보는 듯한 기묘한 조우다. 박 연구팀은 〈LLM을 이용한 한의학 교육 강화Enhancing Korean Medicine Education with Large Language Models〉라는 연구를 통해 AI가 어떻게 한의학의 맥을 짚고 새로운 활력을 불어넣을 수 있는지를 톺아봤다.[410]

챗GPT와 제미나이로 대표되는 LLM은 이미 의료계에 혁명적 변화의 바람을 일으키고 있는 가운데, 이들은 마치 디지털 시대의 의성醫聖처럼 방대한 의학 지식을 꿰뚫고, 인간 의사도 혀를 내두를 정도의 진단과 처방 능력을 보여주고 있다. 미국 의사면허시험을 우수한 성적으로 통과한 이 AI는 이제 한의학이라는 새로운 영역에 발을 들이려 하고 있다.

그러나 한의학은 AI에게도 쉽지 않은 상대다. 음양오행의 오묘한 이치와 경락의 복잡한 흐름을 이해하기 위해서는 단순한 데이터 학습 이상의 무엇인가가 필요하다. 의학이나 한의학이나 이론적 '지식'을 자신의 '기술'로 만드는 경험이 필요하므로 시간적 노력이 중요하다. 초심자 한의사처럼 AI도 수 천년 경험과 지식이 축적된 한자 의학고전의 언어적 장벽을 넘어야 하고, 의학 고전이나 명의의 경험이 담긴 의안醫案의 체계적이고 표준화된 정전正典이 필요하다. 여전히 영어논문으로 발표되는 한의학 이론이나 통계적 경험은 부족하다.

이를 위해 이 연구는 두 가지 접근법을 제시한다. 첫째는 'AI의 뇌'를 직접 조작하는 방법이다. 한의사가 침으로 경혈을 자극하듯, 경험을 고도화시키는 방식으로 추가 학습과정을 거쳐 내부 구조가 향상되어 한의학적 사고방식에 익숙해지도록 하는 것이다. 둘째는 AI의 외부에서 수준 높은 한의학 백과사전을 참고하는 방법이다. 한약을 달여 먹이듯, AI에게 한의학 지식을 농축된 형태로 제공하는 것이다.

이렇게 수련을 마친 AI는 한의학 교육의 새로운 동반자가 될 수 있다. 개인 맞춤형 학습 계획을 수립하고, 방대한 한의학 지식을 체계적으로 정리하며 가상 환자를 통해 임상 경험을 제공할 수 있다. 심지어 학생들의 논문을 평가하고 피드백을 제공하는 '디지털 스승'의 역할도 가능하다.

그러나 이 모든 과정에서 가장 중요한 것은 AI가 제공하는 정보의 정확성과 신뢰성이다. 한의학의 정수를 제대로 이해하지 못한 AI는 오히려 해가 될 수 있다. 따라서 AI의 학습 과정에 한의학 전문가들의 참여는 필수적이며, AI의 '진맥'이 정확한지 지속적으로 검증해야 한다.

최 연구팀은 한의학 교육 현장에 'ODS 2.0'이라는 한의진단전문가시스템을 도입하여 실습 만족도를 평가했다.[411] 연구 결과, 시스템 자체의 진단 정확성이나 설명 기능 부족으로 만족도는 높지 않았지만, 학생들의 흥미와 학습 효과 측면에서 긍정적인 가능성을 확인했다.

이는 곧 기술적 완성도와 교육적 효과 사이의 괴리를 보여준다. 즉, 아직 AI가 한의학의 복잡성과 심오함을 완벽히 담아내지 못했음을 시사했다. 변증 정확성 부족, 변증과 체질 상관성 설명 미흡 등은 시스템의 한계를 보여주는 동시에, 앞으로 극복해야 할 과제를 제시한 것이다.

하지만 학생들이 시스템 활용 실습에 흥미를 느끼고 유익하다고 평가한 점은 주목할 만하다. 이는 AI가 젊은 한의학도들에게 새로운 학습 경험을 제공하고, 능동적인 학습 참여를 유도할 수 있음을 보여준다. 기술적 한계에도 불구하고, AI가 교육 현장에 새로운 활력을 불어넣을 잠재력을 지니고 있음을 시사한 것이다.

LLM의 등장
재조명되는 ODS

최 연구팀이 연구할 당시에는 기술적 한계로 인해 ODS 2.0의 성능이 제한적이었지만, 오늘날 LLM의 발전은 이 연구 결과를 새로운 시각으로 바라보게 한다. LLM은 방대한 텍스트 데이터 학습을 통해 전문 지식을 습득하고, 높은 수준의 자연어 이해 및 생성 능력을 갖추고 있다. 이러한 LLM의 특징은 과거 ODS 2.0이 직면했던 한계를 극복하는 데 중요한 역할을 할 수 있다.

LLM 기반 한의학 교육 시스템의 가능성

- 정확성 및 설명 기능 향상: LLM은 최신 한의학 연구 자료와 임상 데이터를 학습하여 진단 정확성을 높이고, 변증과 체질의 상관성에 대한 설명 기능을 강화한다. 이는 학생들의 신뢰도를 높이고, 능동적인 질의응답을 통한 학습 효과를 극대화할 수 있을 것이다.
- 개인 맞춤형 학습: LLM은 학생 개개인의 학습 수준과 질문에 맞춰 실시간 피드백을 제공할 수 있다. 이는 학생들의 자기주도 학습 능력을 향상시키고, 교육 효과를 극대화할 수 있다.
- 다양한 교육 콘텐츠 개발: LLM은 텍스트 생성 능력을 바탕으로 다양한 교육 콘텐츠(임상 사례, 퀴즈, 시뮬레이션 등)를 자동 생성하여 학습 경험을 풍부하게 만들 수 있다.

이 연구는 LLM과 같은 혁신적인 기술이 등장하기 전에 수행되었지만, 한의학 교육에서 AI의 잠재력을 보여주었다는 점에서 의의가 있다. LLM의 등장은 과거의 한계를 극복하고 한의학 교육의 새로운 가능성을 열어준다. 앞으로 LLM을 적극적으로 활용하여 한의학 교육 시스템을 개발하고 발전시킨다면, 미래 한의학 인재 양성에 크게 기여할 수 있을 것이다.

양 연구팀은 한의학 교육 현장에서 AI의 역할과 가능성을 탐색한 의미 있는 시도를 했다.[412] 이 연구는 한의대생들을 대상으로 한의학 진단 전문가 시스템KMDES 활용 실습과 설문 조사를 통해 AI에 대한 인식과 기대, 그리고 교육적 효과를 분석했다. 흥미롭게도, 연구 결과는 AI 시대가 한의학계에 미치는 영향이 크지 않을 것이라는 다소 의외의 전망을 제시한다. 이는 AI 발전에 따른 전공 선택의 변화를 우려하는 캐나다 의대생들의 태도와 극명한 대조를 이룬다.

그러나 2022년 이후, 특히 챗GPT와 같은 LLM의 등장은 이러한 전망을 재고할 필요성을 제기한다. LLM은 기존 AI 시스템과는 차원이 다른 능력을 보여주며, 한의학 교육 및 연구 전반에 혁신적인 변화를 가져올 잠재력을 지니고 있다.

이 연구에서 KMDES는 실제 진단 경험 제공과 의사와 환자 역할극 만족도 및 효율성 증진에 기여했지만, 진단 정확도와 정보 신뢰성 측면에서 한계를 드러냈다. 이는 LLM을 통해 극복 가능한 문제다. LLM은 방대한 한의학 문헌과 임상 데이터 학습을 통해 정확하고 신뢰성 있는 정보를 제공할 수 있으며, 실시간 질의응답을 통해 학생들의 궁금증을 즉각 해소하고 개인 맞춤형 학습을 지원한다.

LLM은 단순한 지식 전달을 넘어 학생들의 비판적 사고와 문제 해결 능력 함양에도 기여한다. 임상 사례를 제시하고 학생들에게 진단 및 치료 계획을 수립하도록 유도하거나 가상 환자와의 상호작용을 통해 실제 진료 환경을 경험하게 할 수 있다.

이 연구는 한의학 임상 데이터의 표준화 부족이 AI 발전의 걸림돌이 될 수 있음을 지적한다. 이는 LLM 시대에도 여전히 유효한 문제다. LLM의 성능은 학습 데이터의 질과 양에 크게 의존하기 때문이다. 따라서 한의학계는 데이터 표준화 노력을 지속하고, 고품질의 학습 데이터를 구축해야 한다. 이는 LLM의 잠재력을 극대화하고, 한의학 연구 및 교육의 질적 도약을 이끌 것이다.

양 연구팀은 AI 시대에도 한의학의 고유한 가치와 역할이 여전히 중요함을 강조한다. LLM과 같은 첨단기술은 한의학의 과학화와 표준화를 촉진하고, 교육 및 연구의 효율성을 높이는 데 기여할 수 있다. 하지만 AI는 한의사의 역량을 강화하고 환자들에게 더 나은 의료 서비스를 제공하기 위한 도구임을 명심해야 한다.

이 연구는 LLM 시대에 한의학 교육과 연구가 나아가야 할 방향을 제시하는 중요한 통찰을 제공한다. 기술 발전과 함께 윤리적 문제, 데이터 편향성 등 해결해야 할 과제도 존재하지만, 끊임없는 연구와 노력을 통해 이러한 과제를 극복해나간다면, AI는 한의학의 미래를 밝히는 중요한 동반자가 될 것이다.

한예진의 연구는 전통적인 한의학 교육의 틀 안에서 AI라는 혁신적인 도구를 접목시켜 새로운 교육 패러다임을 제시했다.[413] 기존의 의사와 환자 시뮬레이션 교육 방식은 현실적인 제약과 한계에 부딪혀왔다. 모의 환자 활용은 시간과 비용이 많이 들고, 동료 역할극은 참여 기회의 불균형과 교수자의 부담 증가라는 문제를 안고 있었다. 이러한 난제를 해결하기 위해 저자는 AI 챗봇이라는 혁신적인 해결책을 제시한 것이다.

아무리 이론을 학습해도 실제 환자를 마주하는 경험을 대체할 수는 없다. 하지만 AI 챗봇은 시공간의 제약 없이 실제적인 진료 경험을 제공함으로써 이러한 간극을 메우는 역할을 한다. 학생들은 챗봇과의 상호작용을 통해 다양한 증상과 질환에 대한 이해를 높이고, 실제 임상 상황에서 필요한 의사소통 능력과 문제 해결 능력을 키울 수 있다.

이 연구는 단순히 기술적인 측면만을 강조하지 않는다. 저자는 챗봇의 사용성과 교육적 효과성을 검증하기 위해 전문가 검토를 실시하고, 챗봇의 장단점과 개선점을 면밀히 분석했다. 이를 통해 챗봇의 높은 사용성과 교육적 효과를 확인하는 동시에, 의도 추론 정확도 향상, 지시문 제공, 평가 및 피드백 기능 추가 등 앞으로 개선해야 할 과제를 제시한다.

교학상장敎學相長이라는 말처럼 챗봇은 학생뿐 아니라 교수자에게도 유용한 도구가 될 수 있다. 챗봇은 학생들의 학습 과정과 결과에 대한 데이터를 제공하여 교수자의 평가 부담을 줄이고 개별 학생에게 맞춤형 피드백을 제공할 수 있도록 돕는다. 다양한 증상과 질환을 가진 챗봇을 미리 개발해 둠으로써 실습 교육 준비에 드는 교수자의 시간과 노력을 절약하고 교육의 질을 향상시킬 수도 있다.

물론 AI 챗봇이 완벽한 해결책은 아니다. 아직까지는 챗봇의 의도 파악 능력이나 자연스러운 대화 능력에는 한계가 있다. 실제 환자와의 상호작용에서 발생하는 예측 불가능한 상황에 대한 대처 능력은 부족하다. 하지만 LLM과 같은 첨단기술의 발전은 이러한 한계를 극복하고 챗봇의 성능을 더욱 향상시킬 가능성을 보여준다.

한예진의 연구는 한의학 교육의 미래를 엿볼 수 있는 창을 열었다. AI 챗봇은 단순한 기술적 도구를 넘어, 학생들의 학습 경험을 풍부하게 하고, 교수자의 교육 효율성을 높이는 혁신적인 교육 플랫폼으로 발전할 잠재력을 지니고 있다. 앞으로 더욱 정교하고 발전된 챗봇 개발과 함께 챗봇을 효과적으로 활용하는 교육 방법론 연구가 활발히 이루어진다면 한의학 교육은 전통과 혁신이 조화롭게 공존하는 새로운 시대로 나아갈 수 있을 것이다.

깊이 있는 한의학 지식과 첨단 AI 기술의 만남은 미래 한의학 발전의 든든한 토대가 될 것이다. 끊임없는 연구와 노력은 한의학 교육의 새로운 지평을 열고 더 나은 의료 서비스를 제공하는 데 기여한다.

결국 AI와 한의학의 만남은 동양의 지혜와 서양의 기술이 조화를 이루는 새로운 패러다임을 제시한다. 이는 마치 음양이 조화를 이루듯, 전통과 혁신이 균형을 이루는 모습이다. 앞으로 AI라는 새로운 '침'으로 한의학의 어떤 혈자리를 자극하고, 어떤 새로운 치유의 흐름을 만들어낼 수 있을지 기대된다.

한의학과 AI의 이 기묘한 만남이 의학의 새로운 지평을 열어갈 것인지 아니면 단순한 한때의 유행으로 그칠 것인지는 아직 알 수 없다. 그러나 분명한 것은 이 시도가 한의학의 오랜 지혜를 현대적으로 재해석하고 확장하는 흥미로운 실험이 될 것이라는 점이다. AI는 한의학의 깊이 있는 지혜를 현대적 언어로 번역하고 확장할 것이다.

한의학 AI의 미래

한의학에서 AI의 역할이 확대되고 있는 가운데, 우리는 중요한 분기점에 서 있다. AI가 의사를 대체할 수 있을까? 아니면 의사의 능력을 보완하는 도구로 발전할 것인가? 이러한 질문들은 단순한 기술적 과제를 넘어, 의료의 본질과 인간성에 대한 깊은 성찰을 요구한다.

2019년 〈네이처〉에 게재된 〈딥러닝 AI는 왜 쉽게 속는가Why deep-learning AIs are so easy to fool〉라는 헤븐의 연구는 논문은 딥러닝 AI의 한계를 지적하며, 심볼릭 AI Symbolic AI와의 결합을 제안했다. 심볼릭 AI는 딥러닝과 달리 빅데이터에 의존하지 않고 인간이 직접 설계한 논리적 규칙과 지식 표현을 기반으로 작동하는 AI 방식이다. 이는 전통적인 if-then 규칙이나 지식 그래프 같은 명시적 논리 체계를 사용하여 추론하는 접근법으로, 결과에 대한 설명이 가능하다는 장점이 있다. 이 통찰은 현재 LLM 시대에도 여전히 유효하며, 특히 의료 AI의 발전 방향에 중요한 시사점을 제공한다.[414]

이 논문은 딥러닝 AI 시스템의 취약점과 한계를 지적하며 심볼릭 AI와 딥러닝의 결합을 제안했다. 이는 현재 LLM 시대에도 여전히 유효한 주장이며 AI의 발전 방향에 대한 중요한 통찰을 제공한다. 의료 분야에서 AI의 역할을 고려할 때 논문의 제안과 당신의 견해는 더욱 의미 있게 다가온다. 의료 AI는 단순히 '지식'의 축적이나 '확률'에 기반한 판단을 넘어서야 한다. 의사의 역할은 '규칙'과 '확률'의 단순한 적용을 넘어서는 것이기 때문이다.

명의名醫의 판단은 방대한 의학 지식과 풍부한 임상 경험, 그리고 인간에 대한 깊은 이해가 복합적으로 작용한 결과다. 이는 단순한 데이터 처리나 패턴 인식으로는 완전히 대체하기 어려운 영역이다. 의료 AI가 이러한 수준에 도달하려면 단순히 의학 지식을 학습하는 것을 넘어 인간의 진화, 역사, 문화에 대한 이해, 그리고 '따뜻한 인간미'까지 구현할 수 있어야 한다.

더 나아가 "의료는 단순한 의학(지식)과 의술(경험)을 넘어 Art의 영역에 속한다."고 부산대 권영규 한의학전문대학원 교수는 말한다. 인간의 몸과 영혼을 모두 고려해야 하는 의료의 본질적 특성을 고려할 때 AI가 완전히 의사를 대체하는 것은 현실적으로 어려울 수 있다.

그러나 AI의 역할이 제한적이라고 해서 그 중요성이 낮아지는 것은 아니다. 오히려 AI는 의학 교육과 임상 실습에서 강력한 도구가 될 수 있다. AI는 평균 이상의 의사를 효과적으로 교육하고 훈련시키는 데 큰 기여를 할 수 있다. 기존의 자율적 문제해결형 교육 시스템보다 더 효율적이고 체계적인 학습 환경을 제공할 수 있을 것이다.

ETRI팀에서 AI 전문가 시스템AI expert system 개발에 참여하고 한의대 학생 임상실습에 AI 시스템을 활용하고 있는 권영규 교수는 "AI 대학원 교수들과의 공동 연구개발은 앞으로 의료 AI의 발전 방향을 모색하는 데 중요한 역할을 할 것이다."라고 주장한다.

결론적으로, 한의학 분야에서도 AI의 역할은 의사를 완전히 대체하는 것이 아니라, 의사의 능력을 보완하고 강화하는 방향으로 발전해야 한다. 이는 헤븐이 제안한 심볼릭 AI와 딥러닝의 결합이라는 아이디어와 일맥상통한다. 규칙 기반의 논리적 추론과 데이터 기반의 패턴 인식을 결합함으로써, AI는 의료 지식의 처리와 임상 경험의 학습을 보다 효과적으로 수행할 수 있을 것이다.

더불어 AI는 윤리적 판단, 환자와의 공감, 복잡한 상황에서의 직관적 결정 등 인간 의사의 고유한 능력을 보완하는 방식으로 발전해야 한다. 이를 통해 AI는 의료의 질을 높이고 의사들이 보다 인간적이고 창의적인 역할에 집중할 수 있도록 지원하는 강력한 도구가 될 수 있을 것이다.

| 에필로그 |

AI 알고리즘이 의료계를 흔들고 있다. 의료인들의 호그와트(영화 '해리포터'에 등장하는 마법학교), 아니 '메디와트'가 드디어 그 신비한 문을 활짝 열었다. 이제 의사들은 청진기 대신 AI라는 지팡이를 휘두르며 21세기의 의료 기적을 만들어나가고 있다. 영화에서 물체를 공중에 띄우는 주문인 "윙가르디움 레비오사!"가 아닌 AI 의료 진단을 주문하는 "딥러닝 다이아그노시스!"를 외치는 시대가 도래한 것이다.

우리의 여정은 한 가지 핵심질문Burning Question에서 시작되었다. AI가 의사를 대체할 것인가 대체하지 못할 것인가? 우리는 이 논쟁에 사로잡혀 고뇌하며 긴 여정을 떠났다. 그리고 지금 그 해답의 땅에 발을 디뎠다.

AI는 의사를 대체할 수가 없다! 말 그대로다. 물론 이것이 전부는 아니다. AI는 의사를 '업그레이드'할 것이다! 우리의 의사들은 이제 단순한 호모 사피엔스가 아닌, '호모 메디쿠스 AI-인핸스드Homo Medicus AI-Enhanced'로 진화할 것이다.

AI 시대의 의사는 마치 변신 로봇처럼 다재다능해질 것이다. 그들은 더 이상 단순한 질병 진단자가 아니다. 의사들은 의료 큐레이터, 의료 데이터 과학자, 의료기술 경영자, 의료 윤리 전문가 등 다양한 페르소나를 가진 '의료계의 레오나르도 다 빈치'로 변모할 것이다. 히포크라테스의 지혜와 튜링의 천재성을 겸비한, 말 그대로 '하이브리드 의료 전문가'의 등장이다.

그러나 AI의 영향력은 의료의 모든 영역에서 균일하게 나타나지는 않을 것이다. 마치 과일 샐러드에서 각 과일의 맛이 다르게 느껴지듯, AI의 영향력도 분야별로 다르게 나타날 것이다.

영상의학, 병리학, 안과학 등 이미지 분석이 중요한 분야에서는 AI가 마치 슈퍼히어로처럼 등장할 것이다. AI는 이미 이들 분야에서 인간 전문가 수준의 정확도를 보이고 있으며, 때로는 인간을 뛰어넘는 초인적 기량을 자랑하고 있다.

내과, 정신건강의학과 등에서도 AI는 중요한 역할을 할 것이다. AI가 개인 맞춤형 치료 계획을 수립한다. 질병 예측 및 조기 진단도 척척 해내고 있다. 원격 모니터링은 AI의 장기이다. AI는 마치 의사의 충실한 왓슨처럼, 아니 오히려 셜록 홈즈처럼 영민하게 의사를 보조할 것이다.

하지만 모든 영역에서 AI가 주연은 아닐 것이다. 복잡한 수술이나 고도의 임상적 판단이 필요한 분야에서는 AI의 역할이 상대적으로 제한적일 수 있다. 여기서 AI는 주연이 아닌 조연으로, 의사의 의사결정을 지원하고, 수술 계획을 최적화하며, 예후를 예측하는 등 보조적인 역할을 통해 의료의 질을 높이는 데 기여할 것이다. 마치 영화 '아이언맨'에서 자비스가 토니 스타크를 보조하듯 말이다.

특히 AI는 일부 의료 분야에서는 필수 불가결한 존재가 될 것이다. 유전체 분석, 신약 개발, 희귀질환 진단 등 빅데이터를 다루는 분야에서 AI는 이미 대세가 되어가고 있다. 이런 분야에서 AI를 사용하지 않는 것은 마치 현대 의학에서 현미경을 사용하지 않는 것과 다름없을 것이다. AI 없이 유전체 분석을 한다는 것은 마치 칼 없이 수술하는 것과 같다.

결국 AI로 무장한 의사들은 우리의 새로운 의료 영웅들이 될 것이고, 그들은 더 많은 사람들의 생명을 구하고 수명을 연장시켜줄 것이다. 이는 단순히 의료기술의 발전을 넘어 인류 진화의 새로운 장을 여는 대서사시가 될 것이다. 우리는 이제 찰스 다윈이 말한 자연선택이 아닌, AI가 주도하는 '인공선택'의 시대를 맞이하고 있다. AI와 의학의 결합은 인간의 생물학적 한계를 뛰어넘는 포스트 휴먼Post Human 시대가 서막을 올리고 있는 것이다. "포스트 휴먼이 될 것인가 말 것인가, 그것이 문제로다To be posthuman, or not to be posthuman: that is the question." 21세기에 햄릿이 환생한다면, 아마도 이런 고민을 했을 것이다.

포스트 휴먼 시대에는 인간과 기계의 경계가 회색으로 변할 것이다. 뇌-컴퓨터 인터페이스, 인공 장기, 나노 로봇 등의 기술이 발전하면서 인간과 인공, 그리고 기계가 결합한 '사이보그 인간'이 새로운 호모 사피엔스의 모습이 될 수도 있다. "나는 생각한다, 고로 존재한다."는 데카르트의 명제가 "나는 연산한다, 고로 존재한다."로 바뀔 지도 모른다. 이는 SF 영화의 한 장면 같지만, 이미 현실에서 조금씩 실현되고 있는 미래다. "Back to the Future?" 아니다 우리는 이미 미래에 도착했다. "We're already in the future!"

우리를 죽음으로 데려가는 저승사자도 이제 AI로 무장한 인간 의사를 이기기 어려운 시대가 올 것이다. AI는 질병을 조기에 발견하고, 정확히 진단하며, 최적의 치료법을 제시함으로써 많은 생명을 구할 것이다. 더 나아가 노화를 늦추고, 수명을 연장하며, 심지어 죽음까지도 지연시킬 수 있는 가능성을 제시하고 있다.

하지만 이러한 발전이 가져올 윤리적, 사회적 문제에 대해서도 깊이 고민해야 한다. AI가 의료 결정을 내릴 때의 책임 소재는 누구에게 있는가? 의사들이 "죄송합니다, 환자분. AI가 실수했네요."라고 환자에게 말할 수 있을까? 의료 데이터의 프라이버시 문제는 어떻게 해결할 것인가? "당신의 유전자 정보는 안전합니다. 아마도요."라고 환자에게 말할 수는 없는 노릇이다. AI에 의존한 의료가 가져올 불평등 문제는 어떻게 극복할 수 있을까? "죄송합니다. 당신의 보험으로는 AI 진단을 받으실 수 없습니다." 이런 말들을 듣게 될까?

인간의 생물학적 한계를 뛰어넘는 기술의 발전이 우리의 정체성과 인간성에 어떤 영향을 미칠지에 대해서도 진지하게 성찰해야 할 것이다. "나는 인간인가, 기계인가?" 이런 존재론적 질문을 던지는 날이 다가오고 있다.

이 책의 의의는 AI 의료의 현재와 미래를 폭넓게 조망하고, 그 가능성과 도전과제를 균형 있게 제시하고자 노력했다는 점에 있다. 우리는 마치 타임머신을 타고 과거, 현재, 미래를 넘나들며 AI 의료의 파노라마를 그려냈다. AI 의료기술의 발전 현황을 다양한 의료 분야별로 상세히 살펴보았고, 이를 통해 AI가 의료 현장에 가져올 변화를 구체적으로 그려보았다. AI 의료의 역사를 탐구함으로써, 현재의 AI 의료기술이 어떤 과정을 거쳐 발전해왔는지, 그리고 앞으로 어떤 방향으로 나아갈지에 대한 통찰을 얻을 수 있었다.

이 책의 핵심 메시지 중 하나는 AI가 의사를 대체하는 것이 아니라, 의사의 역할을 재정의하고 확장시킬 것이라는 점을 명확히 했다는 것이다. AI 시대의 의사가 어떤 모습일지, 어떤 새로운 역할을 수행하게 될지에 대한 비전을 제시했다. 이는 의료계가 AI 시대에 대비하여 어떤 준비를 해야 하는지에 대한 중요한 시사점을 제공한다. 준비하는 자만이 미래를 얻는다.

이 책은 AI 의료기술의 윤리적, 사회적 함의에 대해서도 깊이 있는 논의를 펼쳤다. AI 의료가 가져올 수 있는 혜택뿐 아니라, 그것이 초래할 수 있는 문제점과 도전과제들도 함께 다루었다. 이는 AI 의료기술의 발전이 인간 중심적이고 윤리적인 방향으로 나아가야 한다는 점을 강조한 것이다. 기술은 우리의 주인이 아니라 종이 되어야 한다.

그러나 이 연구에는 한계점도 있다. 첫째, AI 의료기술이 너무나 빠르게 발전하고 있어, 이 책에서 다룬 내용들이 출간되는 순간부터 지나간 이야기가 될 수 있다는 점이다. 어제의 뉴스는 오늘의 역사다. 둘째, 실제 임상 현장에서 AI 의료기술의 효과성과 안전성을 검증한 대규모 연구 결과가 아직 충분히 축적되지 않았다는 점도 이 연구의 한계라고 할 수 있다. 검증되지 않은 의학은 맹목적 신앙과 다를 바 없다. 셋째, AI 의료기술의 경제적 영향, 가령 의료 비용 절감 효과나 새로운 비즈니스 모델 창출 등에 대한 분석이 상대적으로 부족했다는 점도 아쉬움으로 남는다. 경제 없는 의료는 사상 누각과 같다.

앞으로 더 연구해야 할 내용들이 산적해 있다. 의학의 미지의 영역을 탐험하는 콜럼버스가 된 것 같은 느낌이다. 그와 관련하여 우리에게는 첫째, AI 의료기술의 임상적 효과성과 안전성을 검증하는 대규모 임상 연구가 필요하다. AI를 신뢰하되 검증하는 과정이 반드시 필요하다.

둘째, AI 의료기술이 의료 시스템 전반에 미칠 경제적, 사회적 영향에 대해서도 심도 있게 연구해야 한다. 나비의 날갯짓이 태풍을 일으킬 수 있다. AI의 작은 변화가 의료계 전체에 어떤 파급효과를 가져올지 예측하고 대비해야 한다.

셋째, AI 의료기술의 윤리적 사용을 위한 가이드라인과 규제 체계에 대한 연구도 시급하다. 기술에는 중립성이 없다. AI 기술을 어떻게 사용할 것인가에 대한 윤리적 고민이 필요하다.

넷째, AI와 의사의 협력 모델, 즉 어떻게 하면 AI와 인간 의사가 가장 효과적으로 협력할 수 있을지에 대한 연구도 필요하다. 'AI vs 의사'가 아닌 'AI with 의사'라는 패러다임의 전환이 필요한 시점이다.

다섯째, AI 의료 교육, 즉 미래의 의사들이 AI를 효과적으로 활용할 수 있도록 어떤 교육을 해야 할지에 대한 연구도 중요하다. "미래의 문맹자는 글을 읽지 못하는 사람이 아니라 새로운 것을 배우지 않는 사람이다."라는 앨빈 토플러의 말을 기억하고 AI 시대의 의사들은 끊임없이 학습하고 진화해야 할 것이며 반드시 'AI 리터러시'가 되어야 할 것이다.

AI 의료의 미래는 밝지만, 동시에 많은 도전과 과제가 우리를 기다리고 있다. 우리는 이제 기술의 발전과 인간의 가치 사이에서 균형을 잡아가며, 보다 나은 의료의 미래를 향해 한 걸음씩 나아가야 한다. 외줄타기 곡예사처럼 말이다. AI는 우리에게 주어진 강력한 도구이지만, 그것을 어떻게 사용할지는 우리의 몫이다. 칼을 만드는 것은 대장장이지만, 그것을 어떻게 사용할지는 전사가 결정한다. 우리가 AI를 현명하게 사용한다면, 의료의 새로운 르네상스 시대를 열 수 있을 것이다.

인류 역사상 처음으로, 우리는 우리의 생물학적 운명을 스스로 바꿀 수 있는 힘을 갖게 되었다. 이는 엄청난 기회이자 동시에 무거운 책임이다. 그리스 신화의 프로메테우스가 불을 훔쳐 인간에게 전해준 것처럼, AI는 우리에게 새로운 힘을 부여했다. 하지만 우리는 프로메테우스의 운명을 되풀이하지 않도록 주의해야 한다. 우리는 이 힘을 어떻게 사용할 것인가? 우리는 어떤 미래를 만들어 갈 것인가? 그 선택은 우리의 몫이다.

AI 의료는 판도라의 상자가 아니라 희망의 등불이다. 그 등불이 우리를 어둠에서 빛으로, 질병에서 건강으로, 죽음에서 생명으로 인도할 것이다. 하지만 그 등불을 어떻게 사용할지, 어디로 향할지는 우리가 결정해야 한다. 우리가 만들어갈 미래는 AI와 인간이 조화롭게 공존하는 세상, 기술과 인간성이 균형을 이루는 세상, 그리고 모든 이에게 더 나은 의료 서비스가 제공되는 세상이어야 할 것이다. 유토피아를 향한 여정에서 중요한 것은 목적지가 아니라 그 여정 자체다.

이제 의료인은 새로운 여정을 시작했다. AI 의료라는 미지의 영역을 향한 모험이 시작된 것이다. 이 여정은 쉽지 않을 것이다. 많은 도전과 난관이 우리를 기다리고 있을 것이다. 하지만 우리에겐 AI라는 든든한 동반자가 있다. 그리고 무엇보다 인간의 끝없는 호기심과 도전 정신, 그리고 더 나은 세상을 만들고자 하는 열정이 있다. 불가능해 보이는 것을 꿈꾸는 사람만이 불가능을 가능으로 바꿀 수 있다.

하지만 잊지 말아야 할 것이 있다. 아무리 AI가 발전하더라도 의료의 본질은 변하지 않는다. 그것은 바로 '돌봄'이다. 환자를 이해하고, 공감하고, 위로하는 것. 이것이야 말로 의료의 근본이며 AI가 쉽게 대체할 수 없는 인간 의사의 고유한 역할이다. AI는 지식을 줄 수 있지만 지혜는 줄 수 없다. AI는 우리에게 많은 지식과 도구를 제공할 수 있지만, 그것을 어떻게 사용할지, 어떻게 환자를 돌볼지는 여전히 인간 의사의 몫이다. 따라서 우리는 AI를 활용하되 결코 인간성을 잃어서는 안 된다. 기술은 훌륭한 종이지만 형편없는 주인이다.

AI 의료 시대, 우리는 지금 새로운 진화의 변곡점에 서 있다. 이 시대의 의사들은 히포크라테스의 지혜와 AI의 능력을 겸비한 새로운 종류의 치유자가 될 것이다. 그들은 인간의 따뜻함과 기계의 정확성을 조화롭게 결합한 '하이브리드 힐러'로 거듭날 것이다.

우리의 AI 의료 탐구의 여정은 여기서 끝나지만, 진정한 모험은 이제 시작이다. AI와 함께하는 의료의 새로운 시대, 그 찬란한 미래를 향해 우리 모두 함께 나아가자. 별을 향해 쏘아 올린 화살은 결코 땅으로 떨어지지 않는다. 우리의 꿈과 노력은 반드시 더 나은 의료의 미래를 만들어낼 것이다.

이 글 무더기의 끝에서 우리가 발견한 것은 무엇일까? 그것은 바로 우리 자신, 인간이다. AI가 아무리 발전해도, 의료의 중심에는 언제나 인간이 있을 것이다. 환자로서 인간, 의사로서 인간, 그리고 기술을 만들고 사용하는 인간. 우리는 이 모든 것의 중심에 서 있다. "인간이여, 너 자신을 알라."는 고대 그리스의 격언처럼 AI 시대의 의료에서 가장 중요한 것은 결국 우리 자신을 아는 것일지도 모른다.

자, 이제 AI 의료 여행을 마무리할 시간이다. 하지만 기억하자. 이는 끝이 아니라 새로운 시작이다. AI와 함께하는 의료의 새로운 장이 시작되었다. 그리고 그 이야기의 주인공은 바로 우리, 인간이다. 미래는 밝고, 가능성은 무한하다. 이제 그 미래를 향해 함께 나아가자!

책을 마무리하며, 방대한 연구 내용의 검토와 조언을 아끼지 않으신 모든 교수님들께 깊은 감사를 표한다. 이분들의 학술적 지원과 통찰 없이는 이토록 광범위한 지식의 체계화가 실현 불가능했을 것이다. 이 학문적 협력이 단순히 저술 완성을 넘어 국내 AI 의료 분야의 발전에 의미 있는 기여로 이어지기를 진심으로 소망한다.

참고문헌

1 Esteva, A., Kuprel, B., Novoa, R. A., Ko, J., Swetter, S. M., Blau, H. M., & Thrun, S. (2017). Dermatologist-level classification of skin cancer with deep neural networks. Nature, 542(7639), 115-118.
2 https://www.aitimes.com/news/articleView.html?idxno=164078
3 Obermeyer, Z., Powers, B., Vogeli, C., & Mullainathan, S. (2019). Dissecting racial bias in an algorithm used to manage the health of populations. Science, 366(6464), 447-453.
4 Mehrabi, N., Morstatter, F., Saxena, N., Lerman, K., & Galstyan, A. (2021). A survey on bias and fairness in machine learning. ACM Computing Surveys (CSUR), 54(6), 1-35.
5 Barocas, S., & Selbst, A. D. (2016). Big data's disparate impact. California Law Review, 104, 671.
6 Davenport, T. H., & Kalakota, R. (2019). AI-assisted doctors: The new frontier of medicine. Harvard Business Review.
7 NIA, 2020년 AI+X 7대 분야별 정책 및 사업 현황 보고서
8 European Commission, Ethics guidelines for trustworthy AI
9 Topol, E. J. (2019). High-performance medicine: the convergence of human and artificial intelligence. Nature Medicine, 25(1), 44-56.
10 Echelon Health. (2022). AI in Healthcare: Early Detection and Diagnosis. Retrieved from https://www.echelon.health/ai-in-healthcare-early-detection-and-diagnosis/
11 Jiang, F., et al. (2017). Artificial intelligence in healthcare: past, present and future. Stroke and Vascular Neurology, 2(4), 230-243.
12 De Fauw, J., et al. (2018). Clinically applicable deep learning for diagnosis and referral in retinal disease. Nature Medicine, 24(9), 1342-1350.
13 Liu, Y., et al. (2019). Artificial Intelligence-Based Breast Cancer Nodal Metastasis Detection: Insights Into the Black Box for Pathologists. Archives of Pathology & Laboratory Medicine, 143(7), 859-868.
14 https://www.sedaily.com/NewsView/2D6I89T72K
15 https://www.sedaily.com/NewsView/2D6I89T72K
16 https://kr.aving.net/news/articleView.html?idxno=1776477

17 https://puzzle-ai.io/
18 https://www.technologyreview.kr/
19 https://en.wikipedia.org/wiki/The_Singularity_Is_Near
20 https://neuralink.com/
21 McCullough, W. S., & Pitts, W. (1943). A logical calculus of the ideas immanent in nervous activity. The Bulletin of Mathematical Biophysics, 5(4), 115 – 133. Retrieved from http://cns-classes.bu.edu/cn550/Readings/mcculloch-pitts-43.pdf.
22 https://www.ajunews.com/view/20220224064227786
23 Amisha, P. Malik, M. Pathania, et al., Overview of artificial intelligence in medicine, J Family Med Prim Care, 8 (2019), pp. 2328-2331
24 https://en.wikipedia.org/wiki/Mitre_Corporation
25 https://web.stanford.edu/class/cs124/p36-weizenabaum.pdf
26 https://web.njit.edu/~ronkowit/eliza.html
27 https://www.cancer.gov/research/areas/diagnosis/artificial-intelligence
28 https://www.ncbi.nlm.nih.gov/pmc/articles/PMC6697545/
29 S. Weiss, C.A. Kulikowski, A. Safir Glaucoma consultation by computer, Comput Biol Med, 8 (1978), pp. 25-40
30 https://en.wikipedia.org/wiki/Mycin
31 Lindsay, Robert K., Bruce G. Buchanan, Edward A. Feigenbaum, and Joshua Lederberg. Applications of Artificial Intelligence for Organic Chemistry: The Dendral Project. McGraw-Hill Book Company, 1980.
32 https://www.sciencedirect.com/journal/artificial-intelligence-in-medicine
33 Rong Liu, Yan Rong, and Zhehao Peng, A review of medical artificial intelligence, Global Health Journal, Volume 4, Issue 2, June 2020, Pages 42-45.
34 "Artificial Neural Networks for the Diagnosis of Electrocardiograms" by David L. Waltz, Edward M. Waltz, and Richard N. Miller, published in the journal Computers in Biomedical Research in 1983.
35 https://www.cs.ucy.ac.cy/courses/EPL678/Material/Thirty_years_of_AIME_conferences.pdf
36 https://www.ncbi.nlm.nih.gov/pmc/articles/PMC4302242/
37 https://ko.wikipedia.org/wiki/%EC%9D%B8%EA%B3%B5%EC%A7%80%EB%8A%A5

38 D.L. Ferrucci, S. Bagchi, D. Gondek, et al. Watson: beyond Jeopardy!, Artif Intell, 199-200 (2013), pp. 93-105
39 Y. Mintz, R. Brodie, Introduction to artificial intelligence in medicine, Minim Invasive Ther Allied Technol, 28 (2019), pp. 73
40 N. Bakkar, T. Kovalik, I. Lorenzini, et al., Artificial intelligence in neurodegenerative disease research: use of IBM Watson to identify additional RNA-binding proteins altered in amyotrophic lateral sclerosis, Acta Neuropathol, 135 (2018), pp. 227-247
41 Y.J. Yang, C.S. Bang, Application of artificial intelligence in gastroenterology, World J Gastroenterol, 25 (2019), pp. 1666-1683
42 https://namu.wiki/w/머신러닝
43 M. Peleg, C. Combi, Artificial intelligence in medicine AIME 2011, Artif Intell Med, 57 (2) (2013), pp. 87-89
44 J. Schmidhuber, Deep learning in neural networks: an overview, Neural Network, 61 (2015), pp. 85-117
45 Rumelhart, D. E., Hinton, G. E., & Williams, R. J. (1986). Learning representations by back-propagating errors. Nature, 323(6088), 533-536.
46 Chung, Emily (27 March 2019). "Canadian researchers who taught AI to learn like humans win $1M award". Canadian Broadcasting Corporation. Archived from the original on 26 February 2020. Retrieved 27 March 2019.
47 Madala, H.R.; Ivakhnenko, A.G. (1994). Inductive Learning Algorithms for Complex Systems Modeling. Boca Raton: CRC Press. ISBN 978-0849344381. Archived from the original on 2016-04-08. Retrieved 2019-12-26.
48 J.S. Zhang, L.Y. Gu, S.Y. Jiang, Blood pressure measurement model based on convolutional recurrent neural network, Beijing Biomed Eng, 37 (5) (2018), pp. 494-501
49 https://ko.wikipedia.org/wiki/랜덤포레스트
50 G.L.H. Wong, A.J.H. Ma, H.Q. Deng, et al.
Machine learning model to predict recurrent ulcer bleeding in patients with history of idiopathic gastroduodenal ulcer bleeding, Aliment Pharmacol Ther, 49 (7) (2019), pp. 912-918, View article CrossRefView in ScopusGoogle Scholar

51 Z. Liu, S.K. Wang, R.S. Yang, X. Ou, A case-control study of risk factors for severe hand-footmouth disease in Yuxi, China, 2010 – 2012, Virol Sin, 29 (2) (2014), pp. 123-125, View article CrossRefView in ScopusGoogle Scholar

52 B. Wang, H.F. Feng, F. Wang, et al., Application of CatBoost model based on machine learning in predicting severe hand-foot-mouth disease, Chin J Infect Control, 18 (1) (2019), pp. 12-16

53 https://koreascience.kr/article/JAKO202019962560070.pdf

54 https://blog.naver.com/smartnari/223264291777

55 Vial A, Stirling D, Field M, Ros M, Ritz CH, Carolan, MG, et al. The role of deep learning and radiomic feature extraction in cancer-specific predictive modelling: A review. Translational Cancer Res. 2018;7(3):803-16.

56 X.L. Wu, Y. Tao, Q.C. Qiu, X.Y. Wu, Application of image recognition-based automatic hyphae, detection in fungal keratitis, Australas Phys Eng Sci Med, 41 (1) (2018), pp. 95-103, View article CrossRefView in ScopusGoogle Scholar

57 X.L. Wu, Y. Tao, Q.C. Qiu, X.Y. Wu, Application of image recognition-based automatic hyphae detection in fungal keratitis, Australas Phys Eng Sci Med, 41 (1) (2018), pp. 95-103

58 https://www.mk.co.kr/news/business/10841992

59 https://www.hankyung.com/article/2023100204221

60 Lorenz Ertl and Frank Christ, Significant improvement of the quality of bystander first aid using an expert system with a mobile multimedia device, Resuscitation, 74 (2) (2007), pp. 286-295

61 M. Maizels, W.J. Wolfe, An expert system for headache diagnosis: the Computerized Headache Assessment Tool (CHAT) Headache, 48 (1) (2008), pp. 72-78

62 T.P. Exarchos, M.G. Tsipouras, C.P. Exarchos, C. Papaloukas, D.I. Fotiadis, L.K. Michalis, A methodology for the automated creation of fuzzy expert systems for ischaemic and arrhythmic beat classification based on a set of rules obtained by a decision tree, Artif Intell Med, 40 (3) (2007), pp. 187-200

63 Abbas Sheikhtaheri, Farahnaz Sadoughi, Zahra Hashemi Dehaghi, Developing and using expert systems and neural networks in medicine: a review on benefits and challenges, J Med Syst, 38 (9) (2014), p. 110

64 OpenAI, 'ChatGPT: Optimizing Language Models for Dialogue', 2022 from https://openai.com/index/chatgpt/

65 Insilico Medicine, "Insilico Medicine Announces First Patient Dosed in Phase II Clinical Trial of Novel Anti-Fibrotic Drug INS018_055 for Idiopathic Pulmonary Fibrosis," 2023

66 National Human Genome Research Institute, "Personalized Medicine," 2023

67 American Medical Association, "Telehealth's Potential During the COVID-19 Pandemic and Beyond," 2020

68 Kumar, Dheeraj, et al. Evaluating the Role of Artificial Intelligence in Automated Image Analysis for X-Ray Radiography. Mar. 2024, https://doi.org/10.25259/fh_14_2024.

69 Irvin J, Rajpurkar P, Ko M, et al. (2019). CheXpert: A Large Chest Radiograph Dataset with Uncertainty Labels and Expert Comparison. In Proceedings of the AAAI Conference on Artificial Intelligence (Vol. 33, No. 01, pp. 590-597).

70 https://news.amc.seoul.kr/news/con/detail.do?cntId=6714

71 Asan Medical Center press release, July 31, 2023.

72 Vedula SS, Hager GD. Surgical data science: The new knowledge domain. Innov Surg Sci. 2017 Apr;2(3):109-121. doi: 10.1515/iss-2017-0004. Epub 2017 Apr 20. PMID: 28936475; PMCID: PMC5602563.

73 http://www.bosa.co.kr/news/articleView.html?idxno=2207852

74 Rodriguez-Ruiz A, Lång K, Gubern-Merida A, et al. (2019). Stand-Alone Artificial Intelligence for Breast Cancer Detection in Mammography: Comparison With 101 Radiologists. Journal of the National Cancer Institute, 111(9), 916-922.

75 Marinovich ML, Wylie E, Lotter W, Lund H, Waddell A, Madeley C, Pereira G, Houssami N. Artificial intelligence (AI) for breast cancer screening: BreastScreen population-based cohort study of cancer detection. EBioMedicine. 2023 Apr;90:104498. doi: 10.1016/j.ebiom.2023.104498. Epub 2023 Feb 28. PMID: 36863255; PMCID: PMC9996220.

76 http://m.biospectator.com/view/news_view.php?varAtcId=22374

77 https://www.lunit.io/en/company/news/lunit-to-present-seven-ai-powered-radiology-studies-at-rsna-2023

78 Magadza, Tirivangani & Viriri, Serestina. (2021). Deep Learning for Brain Tumor Segmentation: A Survey of State-of-the-Art. Journal of Imaging. 7. 19. 10.3390/jimaging7020019.
79 연세대학교 의과대학 세브란스병원 보도자료, "세브란스병원, 뇌종양 진단 AI 개발…환자 맞춤형 치료 기여", 2021년 12월 13일)
80 연세대학교 의과대학 세브란스병원 보도자료, "세브란스병원, 뇌졸중 진단 AI 개발…응급 환자 골든타임 확보", 2022년 5월 16일
81 Siemens Healthineers. (2018). "Annual Report 2018." Siemens Healthineers.
82 AI News. (2020). "Attention Mechanisms in AI: Revolutionizing Image Analysis." AI News.
83 https://www.spec-india.com/blog/predictive-analytics-in-healthcare
84 Schmucker R, Farina G, Faeder J, Fröhlich F, Saglam AS, Sandholm T. Combination treatment optimization using a pan-cancer pathway model. PLoS Comput Biol. 2021 Dec 28;17(12):e1009689. doi: 10.1371/journal.pcbi.1009689. PMID: 34962919; PMCID: PMC8747684.
85 Huang F, Sirinakis G, Allgeyer ES, Schroeder LK, Duim WC, Kromann EB, Phan T, Rivera-Molina FE, Myers JR, Irnov I, Lessard M, Zhang Y, Handel MA, Jacobs-Wagner C, Lusk CP, Rothman JE, Toomre D, Booth MJ, Bewersdorf J. Ultra-High Resolution 3D Imaging of Whole Cells. Cell. 2016 Aug 11;166(4):1028-1040. doi: 10.1016/j.cell.2016.06.016. Epub 2016 Jul 7. PMID: 27397506; PMCID: PMC5005454.
86 IBM Research. (2021). "Quantum Computing in Medical Data Analysis." IBM Research.
87 5G World. (2020). "Real-time Telemedicine with 5G Technology." 5G World
88 Health IT Analytics. (2019). "Digital Ecosystems in Healthcare." Health IT Analytics.
89 UX Healthcare. (2021). "User-Centered Design in Medical Interfaces." UX Healthcare.
90 AI in Medicine. (2020). "Continuous Learning in AI Healthcare Systems." AI in Medicine.
91 Digital Health. (2021). "The Promise of Digital Twins in Healthcare." Digital Health.

92 IoT Health. (2020). "Wearable Medical Devices and IoT in Health Monitoring." IoT Health.
93 Siemens Healthineers. (2021). "Corporate Overview." Siemens Healthineers Official Website.
94 https://www.siemens-healthineers.com/kr/press-room/press-releases/atellica-golive-wonjuseverance
http://www.bosa.co.kr/news/articleView.html?idxno=2183607 https://www.medifonews.com/news/article.html?no=173286
95 https://www.gehealthcare.com/products/revolution-apex
96 https://www.gehealthcare.com/products/truefidelity
97 http://www.monews.co.kr/news/articleView.html?idxno=327539
98 http://www.bosa.co.kr/news/articleView.html?idxno=2206280
99 http://www.kmdianews.com/news/articleView.html?idxno=61040
100 http://www.docdocdoc.co.kr/news/articleView.html?idxno=3004618
101 http://www.monews.co.kr/news/articleView.html?idxno=326867
102 http://www.docdocdoc.co.kr/news/articleView.html?idxno=3004618
103 https://www.medicaltimes.com/Mobile/News/NewsView.html?ID=1152955
104 Philips. (2023). SmartSpeed: AI-powered MR acceleration. Philips Healthcare
105 Bae, K. T., et al. (2022). Clinical performance of deep learning-based MR image reconstruction: A systematic review. Korean Journal of Radiology, 23(4), 449-460.
106 Rajiah P, Abbara S, Halliburton SS. Spectral detector CT for cardiovascular applications. Diagn Interv Radiol. 2017 May-Jun;23(3):187-193. doi: 10.5152/dir.2016.16255. PMID: 28302592; PMCID: PMC5410998.
107 Krittanawong C, Omar AMS, Narula S, Sengupta PP, Glicksberg BS, Narula J, Argulian E. Deep Learning for Echocardiography: Introduction for Clinicians and Future Vision: State-of-the-Art Review. Life (Basel). 2023 Apr 17;13(4):1029. doi: 10.3390/life13041029. PMID: 37109558; PMCID: PMC10145844.
108 https://www.philips.co.kr/a-w/about/news/archive/standard/about/news/press/2023/20231206-philips-presents-ai-based-imaging-diagnosis-and-workflow-solutions-at-rsna-2023.html

109 https://m.edaily.co.kr/news/read?newsId=03007766632263976&mediaCodeNo=257

110 eMD Medical News. http://www.mdon.co.kr/news/article.html?no=30968

111 https://www.arterys.com

112 Xiaoqing Liu, Kunlun Gao, Bo Liu, Chengwei Pan, Kongming Liang, Lifeng Yan, Jiechao Ma, Fujin He, Shu Zhang, Siyuan Pan, et al. Advances in Deep Learning-Based Medical Image Analysis. Health Data Sci. 2021;2021:8786793.DOI:10.34133/2021/8786793

113 https://www.deepc.ai/pages/comparing-on-premises-and-cloud-based

114 https://www.ruralhealthinfo.org/toolkits/telehealth/4/connectivity

115 https://binariks.com/blog/artificial-intelligence-ai-healthcare-market/

116 Roberts, M., et al. (2020). The Impact of Regulatory Changes on Healthcare AI. Health Policy Journal.

117 Cardiac MRI Analysis. Arterys. https://www.arterys.com/cardio-ai

118 Arterys Lung AI. (2023). Lung CT Analysis. Arterys. https://www.arterys.com/lung-ai

119 Arterys Liver AI. (2023). Liver MRI and CT Analysis. Arterys. https://www.arterys.com/liver-ai

120 루닛. (2023). 회사 개요. 루닛. https://www.lunit.io

121 Lee, J., et al. (2022). 의료영상을 위한 딥러닝의 발전. 의료 AI 저널.

122 Ali, Omar & Abdelbaki, Wiem & Shrestha, Anup & Elbaşı, Ersin & Alryalat, Mohammad & Dwivedi, Yogesh. (2023). A systematic literature review of artificial intelligence in the healthcare sector: Benefits, challenges, methodologies, and functionalities. Journal of Innovation & Knowledge. 8. 100333. 10.1016/j.jik.2023.100333.

123 Schmidt, J., Schutte, N.M., Buttigieg, S. et al. Mapping the regulatory landscape for artificial intelligence in health within the European Union. npj Digit. Med. 7, 229 (2024). https://doi.org/10.1038/s41746-024-01221-6

124 루닛 인사이트. (2023). 제품 정보. 루닛. https://www.lunit.io/insight

125 루닛 스코프. (2023). 제품 정보. 루닛. https://www.lunit.io/scope

126 Qure.ai. (2023). Company Overview. Qure.ai. https://www.qure.ai

127 Infervision. (2023). Company Overview. Infervision. https://www.infer-

vision.com

128 Wang, H. (2023). Cost Efficiency in Healthcare AI. Asian Health Review

129 루닛, 2024년 1분기 51억 매출 달성…전년 동기 대비 20% 성장 (2024). 다트GPT. https://dartgpt.ai/filings/20240514001656

130 Lunit. (2023). Company Overview. Lunit. https://www.lunit.io

131 Lunit SCOPE. (2023). Product Information. Lunit. https://www.lunit.io/scope

132 Kim, H. (2023). Competitive Strategies in AI Healthcare. Technology and Health Journal.

133 FDA. (2021). FDA Approvals for Medical AI Platforms. U.S. Food and Drug Administration. https://www.fda.gov

CE. (2022). CE Marking for Medical Devices. European Commission. https://ec.europa.eu

134 Lee, J. (2023). Market Dynamics in AI Medical Imaging. Journal of Medical AI.

135 Park, J. (2023). The Role of K-Medical in Global Healthcare. Korean Medical Review.

136 VUNO. (2023). VUNO 홈페이지. https://vuno.co/

137 MarketsandMarkets. (2022). Artificial Intelligence in Healthcare Market by Offering, Technology, Application, End User, and Region - Global Forecast to 2027.

138 VUNO Annual Report 2022. Retrieved from https://www.vuno.co/ir/annual-reports

139 https://www.deepnoid.com/ai-platform

140 MarketsandMarkets. (2022). Artificial Intelligence in Healthcare Market by Offering, Technology, Application, End User, and Region - Global Forecast to 2027.

141 https://www.corelinesoft.com/

142 Kim, H. J. (2023). 의료 인공지능 시대의 영상의학. 대한영상의학회지, 74(1), 1-10.

143 Zhou, S. K., Greenspan, H., & Shen, D. (Eds.). (2021). Deep Learning for Medical Image Analysis. Academic Press.

144 Char DS, Shah NH, Magnus D. Implementing Machine Learning in Health Care - Addressing Ethical Challenges. N Engl J Med. 2018 Mar

15;378(11):981-983. doi: 10.1056/NEJMp1714229. PMID: 29539284; PMCID: PMC5962261..

145 Choi, H. (2021). 의료 인공지능을 위한 파이썬 프로그래밍. 서울: 위키북스.
146 Kim, S. J. (2022). 딥러닝 첫걸음. 서울: 길벗.
147 Lee, K. (2020). 의료 인공지능을 위한 수학 및 통계. 서울: 생능출판사.
148 Kim, D. W. (2019). 의료 인공지능 최신 기술 동향. 대한의료정보학회지, 25(1), 1-10.
149 Wei, J. W., Tafe, L. J., Linnik, Y. B., Vaickus, L. J., Tomita, N., & Hassanpour, S. (2019). Pathologist-level classification of histologic patterns on resected lung adenocarcinoma slides with deep neural networks. Scientific Reports, 9(1), 3358.
150 https://www.medifonews.com/news/article.html?no=163750
151 https://www.dailymedi.com/detail.php?number=876705
152 Chen, Y., Song, Y., Chen, X., Zhang, S., Chen, S., Li, Q., ... & Zhou, X. (2021). Deep learning-based six-type classifier for lung cancer and mimics from histopathological whole slide images: a retrospective study. BMC Medicine, 19(1), 1-14.
153 Zhao Y, He S, Zhao D, et al., Deep learning-based diagnosis of histopathological patterns for invasive non-mucinous lung adenocarcinoma using semantic segmentation, BMJ Open 2023;13:e069181. doi: 10.1136/bmjopen-2022-069181
154 Kim H, Yoon H, Thakur N, Hwang G, Lee EJ, Kim C, Chong Y. Deep learning-based histopathological segmentation for whole slide images of colorectal cancer in a compressed domain. Sci Rep. 2021 Nov 18;11(1):22520. doi: 10.1038/s41598-021-01905-z. PMID: 34795365; PMCID: PMC8602325.
155 Jan Z, El Assadi F, Abd-Alrazaq A, Jithesh PV. Artificial Intelligence for the Prediction and Early Diagnosis of Pancreatic Cancer: Scoping Review. J Med Internet Res. 2023 Mar 31;25:e44248. doi: 10.2196/44248. PMID: 37000507; PMCID: PMC10131763.
156 Shen MH, Huang CC, Chen YT, Tsai YJ, Liou FM, Chang SC, Phan NN. Deep Learning Empowers Endoscopic Detection and Polyps Classification: A Multiple-Hospital Study. Diagnostics (Basel). 2023 Apr 19;13(8):1473. doi: 10.3390/diagnostics13081473. PMID: 37189575; PM-

CID: PMC10138002.

157 http://www.aitimes.kr/news/articleView.html?idxno=21592
158 http://www.aitimes.kr/news/articleView.html?idxno=21592
159 Paige. (2023). About Paige. Retrieved from https://paige.ai/about/
160 World Health Organization. (2022). Cancer. Retrieved from https://www.who.int/news-room/fact-sheets/detail/cancer
161 U.S. Food and Drug Administration. (2021). FDA Authorizes Marketing of First AI-based Pathology Tool to Assist in Prostate Cancer Diagnosis. Retrieved from https://www.fda.gov/news-events/press-announcements/fda-authorizes-marketing-first-ai-based-pathology-tool-assist-prostate-cancer-diagnosis
162 Paige. (2023). Products. Retrieved from https://paige.ai/products/
163 Pantanowitz, L., Quiroga-Garza, G. M., Bien, L., Heled, R., Laifenfeld, D., Linhart, C., ... & Golan, T. (2020). An artificial intelligence algorithm for prostate cancer diagnosis in whole slide images of core needle biopsies: a blinded clinical validation and deployment study. The Lancet Digital Health, 2(8), e407-e416.
164 Grand View Research. (2021). Digital Pathology Market Size, Share & Trends Analysis Report By Product (Scanner, Software), By Application (Drug Discovery, Disease Diagnosis), By End Use, By Region, And Segment Forecasts, 2021 - 2028. Retrieved from https://www.grandviewresearch.com/industry-analysis/digital-pathology-systems-market
165 Paige. (2023). News & Events. Retrieved from https://paige.ai/news-events/
166 Paige. (2023). Research. Retrieved from https://paige.ai/research/
167 Crunchbase. (2023). Paige AI - Funding, Financials, Valuation & Investors. Retrieved from https://www.crunchbase.com/organization/paige-ai
168 Paige. (2023). Global Presence. Retrieved from https://paige.ai/global-presence/
169 https://www.pathai.com/
170 https://www.owler.com/company/pathai
171 https://www.pathai.com/
172 https://proscia.com/
173 https://www.owler.com/company/proscia

174　ContextVision. (n.d.). Retrieved July 12, 2024, from https://www.contextvision.com/
175　Lunit. (2023). Lunit website. Retrieved from https://www.lunit.io
176　Proscia, https://proscia.com/blog/korean-ai-companies-transforming-digital-pathology/
177　Lunit SCOPE. (2023). Product Information. Lunit. https://www.lunit.io/scope
178　https://www.docdocdoc.co.kr/news/articleView.html?idxno=3017078
179　딥바이오. (2023). 딥바이오 공식 홈페이지. https://deepbio.co.kr/
180　딥바이오, AI 전립선암 진단 보조 솔루션 식약처 허가. (2021년 4월 18일). 메디칼타임즈. https://m.medicaltimes.com/News/NewsView.html?ID=1144112
181　젠큐릭스, 딥바이오와 'AI 전립선암 진단솔루션' MOU. (2023년 7월 6일). 바이오스펙테이터. http://m.biospectator.com/view/news_view.php?varAtcId=19789
182　https://dev.phenomx.co.kr/
183　https://www.biotimes.co.kr/news/articleView.html?idxno=7279
184　Owler. (2023). Pinomax company profile. https://www.owler.com/company/pinomax
185　https://digitalpathologyassociation.org/education
186　https://www.nature.com/nm/, https://www.jpathinformatics.org/
187　https://paige.ai/, https://proscia.com/
188　https://www.fda.gov/medical-devices/software-medical-device-samd/artificial-intelligence-and-machine-learning-software-medical-device.
189　Goodfellow, I., Bengio, Y., & Courville, A. (2016). Deep Learning. MIT Press., https://www.coursera.org/specializations/deep-learning).
190　https://www.rsm.ac.uk/events/
191　Gulshan, V., Peng, L., Coram, M., Stumpe, M. C., Wu, D., Narayanaswamy, A., & Webster, D. R. (2016). Development and Validation of a Deep Learning Algorithm for Detection of Diabetic Retinopathy in Retinal Fundus Photographs. JAMA, 316(22), 2402-2410.
192　Ting, D. S. W., Cheung, C. Y. L., Lim, G., Tan, G. S. W., Quang, N. D., Gan, A., ... & Wong, T. Y. (2017). Development and validation of a deep learningsystem for diabetic retinopathy and related eye diseases using reti-

nal images from multiethnic populations with diabetes. JAMA, 318(21), 2211-2223.

193 De Fauw, J., Ledsam, J. R., Romera-Paredes, B., Nikolov, S., Tomasev, N., Blackwell, S., ... & Ronneberger, O. (2018). Clinically applicable deep learning for diagnosis and referral in retinal disease. Nature medicine, 24(9), 1342-1350.

194 csfjournal.com/volume2/2019/9/26/a-predictive-diagnosis-for-parkinsons-disease-through-machine-learning

195 https://www.themedical.kr/news/articleView.html?idxno=360

196 Ting, D. S. W., Girard, M. J. A., Pasquale, L. R., & Wong, T. Y. (2023). Artificial intelligence in glaucoma: opportunities, challenges, and future directions. Biomedical Engineering Online, 22(1), 1-21.

197 https://rbfcalculator.com/

198 Chu YC, Huang TL, Chang PY, Ho WT, Hsu YR, Chang SW, et al. Predictability of 6 Intraocular Lens Power Calculation Formulas in People With Very High Myopia. Front Med (Lausanne). 2022;9:762761.

Darcy K, Gunn D, Tavassoli S, Sparrow J, Kane JX. Assessment of the accuracy of new and updated intraocular lens power calculation formulas in 10 930 eyes from the UK National Health Service. J Cataract Refract Surg. 2020;46(1):2-7.

Kane JX, Van Heerden A, Atik A, Petsoglou C. Intraocular lens power formula accuracy: Comparison of 7 formulas. J Cataract Refract Surg. 2016;42(10):1490-500.

Melles RB, Holladay JT, Chang WJ. Accuracy of Intraocular Lens Calculation Formulas. Ophthalmology. 2018;125(2):169-78.

Melles RB, Kane JX, Olsen T, Chang WJ. Update on Intraocular Lens Calculation Formulas. Ophthalmology. 2019;126(9):1334-5.

199 Taroni L, Hoffer KJ, Pellegrini M, Lupardi E, Savini G. Comparison of the New Hoffer QST with 4 Modern Accurate Formulas. Journal of Cataract & Refractive Surgery. 2022:10.1097/j.jcrs.0000000000001126.

200 Gaylor DW, Slikker W, Jr. Role of the standard deviation in the estimation of benchmark doses with continuous data. Risk Anal. 2004;24(6):1683-7.

201 Gatinel D, Debellemaniere G, Saad A, Dubois M, Rampat R. Determin-

ing the Theoretical Effective Lens Position of Thick Intraocular Lenses for Machine Learning-Based IOL Power Calculation and Simulation. Transl Vis Sci Technol. 2021;10(4):27.

Debellemaniere G, Dubois M, Gauvin M, Wallerstein A, Brenner LF, Rampat R, et al. The PEARL-DGS Formula: The Development of an Open-source Machine Learning-based Thick IOL Calculation Formula. Am J Ophthalmol. 2021;232:58-69.

202 Li T, Yang K, Stein JD, Nallasamy N. Gradient Boosting Decision Tree Algorithm for the Prediction of Postoperative Intraocular Lens Position in Cataract Surgery. Transl Vis Sci Technol. 2020;9(13):38.

Li T, Stein JD, Nallasamy N. AI-Powered Effective Lens Position Prediction Improves the Accuracy of Existing Lens Formulas. medRxiv. 2020.

Li T, Stein J, Nallasamy N. AI-powered effective lens position prediction improves the accuracy of existing lens formulas. Br J Ophthalmol. 2022;106(9):1222-6.

203 Carmona Gonzalez D, Palomino Bautista C. Accuracy of a new intraocular lens power calculation method based on artificial intelligence. Eye (Lond). 2021;35(2):517-22.

204 Yamauchi T, Tabuchi H, Takase K, Masumoto H. Use of a Machine Learning Method in Predicting Refraction after Cataract Surgery. J Clin Med. 2021;10(5).

205 Lin L, Xu M, Mo E, Huang S, Qi X, Gu S, et al. Accuracy of Newer Generation IOL Power Calculation Formulas in Eyes With High Axial Myopia. Journal of Refractive Surgery. 2021;37(11):754-8.

206 Mori Y, Yamauchi T, Tokuda S, Minami K, Tabuchi H, Miyata K. Machine learning adaptation of intraocular lens power calculation for a patient group. Eye Vis (Lond). 2021;8(1):42.

17. Clarke GP, Kapelner A. The Bayesian Additive Regression Trees Formula for Safe Machine Learning-Based Intraocular Lens Predictions. Front Big Data. 2020;3:572134.

207 https://www.dailymedi.com/news/news_view.php?wr_id=829527
208 https://www.yna.co.kr/view/AKR20180412044400009
209 http://www.kmdianews.com/news/articleView.html?idxno=50199
210 Eyenuk, "EyeArt AI Eye Screening System," Eyenuk, Inc., Accessed July

12, 2024, https://www.eyenuk.com/en/
211 https://www.aitimes.kr/news/articleView.html?idxno=17281
212 Tracxn, "Eyenuk Competitors & Alternatives," Tracxn, Accessed July 12, 2024, https://www.cbinsights.com/company/eyenuk/alternatives-competitors
213 https://www.eyenuk.com/en/products/eyeart/
214 https://deepmind.google/
215 http://m.irobotnews.com/news/articleView.html?idxno=8041
216 https://www.hankyung.com/article/2018081423641
217 https://techrecipe.co.kr/posts/2848
218 https://www.vuno.co/fundus
219 https://www.doctorsnews.co.kr/news/articleView.html?idxno=134110
220 https://www.docdocdoc.co.kr/news/articleView.html?idxno=3016708
221 VUNO, "VUNO Med-Fundus AI," VUNO, Accessed July 13, 2024, https://www.vuno.co/fundus
222 https://mediwhale.com/ko/reti-eye/
223 Choi JY, Yoo TK, Seo JG, Kwak J, Um TT, Rim TH (2017) Multi-categorical deep learning neural network to classify retinal images: A pilot study employing small database. PLoS ONE 12(11): e0187336. https://doi.org/10.1371/journal.pone.0187336
224 Eckstein J. Künstliche Intelligenz in der internistischen Versorgung : Von der Theorie zum praktischen Einsatz in Praxen und Kliniken [Artificial intelligence in internal medicine : From the theory to practical application in practices and hospitals]. Inn Med (Heidelb). 2023 Nov;64(11):1017-1022. German. doi: 10.1007/s00108-023-01604-z. Epub 2023 Oct 17. PMID: 37847260; PMCID: PMC10602942.
225 Mesko, B. (2017). The role of artificial intelligence in precision medicine. Expert Review of Precision Medicine and Drug Development, 2(5), 239–241.
226 Katzman JL, Shaham U, Cloninger A, Bates J, Jiang T, Kluger Y. DeepSurv: personalized treatment recommender system using a Cox proportional hazards deep neural network. BMC Med Res Methodol. 2018 Apr 24;18(1):24.
227 https://ksp.etri.re.kr/ksp/plan-report/read?id=770

228 https://saihst.skku.edu/m/b_download.php?bbs_data=aWR4PTQ3O-DEmZG93bmxvYWQ9MQ==||
229 Wallach, I., Dzamba, M., & Heifets, A. (2015). AtomNet: A deep convolutional neural network for bioactivity prediction in structure-based drug discovery. arXiv preprint arXiv:1510.02855.
230 Jumper, J., Evans, R., Pritzel, A., Green, T., Figurnov, M., Ronneberger, O., ... & Hassabis, D. (2021). Highly accurate protein structure prediction with AlphaFold. Nature, 596(7873), 583-589.
231 Sanchez-Lengeling, B., & Aspuru-Guzik, A. (2018). Inverse molecular design using machine learning: Generative models for matter engineering. Science, 361(6400), 360-365.
232 Goodfellow, Ian; Pouget-Abadie, Jean; Mirza, Mehdi; Xu, Bing; Warde-Farley, David; Ozair, Sherjil; Courville, Aaron; Bengio, Yoshua (2014). Generative Adversarial Nets, Proceedings of the International Conference on Neural Information Processing Systems (NIPS 2014). pp. 2672–2680.
233 Popova, M., Isayev, O., & Tropsha, A. (2018). Deep reinforcement learning for de novo drug design. Science advances, 4(7), eaap7885.
234 https://www.recursion.com/, "Recursion Acquires Cyclica to Advance Machine Learning-Enabled Drug Discovery" (Press Release, 2023)
235 https://www.exscientia.ai/, "Exscientia AI-designed drug enters phase 1 clinical trial" (Press Release, 2020)
236 Vamathevan, J., Clark, D., Czodrowski, P., Dunham, I., Ferran, E., Lee, G., ... & Zhao, S. (2019). Applications of machine learning in drug discovery and development. Nature Reviews Drug Discovery, 18(6), 463-477.
237 https://www.unlearn.ai/
238 https://www.altaroc.pe/en/private-equity-news/unlearn-leve-50-m-pour-optimiser-la-recherche-clinique-grace-a-lintelligence-artificielle
239 https://m.dt.co.kr/contents.html?article_no=2024041802109931731004
240 https://www.skbp.com/kor/news/view.do?boardSeq=400&boardCode=BDCD0004
241 Jercich, K. (2020). Healthcare IT News: The biggest healthcare data breaches reported in 2020.
SpringerLink: AI and Chatbots in Healthcare

242 Biomedcentral: A systematic review of artificial intelligence chatbots for promoting physical activity, healthy diet, and weight loss.

243 김민영. (2018-06-27). 당뇨환자의 자가관리를 위한 챗봇 서비스. 대한전자공학회 학술대회, 제주.

244 이가경, 임세연, 양진이, 유민정, 김선옥. "딥러닝을 이용한 음식 이미지 분류 기술 개발." 한국빅데이터학회 학회지 8.2 (2023): 133-140.

245 DeepMind website: https://www.deepmind.com/

246 Silver, D., Hubert, T., Schrittwieser, J., Antonoglou, I., Lai, M., Guez, A., ... & Hassabis, D. (2018). A general reinforcement learning algorithm that masters chess, shogi, and Go through self-play. Science, 362(6419), 1140-1144

247 Jumper, J., Evans, R., Pritzel, A., Green, T., Figurnov, M., Ronneberger, O., ... & Hassabis, D. (2021). Highly accurate protein structure prediction with AlphaFold. Nature, 596(7873), 583-589.

248 https://news.kaist.ac.kr/news/html/news/?mode=V&mng_no=33010

249 IBM Watson: The inside story of how the Jeopardy-winning supercomputer was born, and what it wants to do next, https://www.techrepublic.com/article/ibm-watson-the-inside-story-of-how-the-jeopardy-winning-supercomputer-was-born-and-what-it-wants-to-do-next/

250 https://www.healthcareitnews.com/news/ibm-sell-watson-health-assets-francisco-partners Partners

251 https://www.docdocdoc.co.kr/news/articleView.html?idxno=220265

252 https://www.tempus.com/]

253 https://www.tempus.com/oncology/

254 https://www.beckershospitalreview.com/healthcare-information-technology/mayo-clinic-tempus-leverage-machine-learning-for-cancer-treatment.html

255 https://www.youtube.com/watch?v=gfhVAcmmMc4&t=53s

256 Depression fact sheet (https://www.who.int/news-room/fact-sheets/detail/depression)

257 https://www.who.int/news-room/fact-sheets/detail/mental-disorders

258 Havaei, M., Davy, A., Warde-Farley, D., Biard, A., Courville, A., Bengio, Y., ... & Larochelle, H. (2017). Brain tumor segmentation with deep neural networks. Medical image analysis, 35, 18-31..

259 Wang X, Shen T, Yang S, Lan J, Xu Y, Wang M, Zhang J, Han X. A deep learning algorithm for automatic detection and classification of acute intracranial hemorrhages in head CT scans. Neuroimage Clin. 2021;32:102785. doi: 10.1016/j.nicl.2021.102785. Epub 2021 Aug 11. PMID: 34411910; PMCID: PMC8377493.

260 Tangsrivimol JA, Schonfeld E, Zhang M, Veeravagu A, Smith TR, Härtl R, Lawton MT, El-Sherbini AH, Prevedello DM, Glicksberg BS, Krittanawong C. Artificial Intelligence in Neurosurgery: A State-of-the-Art Review from Past to Future. Diagnostics (Basel). 2023 Jul 20;13(14):2429. doi: 10.3390/diagnostics13142429. PMID: 37510174; PMCID: PMC10378231.

261 Malgaroli, M., Hull, T.D., Zech, J.M. et al. Natural language processing for mental health interventions: a systematic review and research framework. Transl Psychiatry 13, 309 (2023). https://doi.org/10.1038/s41398-023-02592-2

262 Opoku Asare K, Terhorst Y, Vega J, Peltonen E, Lagerspetz E, Ferreira D. Predicting Depression From Smartphone Behavioral Markers Using Machine Learning Methods, Hyperparameter Optimization, and Feature Importance Analysis: Exploratory Study. JMIR Mhealth Uhealth. 2021 Jul

263 Abrol, A., Fu, Z., Salman, M. et al. Deep learning encodes robust discriminative neuroimaging representations to outperform standard machine learning. Nat Commun 12, 353 (2021).

264 Woebot Health 공식 웹사이트: https://woebothealth.com/

265 디지털비즈온 - 의료 지원 도구 AI 정신건강 챗봇 '워봇(WOEBOT)' 공개: http://www.digitalbizon.com/news/articleView.html?idxno=2335351

266 http://dpsylab.com/%EC%9A%B0%EC%9A%B8%EC%A6%9D-%EC%B1%97%EB%B4%87-woebot/

267 Nicol G, Wang R, Graham S, Dodd S, Garbutt J. Chatbot-Delivered Cognitive Behavioral Therapy in Adolescents With Depression and Anxiety During the COVID-19 Pandemic: Feasibility and Acceptability Study. JMIR Form Res. 2022 Nov

268 Hu, Pengwei & Hu, Lun & Wang, Fei & Mei, Jing. (2023). Editorial: Computing and artificial intelligence in digital therapeutics. Frontiers in

Medicine. 10. 10.3389/fmed.2023.1330686.

269 Alhuwaydi AM. Exploring the Role of Artificial Intelligence in Mental Healthcare: Current Trends and Future Directions – A Narrative Review for a Comprehensive Insight. Risk Manag Healthc Policy. 2024;17:1339-1348

270 https://woebothealth.com/

271 Woebot Health: AI-Powered Mental Health Chatbot - Deepgram: https://deepgram.com/ai-apps/woebot-health

272 I Tried the Woebot AI Therapy App to See if It Would Help My Anxiety and OCD: https://www.verywellmind.com/i-tried-woebot-ai-therapy-app-review-7569025

273 https://www.springhealth.com/

274 https://khealth.com/

275 https://omnicns.com/

276 옴니핏 마인드케어, 치매 예방 돕는 국내 중소 스마트 기술 주목: https://blog.naver.com/omnicns/221316218697

277 단 1분만에 두뇌 및 정신건강 측정! 〈옴니핏 마인드케어〉: https://m.blog.naver.com/omnicns/221117992785

278 https://www.imedisync.com/

279 아이메디신, 뇌파 분석 기반 디지털 치료제 개발 박차: https://www.etnews.com/20220511000141

280 https://www.mindsai.co.kr/

281 Zhu Y, Wang C, Li J, Zeng L, Zhang P. Effect of different modalities of artificial intelligence rehabilitation techniques on patients with upper limb dysfunction after stroke-A network meta-analysis of randomized controlled trials. Front Neurol. 2023 Apr 17;14:1125172. doi: 10.3389/fneur.2023.1125172. PMID: 37139055; PMCID: PMC10150552.

282 Zu W, Huang X, Xu T, Du L, Wang Y, Wang L, Nie W. Machine learning in predicting outcomes for stroke patients following rehabilitation treatment: A systematic review. PLoS One. 2023 Jun 28;18(6):e0287308. doi: 10.1371/journal.pone.0287308. PMID: 37379289; PMCID: PMC10306189.

283 Boukhennoufa, I., Zhai, X., Utti, V., Jackson, J., & McDonald-Maier, K. D. (2022). Wearable sensors and machine learning in post-stroke rehabilitation assessment: A systematic review. Biomedical Signal Processing

and Control, 71(Part B), 103197. https://doi.org/10.1016/j.bspc.2021.103197

284 박서아, 김혜영. (2019). 뇌졸중 환자 대상의 가상현실 운동프로그램이 기능 회복에 미치는 효과: 체계적 문헌고찰 및 메타분석. 디지털융복합연구, 17(5), 235-247. https://doi.org/10.14400/JDC.2019.17.5.235

285 Faria, A. L., Pinho, M. S., & Bermúdez i Badia, S. (2020). A comparison of two personalization and adaptive cognitive rehabilitation approaches: a randomized controlled trial with chronic stroke patients. Journal of NeuroEngineering and Rehabilitation, 17(1), 78.

286 Laver, K. E., Lange, B., George, S., Deutsch, J. E., Saposnik, G., & Crotty, M. (2017). Virtual reality for stroke rehabilitation. Cochrane Database of Systematic Reviews, (12).

287 Abedi, A., Colella, T. J. F., Pakosh, M., & Khan, S. S. (2024). Artificial intelligence-driven virtual rehabilitation for people living in the community: A scoping review. npj Digital Medicine, 7, 25. https://doi.org/10.1038/s41746-024-00998-w

288 Khalid UB, Naeem M, Stasolla F, Syed MH, Abbas M, Coronato A. Impact of AI-Powered Solutions in Rehabilitation Process: Recent Improvements and Future Trends. Int J Gen Med. 2024 Mar 12;17:943-969. doi: 10.2147/IJGM.S453903. PMID: 38495919; PMCID: PMC10944308.

289 Yoo HJ, Lee KS, Koo B, Yong CW, Kim CW. Deep Learning-Based Prediction Model for Gait Recovery after a Spinal Cord Injury. Diagnostics (Basel). 2024 Mar 8;14(6):579. doi: 10.3390/diagnostics14060579. PMID: 38534998; PMCID: PMC10969139.

290 Levin MF, Weiss PL, Keshner EA. Emergence of virtual reality as a tool for upper limb rehabilitation: incorporation of motor control and motor learning principles. Phys Ther. 2015 Mar;95(3):415-25. doi: 10.2522/ptj.20130579. Epub 2014 Sep 11. PMID: 25212522; PMCID: PMC4348716.

291 Krishnan, C., Adeeko, O.P., Washabaugh, E.P. et al. Human-centered design of a novel soft exosuit for post-stroke gait rehabilitation. J NeuroEngineering Rehabil 21, 62 (2024). https://doi.org/10.1186/s12984-024-01356-3

292 SC Ahn SY, Bok S-K, Lee JY, Ryoo HW, Lee HY, Park HJ, Oh HM, Kim T-W. Benefits of Robot-Assisted Upper-Limb Rehabilitation from the Subacute Stage after a Stroke of Varying Severity: A Multicenter Ran-

domized Controlled Trial. Journal of Clinical Medicine. 2024; 13(3):808. https://doi.org/10.3390/jcm13030808

293. Luo, S., Androwis, G., Adamovich, S. et al. Robust walking control of a lower limb rehabilitation exoskeleton coupled with a musculoskeletal model via deep reinforcement learning. J NeuroEngineering Rehabil 20, 34 (2023). https://doi.org/10.1186/s12984-023-01147-2

294. Campagnini S, Arienti C, Patrini M, Liuzzi P, Mannini A, Carrozza MC. Machine learning methods for functional recovery prediction and prognosis in post-stroke rehabilitation: a systematic review. J Neuroeng Rehabil. 2022 Jun 3;19(1):54. doi: 10.1186/s12984-022-01032-4. PMID: 35659246; PMCID: PMC9166382.

295. Wang, K., Hong, T., Liu, W. et al. Development and validation of a machine learning-based prognostic risk stratification model for acute ischemic stroke. Sci Rep 13, 13782 (2023). https://doi.org/10.1038/s41598-023-40411-2

296. Carra G, Güiza F, Piper I, Citerio G, Maas A, Depreitere B, Meyfroidt G; CENTER-TBI High-Resolution ICU (HR ICU) Sub-Study Participants and Investigators. Development and External Validation of a Machine Learning Model for the Early Prediction of Doses of Harmful Intracranial Pressure in Patients with Severe Traumatic Brain Injury. J Neurotrauma. 2023 Mar;40(5-6):514-522. doi: 10.1089/neu.2022.0251. Epub 2022 Sep 13. PMID: 35950615.

297. Rahman, Sejuti & Sarker, Sujan & Haque, A & Uttsha, Monisha & Islam, Md Fokhrul & Deb, Swakshar. (2022). AI-Driven Stroke Rehabilitation Systems and Assessment: A Systematic Review. IEEE Transactions on Neural Systems and Rehabilitation Engineering. PP. 1-1. 10.1109/TNSRE.2022.3219085.

298. De Miguel-Rubio A, Rubio MD, Salazar A, Camacho R, Lucena-Anton D. Effectiveness of Virtual Reality on Functional Performance after Spinal Cord Injury: A Systematic Review and Meta-Analysis of Randomized Controlled Trials. J Clin Med. 2020 Jul 1;9(7):2065. doi: 10.3390/jcm9072065. PMID: 32630234; PMCID: PMC7408779.

299. https://www.rehacare.com/en/business/global-market-for-robotics-in-rehabilitation

https://www.marketsandmarkets.com/Market-Reports/artificial-intelligence-healthcare-market-54679303.html
https://www.futuremarketinsights.com/reports/artificial-intelligence-in-healthcare-market

300 네오펙트 홈페이지: https://www.neofect.com/
301 MindMaze 홈페이지: https://mindmaze.com/
302 김길수. (2017). 스위스 스타트업 '마인드메이즈', VR공간에 감정 전달하는 장치 개발. 글로벌이코노믹. http://m.g-enews.com/article/Global-Biz/2017/04/201704261824391238d6eb469fd3_1
303 MindMaze Labs 홈페이지: https://mindmazelabs.com/
304 https://golifeward.com/company/meet-lifeward/
305 Zeilig, G., Weingarden, H., Zwecker, M., Dudkiewicz, I., Bloch, A., Esquenazi, A., & Herman, T. (2012). Safety and tolerance of the ReWalkTM exoskeleton suit for ambulation by people with complete spinal cord injury: a pilot study. The Journal of Spinal Cord Medicine, 35(2), 96-101.
306 Giladi, N., Cooper, I., Statham, L., & Regev-Lehavi, D. (2018). The ReWalk exoskeleton for gait training in persons with incomplete spinal cord injury: A pilot randomized controlled single-blinded study. Spinal Cord, 56(11), 986-995.
307 https://ipixelcorp.com/ko/
308 "불면증 약 대신 '앱' 처방 받고…집에서 재활운동 하면 AI가 "낫 배드" - 경향신문 (2023년 9월 19일)"
309 "[인터뷰] 아이픽셀, AI 재활·운동 코칭 플랫폼으로 지속 가능한 헬스케어 서비스 제공 - BioTIMES (2023년 8월 29일)"
310 Schwendicke, F., Samek, W., & Krois, J. (2020). Artificial Intelligence in Dentistry: Chances and Challenges. Journal of Dental Research, 99(7), 769-774.
311 http://www.dentistnews.kr/news/articleView.html?idxno=9241
312 Kim H. Deep Learning in Dental Radiographic Imaging. J Korean Acad Pediatr Dent 2024;51(1):1-10.
313 https://m.healthcaren.com/news/news_article_yong.jsp?mn_idx=513702
314 https://dailydental.co.kr/mobile/article.html?no=124585
315 Dentalnews, "치과교정학과 인공지능의 만남", 2023년 6월 16일
316 세종대왕신문, "인공지능 AI시대의 치과치료, 어느 분야에 어떻게 적용되는

가", 2021년 10월 19일

317 Chen, Y. W., Stanley, K., & Att, W. (2020). Artificial intelligence in dentistry: current applications and future perspectives. Quintessence International, 51(3), 248-257.

318 김영호 외, "AI 기반 3D 안면 분석 시스템의 교정 치료 효과성 연구", 대한치과교정학회지, 2023

319 Yu JH, Kim JH, Liu J, Mangal U, Ahn HK, Cha JY. Reliability and time-based efficiency of artificial intelligence-based automatic digital model analysis system. Eur J Orthod. 2023 Nov 30;45(6):712-721. doi: 10.1093/ejo/cjad032. PMID: 37418746.

320 이지원 외, "AI-VR 통합 교정 치료 시스템의 환자 만족도 및 치료 효과성 연구", 대한치과교정학회지, 2023

321 최동훈 외, "AI 기반 교정 와이어 밴딩 시스템의 정확도 및 효율성 연구", 대한치과기재학회지, 2023

322 박성호 외, "AI 기반 교정 치료 위험 예측 시스템의 임상적 유효성 연구", 대한치주과학회지, 2023

323 서울대학교 치의학대학원 윤리위원회, "AI in Dentistry: 윤리적 고려사항", 2023

324 Align Technology 공식 홈페이지: https://www.aligntech.com/

325 Align Technology Investor Relations: https://investor.aligntech.com/

326 Invisalign 공식 홈페이지: https://www.invisalign.com/

327 DentalMonitoring 공식 홈페이지: https://dental-monitoring.com/ Crunchbase: https://www.crunchbase.com/organization/dental-monitoring

328 Crunchbase: https://www.crunchbase.com/organization/dental-monitoring

329 Pearl 공식 홈페이지: https://www.hellopearl.com/

330 https://www.vatech.co.kr/

331 https://www.dio.co.kr/

332 https://www.medipartner.com/

333 Maier-Hein L, Eisenmann M, Sarikaya D, März K, Collins T, Malpani A, Fallert J, Feussner H, Giannarou S, Mascagni P, Nakawala H, Park A, Pugh C, Stoyanov D, Vedula SS, Cleary K, Fichtinger G, Forestier G, Gibaud B, Grantcharov T, Hashizume M, Heckmann-Nötzel D,

Kenngott HG, Kikinis R, Mündermann L, Navab N, Onogur S, Roß T, Sznitman R, Taylor RH, Tizabi MD, Wagner M, Hager GD, Neumuth T, Padoy N, Collins J, Gockel I, Goedeke J, Hashimoto DA, Joyeux L, Lam K, Leff DR, Madani A, Marcus HJ, Meireles O, Seitel A, Teber D, Ückert F, Müller-Stich BP, Jannin P, Speidel S. Surgical data science - from concepts toward clinical translation. Med Image Anal. 2022 Feb;76:102306. doi: 10.1016/j.media.2021.102306. Epub 2021 Nov 18. PMID: 34879287; PMCID: PMC9135051.

334 Diao, Xinran. (2023). A survey on deep learning for surgical planning. Journal of Physics: Conference Series. 2580. 012055. 10.1088/1742-6596/2580/1/012055.

335 Morris MX, Fiocco D, Caneva T, Yiapanis P, Orgill DP. Current and future applications of artificial intelligence in surgery: implications for clinical practice and research. Front Surg. 2024 May 9;11:1393898. doi: 10.3389/fsurg.2024.1393898. PMID: 38783862; PMCID: PMC11111929.

336 Dunkin B, Adrales GL, Apelgren K, Mellinger JD. Surgical simulation: a current review. Surg Endosc. 2007 Mar;21(3):357-66. doi: 10.1007/s00464-006-9072-0. Epub 2006 Dec 16. PMID: 17180270.

337 Dunkin B, Adrales GL, Apelgren K, Mellinger JD. Surgical simulation: a current review. Surg Endosc. 2007 Mar;21(3):357-66. doi: 10.1007/s00464-006-9072-0. Epub 2006 Dec 16. PMID: 17180270.

338 Mao RQ, Lan L, Kay J, Lohre R, Ayeni OR, Goel DP, Sa D. Immersive Virtual Reality for Surgical Training: A Systematic Review. J Surg Res. 2021 Dec;268:40-58. doi: 10.1016/j.jss.2021.06.045. Epub 2021 Jul 17. PMID: 34284320.

339 Elijah W. Riddle, Divya Kewalramani, Mayur Narayan, Daniel B. Jones, Benjamin F. Rush, Surgical Simulation: Virtual Reality to Artificial Intelligence, Current Problems in Surgery, 2024, 101625, ISSN 0011-3840,

340 Lauritsen SM, Kalør ME, Kongsgaard EL, Lauritsen KM, Jørgensen MJ, Lange J, Thiesson B. Early detection of sepsis utilizing deep learning on electronic health record event sequences. Artif Intell Med. 2020 Apr;104:101820. doi: 10.1016/j.artmed.2020.101820. Epub 2020 Feb 19. PMID: 32498999.

341 Maier-Hein L, Eisenmann M, Sarikaya D, März K, Collins T, Malpani

A, Fallert J, Feussner H, Giannarou S, Mascagni P, Nakawala H, Park A, Pugh C, Stoyanov D, Vedula SS, Cleary K, Fichtinger G, Forestier G, Gibaud B, Grantcharov T, Hashizume M, Heckmann-Nötzel D, Kenngott HG, Kikinis R, Mündermann L, Navab N, Onogur S, Roß T, Sznitman R, Taylor RH, Tizabi MD, Wagner M, Hager GD, Neumuth T, Padoy N, Collins J, Gockel I, Goedeke J, Hashimoto DA, Joyeux L, Lam K, Leff DR, Madani A, Marcus HJ, Meireles O, Seitel A, Teber D, Ückert F, Müller-Stich BP, Jannin P, Speidel S. Surgical data science - from concepts toward clinical translation. Med Image Anal. 2022 Feb;76:102306. doi: 10.1016/j.media.2021.102306. Epub 2021 Nov 18. PMID: 34879287; PMCID: PMC9135051.

342 Jin Y, Dou Q, Chen H, Yu L, Qin J, Fu CW, Heng PA. SV-RCNet: Workflow Recognition From Surgical Videos Using Recurrent Convolutional Network. IEEE Trans Med Imaging. 2018 May;37(5):1114-1126. doi: 10.1109/TMI.2017.2787657. PMID: 29727275.

343 Guni A, Varma P, Zhang J, Fehervari M, Ashrafian H. Artificial Intelligence in Surgery: The Future is Now. Eur Surg Res. 2024 Jan 22. doi: 10.1159/000536393. Epub ahead of print. PMID: 38253041.

344 Stam, W. T., Goedknegt, L. K., Ingwersen, E. W., Schoonmade, L. J., Bruns, E. R., & Daams, F. (2022). The prediction of surgical complications using artificial intelligence in patients undergoing major abdominal surgery: A systematic review. Surgery, 171(4), 1014-1021. https://doi.org/10.1016/j.surg.2021.10.002

345 Lin Z, Lei C, Yang L. Modern Image-Guided Surgery: A Narrative Review of Medical Image Processing and Visualization. Sensors. 2023; 23(24):9872. https://doi.org/10.3390/s23249872

346 Topol, E.J. High-performance medicine: the convergence of human and artificial intelligence. Nat Med 25, 44–56 (2019). https://doi.org/10.1038/s41591-018-0300-7

347 Tepper OM, Rudy HL, Lefkowitz A, Weimer KA, Marks SM, Stern CS, Garfein ES. Mixed Reality with HoloLens: Where Virtual Reality Meets Augmented Reality in the Operating Room. Plast Reconstr Surg. 2017 Nov;140(5):1066-1070. doi: 10.1097/PRS.0000000000003802. PMID: 29068946.

348 Cheng Qian and Hongliang Ren. (2023). Deep Reinforcement Learning in Surgical Robotics: Enhancing the Automation Level. arXiv preprint arXiv:2309.00773v1.

349 https://www.intuitive.com/en-us/about-us/company

350 https://www.siemens-healthineers.com/perspectives?filter=CORP_TAGS_INNOVATION_CULTURE

351 https://www.therobotreport.com/10-surgical-robotics-companies-worth-following-in-2024/

352 https://builtin.com/robotics/robotics-companies-roundup

353 https://www.meddeviceonline.com/doc/how-medtech-companies-can-help-make-ai-assisted-surgery-possible-0001

354 https://www.vicarioussurgical.com/about

355 한국의 외과 수술용 AI 로봇 시장 현황, 대한의료로봇학회 보고서, 2023

356 "국내 의료 로봇 기업 현황과 전망", 한국로봇산업진흥원, 2024

357 미래컴퍼니 공식 웹사이트, www.mirae-company.com, 2024년 접속

358 큐렉소 기업 보고서, 2023

359 "고영테크놀러지, 뇌수술 로봇 '카이메로' 개발", 의학신문, 2023.09.15

360 고영테크놀러지 IR 자료, 2024

361 "코넥티브, AI 기반 수술 계획 소프트웨어로 주목", 전자신문, 2023.11.20

362 코넥티브 투자 유치 보도자료, 2024.02.10

363 "의료 로봇의 미래: AI와의 융합", 대한의공학회지, 2024년 1월호

364 "글로벌 의료 로봇 시장 동향과 한국 기업의 위치", KOTRA 해외시장뉴스, 2024.03.05

365 "의료 로봇 시장 글로벌 기업 현황", Frost & Sullivan 보고서, 2023

366 "국내 의료 로봇 기업의 해외 진출 현황", 한국보건산업진흥원, 2024

367 "레보아이, 가격경쟁력으로 시장 공략", 의료기기뉴스, 2023.09.15

368 "국내 수술로봇 기업의 글로벌 진출 과제", 한국의료로봇학회지, 2024년 1월호

369 큐렉소 공식 보도자료, "티솔루션원, 국내 시장점유율 30% 달성", 2023.12.20

370 "의료기기 해외 인증 획득 전략", 한국보건산업진흥원 보고서, 2024.02

371 "고영테크놀러지 카이메로, 뇌수술 로봇 임상시험 중간결과 발표", 의학신문, 2024.03.10

372 "AI 기반 의료소프트웨어 시장 동향과 규제 이슈", 한국인공지능학회지, 2024년 2월

373 "한국 의료 로봇 산업의 현재와 미래", 대한의료정보학회지, 2024년 2월호

374 "의료 로봇 산업 육성을 위한 정부 지원 정책", 과학기술정보통신부, 2024

375 "한국 의료 로봇의 글로벌 시장 진출 전략", 한국의료로봇학회 심포지엄 발표자료.

376 https://www.meerecompany.com/ko/pages/our-business/

377 송미옥, 조용진. (2021). 의료로봇의 현재와 미래: 수술로봇을 중심으로. 디지털 융복합연구 Journal of digital convergence, v.19 no.4, 2021년, pp.349 - 353 Issue & Trend, 2021(1), 1-24.

378 https://kohyoung.com/kr/kymero/

379 큐렉소. (2023). 티솔루션원. Retrieved from https://www.curexo.com/

380 큐렉소. (2023). 회사소개. Retrieved from https://www.curexo.com/

381 Bosa. (2023). 의료 AI 로봇기업 코넥티브, 시드 투자 유치. Retrieved from http://www.bosa.co.kr/news/articleView.html?idxno=2178538

382 https://www.connecteve.com/product

383 Hyojin Bae, Sa-Yoon Park, Chang-Eop Kim, A practical guide to implementing artificial intelligence in traditional East Asian medicine research, Integrative Medicine Research, 2024, 101067,

384 Chu Hongmin, Moon Seunghwan , Park Jeongsu , Bak Seongjun , Ko Youme , Youn Bo-Young, "The Use of Artificial Intelligence in Complementary and Alternative Medicine: A Systematic Scoping Review," Frontiers in Pharmacology, V13, 2022

385 Doohyun Kim, Dongha Shin, Seyoung Park (2021), Introduction of R&D Activities in Governmental Research Institutes at the Early-stage of AI in Korea - Oriental Diagnosis System and Korean Language Processing - Korean Institute of Information Scientists and Engineers, 제39권 제12호(통권 제391호) 2021.12 24-29(6page),

386 Liu Q, Li Y, Yang P, Liu Q, Wang C, Chen K, Wu Z. A survey of artificial intelligence in tongue image for disease diagnosis and syndrome differentiation. Digit Health. 2023 Aug

387 Xu Wang et al., "Artificial intelligence in tongue diagnosis: Using deep convolutional neural network for recognizing unhealthy tongue with tooth-mark," Computational and Structural Biotechnology Journal, Elsevier, 2020.

388 Dingcheng Tian, Weihao Chen, Dechao Xu, Lisheng Xu, Gang Xu, Yaochen Guo, Yudong Yao, A review of traditional Chinese medicine diagnosis using machine learning: Inspection, auscultation-olfaction, inquiry, and palpation, Computers in Biology and Medicine, Volume

170, 2024.

389 Hyunho Kim, Jong Yeol Kim, Young-Jae Park, Young-Bae Park, Development of pulse diagnostic devices in Korea, Integrative Medicine Research, Volume 2, Issue 1, 2013, Pages 7-17,

390 Sa-Yoon Park, Musun Park, Won-Yung Lee, Choong-Yeol Lee, Ji-Hwan Kim, Siwoo Lee, Chang-Eop Kim, Machine learning-based prediction of Sasang constitution types using comprehensive clinical information and identification of key features for diagnosis, Integrative Medicine Research, Volume 10, Issue 3, 2021

391 Musun Park, MW Hwang, JY Lee, CE Kim, YK Kwon(2022), Research on the Evaluation and Utilization of Constitutional Diagnosis by Korean Doctors using AI-based Evaluation Tool, J Physiol & Pathol Korean Med 36(2):73~78, http://dx.doi.org/10.15188/kjopp.2022.04.36.2.73

392 Zhang H, Ni W, Li J, Zhang J. Artificial Intelligence-Based Traditional Chinese Medicine Assistive Diagnostic System: Validation Study. JMIR Med Inform. 2020 Jun

393 Chen H, He Y. Machine Learning Approaches in Traditional Chinese Medicine: A Systematic Review. Am J Chin Med. 2022;50(1):91-131. doi: 10.1142/S0192415X22500045. Epub 2021 Dec 2. PMID: 34931589.

394 Bae Hyojin, et al. "A novel framework for understanding the pattern identification of traditional Asian medicine from the machine learning perspective." Frontiers in Medicine 8 (2022): 763533.

395 Zhang, R., et al. (2019). "Machine learning approaches for elucidating the biological effects of natural products." Natural Product Reports, 36(11), 1624-1643.

396 Li, S., et al. (2020). "Artificial intelligence in traditional Chinese medicine: A systematic review." Artificial Intelligence in Medicine, 108, 101928.

397 Wang, Y., et al. (2021). "Network pharmacology-based strategy for predicting active ingredients and potential targets of Liuwei Dihuang pill in treating type 2 diabetes mellitus." Drug Design, Development and Therapy, 15, 1751-1771.

398 "Artificial intelligence in tongue diagnosis: Using deep convolutional neural network for recognizing unhealthy tongue with tooth-mark," Computational and Structural Biotechnology Journal, Elsevier, 2020.

399 "A network pharmacological framework to quantify the interaction between herbal pairs," Frontiers in Pharmacology, 2021.

400 Liu et al., "Machine learning in TCM with natural products and molecules: current status and future perspectives," Chinese Medicine, 2023.

401 Zhou et al., "FordNet: Recommending traditional Chinese medicine formula via deep learning," ScienceDirect, 2021.

402 Lee, J.D., et al. (2020). Analysis of EEG Changes after Acupuncture Treatment in Patients with Chronic Low Back Pain: A Pilot Study. Journal of Alternative and Complementary Medicine, 26(11), 981-988.

403 Park, J.H., et al. (2022). Development of a personalized acupuncture treatment recommendation system using machine learning. Computers in Biology and Medicine, 141, 105087

404 Kim, H.J., et al. (2023). Challenges and future directions of artificial intelligence in acupuncture research. Evidence-Based Complementary and Alternative Medicine, 2023.

405 Huang, C.C., et al. (2021). Development of an artificial intelligence-based acupuncture point recommendation system for pain management. Journal of Pain Research, 14, 1851-1860.

406 Liu, Y., et al. (2022). A deep learning approach for personalized acupuncture point selection based on tongue image analysis. Computers in Biology and Medicine, 149, 105981.

407 Li, Y., et al. (2023). Challenges and opportunities of artificial intelligence in acupuncture point selection. Evidence-Based Complementary and Alternative Medicine, 2023.)

408 Lee, Y. S., & Chae, Y. (2024). Pattern Identification and Acupuncture Prescriptions Based on Real-World Data Using Artificial Intelligence. East Asian Science, Technology and Society: An International Journal, 1–18. https://doi.org/10.1080/18752160.2024.2339657

409 Chae, Y. B. (2021, October 25). Suggestions for the Study of Acupoint Indications in the Era of Artificial Intelligence. Journal of Physiology & Pathology in Korean Medicine. Korean Society of Oriental Pathology. https://doi.org/10.15188/kjopp.2021.10.35.5.132

410 Park, S.-Y., & Kim, C.-E. (2023, October 25). Enhancing Korean Medicine Education with Large Language Models: Focusing on the Development

of Educational Artificial Intelligence. Journal of Physiology & Pathology in Korean Medicine. Korean Society of Oriental Pathology. https://doi.org/10.15188/kjopp.2023.10.37.5.134

411 SW Choi, JK Park, KS Hwang, YH Noh, YS Cho1, DH Shin, YK Kwon(2018) Study about Satisfaction of Clinical Practice by Using Diagnosis Expert System in Korean Medicine, J Physiol & Pathol Korean Med 32(6):355~360, http://dx.doi.org/10.15188/kjopp.2018.12.32.6.355

412 JH Yang, JA Woo, DH Shin, Sh Park, YK Kwon(2021), Study on the Perception and Application of AI in Korean Medicine through Practice and Questionnaire of Korean Medicine Using a Diagnostic Expert System, J Physiol & Pathol Korean Med 35(1):22~27 http://dx.doi.org/10.15188/kjopp.2021.02.35.1.22

413 Yejin Han(2024), Usability and Educational Effectiveness of AI-based Patient Chatbot for Clinical Skills Training in Korean Medicine, Korean Journal of Acupuncture Vol.41, No.1, pp.27-32, https://doi.org/10.14406/acu.2024.001

414 Heaven, Douglas. "Why deep-learning AIs are so easy to fool." Nature 574 (2019): 163 - 166.

이미지출처

- 서울성모병원 홍보팀 … 43
- https://people.ischool.berkeley.edu/~buckland/statistical.html … 79
- www.siemens-healthineers.com … 185
- https://www.gehealthcare.co.kr/products/computed-tomography/revolution-apex … 189
- https://www.usa.philips.com/healthcare/product/728333/spectral-ct-7500-philips-all-new-spectral-detector-ct-750 … 193
- https://www.neofect.com/kr/smart-glove … 454
- https://golifeward.com/products/rewalkpersonal-exoskeleton/ … 459
- https://www.intuitive.com/en-us/products-and-services/da-vinci … 553
- https://www.meerecompany.com/ko/pages/our-business/ … 562

• 책에 수록된 사진 자료 중 사용 허가를 받지 못한 기기 및 제품은 출판사로 문의해주시기 바랍니다.

AI 의료의 미래

2025년 6월 25일 초판 1쇄 발행

지은이 권순용, 강시철
펴낸이 이원주

책임편집 김유경, 강동욱 **디자인** 정은예
기획개발실 강소라, 박인애, 류지혜, 고정용, 이채은, 최연서
마케팅실 양근모, 권금숙, 양봉호 **온라인홍보팀** 신하은, 현나래, 최혜빈
디자인실 진미나, 윤민지 **디지털콘텐츠팀** 최은정 **해외기획팀** 우정민, 배혜림, 정혜인
경영지원실 강신우, 김현우, 이윤재 **제작실** 이진영
펴낸곳 (주)쌤앤파커스 **출판신고** 2006년 9월 25일 제406-2006-000210호
주소 서울시 마포구 월드컵북로 396 누리꿈스퀘어 비즈니스타워 18층
전화 02-6712-9800 **팩스** 02-6712-9810 **이메일** info@smpk.kr

ⓒ 권순용, 강시철(저작권자와 맺은 특약에 따라 검인을 생략합니다)
ISBN 979-11-94755-31-9 (03320)

- 이 책은 저작권법에 따라 보호받는 저작물이므로 무단전재와 무단복제를 금지하며, 이 책 내용의 전부 또는 일부를 이용하려면 반드시 저작권자와 (주)쌤앤파커스의 서면동의를 받아야 합니다.
- 잘못된 책은 구입하신 서점에서 바꿔드립니다.
- 책값은 뒤표지에 있습니다.

쌤앤파커스(Sam&Parkers)는 독자 여러분의 책에 관한 아이디어와 원고 투고를 설레는 마음으로 기다리고 있습니다. 책으로 엮기를 원하는 아이디어가 있으신 분은 이메일 book@smpk.kr로 간단한 개요와 취지, 연락처 등을 보내주세요. 머뭇거리지 말고 문을 두드리세요. 길이 열립니다.